Fábio Bellote Gomes

› Doutor em Direito Comercial pela Faculdade de Direito da Universidade de São Paulo – USP.

› Mestre em Direito Comercial pela Faculdade de Direito da Universidade de São Paulo –USP.

› Bacharel pela Faculdade de Direito da Universidade de São Paulo – USP.

› Professor-Titular no Curso de Direito da Universidade Paulista.

› Coordenador do Curso de Pós-Graduação em Direito dos Negócios e Empresarial Corporativo da Universidade Paulista.

› Advogado de Empresas em São Paulo.

Manual de Direito
Empresarial

FÁBIO BELLOTE GOMES

8ª edição

revista, atualizada e ampliada

Manual de Direito
Empresarial

Edição 2019

www.editorajuspodivm.com.br

www.editorajuspodivm.com.br

Rua Território Rio Branco, 87 – Pituba – CEP: 41830-530 – Salvador – Bahia
Tel: (71) 3045.9051
• Contato: https://www.editorajuspodivm.com.br/sac

Copyright: Edições JusPODIVM

Conselho Editorial: Eduardo Viana Portela Neves, Dirley da Cunha Jr., Leonardo Garcia, Fredie Didier Jr., José Henrique Mouta, José Marcelo Vigliar, Marcos Ehrhardt Júnior, Nestor Távora, Robério Nunes Filho, Roberval Rocha Ferreira Filho, Rodolfo Pamplona Filho, Rodrigo Reis Mazzei e Rogério Sanches Cunha.

Capa: Ana Caquetti

• A Editora JusPODIVM passou a publicar esta obra a partir da 6.ª edição.

G633m   Gomes, Fábio Bellote.
        Manual de direito empresarial / Fábio Bellote Gomes – 8. ed. rev., atual. e ampl. – Salvador: JusPodivm, 2019.
        528 p.

        Bibliografia.
        ISBN 978-85-442-2663-6.

        1. Direito empresarial. I. Gomes, Fábio Bellote. II. Título.

        CDD 342.2

Todos os direitos desta edição reservados à Edições JusPODIVM.

É terminantemente proibida a reprodução total ou parcial desta obra, por qualquer meio ou processo, sem a expressa autorização do autor e da Edições JusPODIVM. A violação dos direitos autorais caracteriza crime descrito na legislação em vigor, sem prejuízo das sanções civis cabíveis.

Nota do autor à 8.ª edição

A presente obra, agora em sua 8ª edição publicada pela Editora Juspodivm, reflete a dinamicidade da própria atividade empresarial, sem, contudo, desviar-se de seus fins didáticos.

Elaborado de acordo com a Lei nº 13.775/2018, que disciplina a emissão da *duplicata escritural ou eletrônica,* com a Lei nº 13.792/2019, que modifica o quórum de deliberação no âmbito das sociedades limitadas, e com a Lei nº 13.806/2019, que atribui às cooperativas a possibilidade de agirem como substitutas processuais de seus associados, bem como de acordo com a jurisprudência atual sobre a matéria, o livro aborda os principais aspectos do programa da disciplina Direito Empresarial adotado pelas faculdades de Direito do Brasil e exigido pelas bancas dos principais concursos públicos para as carreiras jurídicas.

Aproveito a oportunidade para agradecer ao meu antigo aluno e orientando Daniel Tobias Leite de Almeida pelo valoroso auxílio nas pesquisas de atualização legislativa e de jurisprudência.

Assim, tenho a satisfação de oferecer ao nosso público leitor, que já se faz numeroso, esta nova edição do *Manual de Direito Empresarial*, na constante expectativa de apresentar, de forma simples e didática, os institutos jurídicos que ordenam a complexa e fascinante atividade empresarial.

Apresentação à 1.ª edição

A globalização, cujo ritmo acelerou-se significativamente a partir do final da Segunda Guerra Mundial e, mais ainda, após o término da Guerra Fria, configura essencialmente um fenômeno econômico, embora decorra também da universalização dos padrões culturais e da necessidade de equacionamento comum dos problemas que afetam a totalidade do planeta, como a degradação do meio ambiente, a explosão demográfica, o desrespeito aos direitos humanos, a disseminação de doenças endêmicas, a multiplicação de conflitos regionais etc.

Num sentido estrito, a globalização corresponde a uma intensa circulação de bens, capitais e tecnologia através das fronteiras nacionais, com a consequente criação de um mercado mundial. Representa uma nova etapa na evolução do capitalismo, tornada possível pelo extraordinário avanço tecnológico nos campos da comunicação e da informática, caracterizando--se basicamente pela descentralização da produção, que se distribui por diversos países e regiões.

Neste contexto, apesar do crescente espaço que vem ganhando a chamada *lex mercatoria*, isto é, o conjunto de princípios, regras e práticas que, desde tempos imemoriais, regulam a atividade mercantil no plano internacional, torna-se cada vez mais necessário compreender e aplicar corretamente o direito comercial interno dos distintos países onde as empresas e os empresários, nacionais ou estrangeiros, estão efetivamente instalados e a partir dos quais desenvolvem os seus negócios.

Afigura-se, portanto, bastante auspiciosa a publicação do *Manual de Direito Comercial* do jovem e competente jurista Fábio Bellote Gomes, que resulta de sua profícua vivência como professor da Cadeira de Direito Comercial no Curso de Direito da Universidade Paulista, complementada por uma rica experiência profissional no campo da advocacia empresarial. A obra possui algumas características que a distinguem sobremaneira da maioria dos poucos similares existentes no mercado editorial brasileiro.

Neste sentido, encontra-se dividida em seis capítulos, a saber: *Parte Geral*: Título I – Comércio e Empresa; *Parte Especial*: Título II – Propriedade

Industrial; Título III – Direito Societário; Título IV – Títulos de Crédito; Título V – Contratos Mercantis e Título VI – Falência e Concordata. Destes, merecem especial destaque o Título I e o Título III.

No Título I são estudados os conceitos de Empresa e Empresário, introduzidos pelo novo Código Civil Brasileiro (Lei 10.406/2002), em substituição aos antigos conceitos de Comércio e Comerciante, que embasavam o vetusto Código Comercial (Lei 556/1850), bem como todos os demais institutos conexos referidos a conceitos como Registro de Empresas, Nome Empresarial, Estabelecimento Empresarial, dentre outros. Já no Título III são estudados todos os tipos societários em vigor a partir deste ano de 2003, considerando a recente entrada em vigor do novo Código Civil, assim como, no tocante às Sociedades por Ações, ao par dos conceitos básicos das referidas sociedades, são também analisadas as inovações introduzidas na Lei 6.404/1976 (Lei das S/A), pela Lei 10.303/2001.

Com relação aos demais títulos, a matéria, muitas vezes complexa e de difícil entendimento aos iniciantes no estudo do Direito Comercial, é apresentada de forma clara e sistemática, numa didática simples, voltada à compreensão e à fixação dos principais itens de cada ponto, sendo desta forma tratados temas ainda novos e polêmicos na doutrina, como, por exemplo, os contratos de Cartão de Crédito e *Factoring*, bem como, por outro lado, temas já assentados na doutrina e na jurisprudência, como os institutos da Falência e da Concordata.

Por todas essas razões, mas, sobretudo pela elevada qualificação acadêmica e profissional do autor, fica a certeza de que o *Manual de Direito Comercial* constitui uma obra que não pode faltar na estante daqueles que se dedicam ao estudo dos preceitos legais, doutrinários e jurisprudenciais que regulam a cada vez mais complexa atividade negocial.

Enrique Ricardo Lewandowski

Professor da Faculdade de Direito da USP

Junho de 2003.

Sumário

Capítulo 1 ▶ Parte Geral: Comércio e Empresa **25**

1.1. Introdução 25

1.2. Conceito de direito empresarial 28

1.3. Características distintivas do direito empresarial no âmbito do direito privado 28

    1.3.1. Simplicidade 28

    1.3.2. Cosmopolitismo ou universalismo 29

    1.3.3. Onerosidade 29

1.4. Fontes formais do direito comercial ou empresarial 30

1.5. Teorias formadoras do direito comercial ou empresarial 30

    1.5.1. Teoria dos atos de comércio 30

    1.5.2. Teoria da empresa 32

1.6. Formas de exercício da atividade empresarial 34

    1.6.1. Exercício individual da empresa 34

    1.6.2. Exercício coletivo da empresa 37

1.7. O empresário 38

    1.7.1. Intermediação 42

    1.7.2. Especulação com intuito de lucro 42

    1.7.3. Profissionalidade 43

    1.7.4. Capacidade 43

1.8. Da proteção constitucional à atividade empresarial: livre-iniciativa e livre concorrência 44

1.9. Da inscrição do empresário no registro público de empresas mercantis 45

1.10. Condições para o exercício da atividade empresarial 46

1.11. Vedações ao exercício da atividade empresarial 47

    1.11.1. Regimes tributários diferenciados 49

        1.11.1.1. Microempreendedor individual (MEI) 49

        1.11.1.2. Microempresa (ME) e Empresa de pequeno porte (EPP) 50

    1.11.2. As *startups* no direito empresarial brasileiro 52

1.12. Obrigações comuns aos empresários, empresas individuais de responsabilidade limitada e sociedades empresárias 54

    1.12.1. Da obrigatoriedade de inscrição no registro de empresas 54

1.12.1.1. Juntas comerciais 55

1.12.2. Da obrigatoriedade de manutenção dos livros empresariais 58

1.12.3. Da obrigatoriedade de confecção anual de balanço patrimonial 60

1.13. Empresário inativo 61

1.14. Empresário de fato e empresário irregular 61

1.15. Agentes auxiliares da empresa 64

1.16. Estabelecimento empresarial 66

    1.16.1. Definição 66

    1.16.2. Características gerais 67

    1.16.3. Elementos do estabelecimento empresarial 69

        1.16.3.1. Elementos corpóreos (móveis e imóveis) 69

        1.16.3.2. Elementos incorpóreos 70

            1.16.3.2.1. Nome empresarial 70

            1.16.3.2.2. Título de estabelecimento 76

            1.16.3.2.3. Clientela e freguesia 77

            1.16.3.2.4. Ponto comercial 79

            1.16.3.2.5. Aviamento 80

            1.16.3.2.6. Locação comercial ou locação empresarial 83

    1.16.4. Trespasse e responsabilidade na alienação do estabelecimento empresarial 83

1.17. A empresa e o comércio eletrônico 86

1.18. A empresa e a proteção ao consumidor 93

    1.18.1. Aspectos gerais 93

    1.18.2. Direitos básicos do consumidor 95

    1.18.3. Hipóteses de responsabilidade do fornecedor 97

        1.18.3.1. Fornecimento perigoso 97

        1.18.3.2. Fornecimento defeituoso 98

        1.18.3.3. Fornecimento viciado 100

    1.18.4. Publicidade 102

        1.18.4.1. Publicidade enganosa 102

        1.18.4.2. Publicidade abusiva 103

Capítulo 2 ▸ **Direito Societário** **105**

2.1. Introdução 105

2.2. Pessoas jurídicas de direito público 106

2.3.	Pessoas jurídicas de direito privado	106
	2.3.1.	Associações	107
	2.3.2.	Fundações	108
	2.3.3.	Sociedades	108
2.4.	A personificação societária e as sociedades não personificadas	109
	2.4.1.	Sociedade em comum	110
	2.4.2.	Sociedade em conta de participação	111
2.5.	Sociedades personificadas	113
	2.5.1.	Classificação das sociedades personificadas	113
		2.5.1.1.	Classificação quanto à natureza da sociedade	113
		2.5.1.2.	Classificação quanto à responsabilidade dos sócios pelas obrigações sociais	115
		2.5.1.3.	Classificação quanto às formas de constituição societária	119
		2.5.1.4.	Classificação quanto às hipóteses de dissolução societária	126
			2.5.1.4.1. Aspectos gerais da dissolução parcial societária	128
2.6.	Sociedades simples	134
	2.6.1.	Tipos societários	134
	2.6.2.	Constituição e deliberações sociais	135
	2.6.3.	Responsabilidade dos sócios	137
	2.6.4.	Administração social	139
	2.6.5.	Sociedade cooperativa	140
2.7.	Sociedades empresárias	143
	2.7.1.	Tipos societários	143
		2.7.1.1.	Sociedade em nome coletivo	143
		2.7.1.2.	Sociedade em comandita simples	144
		2.7.1.3.	Sociedade limitada	145
			2.7.1.3.1. Características gerais	145
			2.7.1.3.2. Administração social	147
			2.7.1.3.3. Nome empresarial	149
			2.7.1.3.4. Conselho fiscal	149
			2.7.1.3.5. Deliberações dos sócios	151
	2.7.2.	Transformação, incorporação, fusão e cisão	155
2.8.	Sociedade por ações	155
	2.8.1.	Características gerais	155

2.8.2. Classificação das sociedades por ações 156

    2.8.2.1. Sociedade por ações de capital aberto e sociedade por ações de capital fechado 157

    2.8.2.2. Sociedade de economia mista 157

    2.8.2.3. Sociedade subsidiária integral 158

2.8.3. Capital social 159

    2.8.3.1. Aspectos gerais 159

    2.8.3.2. Formação do capital social: quotas *versus* ações 160

2.8.4. Constituição 162

    2.8.4.1. Constituição por subscrição particular 163

    2.8.4.2. Constituição por subscrição pública 163

2.8.5. Títulos emitidos pela sociedade por ações 164

    2.8.5.1. Ações 164

        2.8.5.1.1. Classificação das ações quanto à natureza 165

        2.8.5.1.2. Classificação das ações quanto à sua forma 166

    2.8.5.2. Partes beneficiárias 167

    2.8.5.3. Debêntures 167

    2.8.5.4. Bônus de subscrição 168

2.8.6. Acionista 169

    2.8.6.1. Direitos essenciais dos acionistas 169

    2.8.6.2. O acionista e o direito ao dividendo 170

    2.8.6.3. Acionista controlador 171

    2.8.6.4. Acordos de acionistas 174

2.8.7. Órgãos sociais 175

    2.8.7.1. Assembleias gerais 175

        2.8.7.1.1. Assembleia geral ordinária (AGO) 178

        2.8.7.1.2. Assembleia geral extraordinária (AGE) 179

        2.8.7.1.3. Assembleias especiais 182

    2.8.7.2. Conselho de administração 182

    2.8.7.3. Diretoria 183

    2.8.7.4. Conselho fiscal 184

    2.8.7.5. Outros órgãos consultivos 186

2.8.8. Aspectos legais da administração das sociedades por ações 186

    2.8.8.1. Dever de diligência 187

2.8.8.2.	Dever de lealdade	188
2.8.8.3.	Dever de informar	188
2.8.8.4.	Dever de sigilo	188
2.8.8.5.	Responsabilidade dos administradores das sociedades por ações	189
2.8.8.6.	Ação de responsabilidade	190
2.8.9.	Demonstrações financeiras	190
2.8.10.	Dissolução das sociedades por ações	194
2.8.10.1.	Dissolução de pleno direito	194
2.8.10.2.	Dissolução por decisão judicial	195
2.8.10.3.	Dissolução por decisão de autoridade administrativa	195
2.8.11.	Liquidação das sociedades por ações	196
2.8.11.1.	Liquidação extrajudicial	196
2.8.11.2.	Liquidação judicial	197
2.8.11.3.	Liquidante	197
2.8.11.4.	Assembleia geral	198
2.8.11.5.	Pagamento do passivo, partilha do ativo e prestação de contas	198
2.8.11.6.	Direito de credor não satisfeito	199
2.8.12.	Extinção das sociedades por ações	199
2.8.13.	Modificações na estrutura das sociedades por ações	200
2.8.13.1.	Transformação	200
2.8.13.2.	Incorporação	200
2.8.13.3.	Fusão	201
2.8.13.4.	Cisão	201
2.8.13.5.	Regras comuns à incorporação, fusão e cisão	202
2.8.13.6.	Direitos dos credores na incorporação ou fusão	203
2.8.13.7.	Direitos dos credores na cisão	204
2.8.14.	Grupo de sociedades	204
2.8.15.	Consórcio	206
2.8.16.	Sociedade em comandita por ações	207
2.8.16.1.	Características gerais	207
2.8.16.2.	Administração social e responsabilidade dos administradores	207
2.8.16.3.	Limitações da assembleia geral	207
2.9.	Sociedades de grande porte	208
2.10.	Conceitos complementares do Código Civil	208

2.10.1.	Sociedade dependente de autorização	209
	2.10.1.1. Sociedade nacional	209
	2.10.1.2. Sociedade estrangeira	210
2.11.	Sociedades *off-shore*	211
2.12.	Responsabilidade patrimonial dos sócios e dos administradores	213
2.12.1.	Aspectos gerais	213
2.12.2.	Regras gerais de responsabilidade	213
2.12.3.	Regras específicas dos tipos societários	213
	2.12.3.1. Sociedades limitadas	214
	2.12.3.2. Sociedades por ações	214
2.12.4.	Principais hipóteses de responsabilidade definidas em leis especiais	215
	2.12.4.1. Obrigações tributárias	215
	2.12.4.2. Obrigações trabalhistas	216
	2.12.4.3. Falência	216
2.13.	Quadro geral das sociedades	218

Capítulo 3 ▶ Títulos de Crédito 219

3.1.	Teoria geral dos títulos de crédito	219
3.2.	Origem histórica	220
3.3.	Definição	221
3.4.	Características essenciais dos títulos de crédito	221
3.4.1.	Cartularidade	221
3.4.2.	Autonomia	222
	3.4.2.1. Abstração	223
	3.4.2.2. Inoponibilidade de exceções	224
3.4.3.	Literalidade	227
3.5.	Sistemática legal dos títulos de crédito e o Código Civil	227
3.6.	Classificação dos títulos de crédito	228
3.6.1.	Quanto à natureza	228
	3.6.1.1. Títulos de crédito causais	228
	3.6.1.2. Títulos de crédito abstratos	229
3.6.2.	Quanto ao modo de circulação	229
	3.6.2.1. Títulos de crédito à ordem	229

		3.6.2.2. Títulos de crédito ao portador	230
		3.6.2.3. Títulos de crédito nominativos	231
	3.6.3.	Quanto à estrutura jurídica	232
		3.6.3.1. Ordens de pagamento	232
		3.6.3.2. Promessas de pagamento	233
3.7.	Elementos conexos à matéria títulos de crédito		233
	3.7.1.	Endosso e cessão de crédito	233
		3.7.1.1. Endosso	233
		3.7.1.2. Cessão de crédito	235
	3.7.2.	Aval e fiança	236
		3.7.2.1. Aspectos gerais das garantias no direito brasileiro	236
		3.7.2.2. Formas de aval	237
	3.7.3.	Protesto	238
		3.7.3.1. Definição	238
		3.7.3.2. Características gerais	238
		3.7.3.3. Motivos legais para o protesto	239
		3.7.3.4. Modalidades de protesto	240
		3.7.3.5. Prazos para protesto	240
		3.7.3.6. Sustação de protesto e cancelamento de protesto	241
		3.7.3.7. Protesto da duplicata escritural ou eletrônica	242
	3.7.4.	Ação executiva cambial, processo de conhecimento e ação monitória	243
3.8.	Títulos de crédito em espécie		244
	3.8.1.	Letra de câmbio	244
		3.8.1.1. Definição	244
		3.8.1.2. Partes na letra de câmbio	245
		3.8.1.3. Características gerais	245
		3.8.1.4. Requisitos essenciais	246
		3.8.1.5. Aceite da letra de câmbio	247
		3.8.1.6. Vencimento	248
		3.8.1.7. Vencimento antecipado	248
		3.8.1.8. Ressaque da letra de câmbio	249
		3.8.1.9. Duplicata da letra de câmbio	249
		3.8.1.10. Protesto da letra de câmbio	249

	3.8.1.11.	Prazos para a propositura de ação executiva baseada na letra de câmbio 250
	3.8.1.12.	Modelo de letra de câmbio 251
3.8.2.	Nota promissória 251
	3.8.2.1.	Definição 251
	3.8.2.2.	Partes na nota promissória 251
	3.8.2.3.	Características gerais..252
	3.8.2.4.	Requisitos essenciais...252
	3.8.2.5.	Protesto da nota promissória..253
	3.8.2.6.	Prazos para a propositura de ação executiva baseada na nota promissória..253
	3.8.2.7.	Modelo de nota promissória 254
3.8.3.	Cheque 255
	3.8.3.1.	Definição 255
	3.8.3.2.	Partes no cheque..255
	3.8.3.3.	Características gerais..255
	3.8.3.4.	Requisitos essenciais...256
	3.8.3.5.	Prazo de apresentação ao banco sacado 257
	3.8.3.6.	Do pagamento do cheque...258
	3.8.3.7.	Hipóteses de não pagamento de cheque pelo sacado...................259
	3.8.3.8.	Modalidades de cheque...261
	3.8.3.9.	Prazos para protesto do cheque...263
	3.8.3.10.	Cheque pré-datado e cheque pós-datado 264
	3.8.3.11.	Prazos prescricionais do cheque 266
	3.8.3.12.	Modelo de cheque 269
3.8.4.	Duplicata...269
	3.8.4.1.	Definição 269
	3.8.4.2.	Partes na duplicata 271
	3.8.4.3.	Características gerais..271
	3.8.4.4.	Requisitos essenciais...272
	3.8.4.5.	Aceite da duplicata mercantil 273
	3.8.4.6.	Prazos para protesto da duplicata 274
	3.8.4.7.	Prazos prescricionais para a propositura de ação executiva baseada em duplicata..274
	3.8.4.8.	Duplicata virtual..275

3.8.4.9. Duplicata escritural ou eletrônica 277

3.8.4.10. Duplicata eletrônica versus Duplicata virtual 278

3.8.5. Modelos de duplicata 280

Modelo 1 (venda) 280

Modelo 1-A (prestação de serviço) 281

Modelo 2 (venda) 282

Modelo 2-A (prestação de serviço) 283

3.9. Títulos de crédito próprios e impróprios 283

3.9.1. Títulos de crédito próprios 283

3.9.2. Títulos de crédito impróprios 284

3.9.2.1. Títulos representativos 284

3.9.2.2. Títulos de financiamento 287

3.9.2.3. Títulos de investimento 290

Capítulo 4 ▶ **Contratos Empresariais** **293**

4.1. Introdução: fatos, atos e negócios jurídicos 293

4.2. Fontes das obrigações 293

4.2.1. Lei 294

4.2.2. Contrato 294

4.2.3. Ato ilícito 294

4.2.4. Declaração unilateral de vontade 294

4.3. Modalidades de obrigações 295

4.3.1. Obrigações de dar 295

4.3.2. Obrigações de fazer 295

4.3.3. Obrigações de não fazer 295

4.4. Condições de validade dos contratos 295

4.5. Fundamentos da teoria geral dos contratos 296

4.5.1. Limitação da liberdade de contratar pela função social do contrato 296

4.5.2. Exceção do contrato não cumprido 296

4.5.3. Teoria da imprevisão 297

4.6. Formas de ruptura e extinção do vínculo contratual 297

4.6.1. Invalidação 297

4.6.2. Dissolução do vínculo contratual 297

4.7. Regimes jurídicos aplicáveis às relações contratuais 299

4.8. Contratos mercantis e contratos empresariais 299

4.9. Contratos empresariais em espécie 300

    4.9.1. Mandato empresarial 301

        4.9.1.1. Definição 301

        4.9.1.2. Características gerais 301

        4.9.1.3. Obrigações do mandante e do mandatário 303

        4.9.1.4. Hipóteses de extinção do mandato empresarial 303

    4.9.2. Comissão empresarial 303

        4.9.2.1. Definição 303

        4.9.2.2. Características gerais 304

        4.9.2.3. Responsabilidade do comissário 305

        4.9.2.4. Hipóteses de extinção da comissão empresarial 306

    4.9.3. Representação comercial autônoma 306

        4.9.3.1. Definição 306

        4.9.3.2. Características gerais 308

        4.9.3.3. Elementos do contrato de representação comercial autônoma 309

        4.9.3.4. Hipóteses de rescisão do contrato de representação comercial 310

    4.9.4. Franquia empresarial "franchising" 311

        4.9.4.1. Definição 311

        4.9.4.2. Características gerais 312

            4.9.4.2.1. Contrato de engenharia ou projeto 313

            4.9.4.2.2. Contrato de gerenciamento empresarial 313

            4.9.4.2.3. Contrato de publicidade 313

        4.9.4.3. Obrigações do franqueador 313

        4.9.4.4. Obrigações do franqueado 316

    4.9.5. Agência e distribuição 317

        4.9.5.1. Definição 317

        4.9.5.2. Distribuição-aproximação e distribuição-intermediação 319

        4.9.5.3. Características gerais 320

        4.9.5.4. Obrigações das partes 320

    4.9.6. Concessão comercial 321

        4.9.6.1. Definição 321

        4.9.6.2. Características gerais 322

4.9.6.3.	Direitos e deveres das partes	323
4.9.6.4.	Convenções	325
	4.9.6.4.1. Convenções das categorias econômicas	325
	4.9.6.4.2. Convenções de marca	325
4.9.6.5.	Hipóteses de rescisão contratual	327
4.9.7.	Compra e venda empresarial	327
4.9.7.1.	Definição	327
4.9.7.2.	Características gerais	328
4.9.7.3.	Formas de classificação	329
	4.9.7.3.1. Quanto ao modo de execução	329
	4.9.7.3.2. Quanto à forma de apresentação das mercadorias	330
4.9.7.4.	Obrigações das partes	330
4.9.7.5.	Incoterms	331
	4.9.7.5.1. Vendas efetuadas na partida (identificadas pelas letras E-F-C)	332
	4.9.7.5.2. Vendas efetuadas na chegada (identificadas pela letra D)	333
4.9.7.6.	Cláusulas especiais à compra e venda	334
	4.9.7.6.1. Retrovenda	334
	4.9.7.6.2. Venda a contento e venda sujeita a prova	334
	4.9.7.6.3. Preempção ou preferência	335
	4.9.7.6.4. Compra e venda com reserva de domínio	336
	4.9.7.6.5. Venda sobre documentos	336
4.9.7.7.	Contrato estimatório	337
4.9.8.	Alienação fiduciária em garantia	337
4.9.8.1.	Definição	337
4.9.8.2.	Características gerais	339
4.9.8.3.	Requisitos essenciais do contrato de alienação fiduciária em garantia	340
4.9.9.	Arrendamento mercantil (leasing)	341
4.9.9.1.	Definição	341
4.9.9.2.	Características gerais	343
4.9.9.3.	Modalidades de arrendamento mercantil	343
	4.9.9.3.1. Leasing financeiro	343
	4.9.9.3.2. Leasing operacional	344
4.9.9.4.	Da controvérsia jurisprudencial sobre o arrendamento mercantil	344

4.9.10. Cartão de crédito 345

    4.9.10.1. Definição 345

    4.9.10.2. Fases da operação do cartão de crédito 346

        4.9.10.2.1. Emissão do cartão 346

        4.9.10.2.2. Utilização do cartão pelo titular ou cotitular 346

        4.9.10.2.3. Pagamento do saldo devedor à operadora 347

4.9.11. Faturização *(factoring)* 348

    4.9.11.1. Definição 348

    4.9.11.2. Características gerais 349

    4.9.11.3. Modalidades 350

        4.9.11.3.1. *Conventional factoring* 350

        4.9.11.3.2. *Maturity factoring* 350

    4.9.11.4. Da natureza jurídica do contrato de faturização 350

4.9.12. Contratos bancários 351

    4.9.12.1. Definição 351

    4.9.12.2. Operações passivas 352

        4.9.12.2.1. Depósito bancário 352

        4.9.12.2.2. Conta corrente 353

        4.9.12.2.3. Aplicação financeira 353

    4.9.12.3. Operações ativas 353

        4.9.12.3.1. Mútuo bancário 353

        4.9.12.3.2. Desconto bancário 354

        4.9.12.3.3. Abertura de crédito 354

        4.9.12.3.4. Crédito documentário 354

4.9.13. Seguro 355

    4.9.13.1. Definição 355

    4.9.13.2. Elementos do contrato de seguro 355

    4.9.13.3. Características gerais 356

    4.9.13.4. Obrigações das partes 357

        4.9.13.4.1. Obrigações da seguradora 357

        4.9.13.4.2. Obrigações do segurado 358

    4.9.13.5. Gêneros de seguro 359

        4.9.13.5.1. Seguro de dano 359

        4.9.13.5.2. Seguro de pessoa 359

4.9.13.5.3. Seguro-saúde 360

4.9.14. Locação comercial ou empresarial 360

Capítulo 5 ▶ **Falência e Recuperação de Empresas 365**

5.1. Aspectos gerais 365

5.2. Falência 367

5.2.1. Definição 367

5.2.2. Abrangência 369

5.2.3. Características gerais 373

5.2.4. Fases do processo falimentar 374

5.2.4.1. Fase preliminar ou declaratória 374

5.2.4.2. Fase de arrecadação de bens e classificação de créditos 374

5.2.4.3. Fase de liquidação ou satisfativa 375

5.2.5. Hipóteses legais de caracterização da falência 375

5.2.5.1. Impontualidade 375

5.2.5.2. Prática de atos de falência 376

5.2.5.3. Autofalência 379

5.2.6. Formas de manifestação do devedor 380

5.2.6.1. Depósito elisivo 380

5.2.6.2. Hipóteses elisivas da falência 380

5.2.6.3. Outras defesas 381

5.2.7. Do juízo falimentar 382

5.2.8. Sentença declaratória da falência 382

5.2.8.1. Termo legal da falência 384

5.2.8.2. Recursos cabíveis 386

5.2.8.3. Formação da massa falida 386

5.2.8.4. Continuação do negócio na falência 386

5.2.9. Efeitos da sentença declaratória da falência 387

5.2.9.1. Efeitos em relação aos direitos dos credores 387

5.2.9.2. Efeitos em relação à pessoa do falido 388

5.2.9.3. Efeitos em relação aos sócios e aos administradores da sociedade falida 390

5.2.9.4. Efeitos em relação aos bens do falido 392

5.2.9.4.1. Patrimônio de afetação 396

		5.2.9.5.	Efeitos em relação às obrigações e aos contratos do falido....................397
	5.2.10.	Pedido de restituição e embargos de terceiro...400	
	5.2.11.	Ineficácia de atos praticados pelo devedor antes da falência..........................402	
	5.2.12.	Administração da falência...406	
		5.2.12.1.	Administrador judicial..406
		5.2.12.2.	Comitê de credores..410
		5.2.12.3.	Assembleia geral de credores..411
	5.2.13.	Verificação dos créditos na falência...413	
	5.2.14.	Classificação dos créditos..414	
	5.2.15.	Liquidação do ativo...417	
		5.2.15.1.	Realização do ativo..418
		5.2.15.2.	Pagamento dos créditos na falência..423
	5.2.16.	Término da falência...424	
		5.2.16.1.	Encerramento do processo falimentar....................................424
		5.2.16.2.	Extinção das obrigações do falido...425
5.3.	Recuperação de empresas..427		
	5.3.1.	Introdução...427	
	5.3.2.	Recuperação judicial...429	
		5.3.2.1.	Definição...429
		5.3.2.2.	Características gerais...429
		5.3.2.3.	Requisitos da recuperação judicial..430
		5.3.2.4.	Direitos dos credores na recuperação judicial........................431
		5.3.2.5.	Meios de recuperação judicial...435
		5.3.2.6.	Órgãos da recuperação judicial...437
		5.3.2.7.	Processo de recuperação judicial...442
		5.3.2.8.	Plano especial de recuperação judicial....................................453
		5.3.2.9.	Convolação da recuperação judicial em falência......................455
	5.3.3.	Recuperação extrajudicial...455	
		5.3.3.1.	Definição...455
		5.3.3.2.	Características gerais...456
		5.3.3.3.	Requisitos da recuperação extrajudicial..................................458
		5.3.3.4.	Direitos dos credores na recuperação extrajudicial................458
		5.3.3.5.	Homologação do plano de recuperação extrajudicial..............460

5.3.3.6.	Procedimento de homologação do plano de recuperação extrajudicial	462

5.3.3.6. Procedimento de homologação do plano de recuperação extra-judicial..462

5.3.3.7. Crimes falimentares.......................................465

5.3.3.8. Disposições processuais penais.......................468

5.4. Intervenção e liquidação extrajudicial de instituições financeiras........................469

    5.4.1. Entidades sujeitas à intervenção e à liquidação extrajudicial........................469

    5.4.2. Intervenção extrajudicial........................471

        5.4.2.1. Definição.......................................471

        5.4.2.2. Aspectos gerais.............................471

        5.4.2.3. Do processo da intervenção.......471

        5.4.2.4. Cessação do regime de intervenção extrajudicial........................473

        5.4.2.5. Regime de Administração Especial Temporária (Raet)........................474

    5.4.3. Liquidação extrajudicial........................475

        5.4.3.1. Definição.......................................475

        5.4.3.2. Aspectos gerais.............................475

            5.4.3.2.1. Decretação *ex officio* motivada por causas econômicas que possam acarretar a insolvência da instituição financeira e prejuízos aos seus credores (art. 15, I, *a* e *c*)....475

            5.4.3.2.2. Decretação *ex officio* motivada como punição administrativa ao descumprimento de normas legais (art. 15, I, *b* e *d*)........................475

            5.4.3.2.3. Decretação motivada por pedido dos administradores da própria instituição financeira (art. 15, II)........................476

        5.4.3.3. Processo de liquidação extrajudicial........................476

        5.4.3.4. Hipóteses de extinção do processo de liquidação extrajudicial........................480

    5.4.4. Responsabilidade dos administradores de instituições financeiras........................480

        5.4.4.1. Declaração de indisponibilidade de bens........................481

        5.4.4.2. Instauração de inquérito administrativo........................482

    5.4.5. Do termo de compromisso........................484

    5.4.6. Do acordo administrativo em processo de supervisão........................485

Capítulo 6 ▶ **Propriedade Industrial** **487**

6.1. Propriedade intelectual e propriedade industrial........................487

6.2. Propriedade industrial e direito da propriedade industrial........................488

6.3. Aspectos jurídico-constitucionais........................490

6.4.	Instituto Nacional da Propriedade Industrial (Inpi)		490
6.5.	Das formas de proteção à propriedade industrial no Brasil – Patentes e registros		490
	6.5.1.	Patentes	490
		6.5.1.1. Processo de concessão de patente	494
	6.5.2.	Registros	495
		6.5.2.1. Processo de concessão de registro	495
6.6.	Modalidades de propriedade industrial		496
	6.6.1.	Invenções	496
	6.6.2.	Modelos de utilidade	497
	6.6.3.	Desenhos industriais	499
	6.6.4.	Marca	500
		6.6.4.1. Classificação das marcas quanto à sua natureza	501
		6.6.4.2. Classificação das marcas quanto à sua forma	501
		6.6.4.3. Requisitos de registrabilidade de marcas	501
6.7.	Indicações geográficas		508
6.8.	Dos crimes contra a propriedade industrial		509
	6.8.1.	Crimes contra as patentes	510
	6.8.2.	Crimes contra os desenhos industriais	511
	6.8.3.	Crimes contra as marcas	511
	6.8.4.	Crimes cometidos por meio de marca, título de estabelecimento e sinal de propaganda	511
	6.8.5.	Crimes contra indicações geográficas e demais indicações	512
	6.8.6.	Crimes de concorrência desleal	512
6.9.	Medidas judiciais		513
6.10.	Nome empresarial, marca e nome de domínio na internet		515

Referências Bibliográficas 517

CAPÍTULO 1

Parte Geral:
Comércio e Empresa

Sumário • **1.1.** Introdução – **1.2.** Conceito de direito empresarial – **1.3.** Características distintivas do direito empresarial no âmbito do direito privado: **1.3.1.** Simplicidade; **1.3.2.** Cosmopolitismo ou universalismo; **1.3.3.** Onerosidade – **1.4.** Fontes formais do direito comercial ou empresarial – **1.5.** Teorias formadoras do direito comercial ou empresarial: **1.5.1.** Teoria dos atos de comércio; **1.5.2.** Teoria da empresa – **1.6.** Formas de exercício da atividade empresarial: **1.6.1.** Exercício individual da empresa; **1.6.2.** Exercício coletivo da empresa – **1.7.** O empresário: **1.7.1.** Intermediação; **1.7.2.** Especulação com intuito de lucro; **1.7.3.** Profissionalidade; **1.7.4.** Capacidade – **1.8.** Da proteção constitucional à atividade empresarial: livre-iniciativa e livre concorrência – **1.9.** da inscrição do empresário no registro público de empresas mercantis – **1.10.** Condições para o exercício da atividade empresarial – **1.11.** Vedações ao exercício da atividade empresarial: **1.11.1.** Regimes tributários diferenciados; **1.11.2.** As startups no direito empresarial brasileiro – **1.12.** Obrigações comuns aos empresários, empresas individuais de responsabilidade limitada e sociedades empresárias: **1.12.1.** Da obrigatoriedade de inscrição no registro de empresas; **1.12.2.** Da obrigatoriedade de manutenção dos livros empresariais; **1.12.3.** Da obrigatoriedade de confecção anual de balanço patrimonial – **1.13.** Empresário inativo – **1.14.** Empresário de fato e empresário irregular – **1.15.** Agentes auxiliares da empresa – **1.16.** Estabelecimento empresarial: **1.16.1.** Definição; **1.16.2.** Características gerais; **1.16.3.** Elementos do estabelecimento empresarial; **1.16.4.** Trespasse e responsabilidade na alienação do estabelecimento empresarial – **1.17.** A empresa e o comércio eletrônico – **1.18.** A empresa e a proteção ao consumidor: **1.18.1.** Aspectos gerais; **1.18.2.** Direitos básicos do consumidor; **1.18.3.** Hipóteses de responsabilidade do fornecedor; **1.18.4.** Publicidade.

1.1. INTRODUÇÃO

A atividade comercial e, mais recentemente como se verá, empresarial, é exercida pelo homem desde os primórdios das civilizações e tem propiciado a criação de nações e impérios, sendo também propulsora do desenvolvimento científico e tecnológico, além de constituir-se num elemento agregador de culturas.

Do ponto de vista técnico, por seu turno, o comércio baseia-se na produção em excedente e na troca desse excedente gerado para essa finalidade e assim denominado *mercadoria*, e que inicialmente era objeto de troca por outras mercadorias, em prática conhecida por *escambo*, tendo sido posteriormente adotado um padrão objetivo de trocas – a *moeda*.

Por ser baseado na troca, o comércio é uma atividade tipicamente social, que exige a interação entre as partes envolvidas. Essa interação somente pode ser proporcionada pela vida em sociedade. Comércio é, desse modo, sinônimo de civilização e vida em sociedade.

No plano normativo, ao longo dos tempos, tornou-se necessário disciplinar as práticas comerciais surgidas, ainda que parte delas permanecesse orientada apenas pelos costumes, como ocorre nos tempos atuais.

Assim, desde as civilizações mais antigas como a Babilônia, com o seu famoso Código de Hamurabi, passando pela Fenícia, tradicional berço do comércio e chegando a Roma, com o desenvolvido Direito Romano, que constituiu a base de praticamente todos os ordenamentos jurídicos ocidentais, sempre houve uma preocupação em disciplinar as atividades econômicas de produção e circulação de bens, dentro do que assim passou a ser denominado Comércio.

Esse processo normativo foi de certa forma paralisado durante a Idade Média, sendo que ao final desse período, com o Renascimento Comercial, a burguesia, classe social então emergente, surgida nas pequenas vilas (burgos) que se formavam na Europa, procurou disciplinar novamente as atividades comerciais de produção e circulação de bens, cujas regras, no entanto se aplicavam unicamente àqueles inscritos nas corporações de ofício, então criadas pelos burgueses, visto que constantes de seus regulamentos internos, e conforme seu ramo de atividade profissional.

No início do século XIX, como se verá, surgiu a Teoria dos Atos de Comércio, a partir da qual, a existência do comércio e de seu agente produtivo – o então comerciante – passou a basear-se na classificação formal dos atos por ele praticados (por exemplo, compra e venda com finalidade de revenda, atividades bancárias, industriais, seguros etc.), isto é, dos *atos de comércio.*

Desse modo, a especificidade das normas do direito comercial justificou o fato de essa disciplina sempre ser vista de forma autônoma em relação ao direito civil, não obstante serem ambos ramos do direito privado.

No plano doutrinário, formaram-se, ao longo de anos, correntes favoráveis e contrárias à autonomia do direito comercial, sendo que no fim do século XIX e no início do século XX ocorreram várias tentativas de unificação do direito comercial com o direito civil.

No Brasil, a ideia da unificação não é recente. Já no início do século passado, mais precisamente em 1912, o comercialista Inglês de Souza organizou um anteprojeto de Código Comercial, posteriormente convertido em Projeto de Código de Direito Privado.

Os doutrinadores favoráveis à unificação justificavam-na pela Teoria da Empresa, normatizada com base no Código Civil italiano de 1942, que foi, no âmbito internacional, um dos exemplos mais conhecidos de unificação, tendo reunido em seu Livro V grande parte do conteúdo do antigo Código Comercial italiano.

A Teoria da Empresa, como se verá adiante, está baseada na atividade econômica exercida de forma organizada por determinado indivíduo – o empresário – ou determinada pessoa jurídica – a empresa individual de responsabilidade limitada ou a sociedade empresária. Daí o conceito de *empresa* como toda atividade econômica organizada destinada à produção ou à circulação de bens ou à prestação de serviços.

A pretendida unificação, entretanto, não se concretizou como se imaginava, na medida em que não ocorreu propriamente uma simbiose entre as antigas normas do direito comercial e as do direito civil. Pelo contrário, o que se viu foi a mera reunião de normas distintas em um único código, sem que houvesse, entretanto, uma verdadeira conexão entre elas, em grau maior que o já decorrente da própria natureza de ambos os ramos do direito.

Nesse sentido, como bem observa Fran Martins (*Curso de direito comercial*, p. 26):

> "De tudo se infere que a unificação do direito privado, mesmo nas legislações mais modernas, como no novo Código Civil italiano, não logrou êxito. Neste, apesar de incluídos em um único corpo de leis, os princípios do direito comercial não se confundem com os do direito civil, estando, ainda, reguladas por leis especiais as matérias que sempre pertenceram ao direito comercial. Não houve, assim, uniformidade de normas, mas simplesmente a compilação em uma só lei de matérias que, apesar de terem muitos pontos de contato, continuam a reger-se por princípios autônomos."

No Brasil, a edição do atual Código Civil (Lei 10.406/2002) também representou uma tentativa de unificação.

Assim, em termos gerais, no Código Civil desaparecem as figuras do comerciante e da sociedade comercial, surgindo a partir de então o empresário, a empresa individual de responsabilidade limitada e a sociedade empresária, que, como se verá adiante, não podem, do ponto de vista doutrinário, ser considerados meros sinônimos de comerciante e sociedade comercial, ainda que os tenham sucedido legalmente.

1.2. CONCEITO DE DIREITO EMPRESARIAL

O Direito Empresarial (outrora denominado Direito Comercial, pela lei brasileira) se caracteriza como o conjunto de normas destinadas a regular o exercício profissional das atividades econômicas organizadas de produção e circulação de bens, e prestação de serviços.

Apesar de estar circunscrito no âmbito do direito privado, o direito empresarial (como sucedâneo do antigo direito comercial) apresenta significativa autonomia em relação ao direito civil, que também integra o direito privado.

Nesse sentido é novamente a lição de Fran Martins (*Curso de direito comercial*, p. 23):

> "Ramo do direito privado, apesar de conter certas normas do direito público (nas sociedades, na falência, no direito dos transportes), o direito comercial não se confunde com o civil, não obstante os inúmeros pontos de contato existentes entre ambos. Regulando as atividades profissionais do comerciante e os atos por lei considerados comerciais, ficam fora do âmbito do direito mercantil as relações jurídicas relativas à família, à sucessão e ao estado da pessoa, que são regidas pela lei civil. Afigura-se, assim, o direito comercial como um direito de tendências profissionais, enquanto o civil é de tendência individualista, procurando reger as relações jurídicas das pessoas como tais e não como profissionais."

1.3. CARACTERÍSTICAS DISTINTIVAS DO DIREITO EMPRESARIAL NO ÂMBITO DO DIREITO PRIVADO

A doutrina, em geral, costuma enunciar diversas características do direito empresarial que o distinguem sobremaneira do direito civil, no âmbito do direito privado, sendo que, dentre elas, a nosso ver, merecem especial destaque as seguintes:

1.3.1. Simplicidade

O direito empresarial possui caráter mais dinâmico e apresenta menor formalismo que o direito civil. A simplicidade afigura-se como um elemento do próprio comércio, e mais precisamente da atividade empresarial, visto que atende a necessidades da sociedade e tais necessidades (como os alimentos, o vestuário e mesmo o crédito, por exemplo) são imediatas, daí a ausência, em geral, de formas rígidas ou solenes para a prática dos atos jurídicos no direito empresarial, característica revelada pela própria ausência de normas verificada muitas vezes nesse ramo do direito.

No direito empresarial, diante da ausência de normas específicas para regular determinada prática econômica, valoriza-se mais o costume, daí falar-se ainda hoje nos *usos e costumes mercantis* que são as práticas consuetudinárias adotadas em determinado mercado, que, no direito empresarial, quando da ausência de norma específica, são consideradas fonte secundária do direito de empresa.

Assim, como se verá adiante, há, por exemplo, modalidades contratuais correntemente adotadas no meio empresarial que não possuem qualquer base legal específica no Brasil, como é o caso dos contratos de cartão de crédito e faturização.

1.3.2. Cosmopolitismo ou universalismo

O direito empresarial tem características, por assim dizer, universais, diversamente do direito civil, que é um direito singular de cada Estado.

Isso ocorre porque, como o comércio visa ao atendimento de necessidades da sociedade, tais necessidades são muitas vezes comuns e universais. Assim, todas as pessoas, em qualquer lugar do mundo, necessitam de alimentos e de vestuário, por exemplo, o que possibilita a produtores de uma região venderem sua mercadoria a consumidores de outra, o mesmo ocorrendo entre países distintos, daí o surgimento do comércio internacional, e de um conjunto de normas próprias conhecidas por direito do comércio internacional. Tudo isso, inegavelmente, imprimiu ao direito empresarial um caráter universal ou cosmopolita e conduziu à padronização de muitas das normas nessa matéria, culminando nos dias atuais no fenômeno da globalização.

1.3.3. Onerosidade

A onerosidade é um elemento ínsito a toda relação empresarial. O empresário desenvolve sua atividade de produção de bens, circulação de bens ou de serviços de forma a obter lucro.

O elemento-chave nesse ponto é a *especulação com a finalidade de lucro*. O antigo direito comercial surgiu da necessidade de regulação da prática de atos de intermediação na troca de mercadorias, em que o intermediário (o comerciante, agora empresário) agregava um valor àquele da mercadoria negociada, com base na necessidade do mercado (oferta e procura), auferindo maior ou menor lucro conforme as circunstâncias.

Disso resulta que o direito empresarial, que se configura como um conjunto de preceitos e normas destinado a regular a atividade econômica organizada, reflete essa onerosidade, não existindo em regra negócio empresarial gratuito. Diversamente do direito civil, em que, por exemplo, há atos e negócios jurídicos gratuitos como a doação e o comodato.

1.4. FONTES FORMAIS DO DIREITO COMERCIAL OU EMPRESARIAL

Fonte formal do direito é o elemento, jurídico ou não, que origina determinado regramento jurídico. As fontes são consideradas para fins de aplicação do direito, sendo que, na ausência das fontes primárias, são adotadas as fontes secundárias e assim por diante.

Merece destaque o fato de os usos e costumes mercantis serem considerados doutrinária e jurisprudencialmente fonte secundária do direito empresarial, o que, conforme exposto, revela a importância das práticas empresariais adotadas em determinado mercado para o fim de aplicação e interpretação do direito nesse ramo.

As fontes formais do direito empresarial podem ser ordenadas do seguinte modo:

  a)   Fontes primárias: Código Comercial (Parte Segunda – arts. 457 a 913), leis comerciais e o Livro II do Código Civil – Direito de Empresa;

  b)   Fontes secundárias: usos e costumes mercantis, leis civis, analogia, costumes (gerais) e princípios gerais de direito.

1.5. TEORIAS FORMADORAS DO DIREITO COMERCIAL OU EMPRESARIAL

1.5.1. Teoria dos atos de comércio

O Código Comercial (Lei 556/1850), hoje de aplicação restrita em nossa disciplina, tinha por fundamento a Teoria dos Atos de Comércio, baseada no Código Comercial francês de 1807.

Essa teoria representou uma mudança no ponto de incidência do direito comercial.

Nas antigas corporações de ofício existentes sobretudo na Europa Ocidental no final da Idade Média e início da Idade Moderna, as normas comerciais, representadas pelos regulamentos internos dessas corporações, aplicavam-se exclusivamente aos seus inscritos conforme as respectivas categorias profissionais, possuindo nítido *caráter subjetivo*.

Por seu turno, a Teoria dos Atos de Comércio determinava a aplicação das normas comerciais aos atos legalmente definidos como *atos de comércio*, atribuindo assim, um *caráter objetivo* ao direito comercial. Desse modo, uma pessoa (natural ou jurídica) se encontrava submetida às regras do direito comercial pela Teoria dos Atos de Comércio se exercesse determinadas atividades específicas, no caso do Brasil, relacionadas no art. 19 do já revogado Regulamento 737/1850, correspondendo à chamada *Mercancia,* que podia ser definida como a *prática reiterada dos atos de comércio*:

a) a compra e venda ou troca de bem móvel ou semovente, para sua revenda, por atacado ou a varejo, industrializado ou não, ou para alugar o seu uso;

b) as operações de câmbio, banco e corretagem;

c) as empresas de fábricas, de comissões, de depósito, de expedição, consignação e transporte de mercadorias, de espetáculos públicos;

d) os seguros, fretamentos, riscos;

e) quaisquer contratos relativos ao comércio marítimo e à armação e expedição de navios.

O comerciante, de acordo com a definição tradicional, era toda pessoa que praticava – *profissionalmente* – atividades de produção de bens ou atos de intermediação na venda e compra de mercadorias, com intuito de lucro, ou seja, que executava atos definidos pela lei como atos de comércio, e para cuja prática se exigiam certos requisitos, como a inscrição no registro de comércio. Esse conceito não compreendia a noção de prestação de serviços como atividade comercial (com raríssimas exceções, como os serviços de transporte e espetáculos públicos, por exemplo).

Sob a vigência da Teoria dos Atos de Comércio, prevalecia o caráter objetivo do ato econômico em si, de modo que se a atividade econômica que constituía o objeto adotado pelo comerciante estivesse elencada no rol normativo dos atos de comércio, a sua inscrição no registro de comércio seria obrigatória e a sua submissão às normas do Direito Comercial, absoluta, sendo de pouca importância as proporções econômicas de seu negócio ou o modo como estivesse organizado.

Assim, constata-se que o comércio podia ser praticado por qualquer pessoa capaz, desde que não expressamente proibida por lei, fosse ela pessoa natural ou pessoa jurídica, e atendesse a certos requisitos legais de ordem objetiva. No primeiro caso, tínhamos o *comerciante individual* (que, como veremos adiante, foi substituído pelo *empresário individual*); no segundo, a *sociedade comercial* (que, em um sentido genérico, foi substituída pela *sociedade empresária*), tendo ainda e posteriormente, surgido a *empresa individual de responsabilidade limitada*, não existente naquela ocasião.

1.5.2. Teoria da empresa

A Teoria da Empresa, surgida na Itália e normatizada pelo Código Civil italiano de 1942, tem como fundamento a atividade econômica e a sua organização. Assim, conceitua-se *empresa* como *toda atividade econômica, exercida de forma organizada, que visa à produção ou à circulação de bens ou de serviços*, em uma mudança de foco em relação ao conceito tradicional de comércio, na medida em que a Teoria da Empresa abrange também parte da atividade de prestação de serviços, até então restrita ao âmbito do direito civil.

Nesse sentido, o ponto central da Teoria da Empresa é a atividade, a ação organizada na esfera econômica, o que a doutrina convencionou chamar de empresarialidade ou elemento de empresa, que pode ser definida como sendo a organização racional dos fatores de produção. E a atividade econômica assim desenvolvida, tenderá a não guardar vínculo de pessoalidade com o seu titular, imprimindo certa *impessoalidade* ao seu exercício.

Disso resulta que, para a empresa importa preliminarmente a atividade econômica em si, sendo o objetivo precípuo da Teoria da Empresa o de assegurar a *continuidade* da atividade empresarial e a preservação da empresa (Princípio da Preservação da Empresa) e de todos os benefícios por ela gerados (empregos, tributos, desenvolvimento social etc.), ainda que muitas vezes sob a administração de outro titular que não aquele que iniciou o seu exercício.

Desse modo, está clara a inovação conceitual promovida pela Teoria da Empresa, na medida em que não mais se considera o ato jurídico em si, se mercantil ou civil, como fator norteador da incidência das normas, respectivamente, do direito empresarial ou do direito civil, mas a organização racional dos meios de produção atribuída pelo empresário e característica da atividade empresarial. O jurista italiano Alberto Asquini, ao estudar o fenômeno da empresa no Código Civil italiano, concebeu quatro perfis diferentes para o exercício da atividade empresarial: perfil subjetivo, perfil objetivo, perfil funcional e perfil corporativo.

A esse respeito, convém citar o magistério de Marcos Paulo de Almeida Salles ("A visão jurídica da empresa na realidade brasileira atual". *Revista de Direito Mercantil, Industrial, Econômico e Financeiro*, São Paulo, Malheiros, n. 119, ano XXXIX, p. 97, jul.-set. 2000*)*:

> "Coube ao jurista italiano Asquini o desbravar desta selva de dificuldades sobre a novel instituição, tal como trazida à luz do Código Civil italiano, em 1942, resultando sua decomposição interpretativa em quatro facetas sob as quais encará-la, às quais denominou de perfis, que fez publicar na Rivista del Diritto Commerciale (v. 41-I, 1943), como sendo: perfil subjetivo, perfil objetivo, perfil funcional e perfil corporativo, assim entendidos a empresa como empresário, como estabelecimento, como atividade e como instituição, respectivamente." [...]

> "Contemplando esta explicação, em que se é conduzido para o raciocínio sobre a atividade, ao invés da simplicidade do ato, como até aqui vínhamos acompanhando, vemos, ainda com Asquini, que 'o conceito da atividade empresarial tem notável relevância na teoria jurídica da empresa; antes de mais nada porque para se chegar à noção de empresário é necessário partir do conceito de atividade empresarial.

> Apraz-nos, assim, dar preponderância a este perfil funcional como sendo aquele que mais bem nos coloca frente à evolução de ato de comércio, para atividade do empresário, no exercício da empresa." [...]

> "A empresarialidade decorre, a nosso ver, da reavaliação de referidos perfis do grande doutrinador italiano, que, da época em que foram elaborados ao presente momento, tiveram seu elemento causal a perfilar ora uma, ora outras de suas facetas. O crescimento da aproximação econômica dos fatores capital e trabalho acabou por colocar na empresa – e, por via de consequência, no empresário – a responsabilidade pelo desenvolvimento da atividade mercantil, ora sediando a empresa no perfil objetivo, como o quer a Lei das Sociedades Anônimas, ora no perfil subjetivo, como o demonstram as legislações fiscal e trabalhista."

Assim, face ao advento da Teoria da Empresa, pode-se dizer que as atividades consideradas empresariais e submetidas à incidência do Direito Empresarial hoje compreendem a produção de bens, a circulação de bens e a prestação de serviços quando exercidas com empresarialidade, mediante a organização racional dos fatores de produção, observadas as exceções legais, conforme será tratado no item 1.7 seguinte.

Clara está, também, a distinção conceitual e doutrinária existente entre os conceitos de *comerciante* e *empresário*, visto que este último abarca também a prestação (ou circulação) de serviços de forma organizada, ainda que, como se observou, na prática, seja o empresário tomado como sucedâneo legal do antigo comerciante.

1.6. FORMAS DE EXERCÍCIO DA ATIVIDADE EMPRESARIAL

A atividade empresarial pode ser exercida, do ponto de vista de sua titularidade, basicamente sob duas formas distintas:

1.6.1. Exercício individual da empresa

A expressão *exercício individual da empresa* sempre foi utilizada pela doutrina comercialista para identificar a situação em que uma pessoa natural inscreve-se no registro de empresas a fim de que possa legalmente desenvolver, em seu próprio nome e sob sua exclusiva responsabilidade, uma atividade econômica de produção ou circulação de bens, ou ainda prestação de serviços, mediante organização empresarial, consoante o disposto no art. 966 do Código Civil.

Nesse caso, o a) *empresário individual* inscreve-se no registro de empresas com sua firma individual (seu nome próprio, por extenso ou abreviado, seguido ou não do ramo de atuação) e, como resultado disso, ainda que possua empregados e auxiliares, contrai obrigações em seu próprio nome, assumindo diretamente a responsabilidade e vinculando seu patrimônio pessoal ao cumprimento de tais obrigações, conforme o art. 968 do Código Civil.

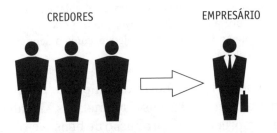

O empresário individual não é pessoa jurídica, possuindo, no entanto, inscrição no Cadastro Nacional de Pessoas Jurídicas do Ministério da Fazenda (CNPJ/MF) unicamente para que possa recolher tributos pelas mesmas alíquotas asseguradas às pessoas jurídicas, como forma de um incentivo legal à atividade empresarial, fato esse que, contudo, não tem o condão de transformá-lo em pessoa jurídica.

Ressalte-se ainda que o art. 968, § 3.º, do Código Civil, prevê a possibilidade de que o empresário individual, caso venha a admitir sócios, solicite ao registro de empresas a transformação de seu registro de empresário para o registro de sociedade empresária (que não se confunde com a operação jurídica de transformação de um tipo societário em outro), em uma clara possibilidade legal de mutação do exercício individual em exercício coletivo da empresa.

Posteriormente foi criada nova figura jurídica denominada b) *empresa individual de responsabilidade limitada*, identificada pela expressão EIRELI, conforme as disposições da Lei 12.441/2011.

Nesse sentido, a lei em referência, em vigor a partir de 09.01.2012, criou por meio da EIRELI nova modalidade de pessoa jurídica de direito privado (art. 44, VI) e acrescentou o art. 980-A ao Código Civil, que segue ainda regência supletiva das normas aplicáveis às sociedades limitadas.

Assim, a EIRELI passa a constituir alternativa para o exercício individual da empresa, no entanto por meio de uma pessoa jurídica em nome da qual serão desenvolvidas todas as atividades empresariais, e que figurará como exclusiva responsável por todas as obrigações assumidas, estando, porém, a responsabilidade de seu titular, à semelhança do que já ocorre com as sociedades limitadas e anônimas, restrita ao valor por ele integralizado no capital social, que a lei fixa em, no mínimo, o equivalente a cem vezes o maior salário mínimo vigente.

EXERCÍCIO INDIVIDUAL – EMPRESA INDIVIDUAL DE RESPONSABILIDADE LIMITADA – EIRELI (ART. 980-A CC)

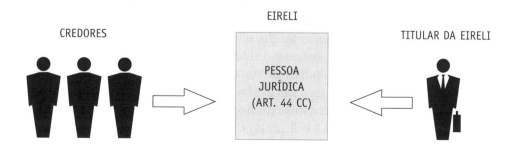

O Código Civil não estabeleceu qualquer restrição expressa à participação de pessoa jurídica como titular da EIRELI, o que, em princípio, dá a entender que podem tomar parte na criação de uma EIRELI, tanto uma pessoa natural quanto uma pessoa jurídica.

A legislação também manteve-se silente a respeito do registro público competente para inscrição da EIRELI, o que tem possibilitado a inscrição da EIRELI, alternativamente, em Cartório de Registro Civil de Pessoas Jurídicas, desde que o seu objeto não compreenda atividade econômica organizada empresarialmente, que pode ser adotada por prestadores de serviços não empresariais.

Tal fato, curiosamente, possibilita a criação de uma "empresa civil", em oposição à "empresa mercantil", ou seja, à EIRELI propriamente dita, inscrita no Registro de Empresas. Referido entendimento, em que pese a possibilidade prática registral, deve ser visto com cuidado, na medida em que a razão inicial de existência da EIRELI, enquanto empresa, é possibilitar o exercício de atividades econômicas organizadas empresarialmente por uma pessoa jurídica, integrada por um único titular, amparado pela sistemática da limitação da responsabilidade, compatível com os riscos inerentes às atividades empresariais.

Desse modo, uma vez integralizado o capital social a partir do valor mínimo exigido por lei (que também tem sido objeto de debates, face à inexistência de requisito similar para inscrição como empresário individual ou constituição de uma sociedade empresária), a EIRELI permitirá ao seu titular, ainda que de forma indireta, exercer individualmente a atividade empresarial que constitui seu objeto, sem o risco de que o valor do passivo, que porventura venha a exceder ao valor do capital social integralizado, atinja o patrimônio de seu titular, excepcionadas, logicamente, aquelas hipóteses legais em que não subsistirá a limitação da responsabilidade, aplicáveis às sociedades limitadas e, pela regência supletiva, aplicáveis também à EIRELI.

Ressalte-se que o titular da EIRELI não será considerado legalmente empresário, distinguindo-se assim do empresário individual. Da mesma forma, também não poderá ser tido como sócio, visto que a EIRELI não se constitui como sociedade unipessoal, sendo que o novel art. 980-A não lhe atribui essa condição e, desse modo, não é possível presumi-lo, visto que as sociedades, como regra em nosso sistema jurídico, são formadas por no mínimo dois integrantes, a partir de um contrato (acordo de vontades) havido entre eles, sendo por isso necessário que a lei expressamente preveja tal situação excepcional, como textualmente o faz a Lei 6.404/1976 (Lei das S/A) em seus arts. 251 e 252, ao disciplinar a sociedade *subsidiária integral*, ou ainda a Lei 8.906/1994 (Estatuto da Advocacia e da OAB) em seu art. 15, ao prever a sociedade unipessoal de advocacia (conforme alterações promovidas pela Lei 13.247/2016).

O seu nome empresarial será formado a partir da inclusão da expressão "EIRELI" após a *firma* (o nome da pessoa natural titular, por extenso ou abreviado, seguido ou não do ramo de atuação) ou a *denominação social* (nome que tem por base expressão de fantasia, sendo ainda permitido nela figurar o nome do titular da EIRELI, seguido de palavra que identifique o objeto social), sendo que a pessoa natural que constituir EIRELI somente poderá figurar em uma única empresa dessa modalidade.

Por fim, ressalte-se que a EIRELI poderá resultar ainda da concentração das quotas de outra modalidade societária num único sócio (art. 1.033, parágrafo único), na hipótese, por exemplo, de retirada ou falecimento dos demais sócios em uma sociedade, e desde que de interesse do titular remanescente. Nessa circunstância, de modo inverso, passar-se-á do exercício coletivo ao exercício individual da empresa.

1.6.2. Exercício coletivo da empresa

Por seu turno, o assim denominado *exercício coletivo da empresa* caracteriza-se pela união de esforços produtivos por duas ou mais pessoas naturais ou jurídicas, a partir de um contrato social e mediante a constituição de uma sociedade empresária.

Nesse sentido, referidas sociedades, conforme será estudado no Capítulo 2 – Direito Societário, em regra são pessoas jurídicas, ainda que o Código Civil preveja a possibilidade de criação de sociedades não personificadas (sociedade em comum e sociedade em conta de participação), não as classifica como sociedades empresárias, pelo fato de não terem os seus atos constitutivos arquivados no registro de empresas.

Assim, pode-se dizer que as sociedades empresárias são o instrumento legal de exercício coletivo da empresa, considerando inclusive que, como pessoas jurídicas, têm existência distinta de seus sócios, que não serão considerados empresários, de modo que, respeitadas as exceções legais, a eventual incompatibilidade de uma pessoa natural para tornar-se empresário individual, não se aplica necessariamente à hipótese de sua participação como sócio de sociedade empresária.

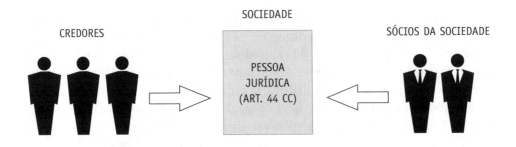

1.7. O EMPRESÁRIO

O Código Civil introduziu no direito pátrio o conceito legal de *empresário*, previsto no Livro II de sua Parte Especial, intitulado "Do Direito de Empresa".

Com a entrada em vigor do Código Civil de 2002, revogou-se a primeira parte do Código Comercial (arts. 1.º a 456), que tratava da teoria geral do comércio, das sociedades comerciais e dos contratos mercantis, sendo que uma parcela dessas matérias passou a ser regulada pelo Código Civil, como se verá oportunamente.

Nesse sentido, estabelece o Código Civil em seu art. 2.037: "Salvo disposição em contrário, aplicam-se aos empresários e sociedades empresárias as disposições de lei não revogadas por este Código, referentes a comerciantes, ou a sociedades comerciais, bem como a atividades mercantis."

Nos termos do Código Civil, empresário é aquele que exerce a empresa (entendendo-se por esta uma atividade econômica organizada), podendo ser, para fins práticos e mantidas as devidas proporções doutrinárias, considerado o sucedâneo legal do antigo comerciante.

O Código Civil definiu o empresário, e não propriamente a empresa como atividade. Assim, em seu art. 966, *caput*, considera "empresário quem exerce profissionalmente atividade econômica organizada para a produção ou a circulação de bens ou de serviços".

O exercício de atividade econômica de forma organizada é que encerra toda a essência conceitual da empresa, conforme exposto no item 1.5.2.

Nesse sentido, o Código Civil, no parágrafo único do referido artigo, ao definir o conceito de empresário, criou nítida exceção ao não considerar empresário "quem exerce profissão intelectual, de natureza científica, literária ou artística, ainda com o concurso de auxiliares ou colaboradores, salvo se o exercício da profissão constituir elemento de empresa".

A dúvida toda, como se pode notar a partir da leitura do parágrafo único do artigo em questão, está cingida à correta classificação de determinadas atividades artísticas ou de prestação de serviços como atividades empresariais ou não.

Dessa forma, aquelas atividades de prestação de serviços de natureza intelectual, científica, artística ou literária, ainda que sejam desenvolvidas com o concurso de outras pessoas, somente poderão ser classificadas como atividades empresariais à medida que seu titular – o empresário – efetivamente discipline o trabalho de terceiros, em uma clara organização dos meios de produção, que nada mais é do que o *elemento de empresa*, também denominado *empresarialidade*.

Assim, o *elemento de empresa* pode ser definido como a organização racional dos fatores de produção. O empresário, como tal, atua na organização dos fatores de produção, incluindo-se aqui a organização da mão de obra, na pessoa dos agentes auxiliares da empresa, e os demais fatores de produção reunidos em torno do estabelecimento empresarial.

A *empresarialidade* caracteriza-se pela impessoalidade no exercício de uma atividade econômica e compõe a Teoria da Empresa.

Assim, por exemplo, um dentista que atenda pessoalmente seus pacientes em seu consultório, como profissional liberal, não pode ser tido como empresário.

Agora, tome-se o exemplo de um dentista muito bem-sucedido em sua profissão que, tendo em vista o crescente número de pacientes, organize uma clínica odontológica de grandes proporções, na qual trabalhem – sob a sua orientação – diversos profissionais da área odontológica, das mais variadas especialidades. Além disso, considere-se que a clínica tenha um corpo de funcionários destinado a dar suporte à sua atividade (prestação de serviços odontológicos), contando assim com enfermeiras, protéticos, recepcionistas, copeiras e manobristas, dentre outros, de modo que o dentista acima referido não mais atenda pessoalmente os pacientes, dedicando-se à organização do trabalho dos diversos profissionais integrantes da clínica.

Nessa hipótese, estará presente o elemento de empresa ou empresarialidade, conforme previsto no parágrafo único do art. 966, tornando-se o antigo dentista um empresário, na medida em que abandone a pessoalidade antes presente nos serviços por ele prestados, a partir da contratação de auxiliares e de outros profissionais que passem a prestar os serviços odontológicos que constituem o objeto da atividade em questão.

Assim, a teor do disposto no art. 966, parágrafo único, os chamados profissionais liberais, quando atuem individualmente, não se caracterizam como empresários, inscrevendo-se em seu próprio nome nos respectivos conselhos fiscalizadores de suas profissões regulamentadas.

Ressalte-se que, no caso dos advogados, a vedação é expressa e absoluta, na medida em que, mesmo quando reunidos em sociedades de advogados, tal atividade não se caracterizará como atividade empresarial, devendo os atos constitutivos da sociedade de advogados ser arquivados na própria Ordem dos Advogados do Brasil, consoante o disposto no art. 15, § 1.º, do Estatuto da Advocacia e da OAB.

Da mesma forma, a atividade de produção de bens de forma artesanal, ainda que compreendida na esfera produtiva, não se configura, em princípio, como atividade empresarial. Desse modo, um alfaiate, enquanto produza, artesanalmente e sob medida, ternos para seus clientes, não será obrigatoriamente um empresário, ainda que tenha o concurso de auxiliares ou colaboradores. Contudo, a partir do momento em que decida não mais produzir ternos sob medida e passe a fabricá-los em escala industrial, em uma linha de produção, com a participação dos mesmos auxiliares ou colaboradores, tornar-se-á um empresário, na medida organize o trabalho de outras pessoas e administre o seu capital, de modo impessoal, sem atuar diretamente da feitura de qualquer terno para algum cliente específico.

Convém ainda ressaltar que o Código Civil prevê, em seu art. 971 que o empresário, cuja atividade rural constitua sua principal profissão, pode, observadas as formalidades de que tratam o art. 968 e seus parágrafos, requerer inscrição na Junta Comercial da respectiva sede, caso em que, depois de inscrito, ficará equiparado, para todos os efeitos, ao empresário sujeito a registro. Disso resulta que os pequenos produtores rurais, sobretudo, apesar de dedicarem-se à produção agrícola ou agropecuária, não exercerão necessariamente atividade empresarial (salvo quando optarem pela inscrição no Registro de Empresas) como a prática tem revelado; diferentemente da grande agroindústria, que atua no mercado organizada empresarialmente.

O empresário, dessa forma, apenas para fins de ilustração, pode ser comparado ao maestro em uma orquestra: se, por um lado, não toca especificamente nenhum instrumento musical, por outro, deve compor a afinação e harmonia dos sons dos vários instrumentos integrantes da orquestra, sendo assim o principal responsável pela qualidade das músicas executadas pela orquestra, como um todo.

A empresa funciona, assim, como um elemento catalisador dos fatores de produção existentes na sociedade, sendo o empresário (ou ainda a EIRELI ou a sociedade empresária) o seu titular, sendo esse o fator determinante para a atribuição da responsabilidade patrimonial primária decorrente do exercício da atividade empresarial.

Considerando que, em termos doutrinários, a empresa compreende um modo de organização dos fatores de produção (empresarialidade), bem como tendo em vista a definição contida no art. 966, pode-se afirmar que são, em princípio, atividades empresariais:

a) produção de bens, compreendendo toda a atividade industrial, criadora ou transformadora;

b) circulação de bens, correspondendo ao que tradicionalmente se denomina comércio, e,

c) prestação de serviços, quando desenvolvida de forma impessoal, com empresarialidade, como acontece com os serviços de telefonia e telemarketing, por exemplo.

Por outro lado, pode-se dizer que constituem, em princípio, exceção à regra enunciada, não sendo obrigatoriamente qualificadas como atividades empresariais:

a) atividades de produção e circulação de bens, excepcionalmente desenvolvidas sem organização empresarial, como acontece com o artesanato e o pequeno produtor rural, por exemplo; e

b) atividades de prestação de serviços que exijam, necessariamente, pessoalidade em sua execução, desenvolvidas sem o elemento de empresa (empresarialidade), ainda que o prestador de serviços respectivo possa ter a colaboração de auxiliares (art. 966, parágrafo único), como acontece, por exemplo, com os profissionais liberais.

Conforme observado, o empresário individual não é pessoa jurídica, possuindo, no entanto, inscrição no Cadastro Nacional de Pessoas Jurídicas do Ministério da Fazenda (CNPJ/MF) unicamente para que possa recolher tributos pelas mesmas alíquotas asseguradas às pessoas jurídicas, como forma de um incentivo legal à atividade empresarial, fato esse que, entretanto, não tem o condão de transformá-lo em pessoa jurídica.

Disso resulta que as obrigações contraídas pelo empresário individual, em sua atividade econômica, são por ele assumidas em caráter pessoal e ilimitado, podendo atingir todo o seu patrimônio.

Não obstante, a doutrina e a jurisprudência têm procurado divisar o patrimônio empresarial (correspondente ao estabelecimento empresarial de titularidade do empresário) do patrimônio pessoal, para fins de preferência em uma execução por dívidas contraídas no exercício da atividade empresarial.

Nesse exato sentido, dispõe o Enunciado 5, redigido na I Jornada de Direito Comercial, promovida em outubro de 2012, pelo Conselho de Justiça Federal: "Quanto às obrigações decorrentes de sua atividade, o empresário individual tipificado no art. 966 do Código Civil responderá primeiramente com os bens vinculados à exploração de sua atividade econômica, nos termos do art. 1.024 do Código Civil."

As características identificadoras do atual empresário podem ser elencadas da seguinte forma:

1.7.1. Intermediação

Por intermediação entende-se aqueles atos tradicionalmente praticados pelo comerciante e agora empresário, de forma a permanecer como agente ativo na circulação de mercadorias ou serviços.

O empresário traz comodidades à sociedade, gerando empregos e tributos, e acima de tudo suprindo as necessidades do mercado:

a) com a industrialização da matéria-prima para a produção de bens;

b) pela circulação desses bens, comprando-os por atacado do produtor e revendendo-os a outros empresários menores, no mercado atacadista, ou mesmo aos próprios consumidores, no mercado de varejo;

c) mais recentemente, por meio da prestação de serviços ao mercado, de forma organizada, com ou sem a venda conjunta de bens.

1.7.2. Especulação com intuito de lucro

A busca do lucro é ínsita à atividade empresarial, ainda que, muitas vezes, ele não se verifique efetivamente, visto que o empresário pode ter prejuízos.

Tal característica é de tamanha importância nesse segmento, que o direito comercial tutela, inclusive, situações que podem muitas vezes decorrer de fatores como a ausência de lucro, a exemplo da falência e da recuperação de empresa, que serão estudadas adiante.

Assim, no Brasil, o ordenamento jurídico assegura a todos os empresários, pequenos e grandes, o direito de buscar o lucro, por meio da livre concorrência e da repressão à concorrência desleal, conforme previsto na Constituição Federal em seu art. 173, § 4.º.

1.7.3. Profissionalidade

A profissionalidade advém da inscrição do empresário no registro de empresas, cujo órgão executor, como se verá, denomina-se junta comercial. Esse fator torna o empresário um profissional e o exercício da atividade empresarial uma profissão.

Em princípio, a profissionalidade é um requisito essencial ao exercício da atividade empresarial; a falta de inscrição do empresário no registro de empresas pode caracterizar, inclusive, a prática da contravenção penal de exercício ilegal de profissão – art. 47 do Dec. Lei 3.688/1941 (Lei das Contravenções Penais).

1.7.4. Capacidade

O exercício da atividade empresarial por pessoa natural, em seu próprio nome, como regra geral, exige que ela tenha capacidade civil plena e não esteja legalmente impedida, conforme o art. 972 do Código Civil.

Nesse sentido, o mesmo Código estabelece em seu art. 5.º que a capacidade civil plena é adquirida, como regra geral, a partir dos dezoito anos completos ou ainda: a) pela concessão dos pais, ou de um deles na falta do outro, mediante instrumento público, independentemente de homologação judicial, ou por sentença do juiz, ouvido o tutor, se o menor tiver dezesseis anos completos; b) pelo casamento; c) pelo exercício de emprego público efetivo; d) pela colação de grau em curso de ensino superior; e) pelo estabelecimento civil ou comercial, ou pela existência de relação de emprego, desde que, em função deles, o menor com dezesseis anos completos tenha economia própria.

A esse respeito, convém observar que a possibilidade de um indivíduo menor de dezoito anos vir a tornar-se empresário não está de todo conforme a lógica prevista no ordenamento jurídico pátrio, na medida em que, para fins penais, como regra geral, referido indivíduo continuará a ser inimputável, ainda que em sua atividade empresarial possa vir a incorrer em práticas previstas como crimes de natureza empresarial (p. ex: emissão de duplicata simulada, crimes falimentares etc.).

Observe-se ainda que, no caso de uma sociedade empresária, sendo esta sempre uma pessoa jurídica, quem exerce a atividade é a própria sociedade, e não os sócios que a integram, daí o fato de não ser necessária a capacidade civil plena para tornar-se sócio, sendo-a exigida tão somente para o exercício da administração social.

1.8. DA PROTEÇÃO CONSTITUCIONAL À ATIVIDADE EMPRESARIAL: LIVRE-INICIATIVA E LIVRE CONCORRÊNCIA

A Constituição Federal assegura, de forma inequívoca, proteção ao empresário e à atividade empresarial, primeiramente por meio do disposto no art. 5.º, XIII: "É livre o exercício de qualquer trabalho, ofício ou profissão, atendidas as qualificações profissionais que a lei estabelecer".

É certo que, conforme já exposto, a atividade empresarial exige profissionalidade, representada pelo registro do empresário, da empresa individual de responsabilidade limitada e da sociedade empresária no Registro de Empresas.

Nesse contexto, a Constituição Federal define os princípios gerais da atividade econômica e empresarial, sendo que o seu art. 170 estabelece que a ordem econômica, fundada na valorização do trabalho humano e na livre-iniciativa, tem por fim assegurar a todos existência digna, conforme os ditames da justiça social, observados, dentre outros, os princípios da propriedade privada, da função social da propriedade e da livre concorrência, da defesa do consumidor, de tratamento favorecido para as empresas de pequeno porte constituídas sob as leis brasileiras que tenham sua sede e administração no país, sendo assegurado a todos o exercício de qualquer atividade econômica independentemente de autorização de órgãos públicos, salvo nos casos previstos em lei.

Assim, todas as atividades econômicas, e mais notadamente as empresariais, gozam de amparo constitucional, desde que exercidas em conformidade com os parâmetros legais.

Tal previsão constitucional institui o regime jurídico da livre-iniciativa, em virtude do qual o exercício das atividades empresariais é assegurado, prioritariamente, ao setor privado (*pessoas físicas* ou *jurídicas*) e, excepcionalmente, ao setor público, que o assume por meio das empresas públicas e de sociedades de economia mista.

Assim, conforme previsto no art. 173 da Constituição Federal, a exploração direta de atividade econômica pelo Estado, por meio das empresas públicas e das sociedades de economia mista, somente será permitida quando necessária aos imperativos da segurança nacional ou a relevante interesse coletivo.

Nesse contexto, assumem grande importância a livre-iniciativa e a livre concorrência, revelando-se como princípios norteadores do desenvolvimento regular da atividade empresarial pelo setor privado no país.

Ocorre, entretanto, que, muitas vezes, esses princípios são ameaçados por práticas econômicas e empresariais nocivas ao modelo previsto na Carta Magna.

Com vistas a assegurar a manutenção do modelo constitucional, consoante o disposto no art. 173, § 4.º, o Estado detém o poder-dever de reprimir tais práticas, que, no âmbito jurídico, são agrupadas em duas categorias: *a)* abuso de poder econômico; e *b)* concorrência desleal, e que constituem objeto de estudo do Direito Econômico.

1.9. DA INSCRIÇÃO DO EMPRESÁRIO NO REGISTRO PÚBLICO DE EM-PRESAS MERCANTIS

É obrigatória a inscrição do empresário no registro público de empresas mercantis, representado, em cada unidade da federação, pelas juntas comerciais (localizadas nas respectivas sedes dos Estados-membros). Tal registro deve ser efetuado antes de iniciar o exercício de sua atividade empresarial.

Para efetuar a sua inscrição na junta comercial, o futuro empresário, nos termos do art. 968 do Código Civil, deve preencher requerimento contendo as seguintes informações:

a) nome, nacionalidade, domicílio, estado civil e, se casado, o regime de bens;

b) firma (nome do empresário, por extenso ou abreviado, seguido ou não do ramo de atuação) e a respectiva assinatura (por exemplo: José Silva Comércio de Roupas), que poderá ser substituída pela assinatura autenticada com certificação digital ou meio equivalente que comprove a sua autenticidade. Ressalte-se que as empresas cadastradas como Microempresa (ME) e Empresa de Pequeno Porte (EPP) estudadas no item 1.11.1., poderão ser dispensadas do uso da firma, sendo tal providência opcional para o Microempreendedor

Individual (MEI), conforme o disposto na LC 123/2006, em seu art. 4.º, § 1.º, I, com as alterações da LC 147/2014;

c) capital;

d) objeto e sede da empresa.

Caso o empresário pretenda criar sucursal, filial ou agência de sua firma em lugar sujeito a jurisdição de outra junta comercial, deverá inscrevê-la na junta comercial da respectiva localidade, com a prova da inscrição originária, e averbar a constituição do estabelecimento secundário na junta comercial da sede.

1.10. CONDIÇÕES PARA O EXERCÍCIO DA ATIVIDADE EMPRESARIAL

Como condições preliminares ao exercício da atividade de empresário, o Código Civil exige, em seu art. 972, que o postulante esteja no pleno gozo de sua capacidade civil e não seja legalmente impedido ou proibido.

Entretanto, a pessoa que exercer atividade empresarial em descumprimento à lei, mesmo que estiver legalmente impedida ou proibida de fazê-lo, será responsável pelas obrigações contraídas.

O art. 973 do Código Civil provê o fundamento legal para a responsabilização do chamado "empresário de fato" (estudado no item 1.14), pelas obrigações decorrentes de sua atividade econômica exercida ao arrepio da lei.

Os incapazes podem, nos termos do art. 974, por meio de representante ou devidamente assistidos, continuar a atividade empresarial antes por eles exercida enquanto capazes, por seus pais ou pelo autor de herança.

Nesse sentido, os bens que o incapaz já possuía ao tempo da sucessão ou da interdição, desde que não façam parte do acervo da empresa, não ficam sujeitos aos resultados da atividade empresarial (prejuízos, por exemplo), devendo tais fatos constarem do alvará judicial que conceder a autorização para o incapaz prosseguir no exercício da atividade empresarial, conforme previsto no art. 974, § 2.º.

Da mesma forma, na hipótese de pessoa incapaz figurar como sócia de sociedade empresária, as juntas comerciais deverão, nos termos do art. 974, § 3.º, verificar o atendimento conjunto aos seguintes requisitos: a) o sócio incapaz não pode exercer a administração da sociedade; b) o capital social deve ser totalmente integralizado; e, c) o sócio relativamente incapaz deve ser assistido e o absolutamente incapaz deve ser representado, na forma legal.

Ao prever as condições para o exercício da atividade empresarial, o Código Civil, nos termos do art. 977, ainda proíbe a constituição de sociedade entre cônjuges casados sob o regime da comunhão universal de bens ou o da separação obrigatória, sendo este último regime aplicável a pessoa maior de setenta anos, conforme o art. 1.641, II, do Código Civil. Ressalte-se que a vedação contida no art. 977 aplica-se somente às sociedades constituídas após a vigência do Código Civil.

Com vistas a facilitar a gestão e a alienação de bens que integrem um estabelecimento empresarial, o Código Civil permite ao empresário individual casado, sem necessidade de outorga conjugal e qualquer que seja o regime de bens, alienar os imóveis que compõem o patrimônio da empresa ou gravá-los de ônus real, conforme estabelece o art. 978.

Todos os pactos e declarações antenupciais do empresário, o título de doação, herança ou legado de bens clausulados de incomunicabilidade ou inalienabilidade deverão ser arquivados e averbados na junta comercial.

Ainda nesse sentido, a sentença que decretar ou homologar a separação judicial do empresário e o respectivo ato de reconciliação não podem ser opostos a terceiros, antes de arquivados e averbados na respectiva junta comercial em que estiver inscrito o referido empresário.

1.11. VEDAÇÕES AO EXERCÍCIO DA ATIVIDADE EMPRESARIAL

Em princípio, a atividade empresarial não é incompatível com outras atividades profissionais, mas é certo que a legislação estabelece vedações ao exercício da atividade empresarial quando, em função da condição do pretenso empresário, se justificar tal incompatibilidade. Assim, por exemplo, não podem ser empresários:

a) os servidores públicos civis (União, Estados-membros, Distrito Federal e Municípios);

b) os militares da ativa das três Forças Armadas e das Polícias Militares Estaduais;

c) os magistrados e membros do Ministério Público;

No caso dos agentes públicos indicados nos itens *a*, *b* e *c*, a proibição ao exercício de atividade empresarial encontra-se disposta em seus respectivos estatutos, justificada a sua manutenção sob o fundamento de que os agentes públicos não podem ocupar-se de atividades especulativas e lucrativas, visto que a sua atuação funcional deve estar voltada exclusivamente ao atendimento do interesse público..

d) os leiloeiros, exceto quando a sua atividade empresarial tiver por objeto a própria leiloaria (conforme a Instrução Normativa 39 DREI/2017 e a Instrução Normativa 44 DREI/2018);

e) os diplomatas representantes de países estrangeiros no Brasil, salvo os cônsules honorários;

f) os falidos, enquanto perdurar o estado de falência, conforme previsto no art. 102 da Lei 11.101/2005 (Lei de Falência e Recuperação de Empresas);

g) os estrangeiros não residentes no país. Nesse sentido, a Constituição Federal estabelece, em seu art. 199, § 3.º, que é vedada a participação direta ou indireta de empresas ou capitais estrangeiros na assistência à saúde no país, salvo nos casos previstos em lei;

h) aquelas pessoas físicas que têm débitos para com a Previdência Social, representada pelo Instituto Nacional do Seguro Social (INSS), conforme previsto na Lei 8.212/1991, art. 95, § 2.º, "d" e "e";

i) aquelas pessoas naturais condenadas por crime cuja pena vede o exercício de atividade empresarial, nos termos do art. 35, II, da Lei 8.934/1994 (Lei de Registro de Empresas).

O descumprimento das proibições legais acima elencadas pode acarretar sanções de natureza *administrativa* (àqueles que estejam de alguma forma sujeitos às normas internas da administração pública, como é o caso dos agentes públicos), de natureza *penal* (art. 47 – Lei das Contravenções Penais: "Exercer profissão ou atividade econômica ou anunciar que a exerce, sem preencher as condições a que por lei está subordinado o seu exercício: Pena - prisão simples, de 15 (quinze) dias a 3 (três) meses, ou multa"), bem como sujeitar o infrator às obrigações *civis* decorrentes de seu ato, conforme disposto no art. 973 do Código Civil ("A pessoa legalmente impedida de exercer atividade própria de empresário, se a exercer, responderá pelas obrigações contraídas").

É importante observar, entretanto, que as hipóteses previstas em lei se aplicam, em princípio, à possibilidade de inscrição, na junta comercial, de pessoa natural (que se encontre nas condições acima explicitadas), como empresário individual, não sendo estendidas, em princípio, referidas hipóteses à sua participação em sociedades empresárias, na qualidade de sócio titular de participações societárias, ou ainda como titular de EIRELI, desde que não figure como administrador.

1.11.1. Regimes tributários diferenciados

1.11.1.1. Microempreendedor individual (MEI)

O Microempreendedor Individual – MEI encontra-se previsto na LC 123/2006 (Estatuto Nacional da Microempresa e da Empresa de Pequeno Porte), com as alterações efetuadas pela LC 155/2016.

Consiste em enquadramento tributário oferecido ao empresário individual ou ao empreendedor não empresário (não registrado em Junta Comercial) que exerça as atividades de industrialização, comercialização e prestação de serviços no âmbito rural e que tenha auferido receita bruta, no ano-calendário anterior, de até R$ 81.000,00 (oitenta e um mil reais), optantes pelo Simples Nacional e que não estejam impedidos de aderir ao modelo proposto em lei.

Na hipótese de estar iniciando suas atividades no ano de sua adesão, o limite da receita bruta exigida para o seu enquadramento legal como Microempreendedor Individual – MEI, será de R$ 6.750,00 (seis mil, setecentos e cinquenta reais) multiplicados pelo número de meses compreendido entre o início da atividade e o final do respectivo ano-calendário, consideradas as frações de meses como um mês inteiro.

Conforme o art. 968, §§ 4.º e 5.º do Código Civil, o processo de abertura, registro, alteração e baixa do microempreendedor individual, bem como qualquer exigência para o início de seu funcionamento deverão ter trâmite especial e simplificado, preferentemente eletrônico, e opcional para o empreendedor, sendo que poderão ser dispensados o uso da firma, com a respectiva assinatura autógrafa, o capital, requerimentos, demais assinaturas, informações relativas à nacionalidade, estado civil e regime de bens, bem como remessa de documentos.

Ressalte-se, por fim, que o microempreendedor individual não pode ser considerado uma forma diferenciada de exercício da atividade empresarial, caracterizando-se seus privilégios legais unicamente numa forma de incentivo à atividade empresarial no país.

1.11.1.2. *Microempresa (ME) e Empresa de pequeno porte (EPP)*

Em conformidade com os princípios constitucionais norteadores da ordem econômica e financeira, a Constituição Federal estabelece, em seu art. 179, que a União, os Estados, o Distrito Federal e os Municípios dispensarão às microempresas e às empresas de pequeno porte, assim definidas em lei, tratamento jurídico diferenciado, visando a incentivá--las pela simplificação de suas obrigações administrativas, tributárias, previdenciárias e creditícias, ou pela eliminação ou redução destas por meio de lei.

Nesse sentido, de acordo com o art. 3.º da LC 123/2006, com as alterações efetuadas pela LC 155/2016, considera-se:

a) Microempresa (ME): a sociedade empresária, a sociedade simples, a empresa individual de responsabilidade limitada e o empresário individual a que se refere o art. 966 do Código Civil, devidamente registrados no Registro de Empresas Mercantis ou no Registro Civil de Pessoas Jurídicas, conforme o caso, desde que aufira, em cada ano-calendário, receita bruta igual ou inferior a R$ 360.000,00 (trezentos e sessenta mil reais);

b) Empresa de Pequeno Porte (EPP): a sociedade empresária, a sociedade simples, a empresa individual de responsabilidade limitada e o empresário individual, devidamente registrados no Registro de Empresas Mercantis ou no Registro Civil de Pessoas Jurídicas, conforme o caso, desde que aufira, em cada ano-calendário, receita bruta superior a R$ 360.000,00 (trezentos e sessenta mil reais) e igual ou inferior a R$ 4.800.000,00 (quatro milhões e oitocentos mil reais), conforme as alterações promovidas pela LC 155/2016 ao Estatuto Nacional da Microempresa e da Empresa de Pequeno Porte.

Nesse sentido, o registro dos atos constitutivos, de suas alterações e extinções, referentes a empresários e pessoas jurídicas em qualquer órgão de governo ocorrerá independentemente da regularidade de obrigações tributárias, previdenciárias ou trabalhistas, principais ou acessórias, do empresário, da sociedade, dos sócios, dos administradores ou de empresas de que participem, sem prejuízo das responsabilidades do empresário, dos titulares, dos sócios ou dos administradores por tais obrigações, apuradas antes ou após o ato de extinção, conforme prevê o art. 9.º, *caput*, da LC 123/2006.

A mesma norma, em seu art. 9º, § 1º, estabelece que o arquivamento, nos órgãos de registro, dos atos constitutivos de empresários, de sociedades empresárias e de demais equiparados que se enquadrarem como ME ou EPP, bem como o arquivamento de suas alterações, são dispensados das seguintes exigências:

a) certidão de inexistência de condenação criminal, que será substituída por declaração do titular ou administrador, firmada sob as penas da lei, de não estar impedido de exercer atividade mercantil ou a administração da sociedade, em virtude de condenação criminal;

b) prova de quitação, regularidade ou inexistência de débito referente a tributo ou contribuição de qualquer natureza.

Da mesma forma, não se exige o visto de advogado nos atos constitutivos das sociedades cadastradas como ME ou EPP, não se aplicando o disposto no art. 1.º, § 2.º, do Estatuto da Advocacia e da OAB.

Também ficará dispensado da obrigatoriedade de confecção de balanço patrimonial anual (art. 1.179, § 2.º, do Código Civil).

Às microempresas e às empresas de pequeno porte é também assegurado um processo especial de recuperação judicial, conforme previsto nos arts. 70 a 72 da Lei de Falência e Recuperação de Empresas, que será estudado mais adiante na presente obra.

Não obstante tais peculiaridades, as microempresas e as empresas de pequeno porte não podem ser consideradas, por si só, formas diferenciadas de exercício da atividade empresarial, tampouco tipos societários distintos, configurando-se como instrumentos de exercício (individual ou coletivo, conforme o caso) da atividade empresarial, conforme exposto anteriormente, e caracterizando seus privilégios legais unicamente numa forma de incentivo à atividade empresarial no país, em conformidade com a diretriz política enunciada no art. 179 da Constituição Federal.

1.11.2. As *startups* no direito empresarial brasileiro

A LC 155/2016 inovou ao introduzir no Estatuto Nacional da Microempresa e da Empresa de Pequeno Porte a figura do chamado *investidor-anjo* (arts. 61, 61-A a 61-B).

Trata-se de expressão que já vinha sendo utilizada na prática empresarial e que a partir de agora, nos termos da lei, define a pessoa física ou jurídica que promova o aporte de capital em sociedade enquadrada legalmente como microempresa ou empresa de pequeno porte, mas que não integre o quadro societário e o capital social de referida empresa, conforme o art. 61-A.

O relacionamento empresarial entre o investidor-anjo e a sociedade destinatária do investimento será regido, abaixo da lei, por um contrato de participação celebrado entre as partes, do qual deverão constar a finalidade de fomento à inovação e os investimentos produtivos que serão realizados, e cuja vigência poderá ser de até sete anos (art. 61-A, § 1º).

De acordo com a nova sistemática legal vigente (art. 61-A, § 4º), o *investidor-anjo*:

a) não será considerado sócio e nem participará da administração social e também não terá voto nas reuniões de sócios ou assembléias sociais (neste ponto, importante frisar que o investidor-anjo não se confunde com o sócio participante, também conhecido por sócio oculto, da sociedade em conta de participação prevista nos arts. 991 a 996 do Código Civil);

b) não poderá ser responsabilizado por qualquer dívida da empresa, inclusive em recuperação judicial, não se aplicando a ele a desconsideração da personalidade jurídica;

c) será remunerado conforme seus aportes de capital, nos termos de contrato de participação elaborado com a sociedade e pelo prazo máximo de cinco anos, sendo que a sua remuneração não poderá ser superior a cinqüenta por cento dos lucros da sociedade enquadrada como microempresa ou empresa de pequeno porte (art. 61-A, § 6º).

Ressalte-se que essa modalidade de participação, nos termos da lei, é vedada ao empresário individual qualificado como microempreendedor individual (MEI) e também ao empresário individual e à empresa individual de responsabilidade limitada (EIRELI) inscritos como microempresa (ME) ou empresa de pequeno porte (EPP), sendo permitida exclusivamente às sociedades (simples ou empresárias) legalmente enquadradas como microempresa ou empresa de pequeno porte.

Da mesma forma, o investidor-anjo somente poderá exercer o direito de resgate do capital investido, após decorridos, no mínimo, dois anos do aporte de capital, ou em prazo superior estabelecido no contrato de participação (art. 61-A, § 7º).

Caso os sócios decidam pela venda da empresa, o *investidor-anjo* terá direito de preferência na aquisição, bem como direito de venda conjunta da titularidade do aporte de capital, nos mesmos termos e condições que forem oferecidos aos sócios regulares (art. 61-C), sendo que os fundos de investimento poderão aportar capital como *investidores-anjos* em microempresas e empresas de pequeno porte (art. 61-D).

Como se pode notar, a intenção da lei é fomentar o investimento e o desenvolvimento de novos negócios, através das chamadas *startups.*

Na língua inglesa a expressão *startup* identifica a partida, o início de determinada atividade mecânica ou eletrônica, seja de uma máquina, um dispositivo eletrônico, ou, em sentido figurado, de uma atividade empresarial.

As denominadas *startups* são empresas recém-criadas, com pequeno investimento inicial de capital e baixo custo operacional, e que têm por objeto atividades empresariais pouco ou ainda não exploradas economicamente, em geral na área de tecnologia e/ou prestação de serviços, como é o caso, por exemplo, dos aplicativos *Uber* e *WhatsApp*, e também do *Facebook*, que atualmente são empresas de grande valor econômico.

Nesse contexto, é fundamental que a lei ofereça segurança jurídica tanto ao investidor (*investidor-anjo*) que acredite e decida investir em um novo negócio, sem correr riscos que ultrapassem a perda do capital investido (como, por exemplo, a responsabilidade por obrigações trabalhistas da empresa), bem como, por outro lado, a mesma lei deve proteger os sócios, que são os efetivos empreendedores e serão os responsáveis pelas obrigações sociais, contra investidores mal-intencionados, que lhes surrupiem a empresa bem-sucedida, por conta do investimento inicial realizado.

1.12. OBRIGAÇÕES COMUNS AOS EMPRESÁRIOS, EMPRESAS INDIVI-DUAIS DE RESPONSABILIDADE LIMITADA E SOCIEDADES EMPRESÁRIAS

Todo empresário possui determinadas obrigações impostas por leis variadas, tanto no plano federal como no estadual e municipal.

No âmbito da legislação empresarial, o empresário, a empresa individual de responsabilidade limitada e a sociedade empresária estão sujeitos a variadas obrigações, como aquelas relativas à sua identificação por meio do nome empresarial, ao registro da firma individual ou do contrato ou estatuto social nas juntas comerciais, à abertura dos livros empresariais e à sua regular escrituração, ao registro obrigatório de determinados documentos, à conservação de sua escrituração e à elaboração do balanço anual do ativo e do passivo, com as ressalvas legais feitas ao microempreendedor individual, às microempresas e às empresas de pequeno porte, conforme exposto.

As obrigações atinentes à atividade empresarial, no âmbito do direito empresarial, podem ser classificadas em três categorias principais:

a) inscrição no registro de empresas;

b) manutenção dos livros empresariais;

c) confecção de balanço patrimonial anual.

1.12.1. Da obrigatoriedade de inscrição no registro de empresas

A Lei de Registro de Empresas, regulamentada pelo Dec. 1.800/1996, criou o Sistema Nacional de Registro de Empresas Mercantis (Sinrem), que originariamente era formado pelo Departamento Nacional de Registro do Comércio (DNRC) e pelas juntas comerciais.

Posteriormente, o DNRC foi substituído pelo Departamento de Registro Empresarial e Integração (DREI)

O DREI integra atualmente o Ministério da Indústria, Comércio Exterior e Serviços e é o órgão central do Sinrem. Tem funções supervisora, orientadora, coordenadora e normativa, no plano técnico, além de supletiva, no plano administrativo.

As juntas comerciais são órgãos locais (a Junta Comercial do Estado de São Paulo – JUCESP, desde 2012 tornou-se autarquia especial) de execução e administração dos serviços de registro, havendo uma junta comercial em cada Estado da federação, com sede nas respectivas capitais.

No Sinrem, cada empresa tem o seu *número de identificação do registro de empresa* – NIRE (art. 2º, § único – Lei de Registro de Empresas).

O registro de empresas se reveste de extrema importância legal, uma vez que, efetuado o registro de determinado ato empresarial, nas hipóteses previstas em lei, a publicidade conferida a esse ato pelo registro constitui inegável elemento de prova da sua existência, com validade não apenas entre as partes envolvidas, mas também em relação a terceiros quaisquer, característica que a doutrina costuma designar *oponibilidade a terceiros*.

Assim, podem ser elencados como efeitos legais propiciados pela inscrição no registro de empresas:

a) provar a *existência legal* e a regularidade de empresários, empresas individuais de responsabilidade limitada e sociedades empresárias;

b) dar *publicidade* a certos atos jurídicos e negociais praticados por empresários, empresas individuais de responsabilidade limitada e sociedades empresárias;

c) conferir *oponibilidade* (validade perante terceiros) a certos atos empresariais levados a registro.

Além das disposições específicas contidas na Lei de Registro de Empresas, por força do disposto no art. 1.150 do Código Civil, o empresário, a empresa individual de responsabilidade limitada e a sociedade empresária devem inscrever-se nas juntas comerciais.

Assim, conforme o art. 1.151, os registros relativos às empresas e aos empresários deverão ser requeridos pela pessoa obrigada em lei e, no caso de omissão ou demora, pelo sócio ou qualquer interessado, sem prejuízo de serem responsabilizadas pela omissão ou demora as ditas pessoas que figurem como responsáveis legais da empresa.

1.12.1.1. *Juntas comerciais*

As juntas comerciais têm por função principal efetuar o registro público de empresas mercantis e atividades afins, conforme a determinação da Lei de Registro de Empresas. A expressão "atividades afins" abrange os agentes auxiliares da empresa, como leiloeiros, tradutores públicos, intérpretes comerciais e administradores de armazéns gerais.

Qualquer pessoa tem o direito de consultar os registros de uma empresa na junta comercial (sem necessidade de provar interesse) e de obter certidões a respeito, sendo que cada Estado-membro terá uma Junta Comercial (art. 5º da Lei de Registro de Empresas).

O registro de empresas compreende os seguintes atos: *a)* matrícula; *b)* arquivamento; *c)* autenticação de documentos empresariais; e *d)* assentamento dos usos e costumes mercantis. Assim:

a) *Matrícula*: trata-se do ato formal de registro dos agentes auxiliares da empresa, como leiloeiros, tradutores públicos juramentados e administradores de armazéns gerais (art. 32, I, da Lei de Registro de Empresas).

b) *Arquivamento*: é o ato formal de registro relativo à constituição, alteração, dissolução e extinção de firmas individuais, empresas individuais de responsabilidade limitada e sociedades empresárias (art. 32, II, da Lei de Registro de Empresas).

Observadas as exceções legais, os contratos sociais de constituição das sociedades empresárias somente podem ser arquivados nas juntas comerciais quando visados por advogado (art. 1.º, § 2.º, do Estatuto da Advocacia e da OAB).

c) *Autenticação*: é o ato formal de registro dos instrumentos de escrituração das empresas inscritas nas juntas comerciais (firmas individuais, empresas individuais de responsabilidade limitada e sociedades empresárias), bem como dos agentes auxiliares da empresa, estando previsto no art. 78, do Dec. 1.800/1996.

Convém ressaltar que o Dec. 8.683/2016 introduziu o art. 78-A ao texto do Dec. 1.800/1996, prevendo que a autenticação de livros contábeis das empresas poderá ser feita por meio do Sistema Público de Escrituração Digital – Sped, mediante a apresentação de escrituração contábil digital, sendo que a autenticação efetuada dessa forma dispensa a autenticação convencional dos livros prevista na Lei de Registro de Empresas.

d) *Assentamento*: conforme o art. 87 do Dec. 1.800/1996, o assentamento é o ato formal de registro dos usos e costumes mercantis praticados em determinada área de jurisdição de uma junta comercial. Como visto anteriormente, os usos e costumes mercantis se revestem de grande importância no direito comercial, ao ponto de serem admitidos como fonte secundária desse ramo do direito.

O Dec. 1.800/1996 estabelece em seu art. 87, § 1.º, que os usos ou práticas mercantis devem ser devidamente coligidos e assentados em livro próprio, pela Junta Comercial, *ex-officio*, por provocação da Procuradoria ou de entidade de classe interessada.

Uma vez constatada, pela Procuradoria, a inexistência de disposição legal contrária ao uso ou prática mercantil a ser assentada, o Presidente da Junta Comercial solicitará o pronunciamento escrito das entidades diretamente interessadas, que deverão manifestar-se dentro do prazo de noventa dias, e fará publicar convite a todos os interessados para que se manifestem no mesmo prazo.

Nesse sentido, executadas as diligências previstas no parágrafo anterior, a Junta Comercial decidirá se é verdadeiro e registrável o uso ou prática mercantil, em sessão a que compareçam, no mínimo, dois terços dos respectivos vogais, dependendo a respectiva aprovação do voto de, pelo menos, metade mais um dos Vogais presentes.

Proferida a decisão, anotar-se-á o uso ou prática mercantil em livro especial, com a devida justificação, efetuando-se a respectiva publicação no órgão oficial, conforme a sede da Junta Comercial.

Em que pese a sua previsão normativa, na prática comercial o assentamento é pouco utilizado. Isso, porém, não tem afastado a importância dos usos e costumes na atividade empresarial, que, conforme já decidiu o Superior Tribunal de Justiça, podem ter a sua existência demonstrada por outros meios de prova em direito admitidos. Assim:

> "Comercial – Recurso especial – Ação de cobrança – Prestação de serviço de transporte rodoviário – Cargas agrícolas destinadas a embarque em porto marítimo – Cobrança originada por atraso no desembaraço das mercadorias no destino – Discussão a respeito da responsabilidade do contratante pelo pagamento das 'sobrestadias' – Requerimento de produção de prova testemunhal para demonstração de costume comercial relativo à distribuição de tal responsabilidade – Natureza dos usos e costumes mercantis – Sistema de registro dos costumes por assentamento nas Juntas Comerciais – Costume 'contra legem' – Conflito entre duas fontes subsidiárias de direito comercial (Lei civil e costume comercial) no contexto relativo à vigência do Código Comercial de 1850 e do Código Civil de 1916. Atualmente, a Lei 8.934/1994 atribui competência às Juntas Comerciais para proceder ao assentamento dos usos e práticas mercantis. Impertinente, portanto, a alegação da recorrente no sentido de que nenhum regulamento portuário indica ser de responsabilidade da contratante do serviço de transporte o pagamento das eventuais 'sobrestadias', pois não cabe a tais regulamentos consolidar usos e costumes mercantis relativos ao transporte terrestre de bens. – Há desvio de perspectiva na afirmação de que só a prova documental derivada do assentamento demonstra um uso ou costume comercial. O que ocorre é a atribuição de um valor especial – de prova plena – àquela assim constituída; mas disso não se extrai, como pretende a recorrente, que o assentamento é o único meio de se provar um costume. – Não é possível excluir, de

plano, a possibilidade de que a existência de um costume mercantil seja demonstrada por via testemunhal. – Da simples autorização para produção de prova testemunhal não decorre, automaticamente, qualquer imputação de responsabilidade a uma das partes. Trata-se apenas de, uma vez demonstrada a existência do costume, tomá-lo como regra jurídica para a solução do litígio. Tal solução, porém, dependerá ainda da verificação da subsunção do suporte fático àquele comando, em atividade cognitiva posterior. – A adoção de costume 'contra legem' é controvertida na doutrina, pois depende de um juízo a respeito da natureza da norma aparentemente violada como sendo ou não de ordem pública. – Na hipótese, não se trata apenas de verificar a imperatividade ou não do dispositivo legislado, mas também analisar o suposto conflito entre duas fontes subsidiárias do Direito Comercial – quais sejam, a lei civil e o costume mercantil, levando-se em conta, ainda, que a norma civil apontada como violada – qual seja, o art. 159 do CC/1916 – não regula, de forma próxima, qualquer relação negocial, mas apenas repete princípio jurídico imemorial que remonta ao 'neminem laedere' romano. – Especialmente em um contexto relativo ao período em que não havia, ainda, ocorrido a unificação do direito privado pelo CC/2002, é impossível abordar o tema de forma lacônica, como se fosse possível afirmar, peremptoriamente e sem maiores aprimoramentos, a invalidade apriorística de todo e qualquer costume comercial em face de qualquer dispositivo da Lei civil, ainda que remotamente aplicável à controvérsia. Recurso especial parcialmente conhecido e, nessa parte, não provido." (REsp 877.074/RJ, rel. Min. Nancy Andrighi, j. 12.05.2009).

1.12.2. Da obrigatoriedade de manutenção dos livros empresariais

Nos termos do art. 1.179 do Código Civil, o empresário deve manter escrituração uniforme de seus livros, em conformidade com a documentação respectiva.

Deve ainda conservar em boa guarda toda escrituração, correspondência e demais papéis concernentes à sua atividade, enquanto não ocorrer prescrição ou decadência no tocante aos atos neles consignados, conforme o art. 1.194.

De acordo com o art. 1.181, salvo disposição especial de lei, os livros obrigatórios, antes de colocados em uso, devem ser autenticados na junta comercial. É preciso asseverar que, para que a junta comercial proceda à autenticação de referidos documentos, torna-se indispensável que o empresário esteja previamente inscrito naquele órgão.

Os livros empresariais são considerados prova contra o próprio empresário, empresa individual de responsabilidade limitada ou sociedade empresária e seus sucessores. Nesse sentido, a Súmula 390 do STF estabelece que: "A exibição judicial de livros comerciais pode ser requerida como medida preventiva".

Esses livros empresariais são tradicionalmente classificados pela doutrina comercialista em:

a) livros comuns;

b) livros especiais;

c) livros obrigatórios; e

d) livros facultativos ou auxiliares.

Os *livros comuns* são aqueles referentes à atividade empresarial em geral.

Já os *livros especiais* devem ser utilizados apenas em ramos específicos de atividades empresariais, ou ainda por determinados tipos de sociedades empresárias.

Dentre os *livros comuns* encontram-se aqueles que são de uso obrigatório pelo empresário (havendo, entretanto, algumas exceções, como se verá adiante), estando tradicionalmente compreendidos na categoria de *livros comuns obrigatórios* o livro Diário e o livro de registro de inventário (com o advento do Código Civil, passou-se a admitir apenas o livro diário como um livro comum obrigatório, nos termos do art. 1.180).

De acordo com o art. 1.184, no livro Diário devem ser lançadas todas as operações relativas ao exercício da atividade empresarial de forma clara e organizada, dia a dia, por escrita direta ou reprodução, podendo ainda ser substituído por fichas para escrituração mecanizada ou eletrônica.

Ainda nos termos do art. 1.184, § 1.º: "Admite-se a escrituração resumida do Diário, com totais que não excedam o período de trinta dias, relativamente a contas cujas operações sejam numerosas ou realizadas fora da sede do estabelecimento, desde que utilizados livros auxiliares regularmente autenticados, para registro individualizado, e conservados os documentos que permitam a sua perfeita verificação."

Além disso, o balanço patrimonial e o balanço de resultado econômico devem também ser lançados no livro Diário, ambos assinados por técnico em ciências contábeis e pelo empresário.

Conforme o art. 1.185 do Código Civil, o empresário que adotar o sistema de fichas de lançamentos poderá substituir o livro Diário pelo livro de balancetes diários e balanços.

Por outro lado, dentre os livros especiais, também existem aqueles que são considerados *livros especiais obrigatórios*, sendo o seu uso indispensável apenas para determinados empresários atuantes em ramos específicos, ou ainda por determinados tipos de sociedades empresárias.

Nessa categoria podem ser citados, a título exemplificativo:

a)   livro de entrada e saída de mercadorias dos armazéns gerais;

b)   livro de registro de ações nominativas; e

c)   livro de transferência de ações nominativas.

Com relação aos *livros facultativos ou auxiliares*, observa-se que se encontram em um plano secundário em relação aos livros obrigatórios, na medida em que o seu uso constitui uma faculdade do empresário. Como exemplos representativos dessa categoria, podem ser citados:

a)   livro-caixa;

b)   livro de contas correntes.

Como forma de ressaltar a importância dos livros empresariais, anote-se que tais livros constituem prova para fins processuais, bem como uma vez autenticados, são considerados documentos públicos.

Não obstante o caráter público atribuído aos livros empresariais, o acesso às informações neles registradas não é assegurado livremente a qualquer pessoa, sendo que, conforme a Súmula 260 do Supremo Tribunal Federal: "O exame de livros comerciais, em ação judicial, fica limitado às transações entre os litigantes". Do mesmo modo, a Súmula 439 do mesmo tribunal prevê que "Estão sujeitos à fiscalização tributária ou previdenciária quaisquer livros comerciais, limitado o exame aos pontos objeto da investigação".

1.12.3. Da obrigatoriedade de confecção anual de balanço patrimonial

O Código Civil em seu art. 1.179 impõe aos empresários a obrigatoriedade de adotarem um sistema de contabilidade, mecanizado ou não, com base na escrituração uniforme de seus livros, em correspondência com a documentação respectiva, e a levantar anualmente o balanço patrimonial e o de resultado econômico.

Conforme referido anteriormente, a microempresa e a empresa de pequeno porte estão dispensadas da obrigatoriedade de confecção de balanço patrimonial anual (art. 1.179, § 2.º).

Ressalte-se ainda que o não atendimento a essa exigência legal, de ordem geral (com as ressalvas legais), pode acarretar sanções ao empresário

Cap. 1 · PARTE GERAL: COMÉRCIO E EMPRESA

faltoso, inclusive na esfera penal, como é o caso da previsão contida no art. 178 da Lei de Falência e Recuperação de Empresas, que considera crime falimentar "deixar de elaborar, escriturar ou autenticar, antes ou depois da sentença que decretar a falência, conceder a recuperação judicial ou homologar o plano de recuperação extrajudicial, os documentos de escrituração contábil obrigatórios".

1.13. EMPRESÁRIO INATIVO

Considerando a obrigatoriedade de o empresário, a empresa individual de responsabilidade limitada e a sociedade empresária arquivarem seus atos constitutivos e posteriores alterações no Registro de Empresas, a Lei de Registro de Empresas, em seu art. 60, impõe àqueles que não procederem a nenhum arquivamento no período de dez anos consecutivos, o dever de comunicar à junta comercial na qual se encontram inscritos, que desejam manter-se em funcionamento.

Caso tal comunicação não seja feita, referido empresário, empresa individual de responsabilidade limitada ou sociedade empresária serão considerados *inativos*, devendo a junta comercial efetivar o cancelamento do seu registro.

Para que o cancelamento do registro se efetive, e tais pessoas sejam consideradas inativas, deverão ser previamente notificadas pela junta comercial, mediante comunicação direta ou por edital.

Assim, uma vez escoado o prazo oferecido pela junta comercial respectiva para manifestação do interessado, e cancelado o registro, o empresário, a empresa individual de responsabilidade limitada e a sociedade empresária inativos perderão a proteção ao nome empresarial.

Ressalte-se, no entanto, que o cancelamento de seu registro não configura forma de extinção da empresa e tampouco de suas obrigações, que desse modo continuarão a existir, somente não lhe sendo mais assegurada a proteção legal inicialmente conferida ao nome empresarial e representativa do princípio da anterioridade, originada a partir do arquivamento de seu ato constitutivo em junta comercial. Nesse mesmo sentido é o entendimento da jurisprudência (TJSP, Processo 0180380-04.2012.8.26.0000, j. 21.11.2012).

1.14. EMPRESÁRIO DE FATO E EMPRESÁRIO IRREGULAR

A inscrição no Registro de Empresas é requisito para a regularidade do empresário, da empresa individual de responsabilidade limitada e da sociedade empresária. Desse modo, não havendo a inscrição, representada pelo arquivamento de seus atos constitutivos na junta comercial competente, mesmo que determinada pessoa exerça atividade econômica nos moldes empresariais, não poderá ser legalmente considerada empresário, EIRELI ou sociedade empresária.

Não obstante, a doutrina tem admitido a existência do chamado *empresário de fato (também referido por alguns doutrinadores como empresário irregular)*, sendo que tal pessoa, entretanto, enquanto não estiver inscrita no Registro de Empresas, estará exercendo sua atividade econômica contrariamente à lei, e não poderá usufruir os benefícios que a lei concede em favor dos empresários.

Nesse sentido, conforme exposto anteriormente, a pessoa que exercer atividade empresarial em descumprimento à lei, mesmo que estiver legalmente impedida ou proibida de fazê-la, será responsável pelas obrigações contraídas.

O art. 973 do Código Civil provê o fundamento legal para a responsabilização do empresário de fato pelas obrigações decorrentes de sua atividade econômica exercida ao arrepio da lei.

Nesse sentido, prevê o Enunciado 198, elaborado na III Jornada de Direito Civil, promovida em dezembro de 2004, pelo Conselho de Justiça Federal: "Art. 967: A inscrição do empresário na Junta Comercial não é requisito para a sua caracterização, admitindo-se o exercício da empresa sem tal providência. O empresário irregular reúne os requisitos do art. 966, sujeitando-se às normas do Código Civil e da legislação comercial, salvo naquilo em que forem incompatíveis com a sua condição ou diante de expressa disposição em contrário".

E, da mesma forma, o Enunciado 199: "A inscrição do empresário ou sociedade empresária é requisito delineador de sua regularidade, e não da sua caracterização".

Convém aqui observar que alguns autores, de modo diverso, consideram irregular o empresário que esteja registrado em junta comercial, porém deixe de atender a algum requisito legal e passe assim à condição de irregular, sendo considerado empresário de fato aquele que não possui qualquer inscrição no registro de empresas.

Apesar do reconhecimento de sua existência pela doutrina e pela jurisprudência, o empresário de fato sofre as seguintes restrições no plano legal:

a) Não tem legitimidade ativa para entrar em juízo e requerer falência de outro empresário ou sociedade empresária, conforme disposto no art. 97, § 1.º, da Lei de Falência e Recuperação de Empresas;

b) Não tem legitimidade ativa para requerer a sua recuperação judicial ou a homologação de seu plano de recuperação extrajudicial, visto que um dos requisitos para tanto é a sua inscrição no Registro de Empresas, conforme o art. 51, V, da Lei de Falência e Recuperação de Empresas;

c) Não pode obter autenticação de seus livros empresariais na junta comercial;

d) O empresário de fato encontra-se ainda sujeito a sanções de natureza tributária pela não inscrição no Cadastro Nacional de Pessoas Jurídicas, do Ministério da Fazenda (CNPJ/MF);

Na esfera societária, também pode ocorrer fenômeno semelhante, em que duas ou mais pessoas se unam para exercer certa atividade econômica, nos moldes da atividade empresarial, sem contudo atenderem às formalidades legais (contrato social escrito e arquivado em junta comercial).

Nesse caso, surgirá o que muitos comercialistas denominam *sociedade empresária de fato*, em relação à qual têm sido aplicadas as normas relativas à sociedade em comum, previstas nos arts. 986 a 990, e que serão objeto de nosso estudo no item 2.4.1 seguinte.

A sociedade de fato sofre as mesmas restrições no âmbito jurídico:

a) Não tem legitimidade ativa para entrar em juízo e requerer falência de outro empresário ou sociedade empresária (conforme se depreende do disposto no art. 97, § 1.º, da Lei de Falência e Recuperação de Empresas).

b) Não tem legitimidade ativa para requerer a sua recuperação judicial ou a homologação de seu plano de recuperação extrajudicial, visto que um dos requisitos para tanto é a sua inscrição no Registro de Empresas, conforme o art. 51, V, da Lei de Falência e Recuperação de Empresas (Lei 11.101/2005).

c) Não pode obter autenticação de seus livros empresariais na junta comercial.

d) Referida sociedade de fato encontra-se ainda sujeita a sanções de natureza tributária pela não inscrição no Cadastro Nacional de Pessoas Jurídicas, do Ministério da Fazenda (CNPJ/MF).

Por sua vez, a sociedade que tenha os seus atos constitutivos arquivados no registro público competente, mas deixe de atender a alguma exigência legal ao longo da sua existência, é referida por parte da doutrina comercialista como sociedade irregular, e, como se verá no Capítulo

2, também encontra-se submetida ao regime jurídico da sociedade em comum, que acarretará responsabilidade solidária e ilimitada aos sócios, pelas obrigações sociais.

1.15. AGENTES AUXILIARES DA EMPRESA

A doutrina comercialista costuma identificar duas categorias de pessoas que auxiliam o empresário no exercício de sua atividade empresarial, como observa Waldirio Bulgarelli (*Direito comercial*, p. 209):

> "A empresa pressupõe a existência de auxiliares, indispensáveis para que ela exerça as funções a que está destinada, ou seja, produção ou mera intermediação de bens ou simplesmente prestação de serviços. São não apenas os empregados, ligados a ela por uma relação empregatícia, percebendo salário, mas também outras pessoas que atuam em funções complementares em condições autônomas."

Assim, primeiramente existe a categoria dos a) *agentes auxiliares dependentes*, composta por aquelas pessoas que auxiliam o empresário de forma direta e mediante vínculo de subordinação, podendo ser citados os comerciários em geral (balconistas, atendentes, vendedores, viajantes e gerentes que não sejam sócios da sociedade empresária), os industriários e os bancários, visto que tais designações são apenas variantes utilizadas para designar os trabalhadores de determinados ramos empresariais, a saber, respectivamente – o comércio de intermediação (varejista e atacadista), as indústrias e as instituições financeiras. Deve-se ainda observar que tais pessoas não se assemelham ao empresário, pois não organizam propriamente uma atividade econômica, apenas agem em nome e por conta do titular de tal atividade, o empresário, a empresa individual de responsabilidade limitada ou a sociedade empresária.

Em um plano diverso, encontra-se a categoria dos b) *agentes auxiliares independentes*, composta por aquelas pessoas que auxiliam o empresário de forma independente e sem qualquer vínculo de subordinação. Como exemplos de profissionais que integram essa categoria, podem ser citados os leiloeiros, os tradutores públicos juramentados, os despachantes aduaneiros, os representantes comerciais autônomos, os gerentes e os contabilistas. Note-se, a esse respeito, que a característica fundamental de tais profissionais (e efetivamente o são na medida em que auxiliam o empresário em uma área profissional específica) é que eles possuem *independência técnica* em sua área de atuação, sendo que referidas funções se encontram reguladas por normas específicas, além das normas gerais do Código Civil.

O Código Civil contém previsão específica acerca dos agentes auxiliares da empresa em seus arts. 1.169 a 1.178, neles designados como *prepostos.*

Assim, na sistemática definida no Código Civil, são considerados prepostos: *a)* o gerente e *b)* o contabilista e outros auxiliares.

Nos termos do art. 1.172, o *a)* gerente é o preposto permanente no exercício da empresa, atuando em sua sede ou em sucursal, filial ou agência, sendo que, quando a lei não exigir poderes especiais, conforme o art. 1.173, o gerente é considerado autorizado a praticar todos os atos necessários ao exercício dos poderes que lhe foram outorgados.

O preponente, no caso o empresário, a empresa individual de responsabilidade limitada ou ainda a sociedade empresária que outorga poderes ao gerente, responde solidariamente com o gerente pelos atos que este praticar em seu próprio nome, mas à conta daquele, conforme o art. 1.175 do Código Civil.

Por esse motivo, o instrumento de nomeação do gerente, bem como sua modificação ou revogação, devem ser arquivados no registro de empresas, a fim de que as limitações nele contidas possam ser opostas a terceiros, sendo ainda que, conforme o art. 1.176, o gerente pode entrar em juízo em nome do preponente, em decorrência de ações relativas a obrigações originadas de suas atividades.

Com relação ao *b)* contabilista e a outros auxiliares, estabelece o Código Civil em seu art. 1.182 que a escrituração ficará sob a responsabilidade de contabilista legalmente habilitado, salvo se nenhum houver na localidade.

Conforme o art. 1.177, parágrafo único, no exercício de suas funções, os prepostos são pessoalmente responsáveis, perante os preponentes, pelos atos culposos; e, perante terceiros, solidariamente com o preponente, pelos atos dolosos.

Por fim, quanto à responsabilidade do empresário pelos atos dos seus prepostos, o art. 1.178 dispõe que os preponentes são responsáveis pelos atos de quaisquer de seus prepostos, praticados nos seus estabelecimentos e relativos à atividade da empresa, ainda que não autorizados por escrito, em uma clara adoção da conhecida *Teoria da Aparência.*

Por outro lado, quando praticados fora do estabelecimento, de acordo com o Código Civil em seu art. 1.178, parágrafo único, os referidos atos somente obrigarão o preponente nos limites dos poderes que lhes tenham sido conferidos por escrito.

1.16. ESTABELECIMENTO EMPRESARIAL

1.16.1. Definição

O estabelecimento empresarial é o complexo de bens reunidos e organizados pelo empresário para o exercício de sua atividade empresarial, estando disciplinado pelos arts. 1.142 a 1.149 do Código Civil.

Quando se fala de bens integrantes do estabelecimento empresarial, a expressão *bem* – seja corpóreo, seja incorpóreo – compreende todo elemento passível de avaliação econômica.

Nesse sentido, Oscar Barreto Filho (*Teoria do estabelecimento comercial*, p. 33), ao citar *Salvatore Pugliatti*, assim se manifesta:

> "Na Itália, resume Pugliatti a doutrina corrente, definindo coisa "uma entidade natural, uma parte do mundo externo, qualquer que seja, a qual deve poder servir à atuação de um interesse humano, individual ou coletivo". A esse elemento material deverá juntar-se a qualificação normativa emanada da ordem jurídica, por força da qual reputam-se bens somente aquelas coisas que em ato a norma considera como objeto de determinados direitos. Precisando melhor o conceito, afirma Pugliatti que "a noção de coisa é pré-jurídica e neutra, enquanto constitui o elemento material do conceito jurídico de *bem*, através do *interesse* que a ordem jurídica tende a tutelar, atribuindo ao sujeito um determinado direito."

O estabelecimento empresarial compõe-se de *elementos ou bens corpóreos* (móveis e imóveis) e *incorpóreos*, sendo os primeiros aqueles cuja existência e valoração na atividade empresarial são passíveis de serem inicialmente aferidas pelo simples referencial físico e mercadológico. Com relação aos bens incorpóreos, a aferição do seu valor e importância dentro de determinado estabelecimento empresarial depende invariavelmente da sua manifestação econômica no âmbito da atividade empresarial desenvolvida em cada caso concreto.

É importante observar que o bem imóvel ocupado pelo empresário não pode, por si só, ser considerado sinônimo de estabelecimento empresarial, já que é apenas um dos bens integrantes deste.

Assim, por exemplo, um caminhão que seja utilizado pelo empresário em sua atividade, como bem corpóreo móvel, possui um valor predeterminado no mercado de veículos usados, pouco importando a sua destinação dentro do estabelecimento empresarial.

Por outro lado, a clientela pertencente a determinado estabelecimento empresarial, na maioria dos casos, existe unicamente em função desse estabelecimento, a ele estando atrelada no decorrer de seu funcionamento e somente podendo ser considerada economicamente a partir da relação de fidelidade comercial mantida com o referido estabelecimento.

Se um grupo de pessoas residentes em determinado bairro diariamente adquire produtos de uma padaria, ele pode ser considerado sua clientela. Porém, caso essa padaria encerre suas atividades, por exemplo, pela morte do empresário, pode ocorrer de esse grupo de pessoas dispersar-se e não se tornar cliente de nenhuma outra padaria existente nas redondezas.

Desse modo, a existência dessa clientela como um bem incorpóreo ou ainda um atributo do estabelecimento, fica condicionada, em princípio, à existência do estabelecimento, ao passo que, no caso do caminhão, mesmo que com a extinção da padaria, o veículo seja adquirido por um empresário atuante em outro ramo, ele continuará a figurar como um bem corpóreo, visto que seu valor é ditado pelo mercado e não diretamente pela sua destinação no estabelecimento empresarial.

Ressalte-se no entanto que, algumas vezes, a clientela pode estar ligada a outro bem incorpóreo, como a marca, sendo que, neste caso, a alienação da marca pode implicar na consequente transferência da clientela.

Disso resulta que o valor atribuído aos bens incorpóreos relaciona-se ao contexto econômico-empresarial em que tais bens estejam inseridos, enquanto postos em dinamicidade pelo empresário, no âmbito da organização do estabelecimento empresarial.

1.16.2. Características gerais

Durante longo tempo a doutrina comercialista dividiu-se em torno da qualificação jurídica do estabelecimento empresarial como universalidade de fato (*universitas facti*, previsto no Código Civil em seu art. 90 - "*Constitui universalidade de fato a pluralidade de bens singulares que, pertinentes à mesma pessoa, tenham destinação unitária. Parágrafo único. Os bens que formam essa universalidade podem ser objeto de relações jurídicas próprias*") ou universalidade de direito (*universitas iuris*, previsto no Código Civil em seu art. 91 – "*Constitui universalidade de direito o complexo de relações jurídicas, de uma pessoa, dotadas de valor econômico*"), tendo prevalecido, em princípio, a primeira corrente doutrinária, representada por Oscar Barreto Filho.

Assim, de acordo com tal entendimento, o estabelecimento seria constituído por elementos ou bens (corpóreos ou incorpóreos), não abrangendo as relações jurídicas (de débito e crédito) de seu titular.

Da mesma forma, a doutrina mais tradicional entendia que o estabelecimento empresarial não constituía um patrimônio separado de seu titular, sujeito às obrigações originadas especificamente da atividade empresarial.

Porém, o advento do Código Civil em 2002, trouxe novos contornos jurídicos para a já conhecida qualificação de estabelecimento empresarial.

Assim, se por um lado o novo texto legal principiou seguindo o entendimento tradicional, e definindo o estabelecimento como um *"complexo de bens"* reunidos e organizados pelo empresário, por outro, inovou ao vincular ao estabelecimento as relações jurídicas, ativas e passivas, mantidas por seu titular no desempenho de sua atividade econômica e relacionadas aos bens assim reunidos no estabelecimento. Outra não é ideia contida nos artigos 1.146, 1.148 e 1.149 do diploma civil:

> "Art. 1.146. O adquirente do estabelecimento responde pelo pagamento dos débitos anteriores à transferência, desde que regularmente contabilizados, continuando o devedor primitivo solidariamente obrigado pelo prazo de um ano, a partir, quanto aos créditos vencidos, da publicação, e, quanto aos outros, da data do vencimento.
>
> Art. 1.148. Salvo disposição em contrário, a transferência importa a sub-rogação do adquirente nos contratos estipulados para exploração do estabelecimento, se não tiverem caráter pessoal, podendo os terceiros rescindir o contrato em noventa dias a contar da publicação da transferência, se ocorrer justa causa, ressalvada, neste caso, a responsabilidade do alienante.
>
> Art. 1.149. A cessão dos créditos referentes ao estabelecimento transferido produzirá efeito em relação aos respectivos devedores, desde o momento da publicação da transferência, mas o devedor ficará exonerado se de boa-fé pagar ao cedente."

Tal previsão aproxima o estabelecimento empresarial, invariavelmente, do conceito de *universalidade de direito* referido no art. 91, de modo que podemos afirmar que, a partir da vigência do Código Civil, o estabelecimento empresarial no Brasil passou a ter uma *natureza híbrida*, afigurando-se em parte como universalidade de fato, e em parte como universalidade de direito.

Para muitos comercialistas, o estabelecimento empresarial chega a ser considerado uma *abstração*, uma vez que, a despeito de reunir bens corpóreos e bens incorpóreos, se caracteriza, no seu todo, como um bem móvel e por isso mesmo, nos termos do art. 1.143, pode ser objeto unitário de direitos e de negócios jurídicos, translativos ou constitutivos, que sejam compatíveis com a sua natureza.

O caráter abstrato do estabelecimento empresarial evidencia-se pela valorização que somente é agregada ao conjunto dos bens reunidos no estabelecimento a partir da organização empresarial e da destinação econômica que lhes é data pelo empresário. Essa valorização constitui o *aviamento* (tratado no item 1.16.3.2.5), é aferível no plano contábil e representa a capacidade que um estabelecimento empresarial pode possuir para gerar lucros.

Ao tratar do estabelecimento, Waldirio Bulgarelli transcreve interessante lição de Oscar Barreto Filho (Sociedades comerciais, p. 320-321):

> "Economicamente, o capital é a base do estabelecimento e compõe--se de elementos estáticos (os bens) e de elementos dinâmicos (os serviços). Daí conclui Oscar Barreto Filho:
>
> Os bens (oriundos do capital) e serviços (provenientes do trabalho) são conjugados em função do fim colimado, e aí surge o elemento estrutural: a organização – a combinação do capital, trabalho e organização para o exercício da atividade produtiva é que se denomina estabelecimento comercial."

Destarte, o empresário, a empresa individual de responsabilidade limitada e a sociedade empresária podem ter uma pluralidade de estabelecimentos empresariais.

1.16.3. Elementos do estabelecimento empresarial

São elementos do estabelecimento empresarial os diversos bens que o integram, sejam corpóreos, sejam incorpóreos, bem como algumas qualidades ou atributos que lhe são próprios. Em princípio, somente interessam ao estabelecimento e à própria atividade empresarial, aqueles elementos que sejam passíveis de avaliação econômica, classificando-se, preferencialmente como bens. Assim:

1.16.3.1. Elementos corpóreos (móveis e imóveis)

São bens móveis e imóveis, por assim dizer, aqueles "corporificados" no estabelecimento empresarial, como balcões, vitrines, máquinas, veículos, imóveis etc.

Assim, como já se disse, os bens corpóreos (móveis e imóveis) são aqueles cuja existência e cuja valoração na atividade empresarial são passíveis de serem aferidas pelo simples referencial físico e patrimonial.

Ressalte-se que, no plano físico, o estabelecimento constitui uma referência imediata da atividade empresarial, ainda que não se limite a isso, estando submetido à legislação vigente, conforme se depreende da análise da jurisprudência do Supremo Tribunal Federal a respeito (Súmula Vinculante 38 (antiga Súmula 645): "É competente o município para fixar o horário de funcionamento de estabelecimento comercial"; Súmula 646: "Ofende o princípio da livre concorrência lei municipal que impede a instalação de estabelecimentos comerciais do mesmo ramo em determinada área").

1.16.3.2. Elementos incorpóreos

São bens que não possuem expressão propriamente física ou que não se encontram corporificados no estabelecimento empresarial, ainda que em muitos casos sejam visualmente perceptíveis, como: nome empresarial, título de estabelecimento, marcas (e outros direitos de propriedade intelectual, que serão estudados separadamente no Capítulo 6), etc. A existência de tais bens, em certos casos, conforme já exposto, está diretamente relacionada à existência do próprio estabelecimento empresarial, não subsistindo muitas vezes sem ele.

1.16.3.2.1. Nome empresarial

É a forma de identificação de um empresário, empresa individual de responsabilidade limitada ou sociedade empresária, ou seja, do titular da atividade empresarial, perante o mercado em geral, bem como perante a Administração Pública.

A disciplina jurídica do nome empresarial encontra-se balizada por três princípios contidos na Lei de Registro de Empresas: veracidade, novidade e anterioridade.

O *Princípio da Veracidade* (art. 34) significa que o nome empresarial deve indicar o titular da atividade empresarial exercida (tanto que, como se verá adiante, o chamado *nome fantasia*, tecnicamente denominado *título de estabelecimento*, não afasta a obrigatoriedade de indicação do nome oficial do empresário em sua documentação).

O *Princípio da Novidade* (art. 34) visa impedir, em princípio, a coexistência de dois nomes empresariais que apresentem qualquer relação de semelhança ou identidade entre si, de modo a evitar confusão junto ao mercado.

Por fim, o *Princípio da Anterioridade* (art. 35, V) proíbe o arquivamento de atos de empresas com nome idêntico ou semelhante a outro anteriormente arquivado e já existente, na mesma junta comercial.

É importante observar que o nome empresarial não se confunde com a marca, que é um sinal ou expressão identificadora, perante o público consumidor, de bens produzidos e/ou comercializados ou de serviços prestados por determinado empresário, empresa individual de responsabilidade limitada ou sociedade empresária, devendo ser registrada no Instituto Nacional da Propriedade Industrial (Inpi), autarquia federal responsável por tal registro, tendo validade em todo o território brasileiro.

O Código Civil introduziu disposições específicas para o nome empresarial. Assim, consoante o art. 1.155, considera-se nome empresarial a firma ou a denominação adotada para o exercício de atividade empresarial, tendo sido a ele equiparada, para os efeitos da proteção conferida pelo Código Civil, a designação das sociedades simples, associações e fundações (ainda que estas três últimas não se enquadrem juridicamente no conceito de empresa e não possam ter por objeto o exercício de atividades empresariais). O nome empresarial é dividido em três categorias:

a) Firma individual: é a própria assinatura (contendo o nome civil – do verbo "firmar" – "assinar") do empresário ou ainda do titular da empresa individual de responsabilidade limitada e, portanto, somente pode ter por base o seu nome civil, seguido ou não do ramo de atividade (por exemplo, *João Peixoto* Comércio de Tecidos).

Note-se que o empresário deve exercer sua atividade sob firma constituída por seu nome, completo ou abreviado, acrescentando a ele, se quiser, a designação mais precisa da sua pessoa ou do gênero de atividade.

Deve-se observar que o citado *Princípio da Novidade* vem ainda enunciado no art. 1.163 do Código Civil, que estabelece que o nome do empresário deve distinguir-se de qualquer outro já inscrito no mesmo registro, sendo que, se o empresário tiver nome idêntico ao de outros já inscritos, deverá acrescentar designação que o distinga.

É interessante a discussão proporcionada por referida disposição do Código Civil, já que, em se tratando de firma individual, o nome do empresário se afigura como uma extensão do seu próprio direito à personalidade, encontrando-se, assim, amparado pelo ordenamento jurídico pátrio.

A respeito do chamado sistema da veracidade ou autenticidade, vigente no Brasil, já ensinava Rubens Requião (*Curso de direito comercial*, p. 231):

(...) impõe que a firma seja constituída sobre o patronímico do comerciante individual e, quando firma social, sobre o de sócios que a compõem. Se o empresário modifica o nome, como a mulher que casa, deve alterar a sua firma. O comerciante individual, dessa forma, deve necessariamente adotar o seu nome civil, podendo abreviá-lo ou acrescê-lo de um elemento distintivo ou característico. Assim, "Alfredo Silva", comerciante, adotará seu patronímico ou a abreviatura "A. Silva" ou, ainda, "Alfredo Silva – Atacadista". Claro, portanto, que o comerciante não poderá adotar pseudônimo como firma comercial.

Uma séria questão prática surge nos casos de homonímia, isto é, quando vários comerciantes possuem igual nome civil. Os "João da Silva", os "José Santos" e tantos outros nomes civis corriqueiros criam problemas quando seus titulares pretendem registrar firma individual. Tantos são os casos de repetições desses nomes que, algumas vezes, a possibilidade de diferenciá-los pelo exercício da atividade peculiar (p. ex.: "João Silva – Representante Comercial", "José Santos – Armarinhos") se esgota. Chegou-se a sugerir, no Simpósio do Registro do Comércio, reunido pelo DNRC, que a distinção fosse feita por numeração alfabética, segundo a ordem do registro, por exemplo: "João da Silva – 1", "João da Silva – 2". Entretanto, esse método não realizaria a diferenciação em face de um público desatento. O problema, segundo nos parece, pode ser resolvido mais eficientemente fazendo-se com que o interessado use o sobrenome materno, como, por exemplo, "João 'Alcântara' da Silva", "João 'Ferreira' da Silva", evitando-se facilmente a colidência (art. 1.156). Na formação da razão social os recursos de diferenciação se apresentam mais amplos, devido a possível composição entre o nome de vários sócios."

Do exposto, percebe-se que o Código Civil, em seu art. 1.163, passou ao largo de referida controvérsia, estabelecendo apenas que, em caso de identidade entre firma já inscrita e firma que se pretenda inscrever na mesma junta comercial (visto que a competência de referidos órgãos é estadual), na última deverá ser acrescentada designação que a distinga da anterior.

Ainda de acordo com o art. 1.164, o nome empresarial não é passível de ser objeto de alienação, podendo o adquirente de estabelecimento, por ato entre vivos, e se o contrato o permitir, usar o nome do alienante, precedido do seu próprio, com a qualificação de sucessor.

b)   Firma coletiva ou razão social: essa categoria de nome empresarial é utilizada em alguns tipos de sociedades empresárias, devendo ter por base o nome (ou sobrenome) dos sócios que integram determinada sociedade e podendo, facultativamente, indicar o ramo de atividade desenvolvida pela sociedade (art. 1.158, § 1.º, do Código Civil). A firma coletiva ou razão social pode ser adotada pelos seguintes tipos sociedades:

b.1) Sociedade em nome coletivo;

b.2) Sociedade em comandita simples;

b.3) Sociedade em comandita por ações; e

b.4) Sociedade limitada (seguida da expressão "limitada" abreviada ou por extenso).

Exemplos: Duarte, Mesquita e Oliveira Comércio de Tecidos; Duarte & Cia Comércio de Tecidos; e Duarte, Mesquita e Oliveira Comércio de Tecidos Ltda.

As sociedades simples previstas no art. 997 do Código Civil, também referidas pela doutrina como sociedades simples "puras", também podem adotar firma coletiva ou razão social, a despeito da sua natureza não empresária.

A sociedade em que houver sócios de responsabilidade ilimitada (as três primeiras enunciadas), nos termos do art. 1.157 do Código Civil, deverá operar sob firma, na qual somente os nomes daqueles sócios (de responsabilidade ilimitada) poderão figurar, e eles ficarão responsáveis, solidária e ilimitadamente, pelas obrigações contraídas, podendo, alternativamente, o referido nome ser formado pela adição ao nome de um deles da expressão "e companhia" ou sua abreviatura "e Cia".

c) Denominação: a denominação tem por base uma expressão criada pelos sócios (uma *expressão de fantasia*, como usualmente se diz, ainda que não se confunda com o *nome fantasia*, adiante referido), sendo ainda permitido nela figurar o nome de um ou mais sócios, e deve sempre identificar o objeto da sociedade, conforme o art. 1.158, § 2.º do Código Civil.

Constitui a forma de identificação das sociedades limitadas e das sociedades por ações, podendo ainda ser adotada pelas sociedades em comandita por ações (caso os sócios optem por ela, em vez da firma coletiva ou razão social), bem como pelas empresas individuais de responsabilidade limitada, alternativamente à firma.

É importante observar que a omissão da palavra "limitada" no nome empresarial de uma sociedade limitada determina a responsabilidade solidária e ilimitada dos administradores que utilizarem a firma ou a denominação de referida sociedade.

A sociedade por ações, conforme previsto no art. 3.º, *caput* e § 1.º da Lei 6.404/1976 (Lei das Sociedades Anônimas), deve operar sob denominação que contenha designação específica de seu objeto social, integrada pelas expressões "sociedade anônima" ou "companhia", por extenso ou abreviadamente, podendo ainda constar da denominação o nome do fundador, acionista ou pessoa que tenha concorrido para o bom êxito da formação da companhia. A expressão companhia, quando adotada, somente poderá constar no início ou no meio da denominação, porém nunca ao final, de modo a não gerar confusão com o nome empresarial adotado pelas sociedades em nome coletivo.

Frise-se, ademais, que a *sociedade em conta de participação*, a respeito da qual falaremos adiante, por se tratar de sociedade não personificada, que não é obrigada ao arquivamento de seus atos constitutivos na junta comercial, não pode adotar firma e tampouco denominação.

Também a esse respeito, é interessante observar que, nos termos do art. 1.165 do Código Civil "o nome de sócio que vier a falecer, for excluído ou se retirar, não pode ser conservado na firma social".

Não obstante o disposto no art. 1.165, as sociedades por ações que ostentam em sua denominação o nome de sócio-fundador já falecido poderão mantê-lo, visto estarem reguladas por lei especial (conforme art. 1.089).

Por fim, note-se que, conforme o citado *Princípio da Anterioridade*, o nome empresarial é automaticamente protegido por meio do registro efetuado na junta comercial, na área de sua jurisdição (validade estadual), não se permitindo arquivamento de nome empresarial idêntico ou semelhante a outro já existente, sendo que a inscrição do empresário individual, ou dos atos constitutivos das sociedades empresárias nas juntas comerciais, assegura o uso exclusivo do nome nos limites do respectivo estado da federação.

Essa proteção pode ser estendida às demais juntas comerciais, a pedido do interessado, conforme o art. 1.166, parágrafo único.

Convém, no entanto, ressaltar a controvérsia existente na jurisprudência, acerca da exata extensão da proteção legal conferida ao nome empresarial.

Assim, a partir da análise da jurisprudência atual, se constata a existência de duas correntes jurisprudenciais de entendimento, distintas a respeito.

A primeira delas, mais tradicionalista, cinge-se diretamente à lei, e entende que a proteção conferida pelo registro de empresas seria absoluta, admitindo ao empresário, empresa individual de responsabilidade limitada ou sociedade empresária que primeiro se inscreveu no registro de empresas, a *exclusividade* do uso da expressão adotada como nome empresarial.

Por outro lado, a segunda corrente jurisprudencial, mais progressista, entende que a proteção conferida pelo registro de empresas seria *relativa*, estando circunscrita ao ramo de atividade adotado, admitindo, desse modo, a existência de nomes que contenham o mesmo núcleo, porém identificadores de empresas atuantes em ramos distintos, ainda que registradas na mesma junta comercial. Nesse sentido, foi o entendimento do Superior Tribunal de Justiça no caso em tela:

> "Direito empresarial – Proteção ao nome comercial – Conflito – Nome comercial e marca – Matéria suscitada nos embargos infringentes – Colidência entre nomes empresariais – Registro anterior – Uso exclusivo do nome – Áreas de atividades distintas – Ausência de confusão, prejuízo ou vantagem indevida no seu emprego – Proteção restrita ao âmbito de atividade da empresa – Recurso improvido. 1. Conflito entre nome comercial e marca, a teor do art. 59 da Lei 5.772/1971. Interpretação. 2. Colidência entre nomes empresariais. Proteção ao nome comercial. Finalidade: identificar o empresário individual ou a sociedade empresária, tutelar a clientela, o crédito empresarial e, ainda os consumidores contra indesejáveis equívocos. 3. Utilização de um vocábulo idêntico – Fiorella – na formação dos dois nomes empresariais – Fiorella Produtos Têxteis Ltda. e Produtos Fiorella Ltda. Ausência de emprego indevido, tendo em vista as premissas estabelecidas pela Corte de origem ao analisar colidência: a) ausência de possibilidade de confusão entre os consumidores; b) atuação empresarial em atividades diversas e inconfundíveis. 4. Tutela do nome comercial entendida de modo relativo. O registro mais antigo gera a proteção no ramo de atuação da empresa que o detém, mas não impede a utilização de nome em segmento diverso, sobretudo quando não se verifica qualquer confusão, prejuízo ou vantagem indevida no seu emprego. 5. Recurso a que se nega provimento." (REsp 262.643/SP, rel. Min. Vasco Della Giustina – desembargador convocado TJRS, j. 09.03.2010).

Da mesma forma, e como ressaltado, o nome empresarial é registrado na Junta Comercial em que se inscrever o empresário, a empresa individual de responsabilidade limitada ou a sociedade empresária. As Juntas Comerciais são órgãos com jurisdição estadual, disso resultando que a validade do nome empresarial, em princípio, se limita à jurisdição da respectiva junta, conforme estabelece o art. 1.166, *caput*, do Código Civil ("Art. 1.166. A inscrição do empresário, ou dos atos constitutivos das pessoas jurídicas, ou as respectivas averbações, no registro próprio, asseguram o uso exclusivo do nome nos limites do respectivo Estado").

Como regra geral, para a sua proteção em nível nacional, o empresário, a empresa individual de responsabilidade limitada ou a sociedade empresária deverá, alternativamente, possuir filiais em todos os estados do Brasil ou estender a proteção do nome empresarial às demais juntas comerciais, mediante procedimento específico, sem, contudo, a necessidade de abertura de filiais, conforme o art. 1.166, parágrafo único..

Não obstante, parte da jurisprudência tem se manifestado atualmente em sentido diverso, conforme demonstra o Enunciado 491, elaborado durante a V Jornada de Direito Civil, promovida pelo Conselho de Justiça Federal em novembro de 2011, nos seguintes termos: "Art. 1.166. A proteção ao nome empresarial, limitada ao Estado-Membro para efeito meramente administrativo, estende-se a todo o território nacional por força do art. 5.º, XXIX, da Constituição da República e do art. 8.º da Convenção Unionista de Paris."

Por fim, deve-se observar que o registro do nome empresarial pode ser cancelado quando, nos termos do art. 1.168, cessar o exercício da atividade para que foi adotado, ou terminar a liquidação da sociedade que o inscreveu, bem como na hipótese da declaração de inatividade do empresário efetuada consoante o art. 60 da Lei de Registro de Empresas, anteriormente estudada.

1.16.3.2.2. Título de estabelecimento

Pode ainda integrar o nome empresarial, como expressão à parte, o título de estabelecimento, que nada mais é que o nome ou "apelido" pelo qual determinado estabelecimento empresarial é identificado na praça em que atua, sendo também designado, na prática comercial, de *nome fantasia*. Por exemplo:

Nome empresarial: JS Comércio de Bebidas Ltda.

Título de estabelecimento: "Bar do Zé"

Na prática empresarial, o título de estabelecimento guarda forte relação com o ponto comercial, enquanto manifestação do estabelecimento no plano físico, passando em muitos casos a ser uma referência geográfica do empresário no mercado.

Convém observar que o título de estabelecimento, quando adotado, deve constar dos respectivos registros existentes em nome do empresário ou da empresa individual de responsabilidade limitada na junta comercial ou ainda do contrato social da sociedade empresária.

Note-se, ainda, que o título de estabelecimento não deve ser confundido com a marca, que se destina fundamentalmente a identificar produtos e serviços oferecidos pelo empresário ao mercado.

Assim, o título de estabelecimento, cuja proteção se encontra no âmbito do registro de empresas, deve ser visto apenas como um elemento adicional de identificação do empresário no mercado.

Nesse sentido, o uso indevido de nome comercial, título de estabelecimento ou insígnia alheios em princípio caracteriza o crime de concorrência desleal, conforme o art. 195, V, da Lei 9.279/1996 (Lei da Propriedade Industrial).

1.16.3.2.3. Clientela e freguesia

A clientela é considerada como sendo a parcela do público que mantém uma relação de fidelidade comercial com determinado estabelecimento empresarial, em virtude de aspectos subjetivos próprios do estabelecimento – o bom atendimento, a qualidade dos produtos ou a simpatia da pessoa do empresário, sendo importante diferenciá-la da chamada freguesia.

Nesse sentido é a lição de Oscar Barreto Filho (Teoria do estabelecimento comercial, p. 25):

> "Possui o termo freguesia acentuada conotação de lugar, donde a vantagem de empregá-lo para exprimir a ideia de conjunto de pessoas ligadas a certo estabelecimento, em vista de sua localização ou outros fatores objetivos, reservando-se o termo clientela para o conjunto de pessoas relacionadas com as qualidades subjetivas do titular da casa comercial."

Assim, enquanto a clientela se prende a elementos de ordem *subjetiva* do estabelecimento, a freguesia relaciona-se a *aspectos objetivos* do estabelecimento, como a boa localização (daí a importância do ponto comercial que veremos adiante), ou ainda uma promoção atraente de seus produtos.

Assim, a freguesia pode tanto apresentar *habitualidade*, que não se confunde com a *fidelidade* característica da clientela, pois a habitualidade decorrerá unicamente de um elemento objetivo, por exemplo, no caso de uma lanchonete ao lado de uma estação de metrô, muitas pessoas se habituarão a adquirir produtos nesse local, unicamente pelo fato de referido estabelecimento localizar-se no seu itinerário, sendo que na hipótese de esse empresário transferir-se para outro endereço mais distante, essa parcela do público não permanecerá frequentando esse estabelecimento, pois o único elemento que a fazia consumir era o referencial objetivo da localização, ao contrário da clientela, que permanecerá fiel ao estabelecimento, pois vinculada a algum elemento de ordem subjetiva, como por exemplo, a qualidade dos produtos oferecidos.

Da mesma forma, enquanto a clientela possui esse vínculo subjetivo que proporciona uma fidelidade comercial ao estabelecimento, a freguesia sequer necessita da habitualidade, pois pode ser meramente episódica e eventual, como ocorre por exemplo, quando uma pessoa deseja adquirir um eletrodoméstico e, após uma pesquisa na internet, o adquire do empresário que o ofereça pelo menor preço, sem que isso implique em qualquer perspectiva de que venha a consumir novamente nesse estabelecimento.

A clientela, por sua vez, mantém uma relação fidelidade comercial com o estabelecimento, sendo esse o caso, por exemplo, de determinada pessoa que se desloca a outro bairro da cidade apenas com o fito de adquirir produtos em um estabelecimento de sua preferência, mesmo existindo estabelecimentos similares mais próximos de sua residência.

Ressalte-se, no entanto, que, conforme observado, algumas vezes a clientela pode estar ligada a outro bem incorpóreo, como a marca ou mesmo o título de estabelecimento, sendo que, neste caso, a alienação deste último poderá implicar na consequente transferência (ou compartilhamento) da clientela, como acontece, por exemplo, na franquia empresarial.

A doutrina comercialista não é pacífica a respeito da classificação da clientela como um bem propriamente. Essa divergência se deve ao fato de que, no entendimento de uma parcela dos comercialistas, a clientela não poderia existir autonomamente, estando a sua existência vinculada a um elemento subjetivo – a simpatia do empresário, ou ainda ao destino de outro bem incorpóreo, como acontece com a clientela dos estabelecimentos franqueados, que, teoricamente, podem contratar com qualquer estabelecimento componente da rede, dada a inexistência de distinções subjetivas entre si, constituindo um fator referencial para a clientela a ostentação da marca e do título de estabelecimento pelo franqueado e não propriamente qualquer elemento específico (ainda que objetivo) de seu próprio estabelecimento. Consoante tal entendimento, a clientela seria um atributo, uma qualidade e não propriamente um bem integrante do estabelecimento empresarial.

A esse respeito, convém fazer referência ao entendimento de Marcos Paulo de Almeida Salles, citado por Haroldo Malheiros Duclerc Verçosa (Curso de Direito Comercial, vol. I, p. 284.):

> "Marcos Paulo de Almeida Salles observa representar a clientela uma questão controvertida, sendo ora aceito, ora não aceito, que ela integre a universalidade do estabelecimento, afirmando que ela não se incorpora aos bens integrantes do estabelecimento, uma vez não ser possível individualizá-la como alienável, sendo-lhe factível (obviamente – se acrescentaria) desligar-se daquele sem qualquer acessoriedade, por isto considerada intangível."

Cap. 1 · PARTE GERAL: COMÉRCIO E EMPRESA

A jurisprudência também não é pacífica a respeito, visto que, sobretudo nos contratos de colaboração e aproximação, como a distribuição-intermediação, a titularidade da clientela pode vir a constituir fator de dissidência entre as partes, por ocasião da rescisão do negócio jurídico, como também aponta a doutrina a respeito do tema.

Por outro lado, existem aqueles que entendem que a clientela poderia vir a constituir um bem incorpóreo, revestido de certa autonomia, por ocasião de sua alienação para outro empresário.

Nesse sentido, o clássico estudo de Ruy Barbosa intitulado "As Cessões de Clientela" (Obras Completas. Rio de Janeiro, v. XL, t. I, 1948), ainda que esbarrasse nas limitações materiais de sua época, constitui referência histórica sobre o tema.

Assim, se por um lado, sob o referencial do estabelecimento convencional, esse entendimento carece muitas vezes de amparo fático, no âmbito do novel estabelecimento empresarial virtual, conforme se verá adiante, afigura-se-nos possível a transferência dos consumidores virtuais cadastrados em um site de compras, por exemplo, mediante a negociação isolada do cadastro desses consumidores, caracterizando uma cessão de clientela em si e demonstrando que, nesse caso, a clientela pode vir a assumir a configuração de bem incorpóreo, com um valor próprio, objetivamente definido, e reconhecido no âmbito de um mercado específico.

1.16.3.2.4. Ponto comercial

O ponto comercial tem sido objeto de várias conceituações por parte da doutrina comercialista: há aqueles que o consideram como um direito, de conteúdo econômico, atribuído ao empresário para ocupar determinado imóvel, mediante a renovação de seu contrato de locação, quando locatário, ou ainda exigir certo valor para que outro empresário o ocupe, quando proprietário.

No entanto, entendemos que o fator preponderante para que o ponto comercial possa assumir a condição de bem incorpóreo dentro do estabelecimento empresarial é o seu caráter valorativo em si, de modo que o definimos como a *valorização atribuída a determinado imóvel ocupado por um empresário (seja locatário seja proprietário), em decorrência do exercício de sua atividade empresarial*, e que somente subsistirá nas hipóteses em direito admitidas.

Caracteriza-se como sendo um ativo totalmente incorpóreo, integrante do estabelecimento empresarial, e como tal se reveste de extrema importância, não somente na hipótese em que o imóvel seja de propriedade do empresário mas também naquelas hipóteses, muito comuns na prática empresarial, em que o imóvel ocupado pelo empresário seja alugado. Em ambos os casos é comum surgir a cobrança das chamadas "luvas".

É interessante a esse respeito a lição de Bruno Mattos e Silva (*Curso elementar de direito comercial*: parte geral e contratos mercantis, p. 132):

"São chamadas popularmente de "luvas" as quantias pagas pelos locatários para obtenção do contrato de locação.

Em princípio, pode-se argumentar que a cobrança de "luvas" por parte do locador está vedada pela Lei de Locações: "Art. 43. Constitui contravenção penal, punível com prisão simples de 5 (cinco) dias a 6 (seis) meses ou multa de 3 (três) a 12 (doze) meses do valor do último aluguel atualizado, revertida em favor do locatário: I – exigir, por motivo de locação ou sublocação, quantia ou valor além do aluguel e encargos permitidos; [...]"

Contudo, é de se admitir a cobrança de "luvas" por parte do locatário que pretenda vender o seu direito ao ponto comercial ou mesmo todo o estabelecimento a terceiro. Essas "luvas" correspondem ao valor econômico do ponto comercial."

Em muitas situações, é evidente que o desenvolvimento de certa atividade empresarial em determinado imóvel proporciona considerável valorização desse bem, sobretudo pelo fato de atribuir uma destinação empresarial ao imóvel ocupado pelo empresário.

Assim ocorre se um empresário aluga um imóvel com a finalidade de ali instalar uma panificadora, sendo que o referido imóvel jamais havia sido utilizado para o exercício de qualquer atividade empresarial. A partir do exercício contínuo da atividade empresarial de panificação pelo locatário nesse local, se agrega uma valorização ao imóvel locado, de modo que o público passará a fazer uma clara associação entre esse imóvel e a atividade desenvolvida (fabricação e comércio de pães e doces).

Mesmo após o término do contrato e a mudança do estabelecimento, pode ocorrer que outro empresário que lá venha a instalar-se, atuando no mesmo ramo (panificação), possa beneficiar-se da *freguesia* (porque vinculada ao elemento objetivo imóvel).

1.16.3.2.5. Aviamento

O aviamento é tradicionalmente considerado um *atributo* do estabelecimento empresarial enquanto um valor resultante da boa organização dos elementos e fatores produtivos decorrentes da atividade econômica e presentes no próprio estabelecimento.

Enquanto uma qualidade imanente ao estabelecimento empresarial, o aviamento pode decorrer de diversos fatores organizacionais, como, por exemplo, as boas técnicas empregadas por um empresário na administração de seu estabelecimento e que representam a capacidade deste em gerar lucros. No entanto, o aviamento não se confunde com as técnicas organizacionais em si, caracterizando-se como um sobrevalor atribuído ao estabelecimento como um todo, e que pode ser decorrência do emprego de boas técnicas de administração, sobretudo no estabelecimento empresarial contemporâneo. Nesse sentido, é elucidativa a lição de Waldemar Ferreira (Tratado de direito comercial, p. 208-209) a respeito:

> "Nessa capacidade do estabelecimento, por seu complexo e pelo impulso de seu organismo, de produzir economicamente e proporcionar os lucros almejados e previstos, divisou Alfredo Rocco o que, em sua língua, se chama aviamento, particularizada com maior propriedade na expressão *avviamento di azienda*, que aquela palavra em verdade exprime."

Também denominado *goodwill* no direito norte-americano, o aviamento somente pode ser evidenciado e valorado a partir de uma análise contábil procedida no estabelecimento empresarial, sendo que esse aspecto fica evidente a partir da previsão contida no art. 1.187, parágrafo único, inciso III, do Código Civil (Art. 1.187. Na coleta dos elementos para o inventário serão observados os critérios de avaliação a seguir determinados: Parágrafo único. Entre os valores do ativo podem figurar, desde que se preceda, anualmente, à sua amortização: [...] III – a quantia efetivamente paga a título de aviamento de estabelecimento adquirido pelo empresário ou sociedade.)

Em que pese o entendimento geral de que o aviamento é o atributo maior do estabelecimento, e não um bem incorpóreo integrante deste, opinião da qual compartilhamos, entendemos que, em circunstâncias excepcionais, o aviamento pode assumir um aspecto valorativo próprio, podendo ser destacado do estabelecimento na qualidade de bem incorpóreo, como acontece, por exemplo, com a franquia empresarial, em que se negocia também a reprodução do aviamento no estabelecimento do franqueado, que, entretanto, não se confunde com o estabelecimento do franqueador.

Ou seja, o franqueado não paga o sobrevalor por conta do trespasse do estabelecimento do franqueador, visto que na franquia não ocorre trespasse propriamente, mas pelo acesso às técnicas de administração e organização do estabelecimento e pela perspectiva (*goodwill*) de que, mediante a aplicação de tais técnicas, sob a orientação do franqueador, o franqueado irá obter a lucratividade anunciada quando da celebração do contrato de franquia empresarial.

Nesse sentido, o magistério de Olavo Zago Chinaglia (Destinação dos elementos intangíveis do estabelecimento empresarial e do aviamento na extinção parcial do vínculo societário. 2008. Tese (Doutorado em Direito Comercial). Faculdade de Direito, Universidade de São Paulo, Janeiro/2008) revela-se elucidativo:

> "Em termos econômicos, o aviamento expressa o valor-utilidade de todos os elementos integrantes do estabelecimento, considerados como um conjunto sinérgico para a consecução dos fins da empresa, ou seja, o lucro; a sua expressão monetária, portanto, nada mais é do que o valor presente desse lucro.
>
> Nesse sentido, os comentários feitos anteriormente sobre o conteúdo econômico dos bens intangíveis são aplicáveis, sem maiores ressalvas, ao aviamento, até mesmo porque ele é considerado "o mais intangível dos intangíveis".[...]
>
> A diferença entre o aviamento e os bens intangíveis reside no fato de que o primeiro é mais abrangente, pois engloba o valor de uso não apenas destes, mas também dos bens tangíveis e das disponibilidades financeiras oriundas de dívidas do empresário.
>
> Em outras palavras, o aviamento tem valor meramente residual, porque corresponde à diferença, positiva ou negativa, entre o valor econômico da empresa e o valor patrimonial real dos elementos que integram o seu estabelecimento."

Assim, o aviamento somente existirá se os bens integrantes do estabelecimento mantiverem sua destinação e organização únicas. É essa organização própria do estabelecimento que o individualiza como bem imaterial que é, assemelhando-se a um conjunto imaginário – mas com efeitos concretos no plano contábil – a reunir os bens necessários ao exercício de determinada atividade empresarial.

Por esse motivo, em situações de venda do estabelecimento, o valor do aviamento também deverá compor o preço acordado, bem como, na hipótese de desapropriação do imóvel ocupado pelo empresário, a indenização a ser paga pela Administração Pública também deverá, em princípio, contemplar o valor do aviamento a ser pago ao empresário prejudicado pelo ato expropriatório.

Se a empresa é a atividade econômica organizada e o aviamento corresponde ao sobrevalor atribuído ao estabelecimento a partir de sua organização, como instrumento da atividade empresarial, o estabelecimento tem como uma de suas principais características o fato de ser a unidade geradora e/ou reprodutora do modo de produção da empresa.

Nas economias em escala, a organização chega, em muitos casos, a sobrepor-se aos fatores capital e trabalho, visto que o primeiro pode ser mais

Cap. 1 · PARTE GERAL: COMÉRCIO E EMPRESA

facilmente obtido através de linhas de crédito e o segundo mediante a terceirização da produção (*outsourcing*), fenômeno comum na atual economia globalizada.

1.16.3.2.6. Locação comercial ou locação empresarial

Dentre os bens que integram o estabelecimento empresarial, o imóvel ocupado pelo empresário é, sem dúvida, um dos mais importantes, pois se constitui em um referencial imediato de sua atuação e presença em determinada localidade.

Ocorre que, não raras vezes, o imóvel em questão pertence a terceiro e é ocupado pelo empresário a título de locação, cujo contrato, regulado pela Lei 8.245/1991 (Lei de Locações), é denominado contrato de locação para fins não residenciais, constituindo-se em um elemento incorpóreo do estabelecimento empresarial ao qual a prática atribui comumente o nome de contrato de locação comercial, e que, por questões didáticas, será objeto de nosso estudo no Capítulo 4, relativo aos Contratos Empresariais.

1.16.4. Trespasse e responsabilidade na alienação do estabelecimento empresarial

Os direitos de propriedade de um empresário sobre o estabelecimento empresarial podem ser transferidos contratualmente, a título oneroso ou gratuito, conforme as espécies de alienação da propriedade previstas no direito civil.

Na prática empresarial, a venda e compra é a espécie mais usual de alienação do estabelecimento, sendo associada pela doutrina comercialista ao *trespasse*.

Assim, trespasse é o *negócio jurídico que tenha por objeto a alienação, em princípio onerosa, e na modalidade venda e compra, do estabelecimento empresarial como um todo, transferindo-se ao adquirente a titularidade dos direitos de propriedade incidentes sobre todos os bens que o integram.*

Nesse sentido é o entendimento atual da doutrina e da jurisprudência, conforme o Enunciado 233, resultante da III Jornada de Direito Civil, promovida em dezembro de 2004 pelo Conselho de Justiça Federal: "Art. 1.142: A sistemática do contrato de trespasse delineada pelo Código Civil nos arts. 1.142 e ss., especialmente seus efeitos obrigacionais, aplica-se somente quando o conjunto de bens transferidos importar a transmissão da funcionalidade do estabelecimento empresarial".

Disso resulta que o assim denominado *trespasse parcial* não deve ser admitido como tal no âmbito jurídico e doutrinário, na medida em que a ruptura da unidade organizacional do estabelecimento implicará na sua descaracterização, sendo que a dispersão injustificada dos bens integrantes do estabelecimento empresarial, quando realizada em prejuízo de credores, implicará em responsabilidade para o empresário, nas hipóteses legais.

Ressalte-se que, adicionalmente ao contrato de trespasse, no caso dos bens que exijam procedimento específico para a transferência da sua propriedade, como automóveis, aeronaves, marcas e imóveis, o contrato de trespasse também deverá contemplar referidas providências, a serem efetivadas pelas partes junto aos setores competentes da Administração Pública, sem prejuízo das formalidades específicas previstas em lei.

Na hipótese de alienação do estabelecimento empresarial, o contrato respectivo, assim como aquele que tenha por objeto o seu usufruto ou arrendamento, conforme o art. 1.144 do Código Civil, somente produzirá efeitos em relação a terceiros, depois de averbado à margem da inscrição do empresário, da empresa individual de responsabilidade limitada ou da sociedade empresária, em junta comercial e de publicado na imprensa oficial.

Salvo disposição em sentido contrário, a alienação do estabelecimento acarreta a sub-rogação do sucessor nos contratos até então celebrados pelo alienante com terceiros para exploração do estabelecimento empresarial, desde que não tenham caráter pessoal em relação ao empresário alienante, podendo ainda os terceiros rescindir o contrato respectivo (que tenha por objeto a exploração do estabelecimento) em noventa dias a contar da publicação da alienação na imprensa oficial, desde que haja justa causa para tanto, sendo ressalvada nessa hipótese a responsabilidade do alienante, conforme prevê o art. 1.148.

Nesse sentido, ressalte-se que o contrato de locação do estabelecimento, em virtude de suas peculiaridades, não se transmite automaticamente ao adquirente, conforme tem entendido a doutrina e a jurisprudência.

Assim, percebe-se que o Código Civil subordinou a eficácia, em relação a terceiros, de certos negócios jurídicos incidentes sobre o estabelecimento empresarial (alienação, usufruto e arrendamento) ao registro (aqui referido como averbação) do instrumento respectivo em junta comercial e sua ulterior publicação na imprensa oficial.

Considerando a regra vigorante em sede de direito obrigacional, de que os bens do devedor são a garantia ao cumprimento de suas obrigações, o art. 1.145 estabelece que, na hipótese de o alienante não possuir outros bens suficientes para suportar as suas obrigações, a eficácia da alienação do estabelecimento fica condicionada, alternativamente: a) ao pagamento de todos os seus credores; b) ao consentimento de seus credores de modo expresso (por exemplo, por escrito); ou, c) ao consentimento de seus credores de modo tácito, que a lei considera havido se estes não se opuserem à alienação, no prazo de trinta dias contados a partir de sua notificação pessoal e por escrito a respeito da alienação (e não a mera publicação na imprensa oficial), que deverá ser providenciada pelas partes.

No mesmo sentido, com a finalidade de garantir segurança ao mercado, o art. 1.146 torna o adquirente responsável pelo pagamento dos débitos anteriores à transferência, desde que regularmente contabilizados, bem como mantém o alienante solidariamente obrigado pelo prazo de um ano, a partir, quanto aos créditos vencidos, da publicação da transferência na imprensa oficial, e, quanto aos créditos vincendos, da data do seu respectivo vencimento.

A previsão legal contida no art. 1.146 reflete a necessidade de garantia à solvência das obrigações assumidas pelo alienante, anteriormente à alienação, sendo que a legislação especial também excepciona a responsabilidade do alienante nessa circunstância, em relação aos créditos fiscais (art. 133 da Lei 5.172/1966 – Código Tributário Nacional) e aos créditos trabalhistas (art. 448 do Dec.-lei 5.452/1943 – Consolidação das Leis do Trabalho).

Convém ressaltar que a Lei 13.467/2017, que cuidou da Reforma Trabalhista, introduziu o art. 448-A na Consolidação das Leis do Trabalho, prevendo que "caracterizada a sucessão empresarial ou de empregadores prevista nos arts. 10 e 448 desta Consolidação, as obrigações trabalhistas, inclusive as contraídas à época em que os empregados trabalhavam para a empresa sucedida, são de responsabilidade do sucessor", sendo ainda que "a empresa sucedida responderá solidariamente com a sucessora quando ficar comprovada fraude na transferência".

O descumprimento, por parte do alienante, das obrigações acima referidas, caracterizará ainda a *prática de ato de falência* referido no art. 94, III, *c*, da Lei de Falência e Recuperação de Empresas, possibilitando a qualquer interessado formular judicialmente pedido de sua falência, sendo que a alienação do estabelecimento empresarial, nessa circunstância, será considerada ineficaz em relação à massa falida, conforme o art. 129, VI, da mesma lei.

No entanto, convém fazer ressalva à exceção contida no art. 141 da Lei de Falência e Recuperação de Empresas. Assim, tendo em vista as peculiaridades da alienação judicial do estabelecimento, no âmbito do procedimento concursal, a lei falimentar previu a exoneração do arrematante pelas obrigações decorrentes dos contratos de trabalho anteriores, na hipótese de venda judicial do estabelecimento, em sede de processo de falência (art. 141, II) ou recuperação judicial (art. 60), sendo que o referido art. 141, II, inclusive, teve a sua constitucionalidade posteriormente confirmada pelo Supremo Tribunal Federal (ADin 3.934-2/DF, j. 27.05.2009).

Também o Código Tributário Nacional contém previsão idêntica em seu art. 133, § 1.º, no tocante às obrigações tributárias incidentes sobre o estabelecimento empresarial, motivada pelos mesmos fatores, consideran-do-se a excepcionalidade dos procedimentos da falência e recuperação de empresas, bem como o princípio da continuidade da empresa, inspirador desses institutos.

Ainda nesse sentido, convém ressaltar o Enunciado 59, elaborado du-rante a II Jornada de Direito Comercial, promovida pelo Conselho de Justiça Federal em fevereiro de 2015, nos seguintes termos: "A mera instalação de um novo estabelecimento, em lugar antes ocupado por outro, ainda que no mesmo ramo de atividade, não implica responsabilidade por sucessão prevista no art. 1.146 do CC."

Os dispositivos legais em comento evidenciam uma nítida mudança na conceituação jurídica do estabelecimento empresarial, referida anterior-mente, não mais caracterizado como mero conjunto de objetos de direito, mas também como um conjunto de direitos propriamente, de natureza econômica, vinculados ao complexo de bens reunidos pelo empresário, e aproximando-o do conceito legal de *universalidade de direito*.

Por fim, nos termos do art. 1.147 do Código Civil, salvo autorização expressa, o alienante do estabelecimento não poderá oferecer *concorrência* ao adquirente, nos cinco anos seguintes à alienação, sendo que na hipótese de arrendamento ou usufruto do estabelecimento, a proibição em referên-cia vigorará durante o prazo do contrato respectivo.

1.17. A EMPRESA E O COMÉRCIO ELETRÔNICO

O desenvolvimento tecnológico característico de nossa era teve im-plicações diretas para a atividade empresarial. Com o uso em larga escala da rede mundial de computadores, a *internet*, tornou-se comum o ofere-cimento de produtos e serviços por meio virtual.

Assim, atualmente é possível contratar a compra dos mais variados produtos, bem como a prestação de serviços, pela internet.

A doutrina costuma apontar a existência de três modalidades distin-tas de comércio eletrônico: a) *business to consumer*, identificada pela sigla B2C; b) *consumer to consumer*, identificada pela sigla C2C; e, c) *business to business*, correspondente à sigla B2B.

A modalidade *B2C* (*business to consumer*) compreende as negociações mantidas por meio virtual, entre um agente econômico (fornecedor) e um consumidor, como destinatário final, correspondendo, grosso modo, àquilo que usualmente se denomina comércio eletrônico.

Encontra-se regida fundamentalmente pelas disposições do Código de Defesa do Consumidor (Lei 8.078/1990), tendo sido, inclusive, objeto de modificação recente no direito brasileiro, como se verá adiante.

A segunda modalidade *C2C* (*consumer to consumer*) compreende as negociações havidas entre aqueles que não possuem o *status* de agentes econômicos, reciprocamente.

Nesta modalidade a participação do empresário se limita à organização do ambiente virtual em que as negociações se verifiquem, entre aqueles que não são agentes econômicos.

A principal característica dessa modalidade contratual consiste no fato de que as transações são efetivadas diretamente entre os participantes, que não são agentes econômicos e são indevidamente referidos pela doutrina especializada como consumidores, na medida em que não há relação direta de consumo entre estes, nas relações ente si. A única relação de consumo existente diz respeito àquela havida entre estes e o empresário responsável pelo site, no tocante aos serviços organizacionais por este prestados para manutenção do ambiente virtual, responsável pela promoção das transações.

O empresário responsável pelo provedor não participa diretamente das transações, sendo que a sua receita advém da prestação de serviços de publicidade, a título oneroso, que efetua a terceiros e é veiculada no site. Tome-se como exemplo dessa modalidade de *e-commerce* o conhecido site <www.mercadolivre.com.br>.

Por fim, a terceira modalidade *B2B* (*business to business*) identifica as negociações realizadas por agentes econômicos, entre si, com a finalidade de viabilizar sua atividade econômica, atuando assim como negócios-meio, para a concretização de negócios-fim, estes últimos na modalidade B2C.

Nesse contexto, empresas dos mais diversos ramos de atividade têm procurado abrir uma "porta virtual" na internet, com a criação de *websites*, que vão desde meros espaços virtuais destinados à publicidade empresarial até grandes lojas virtuais, em que é possível obter não só informações a respeito da empresa e dos produtos comercializados como também os referidos produtos, contratando virtualmente com a empresa mantenedora do *website*.

Em muitos casos, na esfera empresarial, a realidade virtual tem se aproximado da concreta. Assim, tem sido comum o surgimento dos portais virtuais – grandes *websites* em que ocorrem a veiculação de publicidade e notícias, a venda de produtos variados (como livros, CDs e DVDs), além da prestação de serviços, como a manutenção de redes sociais, provedoria e suporte técnico para acesso à internet.

Nesse sentido, Sergio Eduardo Canella e Sandra Barbon Lewis (Breves anotações sobre o comércio eletrônico. Londrina: Scientia Iuris, v. 9, 2005, p, 308) destacam:

> "Traço determinante para caracterização do comércio eletrônico é a virtualidade do estabelecimento empresarial e a possibilidade de total interconexão de dados eletrônicos para que se opere e complete a negociação. Em nenhuma outra atividade comercial pode-se encontrar essas duas figuras que fazem o diferencial entre a inovadora forma de realizar as transações daquela convencional.

> Ao analisar a estrutura do estabelecimento empresarial frente a vanguarda tecnológica, apresenta Orlando de Carvalho que:

> 'A estrutura do estabelecimento, refletindo o moderno condicionalismo, é, por consequência, alguma coisa de insólito; e não apenas insólito, mas também de imprevisível pela fluidez de uma atmosfera em permanente mobilidade e pela complexidade de fatores que, em cada minuto, lhe dão forma. (1967, p, 14).'"

Também Felipe Falcone Perruci faz a seguinte observação a respeito do assim denominado *estabelecimento empresarial virtual* (Existe um estabelecimento empresarial virtual? Revista da Faculdade de Direito Milton Campos, v. 13, p. 428):

> "A expansão da Internet deu-se em um prazo muito pequeno, se considerado o seu alcance. Multiplicaram-se de forma espantosa os provedores de acesso e, atualmente, o custo de implementação do serviço é irrisório em relação aos valores verificados no início da expansão dos serviços. O mesmo ocorreu com as ferramentas disponíveis no mundo *on-line*.

> Essa realidade fez o empresariado investir agressivamente no desenvolvimento da tecnologia virtual para alcançar novos mercados, dessa forma, vem se consolidando o *e-commerce* como eficiente ferramenta para a atividade comercial. O comércio eletrônico passou a ser, pois, a venda de produtos ou prestação de serviços realizados por meio da Internet.

> Esse cenário de profundas alterações das relações comerciais entre os particulares, trouxe um enorme número de novas questões jurídicas, até então desconhecidas pela doutrina clássica de diversos ramos do direito, como o tributário, o trabalhista, o civil e até mesmo o penal, que culminaram com a criação de um novo ramo jurídico: o direito virtual."

Da mesma forma, Marlon Tomazette (Curso de Direito Empresarial – *Teoria Geral e Direito Societário*, p. 90-91) faz referência a dois tipos distintos de estabelecimento empresarial virtual ou digital, no seguinte sentido:

> "Há dois tipos de estabelecimento digital: um originário e um deriva-
> do. O estabelecimento originário pode ser definido como aquele cuja
> "criação, desenvolvimento e implementação estão desvinculados de
> atividade comercial formal e organizada que o preceda". Já o derivado
> decorre de uma atividade empresarial preexistente que passa a usar
> os meios eletrônicos para o exercício de sua atividade.
>
> Em qualquer caso, o estabelecimento digital possui elementos pró-
> prios que lhe dão suas características. O que o caracteriza fundamen-
> talmente é a forma de acesso, que se dá por meio de transmissão
> eletrônica de dados. Além disso, existe a interatividade que repre-
> senta a capacidade de responder prontamente aos atos de consulta,
> visita ou compra. A dinamicidade representa a agilidade e a clareza
> com que as informações devem ser prestadas e os atos praticados em
> relação a tal tipo de estabelecimento. A customização representa a
> aptidão para adequações rápidas às reais necessidades de demanda.
>
> Além disso, no estabelecimento digital pode haver um fácil acesso aos
> produtos ou serviços ofertados, bem como às informações relativas
> aos mesmos – é o que se pode chamar de navegabilidade. Outrossim,
> há também a acessibilidade, que permite remeter o consumidor a ou-
> tro estabelecimento que o atenda. Pela conectividade, tem-se acesso
> ao estabelecimento digital por diferentes meios tecnológicos. Por fim,
> há a escalabilidade, que se refere à possibilidade de um crescente
> número de visitantes e usuários."

Nesse sentido, o denominado *estabelecimento empresarial virtual ori-ginário* corresponde ao que muitos doutrinadores denominam *sites inteli-gentes*, que possibilitam o pleno desenvolvimento da atividade empresarial sem qualquer apoio a suporte físico direto; isso significa que possibilitam oferecimento do produto ou serviço e a realização de toda a operação ex-clusivamente por meio virtual, ainda que o produto, no plano físico, seja posteriormente encaminhado pela via postal ao adquirente.

Por outro lado, o *estabelecimento empresarial virtual derivado* corres-ponde a sites menos elaborados, que contêm estruturas de menor comple-xidade, seja na mera reprodução de mensagens publicitárias e anúncios, como uma espécie de vitrine virtual, e que é por muitos denominado de *site passivo*, ou ainda, correspondendo àqueles modelos de sites que pos-sibilitem a oferta do produto e a captação do pedido para compra, porém não permitam a conclusão da operação (incluindo o pagamento *online* do preço, mediante cartão de crédito, por exemplo), tornando assim a operação incompleta, e que a doutrina denomina de *sites canalizadores* de mensagens.

Assim, no denominado *estabelecimento empresarial virtual originário*, a virtualidade atribuída à atividade empresarial assim exercida caracteriza o estabelecimento empresarial virtual em si, que logicamente deverá corresponder a um endereço físico unicamente para efeitos registrais perante a Junta Comercial, inscrição no Cadastro Nacional de Pessoas Jurídicas, do Ministério da Fazenda (CNPJ/MF), e eventual citação em ações judiciais que sejam formuladas contra o empresário, empresa individual de responsabilidade limitada ou sociedade empresária responsável pela operação do estabelecimento virtual.

Referidos *websites* afiguram-se como verdadeiros estabelecimentos empresariais virtuais, na medida em que possuem a) *aviamento*, caracterizado por sua organização própria e técnicas de venda e prestação de serviços; b) *nome empresarial*, uma vez que seu nome de domínio na internet (www.[...].com.br), que no Brasil é registrado em órgão diverso do registro de empresas, pode adquirir um valor próprio em decorrência da atividade empresarial desenvolvida, à semelhança do que ocorre com o nome empresarial, ainda que não possa ser tomado como sinônimo legal deste. Note-se ainda que o referido estabelecimento empresarial virtual possui também uma c) *clientela*, representada pela parcela do público que mantém uma relação de fidelidade comercial com dito estabelecimento, seja na aquisição de produtos, seja na contratação de serviços.

É certo que falta a esse estabelecimento empresarial virtual o bem imóvel, já que o espaço utilizado para o desenvolvimento de suas atividades empresariais é meramente virtual, representado por seu *website*, bem como o ponto comercial, também de existência duvidosa nesse caso, na medida em que a valorização resultante da atividade empresarial incidirá sobre o nome de domínio (que, como se viu, se aproxima do nome empresarial) e não propriamente sobre um bem imóvel.

Não obstante, o empresário, a empresa individual de responsabilidade limitada e a sociedade empresária, em princípio, possuem as mesmas responsabilidades legais, seja exercendo sua atividade em estabelecimento real, seja por meio de um estabelecimento empresarial virtual.

Nesse sentido, convém destacar a edição da Emenda Constitucional 87/2015, que alterou parcialmente o art. 155 da Constituição Federal, para melhor organizar a arrecadação e a divisão do Imposto sobre Operações relativas à Circulação de Mercadorias e Prestação de Serviços (ICMS), nas operações e prestações que destinem bens e serviços a consumidor final, contribuinte ou não do imposto, localizado em outro Estado, tendo em vista exatamente o grande fluxo de operações realizadas atualmente na modalidade comércio eletrônico, em que o remetente e o destinatário encontram-se em Estados diferentes da Federação.

Em que pese tal similitude de conceitos, tem-se que, para alguns comercialistas, o estabelecimento virtual não poderia ser considerado propriamente um estabelecimento, mas sim um mero canal de acesso ao estabelecimento real, como a via telefônica e a via postal.

Note-se a respeito que o Código de Defesa do Consumidor (Lei 8.078/1990), sobre o qual se falará mais adiante, estabelece em seu art. 49 que o consumidor pode desistir do contrato, no prazo de sete dias a contar de sua assinatura ou do ato de recebimento do produto ou serviço, *sempre que a contratação de fornecimento de produtos e serviços ocorrer fora do estabelecimento empresarial*, especialmente por telefone ou a domicílio.

Na hipótese de arrependimento do consumidor, os valores eventualmente pagos, a qualquer título, durante o prazo de reflexão, deverão ser devolvidos de imediato.

Diante disso, parte da doutrina comercialista vinha entendendo que as operações comerciais originadas e concluídas em um estabelecimento empresarial virtual estariam abrangidas pela disposição referida no citado art. 49, na medida em que os *websites* não poderiam ser considerados "estabelecimentos empresariais" para os fins do referido artigo, não existindo propriamente o conceito de "estabelecimento empresarial virtual", visto que, no meio virtual, o consumidor não teria as mesmas condições de escolha e discernimento encontradas no meio real.

Por outro lado, no entendimento de outra parcela da doutrina, as operações comerciais originadas e concluídas em um estabelecimento empresarial virtual não seriam consideradas realizadas fora do estabelecimento, visto que, modernamente, no estabelecimento empresarial virtual o consumidor teria condições equivalentes àquelas oferecidas pelo estabelecimento real, podendo, inclusive, em muitas hipóteses, "testar" os produtos, como no caso de CDs, DVDs e livros eletrônicos. Como resultado de tal equiparação entre o real e o virtual, nessas operações o consumidor não teria direito ao arrependimento previsto no citado art. 49 do Código de Defesa do Consumidor.

Essa controvérsia foi de certa forma pacificada com a edição do Decreto federal 7.962/2013, que regulamentou o Código de Defesa do Consumidor, para dispor sobre a contratação no comércio eletrônico.

A norma em questão, bastante sucinta, preocupou-se, por um lado, em estabelecer procedimentos objetivos para disciplinar o relacionamento entre consumidor e fornecedor, quando mantido por meio eletrônico; e, de outro, definir as condições para o exercício do direito de arrependimento, por parte do consumidor, em tais circunstâncias.

Assim, no âmbito procedimental, estabelece em seu art. 2.º, que os sítios eletrônicos ou demais meios eletrônicos utilizados para oferta ou conclusão de contrato de consumo devem disponibilizar, em local de destaque e de fácil visualização, as seguintes informações: I – nome empresarial e número de inscrição do fornecedor, quando houver, no Cadastro Nacional de Pessoas Físicas ou no Cadastro Nacional de Pessoas Jurídicas do Ministério da Fazenda; II – endereço físico e eletrônico, e demais informações necessárias para sua localização e contato; III – características essenciais do produto ou do serviço, incluídos os riscos à saúde e à segurança dos consumidores; IV – discriminação, no preço, de quaisquer despesas adicionais ou acessórias, tais como as de entrega ou seguros; V – condições integrais da oferta, incluídas modalidades de pagamento, disponibilidade, forma e prazo da execução do serviço ou da entrega ou disponibilização do produto; e VI – informações claras e ostensivas a respeito de quaisquer restrições à fruição da oferta.

Da mesma forma, em seu art. 3.º prevê que os sítios eletrônicos ou demais meios eletrônicos utilizados para ofertas de compras coletivas ou modalidades análogas de contratação deverão conter, além das informações previstas no art. 2.º, as seguintes: I – quantidade mínima de consumidores para a efetivação do contrato; II – prazo para utilização da oferta pelo consumidor; e III – identificação do fornecedor responsável pelo sítio eletrônico e do fornecedor do produto ou serviço ofertado.

Impõe ainda ao fornecedor os seguintes deveres (art. 4.º): I – apresentar sumário do contrato antes da contratação, com as informações necessárias ao pleno exercício do direito de escolha do consumidor, enfatizadas as cláusulas que limitem direitos; II – fornecer ferramentas eficazes ao consumidor para identificação e correção imediata de erros ocorridos nas etapas anteriores à finalização da contratação; III – confirmar imediatamente o recebimento da aceitação da oferta; IV – disponibilizar o contrato ao consumidor em meio que permita sua conservação e reprodução, imediatamente após a contratação; V – manter serviço adequado e eficaz de atendimento em meio eletrônico, que possibilite ao consumidor a resolução de demandas referentes a informação, dúvida, reclamação, suspensão ou cancelamento do contrato (sendo que o fornecedor deverá manifestar-se em até cinco dias sobre as demandas do consumidor, conforme dispõe o parágrafo único do art. 4.º); VI – confirmar imediatamente o recebimento das demandas do consumidor referidas no inciso, pelo mesmo meio empregado pelo consumidor; e VII – utilizar mecanismos de segurança eficazes para pagamento e para tratamento de dados do consumidor.

O ponto central da norma em referência, no entanto é outro, e diz respeito à possibilidade de exercício do direito de arrependimento por parte do consumidor (art. 5.º).

Nesse sentido, referido dispositivo impõe ao fornecedor o dever de informar, de forma clara e ostensiva, os meios adequados e eficazes para o exercício do direito de arrependimento pelo consumidor, e estabelece que o consumidor poderá exercer seu direito de arrependimento pela mesma ferramenta utilizada para a contratação, sem prejuízo de outros meios disponibilizados.

Prevê ainda (§ 2.º) que o exercício do direito de arrependimento implica a rescisão dos contratos acessórios, sem qualquer ônus para o consumidor, e deverá ser comunicado imediatamente pelo fornecedor à instituição financeira ou à administradora do cartão de crédito ou similar, para que (§ 3.º): I – a transação não seja lançada na fatura do consumidor; ou, II – seja efetivado o estorno do valor, caso o lançamento na fatura já tenha sido realizado.

Pois bem, ao tratar da possibilidade de o consumidor exercer seu direito de arrependimento, nas condições do art. 49 do Código de Defesa do Consumidor, em negócios realizados por meio eletrônico, a norma em referência acolheu o entendimento de que a venda e compra realizada nessas condições assemelhar-se-ia à venda realizada fora do estabelecimento.

A previsão contida no citado art. 5.º, em que pese a intenção normativa de amparar o consumidor em tais operações, revela-se nociva ao desenvolvimento de um conceito sólido de estabelecimento empresarial virtual, na medida em que reforça a ideia de que os websites não poderiam ser considerados "estabelecimentos empresariais" para os fins do citado art. 49, visto que, no meio virtual, o consumidor estaria em maior vulnerabilidade e não teria as mesmas condições de escolha e discernimento encontradas no meio real (o que não deve ser admitido de modo absoluto), aplicando-se-lhe então o mesmo tratamento (art. 49) das vendas efetuadas fora do estabelecimento, por catálogo ou à distância.

1.18. A EMPRESA E A PROTEÇÃO AO CONSUMIDOR

1.18.1. Aspectos gerais

É sabido que os empresários desenvolvem suas atividades econômicas para o atendimento das necessidades do mercado em que atuam, competindo na busca do lucro.

Nesse contexto, é necessário diferenciar as relações jurídicas em que o vendedor ou prestador de serviços, caracterizado como *fornecedor*, exerce a atividade de fornecimento do bem ou serviço em questão e o adquirente, por ser empresário, empresa individual de responsabilidade limitada ou sociedade empresária, é intermediário na circulação de mercadorias ou serviços contratados daquelas em que o adquirente, empresário ou não, é o seu *destinatário final*.

Tal diferenciação, de natureza técnica, faz com que, no primeiro caso, a relação jurídica seja atualmente disciplinada pelo Direito Empresarial por meio do Código Civil (anteriormente era disciplinada em parte pelo Código Comercial de 1850), e, no segundo caso, seja disciplinada pelo Código de Defesa do Consumidor.

Assim, de acordo com o Código de Defesa do Consumidor, toda relação de consumo envolve, obrigatoriamente, de um lado, uma pessoa física ou jurídica, caracterizada juridicamente como *fornecedor*, e, de outro, uma pessoa física ou jurídica definida como *consumidor*.

Nesse sentido, em seu art. 3.º, *caput*, o Código de Defesa do Consumidor define o *fornecedor* como toda pessoa física ou jurídica, pública ou privada, nacional ou estrangeira, bem como os entes despersonalizados, que desenvolva atividade de produção, montagem, criação, construção, transformação, importação, exportação, distribuição ou comercialização de produtos ou prestação de serviços.

Por outro lado, em seu art. 2.º, o Código de Defesa do Consumidor define o *consumidor* como toda pessoa física ou jurídica que adquire ou utiliza produto ou serviço como destinatário final, equiparando-se a consumidor à coletividade de pessoas, ainda que indetermináveis, que intervenha nas relações de consumo.

O Código de Defesa do Consumidor ainda define *produto* como qualquer bem, móvel ou imóvel, material ou imaterial (art. 3.º, § 1.º) e *serviço* como qualquer atividade fornecida no mercado de consumo mediante remuneração, inclusive as de natureza bancária, financeira, de crédito e securitária, salvo as decorrentes das relações de caráter trabalhista (art. 3.º, § 2.º).

Deve-se, no entanto, ressaltar que a doutrina e a jurisprudência têm afastado a incidência da legislação consumerista em relação aos contratos celebrados entre empresários em que um dos contratantes tenha por objetivo suprir-se de insumos para sua atividade de produção, comércio ou prestação de serviços.

1.18.2. Direitos básicos do consumidor

A legislação do consumidor, de caráter nitidamente social, parte do pressuposto de que o consumidor se encontra em permanente estado de vulnerabilidade diante do fornecedor, em geral empresário, empresa individual de responsabilidade limitada ou sociedade empresária. Disso resulta que o Código de Defesa do Consumidor elenca, em seu art. 6.º, como direitos básicos do consumidor:

a) proteção à vida, à saúde e à segurança contra os riscos provocados por práticas no fornecimento de produtos e serviços considerados perigosos ou nocivos;

b) a educação e a divulgação sobre o consumo adequado dos produtos e serviços, asseguradas a liberdade de escolha e a igualdade nas contratações;

c) a informação adequada e clara sobre os diferentes produtos e serviços, com especificação correta de quantidade, características, composição, qualidade, tributos incidentes e preço, bem como sobre os riscos que apresentem;

d) a proteção contra a publicidade enganosa e abusiva, contra métodos comerciais coercitivos ou desleais, bem como contra práticas e cláusulas abusivas ou impostas no fornecimento de produtos e serviços;

e) a modificação das cláusulas contratuais que estabeleçam prestações desproporcionais ou sua revisão em razão de fatos supervenientes que as tornem excessivamente onerosas;

f) a efetiva prevenção e reparação de danos patrimoniais e morais, individuais, coletivos e difusos;

g) o acesso aos órgãos judiciários e administrativos com vistas à prevenção ou reparação de danos patrimoniais e morais, individuais, coletivos ou difusos, assegurada a proteção jurídica, administrativa e técnica aos necessitados;

h) a facilitação da defesa de seus direitos, inclusive com a inversão do ônus da prova, a seu favor, no processo civil, quando, a critério do juiz, for verossímil a alegação ou quando for ele hipossuficiente, segundo as regras ordinárias de experiências;

i) a adequada e eficaz prestação dos serviços públicos em geral.

Conforme o art. 43, *caput*, o consumidor deve ter acesso às informações existentes em cadastros, fichas, registros e dados pessoais e de consumo arquivados sobre ele, bem como sobre as suas respectivas fontes.

Em decorrência disso, os bancos de dados e cadastros relativos a consumidores, os serviços de proteção ao crédito e congêneres são considerados entidades de caráter público (art. 43, § 4.º) e não poderão conter informações negativas referentes a período superior a cinco anos (art. 43, § 1.º), sendo que a abertura de cadastro, ficha, registro e dados pessoais e de consumo deverão ser comunicados por escrito ao consumidor quando não solicitados por ele (art. 43, § 2.º).

Da mesma forma, caso o consumidor constate serem inexatos os dados a seu respeito existentes em referidos bancos de dados, poderá exigir sua imediata correção, devendo o arquivista, no prazo de cinco dias úteis, comunicar a alteração aos eventuais destinatários das informações incorretas (art. 43, § 3.º).

Da proteção legal atribuída ao consumidor pelo Código de Defesa do Consumidor resulta que, conforme o art. 51, determinadas cláusulas relativas ao fornecimento de produtos e serviços são consideradas *nulas de pleno direito*, nas seguintes hipóteses:

a) quando impossibilitem, exonerem ou atenuem a responsabilidade do fornecedor por vícios de qualquer natureza dos produtos e serviços ou impliquem renúncia ou disposição de direitos. Nas relações de consumo entre o fornecedor e o consumidor pessoa jurídica, a indenização poderá ser limitada, em situações justificáveis;

b) quando subtraiam ao consumidor a opção de reembolso da quantia já paga, nos casos previstos neste código;

c) quando transfiram responsabilidades a terceiros;

d) quando estabeleçam obrigações consideradas iníquas, abusivas, que coloquem o consumidor em desvantagem exagerada, ou sejam incompatíveis com a boa-fé ou a equidade;

e) quando estabeleçam inversão do ônus da prova em prejuízo do consumidor;

f) quando determinem a utilização compulsória de arbitragem;

g) quando imponham representante para concluir ou realizar outro negócio jurídico pelo consumidor;

h) quando deixem ao fornecedor a opção de concluir ou não o contrato, embora obrigando o consumidor;

i) quando permitam ao fornecedor, direta ou indiretamente, variação do preço de maneira unilateral;

j) quando autorizem o fornecedor a cancelar o contrato unilateralmente, sem que igual direito seja conferido ao consumidor;

k) quando obriguem o consumidor a ressarcir os custos de cobrança de sua obrigação, sem que igual direito lhe seja conferido contra o fornecedor;

l) quando autorizem o fornecedor a modificar unilateralmente o conteúdo ou a qualidade do contrato, após sua celebração;

m) quando infrinjam ou possibilitem a violação de normas ambientais;

n) quando estejam em desacordo com o sistema de proteção ao consumidor;

o) quando possibilitem a renúncia do direito de indenização por benfeitorias necessárias.

Nesse sentido, dispõe o art. 46 que os contratos reguladores das relações de consumo não obrigarão os consumidores, se não lhes for dada a oportunidade de tomar conhecimento prévio de seu conteúdo, ou se os respectivos instrumentos forem redigidos de modo a dificultar a compreensão de seu sentido e alcance, devendo ainda as cláusulas contratuais ser interpretadas de maneira mais favorável ao consumidor.

1.18.3. Hipóteses de responsabilidade do fornecedor

O Código de Defesa do Consumidor estabelece três hipóteses específicas de responsabilidade para o fornecedor: *a)* fornecimento perigoso (art. 10); *b)* fornecimento defeituoso (art. 12); e *c)* fornecimento viciado (art. 18). Assim:

1.18.3.1. Fornecimento perigoso

O dever de prestar as informações necessárias e adequadas a respeito dos produtos e serviços colocados no mercado de consumo é uma das obrigações fundamentais dos fornecedores. Nesse sentido, conforme o art. 8.º do Código de Defesa do Consumidor, os produtos e serviços colocados no mercado de consumo não deverão trazer riscos à saúde ou à segurança dos consumidores, exceto aqueles considerados normais e previsíveis em decorrência de sua natureza e fruição.

Em se tratando de produto industrializado, o fabricante deverá prestar as informações sobre ele por meio de impressos apropriados que o acompanharão, sendo que, no caso de produtos importados, o importador deverá providenciar a respectiva tradução das instruções originais para a língua portuguesa.

Não obstante isso, no caso de produtos e serviços potencialmente nocivos ou comprovadamente perigosos à saúde ou à segurança, o fornecedor deverá prestar informações, de maneira ostensiva e adequada, a respeito de sua nocividade ou periculosidade, sem prejuízo da adoção de outras medidas cabíveis em cada caso concreto, conforme o art. 9.º. Além disso, não poderá colocar no mercado de consumo produto ou serviço que sabe ou deveria saber apresentar alto grau de nocividade ou periculosidade à saúde ou à segurança (art. 10).

Da mesma forma, o fornecedor de produtos e serviços que, posteriormente à sua introdução no mercado de consumo, tiver conhecimento da periculosidade que apresentem deverá comunicar o fato imediatamente às autoridades competentes e aos consumidores, mediante anúncios publicitários, conforme dispõe o art. 10, § 1.º.

1.18.3.2. *Fornecimento defeituoso*

Também chamado de *fato do produto* (ou serviço), o fornecimento defeituoso se caracteriza pela disponibilização de bens ou serviços que efetivamente causem danos ao consumidor, em decorrência de defeitos provenientes de projeto, fabricação, construção, montagem, fórmulas, manipulação, apresentação ou acondicionamento, bem como por informações insuficientes ou inadequadas sobre sua utilização e riscos. Diferencia-se do *fornecimento perigoso* porque este corresponde a um perigo de dano em potencial ao consumidor, ao passo que no *fornecimento defeituoso* o dano já se consumou.

Nos termos do art. 12, § 1.º, do Código de Defesa do Consumidor, o produto é defeituoso quando não oferece a segurança que dele legitimamente se espera, levando-se em consideração as circunstâncias relevantes, entre as quais sua apresentação; o uso e os riscos que razoavelmente dele se esperam; e a época em que foi colocado em circulação. Por outro lado, o produto não é considerado defeituoso pelo fato de outro de melhor qualidade ter sido colocado no mercado (art. 12, § 2.º).

A responsabilidade pelo fato do produto é objetiva e, nos termos do art. 12, abrange o fabricante, o produtor, o construtor – nacional ou estrangeiro –, e o importador. Contudo, o fabricante, o construtor, o produtor ou o importador não será responsabilizado quando provar:

a) que não colocou o produto no mercado;

b) que, embora haja colocado o produto no mercado, o defeito inexiste;

c) a culpa exclusiva do consumidor ou de terceiro.

Da mesma forma, nos termos do art. 13, o empresário, empresa individual de responsabilidade limitada ou sociedade empresária que forneçam o respectivo produto poderão ser responsabilizados quando:

a) o fabricante, o construtor, o produtor ou o importador não puder ser identificado;

b) o produto for fornecido sem identificação clara do seu fabricante, produtor, construtor ou importador;

c) não conservar adequadamente os produtos perecíveis.

Nesses casos, após efetuar o pagamento ao prejudicado, o empresário poderá exercer o direito de regresso contra os demais responsáveis, segundo sua participação na ocorrência do evento danoso.

O fornecedor de serviços também possui responsabilidade objetiva pela reparação dos danos causados aos consumidores por defeitos relativos à prestação de seus serviços, bem como por informações insuficientes ou inadequadas sobre sua fruição e riscos.

Conforme o art. 14, § 1.º, considera-se defeituoso o serviço que não propicie a segurança que o consumidor dele pode esperar, levando-se em consideração as circunstâncias relevantes, entre as quais: *a)* o modo de seu fornecimento; *b)* o resultado e os riscos que razoavelmente dele se esperam; e *c)* a época em que foi fornecido.

Nesse caso, o fornecedor de serviços só não será responsabilizado quando provar que: *a)* tendo prestado o serviço, o defeito inexistia; ou *b)* a culpa exclusiva do consumidor ou de terceiro (art. 14, § 3.º).

Os profissionais liberais, por sua vez, possuem somente responsabilidade subjetiva pelos danos resultantes dos serviços prestados, e ela deverá ser apurada em ação própria para a verificação de culpa (art. 14, § 4.º).

Por fim, note-se que o prazo prescricional da pretensão à reparação pelos danos causados por fato do produto ou do serviço é de cinco anos, iniciando-se a contagem do prazo a partir do conhecimento do dano e de sua autoria (art. 27).

1.18.3.3. *Fornecimento viciado*

Na sistemática definida pelo Código de Defesa do Consumidor, *vício* é todo fator inerente a determinado produto que, alternativamente:

a) prejudique a qualidade ou altere a quantidade do produto, de modo a torná-lo impróprio ou inadequado ao consumo a que se destina ou diminuir-lhe o valor;

b) decorra da disparidade do produto fornecido com as indicações constantes do recipiente, da embalagem, de rotulagem ou de mensagem publicitária, devendo ser respeitadas nesse caso as variações pertinentes à sua natureza.

O fornecimento viciado diferencia-se das modalidades anteriormente citadas (fornecimento perigoso e fornecimento defeituoso), pois nele o vício já existente no produto ou serviço impede o seu regular consumo, porém não apresenta necessariamente potencial de causar dano e/ou não causa qualquer dano efetivo ao consumidor.

Nesse sentido, tome-se como exemplo um televisor novo que apresente um vício interno, (as imagens passem a apresentar variações aleatórias de cor, com o escurecimento e clareamento da tela, por exemplo) que impeça o seu funcionamento normal, constatado pelo consumidor ao ligar o aparelho em sua residência.

Nesse caso, o fornecimento será viciado e o vício deverá ser sanado pelo fornecedor.

Por outro lado, imagine-se que nessa mesma situação o vício mencionado provoque o superaquecimento e a explosão do aparelho, causando então danos materiais (destruição da sala de estar, por exemplo) e morais (sofrimento ocasionado pelo fato) ao consumidor. Nesse último caso, o fornecimento será defeituoso e os danos sofridos pelo consumidor deverão ser indenizados pelo fornecedor.

Disso resulta, pois, que todo fornecimento defeituoso é, por si, viciado; porém o fornecimento viciado não se tornará defeituoso se do vício em questão não resultarem danos ao consumidor. O vício, por conseguinte, deve sempre preexistir ao dano, sendo o dano a exteriorização do vício.

Assim, os fornecedores de produtos de consumo duráveis ou não duráveis respondem solidariamente pelos vícios existentes nos produtos fornecidos, podendo o consumidor, conforme o art. 18, exigir a substituição das partes viciadas.

Caso o referido vício não seja sanado pelo fornecedor no prazo máximo de trinta dias (que poderá ser reduzido ou ampliado pelas partes, não podendo ser inferior a sete nem superior a cento e oitenta dias), o consumidor poderá exigir, alternativamente e à sua escolha:

a) a substituição do produto por outro da mesma espécie, em perfeitas condições de uso;

b) a restituição imediata da quantia paga, monetariamente atualizada, sem prejuízo de eventuais perdas e danos; ou

c) o abatimento proporcional do preço.

No caso de fornecimento de produtos *in natura*, o fornecedor imediato será responsável perante o consumidor, exceto quando identificado claramente seu produtor (art. 18, § 5.º).

Da mesma forma, os fornecedores respondem solidariamente pelos vícios de quantidade do produto sempre que, respeitadas as variações decorrentes de sua natureza, seu conteúdo líquido for inferior às indicações constantes do recipiente, da embalagem, de rotulagem ou de mensagem publicitária, podendo o consumidor exigir, alternativamente e à sua escolha (art. 19): *a)* o abatimento proporcional do preço; *b)* a complementação do peso ou medida; *c)* a substituição do produto por outro da mesma espécie, marca ou modelo, sem os aludidos vícios; ou *d)* a restituição imediata da quantia paga, monetariamente atualizada, sem prejuízo de eventuais perdas e danos.

No caso do fornecimento de serviços, o fornecedor responde pelos vícios de qualidade que os tornem impróprios ao consumo ou lhes diminuam o valor, assim como por aqueles decorrentes da disparidade com as indicações constantes da oferta ou mensagem publicitária, podendo o consumidor, conforme o art. 20, exigir, alternativamente e à sua escolha: *a)* a reexecução dos serviços, sem custo adicional e quando cabível; *b)* a restituição imediata da quantia paga, monetariamente atualizada, sem prejuízo de eventuais perdas e danos; ou c) o abatimento proporcional do preço.

São considerados impróprios, conforme o Código de Defesa do Consumidor estabelece em seu art. 20, § 2.º, os serviços que se mostrem inadequados para os fins que razoavelmente deles se esperam, bem como aqueles que não atendam às normas regulamentares de prestabilidade.

Na hipótese de fornecimento viciado, conforme disposto no art. 26 do Código de Defesa do Consumidor, o direito de reclamar contra os vícios aparentes ou de fácil constatação caduca em:

a) trinta dias, tratando-se de fornecimento de serviços e de produtos não duráveis;

b) noventa dias, tratando-se de fornecimento de serviços e de produtos duráveis.

Os prazos decadenciais em referência têm a sua contagem iniciada a partir da entrega efetiva do produto ou do término da execução dos serviços (art. 26, § 1.º), sendo que, nos termos do art. 26, § 2.º, obstam a decadência: *a)* a reclamação comprovadamente formulada pelo consumidor perante o fornecedor de produtos e serviços até a resposta negativa correspondente, que deve ser transmitida de forma inequívoca; ou *b)* a instauração de inquérito civil, até seu encerramento.

No caso de vício oculto, porém, o prazo decadencial inicia-se no momento em que ficar evidenciado o vício (art. 26, § 3.º).

1.18.4. Publicidade

O Código de Defesa do Consumidor institui nítida responsabilidade social para o fornecedor, considerando a amplitude e os efeitos de sua atuação.

Assim, nos termos do art. 30, toda informação ou publicidade, suficientemente precisa, veiculada por qualquer forma ou meio de comunicação com relação a produtos e serviços oferecidos ou apresentados, obriga o fornecedor que a fizer veicular ou dela se utilizar e integra o contrato que vier a ser celebrado com o consumidor, sendo que tanto a oferta quanto a apresentação de produtos ou serviços (preço, características, garantia, composição etc.) devem estar em língua portuguesa (art. 31).

Nesse contexto, o Código de Defesa do Consumidor elenca duas hipóteses de publicidade nociva: *a)* publicidade enganosa; e *b)* publicidade abusiva, ambas ofensivas aos direitos básicos do consumidor.

1.18.4.1. Publicidade enganosa

É considerada *publicidade enganosa* qualquer modalidade de informação ou comunicação de caráter publicitário, inteira ou parcialmente falsa, capaz de induzir o consumidor a erro a respeito da natureza, características, qualidade, quantidade, propriedades, origem, preço e quaisquer outros dados sobre produtos e serviços, conforme o art. 37, § 1.º.

Nesse sentido, o Código de Defesa do Consumidor admite ainda a publicidade enganosa *por omissão* quando o fornecedor deixar de informar o consumidor sobre dado essencial relativo a produto ou serviço (art. 37, § 3.º).

Parte da doutrina menciona também a chamada *publicidade simulada* ou *comparativa* como espécie de publicidade enganosa, consistindo em toda oferta ou anúncio de produto ou serviço que impeça ou dificulte o consumidor de identificá-la como tal, encobrindo a sua finalidade publicitária. Isso ocorre, por exemplo, com a propaganda que divulga o produto por meio de notícia aparentemente técnica ou científica, simulando a verdadeira publicidade que se pretende dar ao produto ou serviço, que somente é revelada ao final do anúncio. A esse respeito, o art. 36 dispõe que o fornecedor deverá manter em seu poder, para informação dos legítimos interessados, os dados fáticos, técnicos e científicos que dão sustentação à mensagem publicitária relativa ao produto ou serviço anunciado.

1.18.4.2. Publicidade abusiva

Por fim, considera-se *publicidade abusiva* aquela que contenha discriminação de qualquer natureza, que incite a violência, explore o medo ou a superstição, se aproveite da deficiência de julgamento e experiência da criança, desrespeite valores ambientais ou que seja capaz de induzir o consumidor a se comportar de forma prejudicial ou perigosa à sua saúde ou segurança, conforme estabelece o art. 37, § 2.º.

CAPÍTULO 2

Direito Societário

Sumário • **2.1.** Introdução – **2.2.** Pessoas jurídicas de direito público – **2.3.** Pessoas jurídicas de direito privado: **2.3.1.** Associações; **2.3.2.** Fundações; **2.3.3.** Sociedades – **2.4.** A personificação societária e as sociedades não personificadas: **2.4.1.** Sociedade em comum; **2.4.2.** Sociedade em conta de participação – **2.5.** Sociedades personificadas: **2.5.1.** Classificação das sociedades personificadas – **2.6.** Sociedades simples: **2.6.1.** Tipos societários; **2.6.2.** Constituição e deliberações sociais; **2.6.3.** Responsabilidade dos sócios; **2.6.4.** Administração social; **2.6.5.** Sociedade cooperativa – **2.7.** Sociedades empresárias: **2.7.1.** Tipos societários; **2.7.2.** Transformação, incorporação, fusão e cisão – **2.8.** Sociedade por ações: **2.8.1.** Características gerais; **2.8.2.** Classificação das sociedades por ações; **2.8.3.** Capital social; **2.8.4.** Constituição; **2.8.5.** Títulos emitidos pela sociedade por ações; **2.8.6.** Acionista; **2.8.7.** Órgãos sociais; **2.8.8.** Aspectos legais da administração das sociedades por ações; **2.8.9.** Demonstrações financeiras; **2.8.10.** Dissolução das sociedades por ações; **2.8.11.** Liquidação das sociedades por ações; **2.8.12.** Extinção das sociedades por ações; **2.8.13.** Modificações na estrutura das sociedades por ações; **2.8.14.** Grupo de sociedades; **2.8.15.** Consórcio; **2.8.16.** Sociedade em comandita por ações – **2.9.** Sociedades de grande porte – **2.10.** Conceitos complementares do Código Civil: **2.10.1.** Sociedade dependente de autorização – **2.11.** Sociedades off-shore – **2.12.** Responsabilidade patrimonial dos sócios e dos administradores: **2.12.1.** Aspectos gerais; **2.12.2.** Regras gerais de responsabilidade; **2.12.3.** Regras específicas dos tipos societários; **2.12.4.** Principais hipóteses de responsabilidade definidas em leis especiais – **2.13.** Quadro Geral das Sociedades.

2.1. INTRODUÇÃO

A empresa, enquanto atividade econômica organizada para a produção de bens e a circulação de bens ou serviços, conforme estudado anteriormente, pode ser exercida de forma individual (pelo empresário ou empresa individual de responsabilidade limitada) ou de forma coletiva (pela sociedade empresária).

A primeira forma, representada pelo empresário e pela empresa individual de responsabilidade limitada, já foi objeto de estudo no Capítulo 1. Cumpre-nos agora estudar o exercício coletivo da empresa na sua forma jurídica – a *sociedade empresária*.

É fundamento básico de direito que as pessoas jurídicas apresentam personalidade jurídica distinta da de seus integrantes, sejam estes pessoas naturais (físicas), sejam outras pessoas jurídicas, sendo assim sujeitos de direitos e deveres na ordem jurídica.

As pessoas jurídicas são classificadas, no ordenamento jurídico brasileiro, em pessoas jurídicas de direito público e pessoas jurídicas de direito privado; as primeiras ligadas direta ou indiretamente ao Estado e afetas ao interesse público, ao passo que, em relação às segundas, vigoram os princípios da autonomia de vontades e do equilíbrio contratual.

Nesse sentido, conforme o art. 40 do Código Civil, as pessoas jurídicas são de direito público, interno ou externo, e de direito privado.

2.2. PESSOAS JURÍDICAS DE DIREITO PÚBLICO

São *pessoas jurídicas de direito público interno*, conforme o art. 41 do Código Civil:

a) União;

b) Estados-membros, Distrito Federal e territórios;

c) Municípios;

d) autarquias, fundações públicas e associações públicas; e

e) demais entidades de caráter público que venham a ser criadas por lei.

As *pessoas jurídicas de direito público externo*, nos termos do art. 42, são os Estados estrangeiros e todas as pessoas que forem regidas pelo direito internacional público.

2.3. PESSOAS JURÍDICAS DE DIREITO PRIVADO

Com relação às *pessoas jurídicas de direito privado*, o art. 45 prevê que sua existência legal tem início com a inscrição de seu ato constitutivo no respectivo registro, precedida, quando necessário, de autorização ou aprovação do Poder Executivo, averbando-se no registro todas as alterações por que passar o ato constitutivo, sendo que decai em três anos o direito de anular o seu ato constitutivo, se defeituoso, contado o prazo da publicação de sua inscrição no registro competente.

São pessoas jurídicas de direito privado, conforme o art. 44:

a) associações (exceto associações públicas);

b) fundações (exceto fundações públicas);

c) sociedades;

d) organizações religiosas;

e) partidos políticos; e,

f) empresas individuais de responsabilidade limitada.

No âmbito das pessoas jurídicas de direito privado, preliminarmente, cumpre-nos fazer algumas observações acerca das distinções existentes entre associações, fundações e sociedades, para então iniciar o estudo destas últimas.

2.3.1. Associações

São pessoas jurídicas constituídas pela união de pessoas que se organizam para fins não econômicos, sendo que não há, entre os associados, direitos nem obrigações recíprocas, conforme estabelece o art. 53 do Código Civil.

As associações são basicamente agrupamentos de pessoas sem fim lucrativo, sendo esse aspecto de fundamental importância para a sua diferenciação em relação às sociedades. Desse modo, ainda que a associação obtenha resultados econômicos positivos em suas atividades, estes não serão distribuídos aos associados como lucros, na forma de dividendos. Os associados devem ter direitos iguais, mas o estatuto pode instituir categorias com vantagens especiais (conforme o art. 55), sendo a qualidade de associado intransmissível, se o estatuto não dispuser o contrário.

Por outro lado, a exclusão do associado só é admissível se houver justa causa, assim reconhecida em procedimento que assegure ao dito associado o direito de defesa e de recurso, nos termos previstos no estatuto, conforme o disposto no art. 57.

Por fim, estabelece o Código Civil em seu art. 61, que, uma vez dissolvida a associação, o remanescente do seu patrimônio líquido (ativo menos passivo), depois de efetuadas as deduções cabíveis, será destinado a entidade de fins não econômicos eventualmente designada no estatuto da associação em dissolução, ou, caso seja omisso o estatuto, o saldo patrimonial remanescente será destinado a instituição municipal, estadual ou federal, de fins idênticos ou semelhantes, a ser escolhida mediante deliberação dos associados.

Também na hipótese de dissolução, os associados poderão, antes da destinação do saldo patrimonial remanescente, receber em restituição o valor atualizado correspondente às contribuições que tiverem prestado anteriormente ao patrimônio da associação, desde que haja previsão estatutária ou, no seu silêncio, por deliberação dos associados reunidos em assembleia.

2.3.2. Fundações

São pessoas jurídicas instituídas, por escritura pública ou testamento, mediante dotação especial de bens livres, somente podendo constituir-se para fins de assistência social; cultura, defesa e conservação do patrimônio histórico e artístico; educação; saúde; segurança alimentar e nutricional; defesa, preservação e conservação do meio ambiente e promoção do desenvolvimento sustentável; pesquisa científica, desenvolvimento de tecnologias alternativas, modernização de sistemas de gestão, produção e divulgação de informações e conhecimentos técnicos e científicos; promoção da ética, da cidadania, da democracia e dos direitos humanos; atividades religiosas, conforme o art. 62 do Código Civil.

A característica essencial das fundações é que a sua constituição, aqui designada instituição, se dá exclusivamente a partir dos bens que lhes são destinados no ato instituidor (escritura pública ou testamento), de modo que possa perseguir seus fins estatutários, que, como visto, não serão lucrativos.

A fundação, portanto, caracteriza-se como um patrimônio afetado a um fim não lucrativo definido pelo(s) instituidor(es) no ato de sua criação, não havendo distribuição de resultado econômico algum, ainda que positivo, na forma de dividendos ao(s) seu(s) instituidor(es), sendo esse um aspecto importante para a sua diferenciação em relação às sociedades.

O Ministério Público do Estado em que estiver situada a fundação atuará como curador, devendo fiscalizar o seu ato constitutivo e todos os atos jurídicos posteriores de sua existência.

A fundação será extinta nas hipóteses de *a)* tornar-se ilícita, impossível ou inútil a sua finalidade, ou *b)* decorrer o prazo de sua existência (quando previsto estatutariamente), sendo que, nessas hipóteses, o órgão do Ministério Público ou qualquer interessado deverá promover a sua extinção, incorporando-se o seu patrimônio, salvo disposição em contrário no ato constitutivo ou no estatuto, ao de outra fundação, designada judicialmente, que se proponha a fim igual ou semelhante, conforme o previsto no art. 69.

2.3.3. Sociedades

São pessoas jurídicas de direito privado cujos integrantes contribuem, com seus esforços produtivos (capital ou serviços) para o desenvolvimento da(s) atividade(s) econômica(s), que constitui(em) seu objeto social.

Nos termos do art. 981 do Código Civil, celebram contrato de sociedade as pessoas que reciprocamente se obrigam a contribuir, com bens ou serviços, para o exercício de atividade econômica e para a partilha, entre si, dos resultados dela advindos.

Assim, a principal distinção entre as sociedades (e também a EIRELI) e as demais categorias de pessoas jurídicas é o fim econômico atinente às sociedades, e representado pela possibilidade de atribuição aos sócios dos resultados econômicos obtidos pela pessoa jurídica ao longo do exercício social (lucros ou prejuízos, conforme o resultado seja positivo ou negativo, respectivamente).

O direito de contratar a constituição de uma sociedade ou o posterior ingresso em seu quadro social na condição de sócio é, em princípio, amplo e decorre da própria liberdade de contratar, observadas as exceções legais.

Nesse sentido, deve-se entretanto observar que o Código Civil, em seu art. 977, veda a possibilidade de constituição de sociedade formada por cônjuges, contratando entre si ou com terceiros, na hipótese de o regime de bens entre eles ser o da comunhão universal ou o da separação obrigatória (quando um dos cônjuges for maior de setenta anos, conforme o art. 1.641, II).

A vedação em referência compreende tanto a *participação originária* (quando da constituição societária), como a *participação derivada ou sucessiva* (posterior ingresso de um dos cônjuges, casados nas hipóteses assinaladas, em sociedade de que o outro cônjuge participe).

Por fim, ressalte-se que, conforme entendimento da doutrina e jurisprudência correntes, o art. 977 somente se aplica às sociedades constituídas a partir da vigência do Código Civil, bem como à hipótese de *participação derivada ou sucessiva* do cônjuge após o início da vigência do Código Civil, ainda que a sociedade tenha sido constituída anteriormente.

2.4. A PERSONIFICAÇÃO SOCIETÁRIA E AS SOCIEDADES NÃO PERSONIFICADAS

Conforme observado, a regra geral em matéria de direito societário é que as sociedades, na qualidade de pessoas jurídicas, tenham personalidade jurídica distinta da de seus integrantes, disso resultando inegáveis efeitos em relação à responsabilidade destes e daquela.

Não obstante tal regra geral, o direito sempre admitiu, em caráter excepcional, a existência de sociedades desprovidas de personalidade jurídica – as sociedades não personificadas, que recebiam menção no antigo Código Comercial, que regulava as sociedades em conta de participação. Atualmente, o Código Civil estabelece disposições expressas a seu respeito, passando, destarte, a regular a existência de duas modalidades de sociedades não personificadas:

a) sociedade em comum; e

b) sociedade em conta de participação.

Quanto aos demais tipos societários regulados pelo Código Civil, todos se encontram classificados como sociedades personificadas, conforme se verá adiante.

Assim, de acordo com o Código Civil, são sociedades não personificadas a sociedade em comum e a sociedade em conta de participação, como veremos a seguir.

2.4.1. Sociedade em comum

A sociedade em comum, disciplinada pelos arts. 986 a 990 do Código Civil, é aquela cujos atos constitutivos ainda não foram inscritos no respectivo órgão de registro (cartórios de registro civil de pessoas jurídicas – se a sociedade em constituição for uma sociedade simples ou juntas comerciais – se a sociedade em constituição for uma sociedade empresária).

O motivo inicial de sua previsão no Código Civil foi, ao disciplinar a situação jurídica imediatamente anterior à constituição formal da sociedade, atribuir segurança jurídica àqueles que se relacionam negocialmente com os sócios nessa fase pré-constitutiva.

Mais recentemente, a doutrina e a jurisprudência passaram a admitir a aplicação do regime da sociedade em comum à sociedade que tenha os seus atos constitutivos arquivados no registro público competente, mas deixe de atender a alguma exigência legal durante a sua existência, passando a ser considerada sociedade irregular.

Assim, pode-se afirmar que, na sistemática legal vigente, o regime jurídico das sociedades em comum disciplina três situações distintas:

a) a situação temporária antecedente à criação da pessoa jurídica societária (que se originará com o arquivamento do contrato social no registro público competente), que se verifica quando os sócios têm a clara intenção de constituir a sociedade e praticam todos os atos jurídicos necessários à sua constituição;

b) a situação em que duas ou mais pessoas se unem, com ou sem contrato escrito, no entanto *sem a intenção de promover o seu arquivamento*, e, pelo contrário, com a clara intenção de furtar-se à incidência da lei, naquilo que a doutrina e a jurisprudência convencionam como *sociedade de fato*.

c) a situação em que uma sociedade tenha os seus atos constitutivos regularmente arquivados no registro público competente, porém deixe de atender a alguma exigência legal após a sua constituição, passando à condição de sociedade irregular.

Nesse sentido, o Enunciado 383, elaborado na IV Jornada de Direito Civil, promovida pelo Conselho da Justiça Federal em outubro de 2006, assim prevê: "A falta de registro do contrato social (irregularidade originária – art. 998) ou de alteração contratual versando sobre matéria referida no art. 997 (irregularidade superveniente – art. 999, parágrafo único) conduzem à aplicação das regras da sociedade em comum (art. 986)".

Conforme o art. 987, na sociedade em comum, os sócios, nas relações entre si ou com terceiros, somente podem provar por escrito a existência da sociedade, porém os terceiros podem prová-la de qualquer modo.

Para fins patrimoniais, os bens e as dívidas da sociedade em comum constituem patrimônio especial, do qual os sócios são titulares em regime de comunhão, respondendo os bens sociais pelos atos de gestão praticados por qualquer dos sócios, salvo se existir pacto expresso limitativo de poderes firmado entre os sócios, que somente terá eficácia contra o terceiro que o conheça ou deva conhecer (art. 989).

Nesse sentido, o Enunciado 210, elaborado na III Jornada de Direito Civil, promovida pelo Conselho da Justiça Federal em dezembro de 2004, assim prevê: "O patrimônio especial a que se refere o art. 988 é aquele afetado ao exercício da atividade, garantidor de terceiro, e de titularidade dos sócios em comum, em face da ausência de personalidade jurídica".

Disso resulta que, na sistemática legal adotada para a sociedade em comum, uma vez exaurido o dito patrimônio especial, os sócios então deverão responder de forma solidária e ilimitada pelas obrigações sociais, nos termos do art. 990.

2.4.2. Sociedade em conta de participação

Contrariamente aos demais tipos societários existentes no direito brasileiro, a sociedade em conta de participação, disciplinada pelos arts. 991 a 996 do Código Civil, destaca-se por não apresentar personalidade jurídica, traduzindo-se em uma típica conta corrente denominada "conta de participação" e instituída entre os sócios, destinada à realização de determinada atividade específica a partir de recursos financeiros disponibilizados por um ou mais sócios capitalistas.

Nela existem duas categorias de sócios:

a) sócio ostensivo: aquele que aparece à frente de todos os negócios da sociedade e tem responsabilidade ilimitada pelas obrigações sociais; e

b) sócio participante (sócio capitalista ou sócio oculto): não aparece à frente dos negócios e não possui qualquer responsabilidade pelas obrigações sociais, sendo responsável, outrossim, pelo financiamento das operações empreendidas pelo sócio ostensivo.

O sócio participante também é denominado pela doutrina comercialista de *sócio oculto*, pois, juridicamente, referido sócio (cujo nome também consta do contrato social – até mesmo para que exista contrato) está resguardado da responsabilidade pelas obrigações sociais, "ocultando-se" legalmente de referidas obrigações, conforme o art. 991, parágrafo único, do Código Civil e o respectivo contrato social.

Assim, na sociedade em conta de participação, a atividade constitutiva do objeto social é exercida unicamente pelo sócio ostensivo, em seu nome individual e sob sua própria e exclusiva responsabilidade, sendo que os demais sócios, designados participantes ou capitalistas, ingressam com o capital social necessário à realização, pelo sócio ostensivo, das atividades que constituem o objeto social, e participam apenas dos resultados positivos, na proporção de suas quotas sociais.

Nesse contexto, somente o sócio ostensivo se obriga perante terceiros, ao passo que o(s) sócio(s) capitalista(s) se obriga(m) exclusivamente perante o sócio ostensivo, nos termos do contrato social.

A constituição da sociedade em conta de participação independe de qualquer formalidade e pode provar-se por todos os meios de direito; o contrato social produz efeitos somente entre os sócios, e o eventual arquivamento de seu contrato social em registro público não confere personalidade jurídica à sociedade (art. 993), sendo certo que o registro apropriado para que se inscreva o contrato da sociedade em conta de participação é o registro de títulos e documentos, destinado unicamente a dar publicidade ao contrato em questão, visto que a sociedade em conta de participação é não personificada, não podendo o seu contrato ser arquivado em junta comercial e, tampouco em cartório de registro civil de pessoas jurídicas.

Note-se ainda que, não obstante o seu direito de fiscalizar a gestão dos negócios sociais, o sócio capitalista não pode tomar parte nas relações do sócio ostensivo com terceiros, sob pena de responder solidariamente com este pelas obrigações em que intervier (art. 993, parágrafo único).

Ainda a esse respeito, a contribuição do sócio capitalista constitui, com a do sócio ostensivo, patrimônio especial, objeto da conta de participação relativa aos negócios sociais, conforme o art. 994.

Ressalte-se que, apesar de o Código Civil não fazer referência expressa a respeito, na prática, considerando a peculiaridade do objeto social adotado, o sócio ostensivo, frequentemente, será um empresário, empresa individual de responsabilidade limitada ou sociedade empresária.

Na hipótese de falência do sócio ostensivo, nos termos do art. 994, § 2.º, ocorrerá a dissolução da sociedade e a liquidação da respectiva conta, cujo saldo constituirá crédito quirografário, visto que o sócio ostensivo é o único apto a executar as atividades que constituem o objeto social, de modo que a sua falência o impossibilitará, no plano legal, de prosseguir no exercício da atividade empresarial.

Já na hipótese de falência do sócio participante, conforme o art. 994, § 3.º, o contrato social ficará sujeito às normas que regulam os efeitos da falência em relação aos contratos bilaterais do falido.

Por fim, consoante o art. 996, aplica-se à sociedade em conta de participação, subsidiariamente e no que com ela for compatível, o disposto para a sociedade simples (arts. 997 a 1.038), e a sua liquidação rege-se pelas normas relativas à prestação de contas, na forma da lei processual.

2.5. SOCIEDADES PERSONIFICADAS

As sociedades personificadas, como seu nome evidencia, possuem personalidade jurídica própria e distinta da personalidade de seus integrantes, sendo que, nos termos do art. 985 do Código Civil, a sociedade adquire personalidade jurídica com a inscrição, no registro próprio e na forma da lei, dos seus atos constitutivos.

2.5.1. Classificação das sociedades personificadas

As sociedades personificadas apresentam determinadas características comuns que são identificáveis em vários dos tipos societários, tanto das sociedades simples quanto das sociedades empresárias, em função das quais a doutrina comercialista usualmente estabelece critérios de classificação.

Assim, por questões didáticas, optamos por classificar as sociedades personificadas conforme os seguintes critérios: a) natureza da sociedade; b) responsabilidade dos sócios pelas obrigações sociais; c) formas de constituição societária; d) hipóteses de dissolução societária.

2.5.1.1. Classificação quanto à natureza da sociedade

No âmbito do direito privado, as sociedades, sob a égide dos antigos Código Civil de 1916 e Código Comercial de 1850, eram classificadas, quanto à sua natureza, em civis e comerciais, sendo que o elemento distintivo entre uma sociedade civil e uma sociedade comercial era o seu objeto social (civil ou comercial), e não o fato de ter referida sociedade fim lucrativo ou não, como alguns erroneamente imaginavam.

Modernamente, o Código Civil reelaborou tal classificação, passando, destarte, a existirem duas categorias distintas de sociedade, conforme a natureza das atividades que constituem seu objeto social:

a) sociedades simples; e;

b) sociedades empresárias.

A constituição de uma sociedade compreende, necessariamente, duas providências fundamentais por parte dos sócios: a) definição do objeto social; b) adoção do tipo societário mais adequado ao objeto social escolhido.

Salvo as exceções legais expressas, considera-se *empresária* a sociedade que tenha por objeto o exercício de atividade econômica própria de empresário sujeito a registro (art. 982), ou ainda, aquela que tenha por objeto atividade econômica organizada de forma empresarial, com empresarialidade ou elemento de empresa, e *simples* aquelas sociedades cujo objeto não se enquadre nos padrões ditados pela Teoria da Empresa.

Independentemente de seu objeto social, dadas as suas peculiaridades, as sociedades por ações são sempre consideradas sociedades empresárias e as cooperativas, sociedades simples.

A esse respeito, é interessante a lição de Fábio Ulhoa Coelho (*Manual de direito comercial*, p. 111):

> "O que irá, de verdade, caracterizar a pessoa jurídica de direito privado não estatal como sociedade simples ou empresária será o modo de explorar seu objeto. O objeto social explorado sem empresarialidade (isto é, sem profissionalmente organizar os fatores de produção) confere à sociedade o caráter de simples, enquanto a exploração empresarial do objeto social caracterizará a sociedade como empresária."

Assim, ante o advento da classificação societária trazida pelo Código Civil, pode-se dizer que o rol das atividades que, exercidas de forma coletiva, estavam agrupadas em sociedades civis modificou-se sensivelmente, ao passo que, de outro turno, o rol das atividades até então classificadas como comerciais, e exercidas por sociedades comerciais, ampliou-se, em decorrência da forçosa migração, inclusive no âmbito do arquivamento dos atos constitutivos, de atividades que eram tidas como civis e que, destarte passaram a ser consideradas empresárias.

Conforme essa classificação legal, as sociedades empresárias têm os seus atos constitutivos (e posteriores alterações) arquivados nas juntas comerciais, ao passo que as sociedades simples devem arquivá-los nos cartórios de registro civil das pessoas jurídicas, com exceção das sociedades de advogados que, a despeito de caracterizarem-se como sociedades simples, por força de disposição expressa do Estatuto da Advocacia e da OAB (art. 15, § 1.º), têm os seus atos constitutivos (e eventuais alterações) arquivados na própria Ordem dos Advogados do Brasil.

2.5.1.2. *Classificação quanto à responsabilidade dos sócios pelas obrigações sociais*

Como as sociedades personificadas têm existência distinta da de seus sócios, a responsabilidade destes pelas obrigações contraídas pela sociedade é sempre *subsidiária*, de modo que eles somente poderão ser responsabilizados pelas obrigações sociais após a responsabilização da sociedade e o exaurimento de todos os bens da sociedade, regra essa também denominada pela doutrina como *princípio da subsidiariedade*.

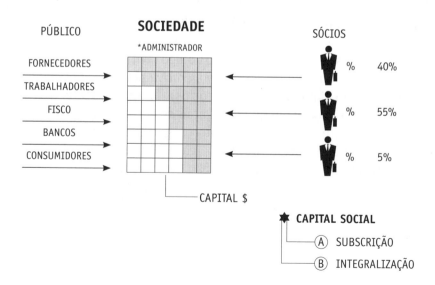

Nesse sentido, o Código Comercial de 1850 já estabelecia, em seu art. 350, que: "Os bens particulares dos sócios não podem ser executados por dívidas da sociedade, senão depois de executados todos os bens sociais".

Atualmente o Código Civil contém previsão idêntica em seu art. 1.024: "Os bens particulares dos sócios não podem ser executados por dívidas da sociedade, senão depois de executados todos os bens sociais".

Também o Código de Processo Civil (Lei 13.105/2015) corrobora tal entendimento, dispondo em seu art. 795 que: "Os bens particulares dos sócios não respondem pelas dívidas da sociedade, senão nos casos previstos em lei. § 1.º O sócio réu, quando responsável pelo pagamento da dívida da sociedade, tem o direito de exigir que primeiro sejam executados os bens da sociedade. § 2.º Incumbe ao sócio que alegar o benefício do § 1.º nomear quantos bens da sociedade situados na mesma comarca, livres e desembargados, bastam para pagar o débito. § 3.º O sócio que pagar a dívida poderá executar a sociedade nos autos do mesmo processo. § 4.º Para desconsideração da personalidade jurídica é obrigatória a observância do incidente previsto neste Código."

Superada a subsidiariedade comum a todas as sociedades personificadas, cumpre observar que, internamente, para fins de definição das responsabilidades dos sócios, as sociedades se caracterizam, alternativamente, em:

a) *Sociedades em que a responsabilidade dos sócios é ilimitada*

Nessas sociedades todos os sócios respondem, de forma solidária e ilimitada, com a totalidade de seu patrimônio, pelas obrigações contraídas pela sociedade, subsequentemente a esta.

As sociedades de responsabilidade ilimitada, cujo único exemplo atualmente em vigor dentre as sociedades empresárias é a *sociedade em nome coletivo*, prevista nos arts. 1.039 a 1.044 do Código Civil (ressalte-se porém que a *sociedade simples pura* e a *sociedade cooperativa* poderão adotar o regime da responsabilidade ilimitada para seus sócios), foram características de um período econômico e social em que os capitais se encontravam concentrados nas mãos de determinados empreendedores, geralmente pessoas naturais, cuja presença no quadro societário, assim, "garantia" a solvência da sociedade em suas operações, daí a conveniência de não haver limites à responsabilidade dos sócios, respeitada a subsidiariedade e esgotados os recursos patrimoniais da sociedade. Exemplo: Matarazzo & Cia Indústria de Tecidos.

b) *Sociedades em que a responsabilidade dos sócios é limitada*

Nessas sociedades todos os sócios respondem até certo limite do capital social pelas obrigações contraídas pela sociedade, conforme previamente acordado entre eles no contrato social ou ainda definido pelos primeiros sócios – os fundadores – no estatuto social, para o caso das sociedades anônimas.

A limitação da responsabilidade dos sócios, sejam pessoas naturais, sejam jurídicas, atende a uma necessidade contemporânea: na vida, todos correm riscos das mais variadas naturezas em suas atividades pessoais ou profissionais.

Na atividade empresarial, contudo, o risco se faz presente como um elemento atrativo, já que está atrelado à possibilidade de lucro, de modo que, em regra, quanto maiores os riscos, maiores as possibilidades de lucro a eles associadas. Disso resulta que, ao longo dos tempos, começou-se a pensar em formas de criar limitações à responsabilidade dos sócios por esses riscos, até então ilimitada.

Essa é, sem dúvida, a grande justificativa para a existência da limitação do risco nas sociedades, pois, conforme se verá adiante, essa limitação se faz com base no valor do capital que é aportado pelo sócio na sociedade, indicando que, em princípio, tal sócio está garantindo o risco empresarial mediante o aporte de sua parcela de bens ao capital social.

Constituem exemplos de sociedades em que a responsabilidade dos sócios é limitada dois tipos societários: *a)* sociedades limitadas e *b)* sociedades por ações (ou anônimas).

c) Sociedades em que a responsabilidade dos sócios é mista

Aqui, uma parte dos sócios responde de forma ilimitada pelas obrigações sociais e outra responde até determinado limite pelas obrigações contraídas pela sociedade.

Com o agravamento da responsabilidade dos sócios, propiciado pela legislação tributária e previdenciária, tais sociedades caíram em desuso, à semelhança das sociedades de responsabilidade ilimitada, porque, atualmente, uns sócios não desejam responsabilizar-se, de forma ilimitada, mais que outros.

Constituem exemplos de sociedades em que a responsabilidade dos sócios é mista dois tipos societários: *a)* sociedades em comandita simples e *b)* sociedades em comandita por ações.

d) Desconsideração da personalidade jurídica societária

A *desconsideração da personalidade jurídica* consiste no afastamento momentâneo da personalidade jurídica de uma sociedade, para o fim de alcançar diretamente os bens particulares de seus sócios ou administradores, uma vez constatada a insuficiência de ativos no patrimônio da pessoa jurídica em face às suas obrigações. Como regra geral, aplica-se quando houver abuso da personalidade jurídica, caracterizado pelo desvio de finalidade ou pela confusão patrimonial, respeitadas as exceções legais, e se encontra prevista em várias normas, figurando o Código Civil (art. 50) como a principal delas, dado o seu caráter geral.

Surgida na Alemanha a partir dos estudos do jurista Rolf Serick, em meados da década de 1950 em seu trabalho *Rechtsform und Realität juristischer Personen,* chegou ao Brasil na década de 1970 e passou gradativamente a ser incorporada ao direito pátrio, a partir de sua previsão em leis específicas.

A sua aplicação pelos tribunais brasileiros têm observado duas teorias distintas: a *teoria maior* e a *teoria menor.*

A *teoria maior*, prevista no art. 50 do Código Civil, exige a prova específica do abuso da personalidade jurídica, caracterizado pelo desvio de finalidade ou pela confusão patrimonial, conforme a jurisprudência atual do Superior Tribunal de Justiça, para aplicação da medida processual prevista no citado art. 50 do diploma civil.

Por outro lado, a *teoria menor*, prevista na legislação consumerista e ambiental, dispensa a prova específica do abuso da personalidade jurídica, bastando que se constate a insuficiência patrimonial da pessoa jurídica face às obrigações exigidas judicialmente, para que seja aplicada.

Ainda com relação à teoria menor, convém ressaltar que a Consolidação das Leis do Trabalho (Decreto-lei 5.452/1943), com a redação dada pela Lei 13.467/2017, estabelece, em seu art. 2.º, § 2.º , que sempre que uma ou mais empresas, tendo, embora, cada uma delas, personalidade jurídica própria, estiverem sob a direção, controle ou administração de outra, ou ainda quando, mesmo guardando cada uma sua autonomia, integrem grupo econômico, serão responsáveis solidariamente pelas obrigações decorrentes da relação de emprego. Tal disposição possibilita a desconsideração da personalidade jurídica em processos de execução trabalhista, no âmbito da Justiça do Trabalho.

Assim, em sede de execução trabalhista, sempre que o patrimônio da sociedade executada revelar-se insuficiente para satisfação do débito exequendo, e ainda que não integre grupo econômico, a jurisprudência trabalhista tem admitido a aplicação imediata da desconsideração da personalidade jurídica, com o atingimento do patrimônio pessoal dos sócios, quando de responsabilidade limitada, baseada no *princípio da proteção ao trabalhador hipossuficiente* e considerando, ademais, a natureza alimentar do crédito trabalhista.

O Código de Processo Civil trouxe previsão específica (arts. 133 a 137) a respeito do procedimento a ser adotado para aplicação desse instituto, considerando-o um incidente processual, que poderá ser instaurado a pedido de um credor que seja parte ou do Ministério Público (art. 133), em todas as fases do processo de conhecimento, no cumprimento de sentença e na execução fundada em título executivo extrajudicial, e terá efeito suspensivo em relação ao feito principal.

O novo código procurou resguardar o direito constitucional ao contraditório e à ampla defesa na aplicação da desconsideração da personalidade jurídica, ao estabelecer a necessidade de citação do(s) sócio(s) atingido(s) ou da sociedade para manifestar-se e requerer as provas cabíveis, no prazo de quinze dias (art. 135).

Da mesma forma, se a desconsideração da personalidade jurídica for requerida na petição inicial, não haverá necessidade de instauração do incidente, visto que o sócio ou a pessoa jurídica será citado para resposta na ação principal (art. 134, § 2º).

Concluída a instrução, caso esta seja necessária, o incidente será resolvido mediante decisão interlocutória (art. 136), que poderá ser questionada através do recurso de agravo de instrumento (art. 1.015, IV), sendo que o acolhimento do pedido de desconsideração da personalidade jurídica tornará ineficaz, em relação ao seu requerente, qualquer alienação ou oneração de bens da sociedade, realizada em fraude à execução (art. 137).

Por fim, ressalte-se que o Código de Processo Civil também determina a aplicação desse procedimento à chamada *desconsideração inversa da personalidade jurídica* (art. 133, § 2º), que consiste no atingimento de bens integrantes do patrimônio de uma sociedade, em decorrência de obrigações pessoais de seus sócios, que não tenham sido regularmente cumpridas.

2.5.1.3. *Classificação quanto às formas de constituição societária*

A doutrina comercialista usualmente classifica as sociedades quanto à forma legal prevista para o seu ato constitutivo, dividindo-as, nesse aspecto, em *sociedades contratuais e sociedades institucionais.*

O fenômeno da personificação societária é explicado em parte por diversas teorias a respeito, das quais convém destacar a Teoria Contratualista, a Teoria Institucionalista e a Teoria Organizativa.

A Teoria Contratualista, originária do Direito Romano, baseia-se na *affectio societatis* como elemento unificador dos interesses dos sócios em torno do contrato de sociedade.

O aspecto nitidamente privatístico da Teoria Contratualista, faz com que a sociedade priorize exclusivamente o interesse de lucro dos sócios, em detrimento de qualquer interesse social que se possa atribuir à sociedade como um todo, como acontece frequentemente com a sociedade limitada.

Por seu turno, a Teoria Institucionalista pressupõe a sociedade como uma instituição, impessoal e com interesse próprio (o interesse social), distinto do interesse pessoal dos seus sócios. O conceito institucionalista advém, em sua essência, da Teoria do Estado, tendo em Maurice Hauriou (*Teoria dell Instituzione e della fondazione*) um de seus expoentes.

Nesse sentido, a sociedade, enquanto instituição, deve sobrepor-se aos seus integrantes, sendo que estes, ao tomarem parte na sociedade, aderem a um modelo (estatuto) preestabelecido através do ato inicial de constituição, não mais existindo a necessidade posterior da *affectio societatis* entre os sócios para o prosseguimento da sociedade.

Desse caráter institucional, mais característico da sociedade anônima típica – a sociedade anônima de capital aberto, é que advém o *interesse social*, enquanto interesse da sociedade-instituição, distinto do mero interesse egoístico de seus sócios voltado unicamente à percepção de dividendos.

A partir da concepção inicial da Teoria Institucionalista por Walter Rathenau ("Vom Aktienwesen – Eine geschäftliche Betrachtung". *Revista de Direito Mercantil, Industrial, Econômico e Financeiro*, n. 128), a ideia da "empresa em si" passou a direcionar a atuação da companhia ao atendimento de interesses da própria instituição (interesses institucionais) – consubstanciados na ideia de interesse social – distinto daqueles de seus acionistas.

Ocorre que referidas teorias, na prática societária, revelaram-se insuficientes para disciplinar, de modo eficiente, o complexo de relações jurídicas existente nas sociedades anônimas de capital aberto.

Posteriormente, Tullio Ascarelli agregou à Teoria Contratualista o conceito de *contrato plurilateral*, que se distingue do contrato bilateral do direito civil, em virtude da pluralidade de partes (sócios) e interesses nele compreendidos.

Mais recentemente, a Teoria Institucionalista foi aperfeiçoada, dando origem a uma ramificação denominada Teoria do Contrato-Organização ou simplesmente Teoria Organizativa, que procura associar a impessoalidade do institucionalismo à noção de função social do contrato e função social da propriedade, de modo a conduzir o *interesse social* a atender a esse objetivo maior, tendo como expoentes Daniel Easterbrook e Frank Fischel, bem como no Brasil, Calixto Salomão Filho.

Nesse sentido, Calixto Salomão Filho assim define a Teoria Organizativa (*O novo direito societário*, p. 43-44):

> "Organização na acepção jurídica significa a coordenação da influência recíproca entre atos. Portanto, adotada a teoria do contrato organização, é no valor da organização e não mais na coincidência de interesses de uma pluralidade de partes ou em um interesse específico à autopreservação que se passa a identificar o elemento diferencial do contrato social.
>
> [...]
>
> É nesse ponto que deve ser vista a diferença fundamental entre essa teoria e as anteriores. Identificando-se o interesse social ao interesse à melhor organização possível do feixe de relações envolvidas pela sociedade, esse jamais poderá ser identificado com o interesse à maximização dos lucros ou com o interesse à preservação da empresa. Distingue-se, portanto, do contratualismo e institucionalismo clássico, mas aproxima-se do institucionalismo integracionista, que tem nítido caráter organizativo. Por esse caráter *organizativo* de ambas as teorias – teoria institucionalista e do contrato organização – muitas vezes, como se verá, muitos dos efeitos aplicativos de ambas as teorias serão semelhantes."

Disso resulta que, com o advento da Teoria Organizativa, o conceito de *interesse social* se amplia, de modo a ultrapassar os limites da sociedade em si, ditados pelo institucionalismo, passando a ter uma manifestação não apenas no plano interno, mas também no plano externo à sociedade.

Pode-se dizer que as teorias Contratualista e Institucionalista, antagônicas em sua essência e originariamente, encontravam-se representadas nos dois principais tipos societários existentes no direito brasileiro – a sociedade limitada e a sociedade anônima de capital aberto, respectivamente, sendo que esta última, como se verá adiante, atualmente se encontra perfeitamente amoldada aos parâmetros da Teoria Organizativa.

Nesse sentido, como reflexo prático das teorias acima referidas, a análise dos diversos tipos societários existentes, demonstra uma clara divisão entre sociedades ditas contratuais e sociedades institucionais.

A distinção entre sociedades contratuais e sociedades institucionais encontra-se na própria base do Direito Comercial, como observa Fábio Konder Comparato (*O poder de controle na sociedade anônima*, p. 178):

> "A distinção, embora não tão aparente nos sistemas jurídicos romano-
> -germânicos, quanto nas legislações anglo-saxônicas – *memorandum
> of association* e *articles of incorporation* no direito inglês, *charter* e
> *by-laws* no direito norte-americano, não tem apenas o sentido de uma
> reminiscência histórica, como pensaram alguns. Não se trata unica-
> mente, de um vestígio da época em que o Estado criava a companhia
> por ato de incorporação e aprovava os estatutos elaborados pelos
> fundadores, ou ao contrário, autorizava a criação do novo ente social
> pelos particulares, desde que adotado o modelo oficial de estatutos
> fixado por ato administrativo. Ela repousa, em verdade, na diferença
> fundamental de natureza entre as sociedades por ações e as socieda-
> des ditas justamente de pessoas, consistente no fato de que, nestas,
> subsiste sempre um vínculo contratual entre pessoas determinadas,
> enquanto naquelas o que prevalece são posições acionárias, com a
> fungibilidade da pessoa dos acionistas."

São contratuais as sociedades constituídas e regulamentadas por meio de um contrato social, prevalecendo, dessa forma, o acordo de vontades firmado entre os sócios como o ato formador da pessoa jurídica societária.

As sociedades ditas contratuais podem ser constituídas como *socie-dades de pessoas*, que são aquelas baseadas na qualificação das pessoas que integram o seu quadro societário, e não na parcela do capital social pertencente a cada sócio, disso decorrendo, inegavelmente, que as socie-dades contratuais, quando seu contrato social privilegiar a qualificação dos seus sócios em detrimento da formação do capital, terão como elemento essencial à sua constituição e existência, a afinidade negocial entre os sócios – a *affectio societatis*. Como exemplos, pode-se citar: sociedades simples puras; sociedades em nome coletivo; sociedades em comandita simples; sociedades limitadas.

A *affectio societatis* ou *bona fides societatis*, caracteriza-se assim como uma afinidade negocial que deve preexistir entre os futuros sócios e manter-se entre eles durante a existência do ente coletivo (no caso das sociedades contratuais), e que diz respeito a um interesse comum em desenvolver a atividade econômica que constitui o objeto social adotado e que relaciona-se à sua própria pessoa, daí o seu caráter estritamente subjetivo. Assim, João e José podem ter o mesmo interesse negocial em fabricar calçados, mas já não José e Joaquim. Pode-se assim dizer que entre os dois primeiros haverá *affectio societatis*.

Neste ponto convém citar a lição de Fábio Konder Comparato a respeito (Restrições à circulação de ações em companhia fechada: nova et vetera." *Revista de Direito Mercantil, Industrial, Econômico e Financeiro*, n. 36):

> "Há assim, dois elementos componentes da *affectio* ou *bona fides societatis*, representativos do duplo aspecto dessa relação: a fidelidade e a confiança. A fidelidade é o escrupuloso respeito à palavra dada e ao entendimento recíproco que presidiu à constituição da sociedade, ainda que o quadro social se haja alterado, mesmo completamente. Por outro lado, a confiança é também um dever do sócio para com os demais, dever de tratá-los não como contrapartes, num contrato bilateral em que cada qual persegue interesses individuais, mas como colaboradores na realização de um interesse comum."

Por seu turno, as sociedades institucionais, conforme observado, são regulamentadas por meio de um estatuto social às quais, uma vez constituídas em uma assembleia, os novos sócios apenas "aderem", não existindo propriamente afinidade entre os sócios para a sua manutenção.

Tal elemento na prática comercial é que permite a uma pessoa adquirir ações negociadas em bolsa de valores e, por conseguinte, tornar-se sócia e acionista de uma companhia, aderindo de imediato às suas disposições estatutárias, sem necessitar da aprovação dos demais sócios para seu ingresso no quadro societário.

As sociedades institucionais são *sociedades de capital*, pois são baseadas na parcela do capital social pertencente a cada sócio. Nesse tipo de sociedade não prevalece a pessoalidade, mas o *princípio da livre circulabilidade do capital social*, de modo que, salvo disposição estatutária em contrário, é possível, por exemplo, nas sociedades anônimas, um sócio ingressar na sociedade ou dela se retirar sem a concordância dos demais.

Como exemplos pode-se citar as sociedades por ações e as sociedades em comandita por ações.

Nesse sentido observa Haroldo Malheiros Duclerc Verçosa (*Curso de Direito Comercial*, v. 2, p. 67):

> "Na moderna economia as companhias abertas, na qualidade de sociedades de capitais, muitas vezes se mostram como verdadeiras instituições, amplamente desligadas do quadro social, pois suas ações são de propriedade de fundos previdenciários de investimento, geridos por administradores profissionais. Há uma enorme volatilidade dos acionistas em tais situações, pois as ações de tais sociedades são negociadas em Bolsas com grande frequência e velocidade, objeto de ingente especulação no mercado."

Como regra geral, na sociedade anônima, sobretudo no seu modelo padrão que é a sociedade anônima de capital aberto, não existe a *affectio societatis*, como sendo a afinidade entre os sócios relativa à atividade negocial desenvolvida pela sociedade e que constitui seu objeto social, ausente pois como elemento unificador e garantidor da sociedade anônima.

Em princípio, pode-se dizer que, na sociedade anônima a *affectio societatis* existirá entre os fundadores, no momento da constituição da companhia, e, de forma indireta, como observa Haroldo Malheiros Duclerc Verçosa, entre os subscritores das ações emitidas pela companhia no mercado primário, desaparecendo a partir de então. Daí o pretenso anonimato – que deve aqui ser traduzido como sinônimo de *impessoalidade*, e assumido pela sociedade nas relações dos acionistas entre si e para com a companhia.

Não obstante tal classificação, os tribunais têm admitido a existência de *affectio societatis* nas sociedades anônimas de capital fechado e formação familiar, as quais a doutrina comercialista tem denominado *sociedades anônimas de pessoas*.

Tais sociedades, não obstante adotarem o modelo acionário previsto na Lei das Sociedades Anônimas, apresentam nítidas distinções em relação à sociedade anônima típica, que é a de capital aberto. Nesse sentido observa Fábio Konder Comparato ("Restrições à circulação de ações em companhia fechada: nova et vetera." *Revista de Direito Mercantil, Industrial, Econômico e Financeiro*, n. 36):

> "A "sociedade anônima de pessoas" apresenta, assim, algumas características peculiares, que a distinguem das demais companhias, tanto abertas quanto fechadas. São elas, comumente: 1) a limitação à circulação de ações, seja no estatuto, seja em acordo de acionistas; 2) *quorum* deliberativo mais elevado do que o legal, para certas e determinadas questões, tanto na assembleia geral, quanto no conselho de administração, o que equivale à atribuição de um poder de veto à minoria; 3) a distribuição equitativa dos cargos administrativos entre os grupos associados; 4) a solução arbitral dos litígios.
>
> Por isso mesmo, já se pôs em dúvida que tais sociedades ainda possam ser consideradas propriamente anônimas. No Direito norte-americano, por exemplo, algumas decisões judiciais declararam incompatível com o estatuto legal de *corporation* a sociedade em que os acionistas assumem, uns perante os outros, a posição de autênticos *partners*. Mas essa opinião, pelo seu radicalismo formalista, não chegou a prosperar. Admitiu-se, ao contrário, sempre mais, que se a *joint venture corporation* é um tipo diferente de companhia, nem por isso devem se lhe aplicar as regras típicas de uma *partnership*, notadamente a responsabilidade pessoal e ilimitada dos sócios pelas dívidas sociais.

O personalismo próprio de uma *joint venture* existe *interna corporis*, nas relações dos acionistas entre si, mas ele não elimina o efeito da personalidade jurídica perante terceiros.

Nos direitos do sistema romano-germânico, como os da Europa Continental e da América Latina, a possibilidade jurídica da "sociedade anônima de pessoas" está ligada à mais larga admissão da validade jurídica e da execução específica de estipulações em acordos de acionistas, como é o caso da nossa Lei 6.404/1976. Essa possibilidade jurídica prende-se, também, ao reconhecimento de que os acionistas podem ter, para com a companhia, obrigações de prestação acessória, além da normal responsabilidade capitalística pelo pagamento das ações subscritas ou adquiridas."

Convém citar ainda o magistério de Haroldo Malheiros Duclerc Verçosa a respeito (*Curso de Direito Comercial*, v. 2, p. 68-69):

"Enquanto as sociedades limitadas revelam-se predominantemente como sociedades de pessoas e as sociedades por ações na categoria das sociedades de capitais, situações particulares podem mudar esta configuração, de maneira a que, segundo os termos de determinados contratos ou estatutos sociais, as primeiras podem apresentar-se como sociedades de capitais e as segundas como sociedades de pessoas. E se nas companhias abertas a *affectio societatis* é praticamente inexistente entre os acionistas meramente investidores (que aproveitam oportunidades de mercado para comprar e vender ações em curto espaço de tempo), nos acordos de voto destinados a formar o grupo de controle muitas vezes ela se revela com elevada intensidade. Também nas sociedades controladoras de grupo de empresas familiares, por exemplo, a *affectio societatis* apresenta-se extremamente importante.

Explicando melhor esta questão quanto às companhias fechadas, algumas delas podem assumir ares de sociedades de pessoas, considerando que no seu estatuto podem ser impostas limitações à circulação de ações com a condição de que a matéria seja minuciosamente regulada naquele documento."

Assim, não obstante a conceituação tradicional, os tribunais têm entendido atualmente que nas sociedades anônimas de capital fechado ("sociedades anônimas de pessoas"), sobretudo naquelas de formação familiar, é possível identificar a existência de *affectio societatis*, de modo a autorizar a dissolução parcial da sociedade, em virtude da ruptura desse elemento. Veja-se, a título de ilustração, o seguinte julgado proferido pelo Superior Tribunal de Justiça, que consolida esse entendimento:

"Comercial – Agravo regimental – Sociedade anônima familiar – Dissolução parcial – Inexistência de *affectio societatis* – Possibilidade – Suficiência deste requisito, isoladamente – Matéria pacificada. I. A 2.ª Seção, quando do julgamento do EREsp 111.294/PR (rel. Min.

Castro Filho, m.v., *DJU* 10.09.2007), adotou o entendimento de que é possível a dissolução parcial de sociedade anônima familiar quando houver quebra da *affectio societatis*. II. Tal requisito não precisa estar necessariamente conjugado com a perda de lucratividade e com a ausência de distribuição de dividendos, conforme decidido pelo mesmo Colegiado no EREsp 419.174/SP (rel. Min. Aldir Passarinho Junior, v.u., *DJU* 04.08.2008)" (AgRg REsp 1.079.763/SP, rel. Min. Aldir Passarinho Junior, j. 25.08.2009).

Ressalte-se que o modelo preconizado pela Lei das Sociedades Anônimas é a sociedade de capital aberto, de modo que a sociedade anônima de capital fechado, como exceção à regra, sobretudo naquelas estruturas societárias de formação familiar, presta-se mais ao atendimento dos interesses patrimoniais dos sócios, sendo difícil muitas vezes identificar um interesse social desvinculado dos interesses dos sócios que a compõem.

Por fim, convém ainda citar a lição de Waldirio Bulgarelli para quem a sociedade anônima, em que pesem suas peculiaridades, nasceria de um contrato plurilateral de organização (*Manual das sociedades anônimas*, p. 75):

> "A sociedade comercial é assim contrato plurilateral de organização (ou associativo), do ponto de vista instrumental, e sob o aspecto estrutural afasta-se dos contratos típicos de escambo (compra e venda, locação, permuta, mútuo) por várias características:
>
> 1. admite a participação de mais de duas partes, ao contrário dos contratos de escambo;
>
> 2. a relação sinalagmática (a vinculação das partes) ocorre não apenas entre as partes, mas também em relação à pessoa jurídica que é gerada pelo contrato;
>
> 3. o contrato gera também uma organização coletiva, e que em regra dá lugar a uma pessoa jurídica, apresentando-se, portanto, como contrato de execução continuada;
>
> 4. a inadimplência de uma das partes não acarreta a rescisão do contrato;
>
> 5. não se aplica, pois, a *exceptio non adimpleti contractus*."

2.5.1.4. *Classificação quanto às hipóteses de dissolução societária*

A dissolução societária, seja total, seja parcial, é o ato jurídico (extrajudicial ou judicial) por meio do qual um ou mais sócios se desvinculam de uma sociedade, levando consigo, em princípio, a parcela do capital social correspondente à sua participação societária.

As *sociedades contratuais* têm as suas hipóteses de dissolução total e parcial disciplinadas pelo Código Civil, em seus arts. 1.028 a 1.038, 1.044, 1.085 e 1.086.

As *sociedades institucionais* têm as suas hipóteses de dissolução total previstas na Lei das Sociedades Anônimas, em seus arts. 206 a 219, sendo que tais sociedades, em princípio, não comportam dissolução parcial.

Assim, primeiramente, quanto às *sociedades contratuais*, são hipóteses legais de dissolução.

a) Dissolução parcial

O Código Civil denomina a dissolução parcial de "resolução da sociedade em relação a um sócio", prevendo as suas hipóteses em seus arts. 1.028 a 1.032.

A dissolução parcial, ou resolução da sociedade em relação a um sócio, caracteriza-se pelo fato de que o desligamento (mediante retirada, exclusão ou falecimento) de um ou mais sócios do quadro societário não põe fim à existência legal da sociedade.

Nas sociedades personificadas contratuais, a *dissolução parcial* pode ocorrer nas seguintes hipóteses:

a.1) *retirada amigável*: consiste na hipótese em que um ou mais sócios se desligam amigavelmente da sociedade, que prosseguirá com o(s) sócio(s) remanescente(s).

a.2) *retirada não amigável*: ocorre na hipótese de os demais sócios negarem-se a proceder à alteração do contrato social, para fins de retirada do sócio dissidente, do quadro societário. Nesse sentido, o art. 1.029 estabelece que além das hipóteses previstas em lei ou contrato, qualquer sócio pode retirar-se da sociedade constituída por prazo indeterminado, mediante notificação aos demais sócios, com antecedência mínima de sessenta dias, sendo que nos trinta dias subsequentes à notificação, os demais sócios podem optar pela dissolução da sociedade. No entanto, caso a sociedade tenha prazo determinado, o sócio que pretenda retirar-se deverá provar judicialmente *justa causa* para sua retirada.

a.3) *retirada judicial*: consiste no pedido de desligamento do quadro societário formulado judicialmente por sócio(s), mediante a propositura de *ação de dissolução parcial de sociedade cumulada com pedido de apuração de haveres (regulada pelos arts 599 a 609 do Código de Processo Civil)*, caso se verifique a inconveniência em fazê-lo pela via administrativa, sobretudo porque a medida prevista no art. 1.029 do Código Civil ainda que seja eficaz ao imediato desligamento do sócio retirante do quadro societário, não tem o condão de obrigar a sociedade a promover a apuração de seus haveres, hipótese em que este deverá, invariavelmente, recorrer à via judicial caso haja resistência do(s) sócio(s) remanescente(s) em fazê-lo extrajudicialmente.

a.4) falecimento: conforme o art. 1.028, no caso de morte de sócio, a sua quota será liquidada, salvo: *a)* se o contrato dispuser diferentemente; *b)* se os sócios remanescentes optarem pela dissolução total da sociedade; *c)* se, por acordo com os herdeiros, regular-se a substituição do sócio falecido.

a.5) exclusão: consoante o art. 1.030 o sócio pode sofrer *exclusão judicial*, mediante iniciativa da maioria dos demais sócios, por falta grave no cumprimento de suas obrigações, ou, ainda, por incapacidade superveniente.

O Código Civil também considera hipóteses de *exclusão de pleno direito* (nesse caso, exclusão extrajudicial): a) a falência do sócio ou b) a liquidação de quota de determinado sócio, promovida mediante requerimento judicial de credor particular, conforme o parágrafo único do art. 1.026, sendo ainda que o sócio remisso (aquele que não procede à integralização de sua quota), também poderá ser excluído nos termos do art. 1.004.

Ressalte-se que, para as sociedades limitadas, os arts. 1.085 e 1.086 preveem a hipótese de *exclusão extrajudicial* de sócio(s) minoritário(s) mediante deliberação do(s) sócio(s) titular(es) da maioria absoluta do capital social (mais da metade do capital social), sempre que tal(is) sócio(s) estiver(em) pondo em risco a continuidade da sociedade, em virtude de atos de inegável gravidade – fato esse considerado pelo Código Civil como *justa causa* para sua exclusão, desde que prevista no contrato social a hipótese de exclusão de sócio por *justa causa*, bem como discriminados os atos caracterizadores da justa causa.

Assim, ressalvado o caso em que haja apenas dois sócios na sociedade, a exclusão de um sócio somente poderá ser determinada em reunião ou assembleia especialmente convocada para esse fim, com a notificação prévia do sócio minoritário, em tempo hábil, a fim de que possa exercitar seu direito de defesa.

2.5.1.4.1. *Aspectos gerais da dissolução parcial societária*

Primeiramente, deve-se observar que, com relação ao sócio retirante ou excluído, independentemente do pagamento de seus haveres sociais, o *arquivamento* do ato societário de sua retirada ou exclusão em junta comercial já o coloca na condição de ex-sócio.

Conforme o art. 1.031, na hipótese de dissolução parcial da sociedade, a(s) quota(s) do(s) sócio(s) e do(s) ex-sócio(s) será(ão) liquidada(s) tomando-se por base o montante efetivamente realizado, salvo disposição contratual em contrário, de acordo com a situação patrimonial da sociedade à data da resolução parcial, verificada em balanço especialmente levantado. Nesse caso, o capital social deverá ser reduzido, na proporção da(s) quota(s) do sócio retirante, falecido ou excluído, salvo se os demais sócios suprirem o valor da quota, hipótese em que o valor integralizado pelos demais sócios será acrescido às suas respectivas participações.

Ainda a esse respeito, o Código Civil estabelece em seu art. 1.031, § 2.º, que o pagamento da quota liquidada será efetuado em dinheiro, no prazo de noventa dias, a partir da liquidação, salvo acordo ou estipulação contratual em contrário.

Convém observar que, na hipótese em que o patrimônio líquido (o ativo patrimonial subtraído o valor do passivo) revelar-se *negativo*, a apuração dos haveres sociais cabentes ao sócio retirante, excluído ou falecido, naquelas sociedades cujo capital seja dividido em quotas, poderá gerar a obrigação ao ex-sócio ou aos herdeiros deste, se falecido, de restituírem à sociedade o valor proporcional à sua quota, calculado sobre montante do saldo negativo verificado.

Do contrário, criar-se-ia situação absolutamente injusta em relação aos demais sócios que, proporcionalmente, teriam seu risco agravado, face à elevação do percentual de suas participações societárias (proporcionado pela redução do número de sócios).

Nesse sentido, consoante o art. 1.032 do Código Civil, a retirada, exclusão ou morte do sócio não o exime, ou a seus herdeiros, da responsabilidade pelas obrigações sociais anteriores, até dois anos depois de averbada a resolução da sociedade em junta comercial, sendo ainda que nas hipóteses de retirada ou exclusão, os antigos sócios responderão pelas obrigações sociais posteriores e em igual prazo, enquanto não se requerer a averbação respectiva.

b) Dissolução total: aspectos gerais

A dissolução total ocorre diante da impossibilidade do prosseguimento da relação societária, podendo tal impossibilidade ser motivada por diversas situações; por exemplo, quando os interesses dos sócios se tornam conflitantes ao ponto de impedir o andamento regular dos negócios sociais, ou quando os próprios sócios, de comum acordo, optarem pela dissolução, ou ainda por decisão judicial que a determine.

A *dissolução total* implica a consequente *liquidação* do ativo, com o pagamento de eventual passivo existente e o reembolso proporcional aos sócios de suas respectivas participações societárias, se positivo o saldo apurado, com a consequente extinção da sociedade.

Assim, a dissolução total deve ser sucedida, obrigatoriamente pela liquidação, e esta pela extinção.

b.1) Dissolução total

De acordo com o art. 1.033 do Código Civil, a sociedade contratual será dissolvida *extrajudicialmente* quando:

a) do vencimento do prazo de duração (p. ex.: na hipótese de *socie-dade de propósito específico*, salvo se, vencido este e sem oposição de sócio, não entrar a sociedade em liquidação, caso em que se prorrogará por tempo indeterminado;

b) por consenso unânime dos sócios;

c) por deliberação dos sócios, por maioria absoluta, na sociedade de prazo indeterminado;

d) da falta de pluralidade de sócios, não sendo esta reconstituída no prazo de até 180 dias, sendo que, essa previsão legal não será aplicável caso o sócio remanescente, inclusive na hipótese de concentração de todas as cotas da sociedade sob sua titularidade, requeira a transformação do registro da sociedade (que não se confunde com a transformação da pessoa jurídica) para empresário individual ou para empresa individual de responsabilidade limitada, perante a junta comercial respectiva.

e) da extinção, na forma da lei, de autorização para a sociedade funcionar (na hipótese de desenvolver atividade sujeita a autorização e controle estatais).

Por outro lado, conforme o art. 1.034, a sociedade poderá ser dissolvida *judicialmente*, a requerimento de qualquer dos sócios, quando:

a) anulada a sua constituição (p. ex: na hipótese de restar provado judicialmente terem os sócios se valido de documentação falsa para a constituição da sociedade);

b) exaurido o fim social, ou verificada a sua inexequibilidade (p. ex: na hipótese de a sociedade ser constituída para a exploração de determinada jazida mineral de grande porte e, ao cabo de sua exploração, restar comprovado o esgotamento dos recursos minerais existentes (*note-se que a expressão "fim social" contida na lei é indevida, pois a lei deveria ter utilizado a expressão "objeto social"*), ou, tomando-se o mesmo exemplo, verificada a impossibilidade de exploração comercial da jazida em questão, que implicaria na inexequibilidade do objeto social e justificaria a sua dissolução total).

Note-se ainda que, nos termos do art. 1.035 do Código Civil, o contrato social pode prever outras causas de dissolução, que deverão ser analisadas judicialmente, quando contestadas.

Também a Lei Anticorrupção Empresarial (Lei 12.846/2013) prevê como uma das sanções que podem ser impostas às empresas infratoras a dissolução compulsória da pessoa jurídica, a ser determinada judicialmente nos autos de ação específica (art. 19) a ser proposta pela União, Estado-Membros, Distrito Federal ou Municípios interessados, através de suas respectivas Advocacias Públicas ou ainda pelo Ministério Público, contra a empresa responsabilizada por atos de corrupção, nos termos do art. 1.º, parágrafo único; art. 4.º, e art. 5.º da referida lei.

Nesse sentido, conforme o art. 19, § 1.º, a dissolução judicial da pessoa jurídica será determinada quando comprovado: a) ter sido a personalidade jurídica utilizada de forma habitual para facilitar ou promover a prática de atos ilícitos; ou, b) ter sido constituída para ocultar ou dissimular interesses ilícitos ou a identidade dos beneficiários dos atos praticados.

b.2) *Liquidação da sociedade*

Uma vez dissolvida a sociedade e nomeado o liquidante, nos termos do art. 1.102, terá início a liquidação extrajudicial, em que deverá ser observado o procedimento previsto nos arts. 1.102 a 1.112 do Código Civil, ressalvado o disposto no ato constitutivo ou no instrumento da dissolução da sociedade.

Na hipótese de liquidação judicial, esta seguirá o procedimento previsto na legislação processual civil.

A liquidação compreende a venda de todo o ativo social e o pagamento do passivo existente, com a distribuição proporcional aos sócios do ativo remanescente.

A sociedade em liquidação é administrada por um liquidante, pessoa física, que poderá ser um dos administradores da sociedade ou ainda pessoa estranha à sociedade, desde que nomeada previamente pelos sócios--quotistas no contrato social ou em reunião ou assembleia que deliberar a dissolução total da sociedade. Os mandatos e respectivos poderes de gestão dos demais administradores cessam com o início da liquidação.

O liquidante deve representar a sociedade e praticar todos os atos necessários à sua liquidação, inclusive alienar bens móveis ou imóveis, transigir, receber e dar quitação, conforme o art. 1.105. Entretanto, não poderá gravar de ônus reais os móveis e imóveis, contrair empréstimos (salvo quando indispensáveis ao pagamento de obrigações inadiáveis), nem prosseguir, embora para facilitar a liquidação, na atividade social sem estar expressamente autorizado pelo contrato social ou pelo voto da maioria dos sócios tomada em reunião ou assembleia convocada para tal finalidade.

Deve ainda o liquidante efetuar o pagamento das dívidas sociais proporcionalmente, sem distinção entre vencidas e vincendas, mas, em relação a estas últimas, com desconto, desde que respeitados os direitos dos credores preferenciais, assim definidos por lei, conforme dispõe o art. 1.106. Na hipótese de o ativo ser superior ao passivo, o liquidante pode, sob sua responsabilidade pessoal, pagar integralmente as dívidas vencidas.

Nos termos do art. 1.103, o liquidante possui os seguintes deveres:

a) averbar e publicar ata, sentença ou instrumento de dissolução da sociedade;

b) arrecadar os bens, livros e documentos da sociedade, onde quer que estejam;

c) proceder, nos quinze dias seguintes ao da sua investidura e com a assistência, sempre que possível, dos antigos administradores, à elaboração do inventário e do balanço geral do ativo e do passivo;

d) ultimar os negócios da sociedade, realizar o ativo, pagar o passivo e partilhar o remanescente entre os sócios ou acionistas;

e) exigir dos quotistas, quando insuficiente o ativo à solução do passivo, a integralização de suas quotas e, se for o caso, as quantias necessárias, nos limites da responsabilidade de cada um e proporcionalmente à respectiva participação nas perdas, repartindo-se, entre os sócios solventes e na mesma proporção, o devido pelo insolvente;

f) convocar assembleia dos sócios-quotistas a cada seis meses, para apresentar relatório e balanço do estado da liquidação, prestando conta dos atos praticados durante o semestre, ou sempre que necessário;

g) confessar a falência da sociedade e requerer a sua recuperação (judicial ou extrajudicial), de acordo com as formalidades prescritas para o tipo de sociedade liquidanda;

h) finda a liquidação, apresentar aos sócios o relatório da liquidação e as suas contas finais; e

i) averbar a ata da reunião ou da assembleia, ou o instrumento firmado pelos sócios, que considerar encerrada a liquidação.

Em todos os atos, documentos ou publicações, o liquidante deverá utilizar a firma ou a denominação social acompanhada da expressão "em liquidação" e de sua assinatura individual, com a sua qualificação como liquidante.

Uma vez pago o passivo e partilhado o remanescente, nos termos do art. 1.108, o liquidante deverá convocar assembleia dos sócios para a prestação final de contas.

b.3) *Extinção da sociedade*

A liquidação se encerra com a aprovação pelos sócios, em reunião ou assembleia, das contas apresentadas pelo liquidante, conforme dispõe o art. 1.109, sendo que a sociedade se extingue com o registro da respectiva ata de assembleia na junta comercial, se empresária a sociedade liquidanda, ou no registro civil das pessoas jurídicas, se sociedade simples.

Deve-se ainda observar que, uma vez encerrada a liquidação, nos termos do art. 1.110, o credor não satisfeito somente terá direito a exigir dos sócios, individualmente, o pagamento do seu crédito, até o limite da soma por eles efetivamente recebida em partilha, e a propor contra o liquidante ação de perdas e danos.

Por fim, ressalte-se que a não observância dos procedimentos legais para dissolução, liquidação e extinção da sociedade a coloca em situação irregular e acarreta a responsabilidade solidária e ilimitada dos administradores e dos sócios.

O Superior Tribunal de Justiça firmou entendimento nesse sentido, consubstanciado na Súmula 435: "Presume-se dissolvida irregularmente a empresa que deixar de funcionar no seu domicílio fiscal, sem comunicação aos órgãos competentes, legitimando o redirecionamento da execução fiscal para o sócio-gerente".

2.6. SOCIEDADES SIMPLES

Na sistemática delineada pelo Código Civil, em seus arts. 997 a 1.038, as sociedades simples podem ser consideradas, desde que mantidas as devidas proporções, como uma espécie de sucedâneo das antigas sociedades civis, abrangendo, entretanto, um rol diverso de atividades econômicas, exercidas sem empresarialidade.

2.6.1. Tipos societários

As sociedades simples podem constituir-se de acordo com os seguintes tipos societários: *a)* sociedade em nome coletivo; *b)* sociedade em comandita simples; *c)* sociedade limitada; podendo ainda, de acordo com o art. 983 do Código Civil, adotar as regras que lhes são próprias, dispostas nos arts. 997 a 1.038, caracterizando, dessa forma, um quarto tipo societário distinto dos anteriores, que designaremos na presente obra e para fins didáticos: *d) sociedade simples pura* (que poderá prever em seu contrato social a responsabilidade ilimitada para os sócios); e, por fim, também possui natureza de sociedade simples a *e)* sociedade cooperativa, como se verá adiante.

Considerando que, com o advento da Teoria da Empresa, a principal distinção entre sociedades empresárias e sociedades simples passou a centrar-se no modo de organização do objeto social (com ou sem empresarialidade, respectivamente), as sociedades simples podem ter por objeto:

a) atividades de prestação de serviços exercidas pessoalmente pelos próprios sócios, sem organização empresarial (empresarialidade), ainda que estes possam contar com a colaboração de auxiliares (art. 966, parágrafo único), como acontece, por exemplo, com as sociedades uniprofissionais constituídas pelos profissionais liberais; e

b) atividades de produção e circulação de bens, desde que exercidas também sem organização empresarial, como acontece com o artesanato e o pequeno produtor rural, por exemplo.

Ressalte-se, no entanto que, a partir da nova sistemática ditada pela Teoria da Empresa e vigente a partir do Código Civil de 2002, cabe aos sócios, no ato constitutivo (contrato social de constituição) declararem se a sociedade constituenda terá o seu objeto social organizado empresarialmente ou não, direcionando, assim, o arquivamento do contrato para a Junta Comercial ou para o Cartório de Registro Civil das Pessoas Jurídicas competente, conforme a natureza da sociedade declarada pelos sócios, seja empresária ou simples, ficando logicamente os sócios responsáveis pela exatidão de suas declarações.

Assim, na hipótese de, por exemplo, os sócios declararem que a sociedade possui natureza simples (com a intenção de excluírem a sociedade da disciplina da legislação falimentar), parte da doutrina tem entendido que a sociedade passaria à condição de sociedade irregular, sujeitando os sócios a responsabilidade ilimitada pelas obrigações sociais, o que nos parece coerente, no entanto, exige uma análise casuística, em sede de processo judicial, não possibilitando generalizações de qualquer espécie.

2.6.2. Constituição e deliberações sociais

As sociedades simples (com exceção da sociedade cooperativa), independentemente do tipo societário que adotam, são sempre sociedades contratuais, ou seja, sua existência é disciplinada genericamente pela lei e especificamente pelo contrato social.

Nesse sentido, o art. 997 traz um elenco de itens que devem constar em um contrato social, aplicando-se também, no que couber, aos contratos de sociedades empresárias.

Assim, consoante o referido dispositivo legal, as sociedades simples podem ser constituídas mediante contrato social escrito, por instrumento público (lavrado em um cartório de notas) ou particular, que deve conter, além das cláusulas contratadas pelos sócios, os seguintes requisitos:

- *a)* nome, nacionalidade, estado civil, profissão e residência dos sócios, se pessoas naturais, e firma ou denominação, nacionalidade e sede dos sócios, se pessoas jurídicas;

- *b)* denominação, objeto, sede e prazo da sociedade (com relação ao prazo, deve-se observar que as sociedades personificadas, em geral, adotam prazo indeterminado de duração, contudo é possível que no ato de sua constituição seja fixado um prazo determinado, quando então se costuma designar a sociedade de SPE – Sociedade de Propósito Específico, ou como dizem alguns *SPC – Special Purpose Company*, que não se caracteriza propriamente como um tipo societário diverso, e sim como uma forma distinta de contratar o prazo de duração da sociedade, em função de uma atividade econômica específica a ser executada pela sociedade no prazo contratado, motivo pelo qual não encontra previsão na legislação societária, merecendo breve referência em algumas normas, como na Lei de Falência e Recuperação de Empresas, em seu art. 50, XVI, quando trata dos meios de recuperação da empresa, na Lei Complementar 123/2006, que institui o Estatuto Nacional da ME e EPP, em seu art. 56, bem como na Lei 12.431/2011 (art. 2º), ao tratar da emissão de debêntures por sociedades de propósito específico);

c) capital da sociedade, expresso em moeda corrente, podendo compreender qualquer espécie de bem, suscetível de avaliação pecuniária;

d) a quota de cada sócio no capital social e o modo de realizá-la (pois todas as sociedades, com exceção da sociedade por ações e da sociedade em comandita por ações, possuem o seu capital social dividido em quotas);

e) as prestações a que se obriga o sócio, cuja contribuição consista em serviços (na sociedade simples é possível a existência de "sócios de serviços", que não contribuem com bens ou créditos para a formação do capital social, e sim com serviços prestados, na forma e nas condições previstas no contrato social consoante o art. 1.006);

f) as pessoas naturais incumbidas da administração da sociedade e seus poderes e atribuições;

g) a participação de cada sócio nos lucros e nas perdas; e

h) se os sócios respondem, ou não, subsidiariamente (leia-se, solidariamente, em consonância com o art. 1.023), pelas obrigações sociais (isso significa que na *sociedade simples pura*, conforme opção dos sócios, a sua responsabilidade poderá ser limitada ou ilimitada pelas obrigações sociais que ultrapassem o valor do ativo da sociedade, conforme disponham no contrato social, visto que a *subsidiariedade* (art. 1.024) sempre será a regra, ao passo que a *solidariedade*, não). Da mesma forma, tem entendido a doutrina e a jurisprudência que, na hipótese de omissão contratual a respeito, a responsabilidade dos sócios na sociedade simples pura será subsidiária e ilimitada.

Dentro dos trinta dias seguintes à sua constituição, as sociedades simples devem arquivar seu contrato social no cartório de registro civil das pessoas jurídicas do local de sua sede, sob pena de os efeitos do registro não valerem desde a data indicada no contrato social como sendo aquela de constituição da sociedade, se caso ultrapassado o prazo legal, hipótese em que será considerada unicamente a data de arquivamento do respectivo instrumento contratual, conforme o art. 1.151, §§ 1.º e 2.º.

Ato contínuo, para deliberação a respeito das matérias elencadas nos itens *a* a *h*, o Código Civil, em seu art. 997, estabeleceu a obrigatoriedade do consentimento unânime de *todos* os sócios, sendo que, com relação às demais matérias, pode-se decidir por maioria absoluta de votos dos sócios, desde que o contrato social não especifique a necessidade de deliberação unânime.

2.6.3. Responsabilidade dos sócios

Nas sociedades simples, os sócios são obrigados às contribuições estabelecidas no contrato social, e aquele que deixar de fazê-lo, na forma e no prazo definidos, denominado sócio remisso, deverá ser notificado pela sociedade a fim de que cumpra essa obrigação dentro de até trinta dias contados do recebimento de referida notificação, respondendo pelo dano emergente de sua mora, conforme preceitua o art. 1.004 do Código Civil.

Na hipótese de mora do sócio na integralização do capital, caso a maioria dos demais sócios prefira a exclusão do sócio remisso, em vez de exigir-lhe a integralização de sua quota, poderá deliberar sua exclusão com o cancelamento de sua quota e a redução do capital social ou a redução de sua quota até o montante já integralizado quando for o caso.

Conforme referido anteriormente, na sociedade simples é possível a existência de *sócios de serviços*, que não contribuem com bens ou créditos para a formação do capital social, e sim tomam parte na execução do objeto social através da prestação de serviços, sem participação no capital da sociedade, na forma e nas condições previstas no contrato social.

Desse modo, nos termos do art. 1.006 do Código Civil , o sócio cuja contribuição consista em serviços não pode, salvo convenção expressa em contrário no contrato social, empregar-se em atividade estranha à sociedade, sob pena de ser privado de seus lucros e excluído do quadro societário.

Também é interessante observar que, na sociedade simples, os sócios devem participar dos lucros e dos prejuízos incorridos pela sociedade, na proporção de suas respectivas quotas, salvo estipulação em contrário. Entretanto, os *sócios de serviços* somente participam dos lucros na proporção da média do valor das quotas de que são titulares.

Será sempre nula toda e qualquer cláusula de contrato social ou deliberação social que exclua algum sócio de participar dos lucros e das perdas, conforme o art. 1.008; no entanto, os sócios de serviços não participam dos prejuízos verificados, conforme o art. 1.007.

A sociedade simples com *sócio de serviços* se aproxima de outro tipo societário que era disciplinado pelo Código Comercial de 1850 – *a sociedade de capital e indústria* – não mais existente no direito brasileiro.

Nessa sociedade, de natureza comercial (e não civil, nem simples) havia o sócio capitalista, que contribuía com recursos econômicos para a formação do capital social, e o sócio de indústria, que, como o próprio nome demonstra, contribuía apenas com o seu trabalho em determinada atividade relacionada ao objeto social.

Na sociedade de capital e indústria apenas o sócio capitalista respondia pelas obrigações sociais, tendo responsabilidade ilimitada. O sócio de indústria não possuía qualquer responsabilidade pelas obrigações sociais.

O legislador, ao elaborar o Código Civil de 2002, entendeu por bem excluir a sociedade de capital e indústria do rol das sociedades empresárias, considerando que, na prática, esse tipo societário muitas vezes acabava tendo o seu uso desvirtuado, servindo como instrumento de fraude à legislação trabalhista, pois tornava possível a admissão de pessoas naturais na qualidade de "sócios" de indústria, que, na prática, se tornavam verdadeiros empregados submetidos ao poder diretivo do sócio capitalista, recebendo parca remuneração pelo trabalho realizado, sem contrato de trabalho escrito e em total desrespeito à legislação vigente na esfera trabalhista.

A esse respeito cumpre apenas observar que a sociedade simples com *sócios de serviços* não se confunde com a antiga sociedade de capital e indústria, já que a natureza da primeira é simples e restringe seu objeto à prestação de serviços nas condições definidas pelo Código Civil, ao passo que, na segunda, o objeto era comercial, compreendendo então a prática de atividades comerciais e industriais.

Com a entrada em vigor do Código Civil, em janeiro de 2003, foi proibida a constituição de sociedades empresárias com sócios de indústria, de modo que, na sociedade empresária, todos os sócios são capitalistas, devendo contribuir economicamente para a formação do capital social.

Assim, excetuando-se a hipótese de existirem *sócios de serviços* nas sociedades simples, caso os bens da sociedade não sejam suficientes para a satisfação de suas obrigações, os sócios podem responder pelo saldo devedor excedente, na proporção de suas respectivas quotas sociais, salvo cláusula de responsabilidade solidária, conforme dispõe o art. 1.023, sendo que os bens particulares dos sócios não podem ser executados por dívidas da sociedade, senão depois de executados os bens sociais. Nos termos do art. 1.025, o sócio admitido em sociedade simples já constituída não se exime das dívidas sociais anteriores à sua admissão no quadro societário.

2.6.4. Administração social

O administrador, outrora denominado gerente (este último na sistemática preconizada pelo Código Civil passou a ser um agente auxiliar da empresa), é a pessoa natural responsável pela gestão dos negócios sociais e representação legal da sociedade. Como regra geral, o Código Civil não exige necessariamente a condição legal de sócio para tornar-se administrador (salvo algumas exceções), podendo, no entanto o contrato social exigi-lo.

O elemento central que distingue, em princípio, o sócio do administrador, é o fato de que o sócio é titular de uma participação societária (quota ou ação) representativa de parcela do capital social; possui, assim, um direito de propriedade em relação à sociedade. Por seu turno, o administrador é a pessoa natural admitida pelos sócios unicamente para a gestão dos negócios sociais, ou seja, para a condução da sociedade.

Para fins didáticos e a título de exemplificação, podemos comparar uma sociedade a um automóvel, em relação ao qual o sócio pode ser equiparado ao proprietário, enquanto titular do capital empregado, e o administrador, ao mero condutor do veículo, enquanto gestor de um patrimônio alheio.

Assim, nas sociedades de pequeno e médio porte, tal qual ocorre com a maioria daqueles que adquirem um veículo de passeio, na prática a pessoa do proprietário usualmente também é a responsável pela condução do veículo, até mesmo por razões, muitas vezes, de custo-benefício, de modo que é comum nessas sociedades a figura do sócio-administrador (outrora denominado sócio-gerente).

Por outro lado, naquelas sociedades de grande porte (sobretudo, mas não exclusivamente nas sociedades anônimas), verifica-se situação diversa: a propriedade dissocia-se da administração social, figurando a quase totalidade dos sócios unicamente como titulares da propriedade do capital social, representada por quotas ou ações, ao passo que a condução dos negócios sociais é entregue a administradores profissionais, que nas sociedades anônimas compõem um órgão denominado Diretoria, tal qual aquela pessoa que, pretendendo trafegar mais confortavelmente pelas ruas da cidade, porém sem os incômodos causados pela condução do veículo em meio ao trânsito intenso, adquire um veículo maior e mais luxuoso e contrata um motorista profissional para conduzi-lo.

Nesse caso, a distinção existente entre as posições jurídicas de proprietário do capital e administrador tornam-se claramente perceptíveis, advindo responsabilidades distintas dessa condição.

O(s) administrador(es) da sociedade, no exercício de suas funções, deve(m) atuar com o cuidado e a diligência que todo homem ativo e probo costuma empregar na administração de seus próprios negócios, conforme preceitua o art. 1.011, sendo que poderão ser responsabilizados quando descumprirem a lei ou o contrato social, agindo mediante culpa (negligência, imprudência ou imperícia) ou dolo.

Os administradores, nos termos do art. 1.016 do Código Civil, possuem responsabilidade solidária perante a sociedade e os terceiros prejudicados, por culpa ou dolo no desempenho de suas funções, estando obrigados a prestar aos sócios contas justificadas de sua administração e apresentar-lhes o inventário anualmente, bem como o balanço patrimonial e o de resultado econômico (art. 1.020).

Além disso, o Código Civil, em seu art. 1.011, § 1.º, veda o acesso às funções de administrador, além das pessoas que estejam impedidas por leis especiais (por exemplo, os agentes públicos), aos condenados a alguma pena que impeça, ainda que temporariamente, o acesso a cargos públicos, ou por crime falimentar, de prevaricação, peita (benefício ou promessa de benefício efetuada a alguém com a intenção de suborno, leia-se, *corrupção ativa ou passiva*) ou suborno, concussão, peculato, ou contra a economia popular, contra o sistema financeiro nacional, contra as normas de defesa da concorrência, contra as relações de consumo, a fé pública ou a propriedade, enquanto perdurarem os efeitos da condenação.

Por fim, deve-se observar que, no silêncio do contrato social, o(s) administrador(es) pode(m) praticar todos os atos relativos à gestão da sociedade. Entretanto, o Código Civil faz exceção, em seu art. 1.015, à prática dos atos de oneração e venda de bens imóveis da sociedade, sendo que, caso tais atividades não constituam objeto social, elas dependerão de deliberação tomada pela maioria dos sócios.

2.6.5. Sociedade cooperativa

As cooperativas são sociedades de pessoas, com forma e natureza jurídica próprias, de natureza simples (não empresária), não estando assim sujeitas nem à falência, nem à recuperação de empresa.

A sociedade cooperativa mereceu previsão nos arts. 1.093 a 1.096 do Código Civil, estando especificamente regulada pela Lei 5.764/1971 (Lei de Cooperativas).

Na sociedade cooperativa, os associados reciprocamente se obrigam a contribuir com bens ou serviços para o exercício de uma atividade econômica, de proveito comum, sem objetivo de lucro, devendo as suas finalidades estarem voltadas à prestação de serviços e benefícios aos seus associados. É a política do cooperativismo: uns cooperam com os outros e a sociedade atua como mera facilitadora da disponibilização ao mercado dos bens e serviços individuais dos cooperados.

De modo que a participação do cooperado vincula-se, em princípio, diretamente ao resultado econômico obtido com a prestação de seu serviço ou venda de seu produto por meio da cooperativa.

Apesar da natureza simples da sociedade cooperativa, de acordo com o art. 18 da Lei das Cooperativas, seus atos societários devem ser arquivados no Registro de Empresas (Juntas Comerciais).

Não obstante isso, parte da doutrina comercialista tem entendido que, face ao advento do art. 5.º, XVIII, da CF/1988 ("XVIII – a criação de associações e, na forma da lei, a de cooperativas independem de autorização, sendo vedada a interferência estatal em seu funcionamento"), o citado art. 18 da Lei de Cooperativas não teria sido recepcionado pela Constituição Federal de 1988, de modo que o arquivamento dos seus atos constitutivos não estaria mais vinculado às Juntas Comerciais.

Como resultado disso, há Estados brasileiros em que o registro competente para o arquivamento dos atos constitutivos das sociedades cooperativas é o Registro Civil das Pessoas Jurídicas, consoante a sua natureza de sociedades simples e conforme o entendimento exposto; outros mantêm a Junta Comercial como registro competente.

Contudo, deve-se ressaltar que o entendimento dominante atualmente na jurisprudência exige a obrigatoriedade de inscrição das sociedades cooperativas em Junta Comercial, conforme demonstra recente julgado proferido pelo TRF-3.ª Região:

> "Administrativo. Mandado de Segurança. Cooperativa (Sociedade Simples, Conforme o novo Código Civil): Registro de seus atos na Junta Comercial, para fins de obtenção de CNPJ/Receita Federal. Prevalência do art. 18 da Lei 5.764/1971 (norma especial). Indicação nesse sentido no art. 1.093 do Código Civil. Remessa oficial e apelo da União providos. 1. Embora a natureza de sociedade simples emprestada pelo Novo Código Civil à sociedade cooperativa, o registro dela deve ser feito na Junta Comercial em razão da especialidade do art. 18 da Lei 5.764/1971, aplicável mesmo após o advento do Novo Código Civil, já que este estabelece no art. 1.093 que 'a sociedade cooperativa reger-se-á pelo disposto no presente Capítulo, ressalvada a legislação especial', que deve prevalecer onde contiver estipulações peculiares a entidade cooperativa. 2. Ausência de direito líquido e certo da impetrante a inscrição no CNPJ sem antes proceder ao seu registro na Junta Comercial. 3. Remessa oficial e apelo da União Federal providos,

para denegar a segurança." (Processo 2005.61.00.022544-6/SP, rel. Des. Fed. Johonsom di Salvo, j. 15.01.2015)".

Conforme o art. 1.094 do Código Civil, são características da sociedade cooperativa:

a) variabilidade ou dispensa do capital social;

b) concurso de sócios em número mínimo necessário a compor a administração da sociedade, sem limitação de número máximo;

c) limitação do valor da soma de quotas do capital social de que cada sócio poderá ser titular;

d) intransferibilidade das quotas do capital a terceiros estranhos à sociedade, ainda que por herança;

e) quórum, para a assembleia geral funcionar e deliberar, fundado no número de sócios presentes à reunião, e não no capital social representado;

f) direito de cada sócio a um só voto nas deliberações, tenha ou não capital a sociedade, e qualquer que seja o valor de sua participação;

g) distribuição dos resultados, proporcionalmente ao valor das operações efetuadas pelo sócio com a sociedade, podendo ser atribuído juro fixo ao capital realizado;

h) indivisibilidade do fundo de reserva entre os sócios, ainda que em caso de dissolução da sociedade.

Deve-se observar que na sociedade cooperativa, conforme previsão estatutária, a responsabilidade dos sócios pode ser *limitada*, hipótese em que o sócio responde somente pelo valor de sua quota e pelo prejuízo verificado nas operações sociais, guardada a proporção de sua participação nas mesmas operações; ou *ilimitada*, hipótese em que o sócio responde solidária e ilimitadamente pelas obrigações sociais.

Por fim, convém destacar a recente edição da Lei 13.806/2019, que alterou a Lei de Cooperativas para o fim de possibilitar a essas sociedades serem dotadas de legitimidade extraordinária autônoma concorrente para agirem como substitutas processuais em defesa dos direitos coletivos de seus associados, quando a causa de pedir versar sobre atos de interesse direto dos associados que tenham relação com as operações de mercado da cooperativa, desde que isso seja previsto em seu estatuto e haja, de forma expressa, autorização manifestada individualmente pelo associado

2.7. SOCIEDADES EMPRESÁRIAS

Na sistemática instituída pelo Código Civil, considera-se *empresária* a sociedade que tenha por objeto o exercício de atividade econômica própria de empresário sujeito a registro (art. 982), ou ainda, aquela que tenha por objeto atividade econômica organizada de forma empresarial, com empresarialidade ou elemento de empresa, e *simples* aquelas sociedades cujo objeto não se enquadre nos padrões ditados pela Teoria da Empresa.

Nos termos do art. 983 do Código Civil, a sociedade empresária pode constituir-se segundo um dos seguintes tipos societários: *a)* sociedade em nome coletivo; *b)* sociedade em comandita simples; *c)* sociedade limitada; *d)* sociedade por ações; e *e)* sociedade em comandita por ações.

2.7.1. Tipos societários

2.7.1.1. *Sociedade em nome coletivo*

A sociedade em nome coletivo é o tipo societário mais elementar previsto em lei, no qual todos os sócios têm responsabilidade solidária e ilimitada pelas obrigações sociais, estando regulada pelos arts. 1.039 a 1.044 do Código Civil.

Seu nome empresarial é composto de uma firma coletiva ou razão social, integrada pelo nome pessoal de um ou mais sócios, seguida da expressão & Cia., caso o nome de algum dos sócios não conste do nome empresarial (por exemplo: Duarte, Santos e Peixoto – Atacadistas ou Duarte & Cia. Atacadistas).

Somente pessoas naturais podem tornar-se sócias na sociedade em nome coletivo, conforme previsto no art. 1.039, sendo que todos os sócios respondem, solidária e ilimitadamente, pelas obrigações sociais, independentemente da proporção de suas quotas no capital social.

Tal previsão visa evitar que, com o ingresso de pessoas jurídicas no quadro societário, sobretudo aquelas que possuem responsabilidade limitada, se desvirtue a sistemática legal de responsabilidade dos sócios, na sociedade em nome coletivo.

Não obstante isso, sem prejuízo da responsabilidade perante terceiros, mediante disposição expressa do contrato social, os sócios podem limitar e disciplinar entre si (e sem qualquer validade perante terceiros), a responsabilidade de cada um dentro da sociedade.

Também a administração social somente pode ser realizada pelos sócios, conforme o art. 1.042.

2.7.1.2. *Sociedade em comandita simples*

A sociedade em comandita simples encontra-se disciplinada pelos arts. 1.045 a 1.051 do Código Civil, constituindo um tipo societário híbrido, em que coexistem duas categorias de sócios, a saber:

a) sócios comanditários: são obrigados somente pelo valor de sua quota social. Têm, portanto, responsabilidade fixada até certo limite em relação às obrigações sociais;

b) sócios comanditados: são responsáveis de forma solidária e ilimitada pelas obrigações sociais, devendo ser pessoas naturais, cabendo-lhes os mesmos direitos e obrigações dos sócios das sociedades em nome coletivo.

O contrato social deve obrigatoriamente discriminar essas duas categorias de sócios.

O nome empresarial da sociedade em comandita simples é composto de firma coletiva ou razão social integrada apenas pelos nomes dos sócios comanditados.

Nos termos do art. 1.047 do Código Civil, sem prejuízo da faculdade de participar das deliberações da sociedade e de lhe fiscalizar as operações, o sócio comanditário não pode praticar nenhum ato de gestão nem ter o nome na firma social, sob pena de ficar sujeito às responsabilidades próprias de sócio comanditado. Não obstante isso, o sócio comanditário pode ser constituído procurador da sociedade, para a realização de negócio determinado e com poderes especiais previstos no respectivo mandato.

É interessante ainda observar que o sócio comanditado, como se pode perceber do exposto, reveste-se de grande importância na sociedade em comandita simples, pois, na hipótese de morte de sócio comanditário, a sociedade, salvo disposição expressa no contrato social, continuará com os seus sucessores, que designarão quem os represente. Pelo contrário, na hipótese de falecimento do sócio comanditado, não havendo outros sócios dessa categoria, os sócios comanditários remanescentes deverão nomear um administrador provisório para praticar os atos necessários à administração da sociedade, por um período máximo de cento e oitenta dias, para

Cap. 2 · DIREITO SOCIETÁRIO

que seja admitido novo sócio dessa categoria, sendo que o desrespeito a essa norma constitui, inclusive, causa de dissolução da sociedade, nos termos do art. 1.051.

2.7.1.3. Sociedade limitada

2.7.1.3.1. Características gerais

As sociedades limitadas estão reguladas, no Brasil, pelas disposições contidas nos arts. 1.052 a 1.087 do Código Civil.

Diversamente do anterior Decreto federal 3.708/1919 (substituído pelo Código Civil de 2002), que traçava apenas os princípios gerais do funcionamento de tais sociedades, o Código Civil tratou de regular em detalhes a estrutura e o funcionamento das sociedades limitadas.

Nas omissões do Código Civil, as sociedades limitadas regem-se pelas normas aplicáveis às sociedades simples, sendo que o contrato social pode ainda prever a regência supletiva pelas normas aplicáveis às sociedades por ações.

A jurisprudência atual do Superior Tribunal de Justiça tem entendido que, uma vez exaurida a possibilidade de aplicação das regras específicas da sociedade limitada e das sociedades simples, ainda que o contrato social não preveja expressamente a regência supletiva pela Lei das Sociedades Anônimas, esta pode ser aplicada (REsp 1.396.716/MG, rel. Min. Paulo de Tarso Sanseverino, j. 24.03.2015).

Nesse sentido, referido entendimento jurisprudencial nos parece adequado, na medida em que, diante da falta de solução legal expressa para determinada questão societária, a partir da análise da lei de regência primária (Código Civil) é de admitir-se a aplicação supletiva da Lei das Sociedades Anônimas, ainda que o contrato social não o preveja expressamente (e também não dê solução específica para o caso em tela), com vistas a assegurar a efetivação do princípio constitucional da segurança jurídica.

Nas sociedades limitadas, o capital social se encontra dividido em quotas sociais – que são frações ideais do capital social. Podem ainda, nos termos do art. 1.055 do Código Civil, as quotas serem iguais ou desiguais, cabendo a cada sócio uma delas ou diversas.

Nesse sentido, para tornar-se sócio-quotista, inicialmente é necessário proceder ao ato da *subscrição*, que é a manifestação de interesse do futuro sócio em tornar-se titular de quota(s) social(is). Efetuada a subscrição, no mesmo ato ou em prazo fixado pela sociedade, o novo sócio deve efetuar a *integralização* do capital social, que é o aporte de capital à sociedade, em valor equivalente ao das quotas sociais subscritas.

O sócio-quotista deve contribuir para a formação do capital social, ficando assim diretamente responsável pela integralização da(s) quota(s) social(is) que subscreveu, e solidariamente responsável pela integralização das quotas subscritas pelos demais sócios.

Uma vez integralizadas as quotas, os sócios podem decidir o aumento do capital social (mediante deliberação tomada em reunião ou assembleia ou a partir de previsão expressa inserida pelos sócios anteriormente no contrato social), nos termos do art. 1.081, e mediante a correspondente alteração do contrato social.

Também estando já integralizadas as quotas, os sócios podem deliberar a redução do capital social se *a)* houver perdas irreparáveis ou *b)* o capital for excessivo em relação ao objeto social, conforme o disposto nos arts. 1.082 a 1.084 do Código Civil, implicando também a respectiva alteração do contrato social.

Na sociedade limitada, todos os sócios respondem solidariamente pela exata estimação de bens conferidos ao capital social, até o prazo de cinco anos contados da data do arquivamento do respectivo ato societário na junta comercial, sendo ainda vedada a contribuição social que consista em prestação de serviços (esse tipo de contribuição, na atual sistemática legal, é admitido apenas nas sociedades simples, conforme exposto).

Deve-se observar que, nos termos do art. 1.056, §§ 1.º e 2.º, na hipótese de condomínio de quota, os direitos a ela inerentes somente podem ser exercidos pelo condômino representante, ou pelo inventariante do espólio de sócio falecido, sendo que, não obstante isso, os condôminos de quota indivisa respondem solidariamente pelas prestações necessárias à sua integralização.

Na hipótese de não integralização de quota(s) social(is) de sócio remisso, os demais sócios podem tomá-la(s) para si ou transferi-la(s) a terceiros, excluindo o antigo titular e restituindo-lhe o que houver pago, conforme o art. 1.058 do Código Civil, sendo que o sócio remisso também responderá perante a sociedade por quaisquer danos emergentes de sua mora na integralização do capital social, consoante o art. 1.004.

Uma vez integralizadas as quotas de *todos* os sócios, em princípio e salvo as exceções legais (ver item 12, *infra*), nenhum deles mais poderá ser chamado para responder com seus bens pessoais pelas dívidas da sociedade, e essa é uma das grandes vantagens apresentadas pelas sociedades limitadas. Tal limitação de responsabilidade deve constar obrigatoriamente do ato constitutivo da sociedade.

2.7.1.3.2. Administração social

Como regra geral, os comentários referidos no item 2.6.4 relativamente aos administradores, aplicam-se à administração das sociedades limitadas, ainda que adotem a regência supletiva pela Lei das Sociedades Anônimas.

Nas sociedades limitadas, conforme o disposto nos arts. 1.060 a 1.065 do Código Civil, a administração social pode ser exercida:

a) como regra geral, por todos os sócios (desde que pessoas naturais), que serão designados administradores, no contrato social;

b) apenas por um dos sócios, designado no contrato social como administrador; ou

c) por um terceiro não sócio, nomeado pelos sócios e designado administrador, no próprio contrato social ou em ato em separado (ata de reunião ou assembleia de quotistas).

As sociedades limitadas devem ser administradas por uma ou mais pessoas naturais designadas no contrato social ou em ato separado, sendo que, na hipótese de o contrato social atribuir a administração da sociedade a todos os sócios, essa característica não se estenderá de pleno direito aos que posteriormente vierem a ingressar no quadro societário, na condição de sócios, conforme o art. 1.060, parágrafo único do Código Civil.

Na sistemática anterior ao Código Civil, os administradores eram chamados gerentes. No Código em vigor, o gerente, conforme estudado, não se confunde mais com o administrador da sociedade, sendo um preposto do empresário, conforme os arts. 1.172 a 1.176.

Na sistemática atual, as sociedades limitadas podem ter como sócios pessoas jurídicas, estas, porém, não podem exercer a função de administrador(es) da sociedade.

Convém, no entanto mencionar a existência de corrente minoritária capitaneada por Alfredo de Assis Gonçalves Neto (*Direito de empresa.* p. 345-346), no sentido de que a pessoa jurídica pode ser administradora, quer seja sócia, quer não, desde que se identifique posteriormente mediante instrumento próprio, a pessoa natural que, efetivamente, exercerá a administração.

Também é vedada a delegação da administração a terceiros (pessoas naturais ou jurídicas) não eleitos administradores nas condições previstas no Código Civil. Tal prática, conhecida como "delegação de gerência", era usual na vigência do Decreto federal 3.708/1919, e permitia ao administrador, então chamado gerente, indicado no contrato social, atribuir a terceiro não sócio (pessoa natural ou jurídica) a administração social por meio de um instrumento de delegação de gerência (que podia ser confeccionado sem a participação dos demais sócios, desde que o contrato social permitisse a delegação da gerência), e que era arquivado na junta comercial.

A delegação da gerência, não raras vezes, propiciava certa confusão quanto às exatas responsabilidades do gerente e do gerente-delegado, dando margem a fraudes variadas, motivo que justificou a sua vedação legal no Código Civil em vigor.

Assim, o art. 1.061 estabelece que a designação de administradores não sócios dependerá de aprovação por unanimidade dos sócios, enquanto o capital não estiver totalmente integralizado, reduzindo-se esse quórum após a integralização, sendo, então, necessária a aprovação de sócios titulares de quotas representativas de dois terços, no mínimo, do capital social.

Por outro lado, conforme previsto no citado art. 1.063, o "exercício do cargo de administrador cessa pela destituição, em qualquer tempo, do titular, ou pelo término do prazo se, fixado no contrato ou em ato separado, não houver recondução", e, na hipótese de sócio nomeado administrador por meio de alteração do contrato social, sua destituição dependerá da aprovação de sócios titulares de quotas sociais correspondentes a mais da metade do capital social, salvo disposição contratual diversa.

Deve-se, entretanto, notar que a renúncia de administrador ganha eficácia, em relação à sociedade, desde quando esta toma conhecimento de comunicação escrita do renunciante, operando-se, entretanto, em relação a terceiros, somente após a devida averbação na junta comercial e publicação, conforme o art. 1.063, § 3.º, do Código Civil.

Por fim, ressalte-se que o administrador designado no contrato social pode tomar posse mediante termo incluso no próprio contrato. Por outro lado, o administrador designado em ato separado (que pode ser uma ata de reunião ou assembleia de quotistas), nos termos do art. 1.062, será investido no respectivo cargo mediante termo de posse lavrado no livro de atas da administração, que deverá ser assinado nos trinta dias seguintes à sua designação, sob pena de tornar-se sem efeito (art. 1.062, § 1.º).

O termo de posse deverá conter nome, nacionalidade, estado civil, residência, com exibição de documento de identidade, o ato e a data da nomeação e o prazo de gestão do respectivo administrador, devendo ser

Cap. 2 · DIREITO SOCIETÁRIO

levado a registro na junta comercial competente nos dez dias seguintes ao da respectiva investidura, conforme prevê o art. 1.062, § 2.º.

2.7.1.3.3. Nome empresarial

Nas sociedades limitadas, o nome empresarial pode ser identificado por firma coletiva (também denominada "razão social") ou por denominação social, conforme previsto no art. 1.158.

O nome empresarial composto de *a) firma coletiva ou razão social* conterá o nome civil (completo ou apenas o sobrenome) de um ou de mais sócios, pessoas naturais; caso não contenha o nome de todos os sócios, deverá então ser acrescentada a partícula "& Cia" (& Companhia), sendo nesse caso facultativa a inclusão de palavra que identifique o objeto social junto ao nome empresarial.

O nome empresarial composto por *b) denominação* conterá a "expressão de fantasia" – expressão que não guarda qualquer relação direta com o nome dos sócios pessoas naturais, acrescida de palavra ou expressão que designe o objeto social, sendo nesse caso facultativa a indicação do nome civil de um ou mais sócios pessoas naturais.

Tanto a firma coletiva como a denominação social devem vir acompanhadas da expressão *limitada* – abreviada (Ltda) ou por extenso, sendo que a omissão da palavra *limitada* acarreta responsabilidade solidária e ilimitada aos administradores (não aos sócios-quotistas) que assim empregarem a firma ou a denominação da sociedade, conforme previsto no art. 1.158, § 3.º.

2.7.1.3.4. Conselho fiscal

Em uma clara adaptação da sistemática característica das sociedades por ações, o Código Civil criou a possibilidade de a sociedade limitada ter um conselho fiscal.

O conselho fiscal, órgão originário das sociedades anônimas, tem por finalidades principais fiscalizar a gestão dos negócios sociais empreendida pelo(s) administrador(es) e, adicionalmente, responder a consultas formuladas pelos sócios a respeito de aspectos econômicos e contábeis da sociedade, além de denunciar aos órgãos sociais (diretoria, reunião ou assembleia de sócios) as irregularidades das quais tiver conhecimento envolvendo a administração social.

No tocante às sociedades limitadas, o conselho fiscal encontra-se previsto nos arts. 1.066 a 1.070.

Nesse sentido, o art. 1.066 estabelece que o contrato social pode criar um conselho fiscal, a ser composto por três ou mais membros e respectivos suplentes, sócios ou não, residentes no Brasil, eleitos pelos sócios-quotistas em assembleia anual.

Conforme o art. 1.066, § 1.º, não podem fazer parte do Conselho Fiscal os membros dos demais órgãos da sociedade ou de outra sociedade por ela controlada, os empregados de quaisquer delas ou ainda os respectivos administradores, e o cônjuge ou parente destes até o terceiro grau, além de pessoas impedidas por lei especial, condenados a pena que vede, ainda que temporariamente, o acesso a cargos públicos; ou por crime falimentar, de prevaricação, peita ou suborno, concussão, peculato; ou contra a economia popular, contra o sistema financeiro nacional, contra as normas de defesa da concorrência, contra as relações de consumo, a fé pública ou a propriedade, enquanto perdurarem os efeitos da condenação.

Os sócios minoritários que representem pelo menos um quinto do capital social têm o direito de eleger, separadamente, um dos membros do conselho fiscal e o respectivo suplente.

Na sistemática instituída pelo Código Civil, nos termos do art. 1.069, além de outras atribuições determinadas em lei ou no contrato social, os membros do conselho fiscal, individual ou conjuntamente, têm como principais deveres:

a) examinar, pelo menos trimestralmente, os livros e papéis da sociedade e o estado do caixa e da carteira, devendo os administradores ou liquidantes prestar-lhes as informações solicitadas;

b) apresentar à assembleia anual dos sócios parecer sobre os negócios e as operações sociais do exercício em que servirem, tomando por base o balanço patrimonial e o balanço de resultado econômico;

c) denunciar erros, fraudes ou crimes que descobrirem, sugerindo providências úteis à sociedade; e

d) convocar a assembleia dos sócios se a diretoria retardar por mais de trinta dias a sua convocação anual, ou sempre que ocorram motivos graves e urgentes.

Por fim, deve-se observar que a especialidade do conselho fiscal, assim como ocorre nas sociedades por ações, também é ressaltada pelo Código Civil no tocante às sociedades limitadas, sendo que, nos termos do art. 1.070, as atribuições e os poderes conferidos ao conselho fiscal não podem ser outorgados a outro órgão da sociedade, devendo as responsabilidades de seus membros obedecer às mesmas regras fixadas para os administradores.

2.7.1.3.5. Deliberações dos sócios

Como todo ente coletivo, as sociedades necessitam de metas específicas para nortear a sua existência. Tais metas (previstas em parte no contrato social), bem como o seu efetivo cumprimento pela sociedade, precisam ser fixadas e aferidas pelos sócios, que devem reunir-se em ocasiões determinadas para tal finalidade.

Considerando que a sociedade limitada usualmente é constituída para o desenvolvimento de atividades econômicas de pequeno e médio porte, é comum que os próprios sócios tomem para si a condução dos negócios sociais, como administradores indicados no contrato social. Nessa condição, muitas das questões administrativas são tratadas cotidianamente, sem maiores formalidades.

Certas matérias, entretanto, necessitam da deliberação formal e coletiva, por escrito, dos sócios-quotistas. Assim, as deliberações dos sócios a respeito de matérias específicas expressamente indicadas no Código Civil, como modificação do contrato social, incorporação, fusão, dissolução da sociedade e exclusão de sócio minoritário, entre outras, devem ser tomadas mediante deliberação coletiva, em reuniões ou em assembleias, conforme previsto no contrato social.

Nesse sentido, também neste aspecto o Código Civil inspirou-se nas sociedades por ações, na medida em que atribuiu a competência e legitimidade para a tomada de certas decisões administrativas previstas em lei e/ou em contrato social, não aos sócios diretamente, mas sim a órgãos sociais de existência eventual (somente se reúnem quando convocados) mas obrigatória, denominados *reuniões* ou ainda *assembleias*.

Tais reuniões ou assembleias de sócios devem ser convocadas pelos administradores nos casos previstos em lei ou no contrato social, e, se o número de sócios for superior a dez, a deliberação em assembleia será obrigatória, conforme previsto no art. 1.072, § 1.º.

A reunião ou a assembleia pode ainda ser dispensada quando todos os sócios decidirem, por escrito, sobre a matéria que seria seu objeto, conforme previsto no art. 1.072, § 3.º.

Os votos dos sócios-quotistas nas deliberações sociais são considerados *proporcionalmente ao valor de suas quotas sociais*. Assim, quanto maior a participação de cada sócio no valor do capital social (a partir das quotas por ele subscritas e integralizadas), maior o seu poder de voto nas deliberações sociais.

Ressalte-se, porém, que, como o Código Civil permite a existência de quotas iguais ou desiguais, a sua quantidade não implica necessariamente em maior poder de voto. Assim, por exemplo, em uma sociedade em que o contrato social admita a existência de quotas sociais desiguais, caso um sócio seja titular de uma única quota cujo valor pecuniário seja maior e, portanto, represente proporção maior do capital social, do que o de outras quotas sociais, consideradas individualmente, o titular da quota de maior valor terá maior poder que outros titulares de quotas sociais em quantidade numericamente superior, porém de valor global inferior à do primeiro sócio, e, portanto, representativas de parcela proporcionalmente menor no capital social.

Na sistemática do antigo Decreto federal 3.708/1919, as deliberações nas sociedades limitadas em geral eram tomadas por maioria de votos dos sócios-quotistas, se o contrato social não exigisse quórum maior.

Na sistemática instituída pelo Código Civil para as sociedades limitadas, surge a exigência de quóruns específicos – unanimidade, três quartos do capital social, dois terços do capital social, mais da metade do capital social e maioria simples – para a tomada, validamente, de certas deliberações sociais.

Assim, de acordo com o art. 1.071 combinado com o art. 1.076, as matérias a seguir indicadas (além de outras previstas em lei ou no contrato social) dependem da deliberação dos sócios, exigindo, respectivamente, os seguintes quóruns:

a) *Unanimidade (100%)*

    a.1) designação de administrador não sócio, na hipótese de o capital social não estar totalmente integralizado (art. 1.061);

    a.2) dissolução de sociedade limitada com prazo determinado (art. 1.033, II).

b) *Três quartos (3/4 ou 75%)*

    b.1) modificação do contrato social, exceto com relação a matérias sujeitas a quórum diverso (art. 1.076, I);

    b.2) incorporação, fusão e dissolução da sociedade, ou cessação do estado de liquidação (art. 1.076, I).

c) *Dois terços (2/3)*

    c.1) designação de administrador não sócio, na hipótese de o capital social estar totalmente integralizado (art. 1.061);

Cap. 2 · DIREITO SOCIETÁRIO

d) *Maioria absoluta (mais da metade do capital social)*

d.1) designação dos administradores, quando feita em ato separado (art. 1.076, II);

d.2) destituição dos administradores-sócios, quando designados em ato separado (art. 1.076, II);

d.3) definição da remuneração dos administradores, quando não prevista no contrato social (art. 1.076, II);

d.4) pedido de recuperação (considerando que o instituto da *concordata* foi abolido pela Lei 11.101/2005, tendo surgido em seu lugar o instituto da recuperação de empresa, entendemos ser admissível considerar válido esse quórum também para o pedido de recuperação – judicial ou extrajudicial – formulado pela sociedade) (art. 1.076, II);

d.5) exclusão de sócio minoritário, desde que prevista no contrato social (art. 1.085);

d.6) dissolução da sociedade limitada com prazo indeterminado (art. 1.033, III, c/c arts. 1.087 e 1.044);

d.7) destituição de administradores não sócios (art. 1.076, II).

d.8) destituição de administrador-sócio nomeado no contrato social, na hipótese de o contrato não prever um quórum diferente (art. 1.063, § 1.º).

e) *Maioria simples (os quotistas presentes à reunião ou assembleia devem ser titulares de quotas sociais representativas de mais da metade do capital social representado pelas quotas de todos os presentes na ocasião)*

e.1) aprovação das contas da administração (art. 1.076, III);

e.2) nomeação e destituição dos liquidantes e julgamento das suas contas (art. 1.076, III);

e.3) nos demais casos previstos na lei ou no contrato, se este não exigir quórum mais elevado (art. 1.076, III).

Conforme exposto acima, as reuniões ou assembleias, nos termos do art. 1.072, devem ser convocadas pelos administradores nos casos previstos em lei ou no contrato social.

Para a convocação da reunião ou assembleia, o Código Civil prevê algumas formalidades, como a publicação de edital de convocação em diário oficial e o seu arquivamento em junta comercial (art. 1.152, § 3.º), que, entretanto, poderão ser dispensadas quando todos os sócios comparecerem ou se declararem, por escrito, cientes de local, data, hora e ordem do dia.

Entretanto, na hipótese de resolução da sociedade em relação a sócio minoritário, prevista no art. 1.085, quando houver mais de dois sócios no quadro societário, a exclusão de um sócio somente poderá ser determinada em reunião ou assembleia especialmente convocada para esse fim, com a notificação prévia do sócio minoritário, em tempo hábil, a fim de que possa exercitar seu direito de defesa, sendo nesse caso, formalidade essencial à validade e à eficácia do ato de exclusão societária.

Conforme previsto no art. 1.073, as reuniões ou assembleias também podem ser convocadas:

a) por sócio, quando os administradores retardarem a convocação por mais de sessenta dias, nos casos previstos em lei ou no contrato, ou por titulares de mais de um quinto do capital social, quando não atendido, no prazo de oito dias, pedido de convocação fundamentado, com indicação das matérias a serem tratadas;

b) pelo conselho fiscal, caso exista, nos limites de sua competência, conforme exposto anteriormente.

A assembleia deve ser presidida e secretariada por sócios escolhidos dentre os presentes, conforme dispõe o art. 1.075, devendo ser lavrada ata, no livro de atas de assembleias da sociedade, com o teor dos trabalhos e deliberações.

A ata de reunião ou assembleia, depois de assinada pelos membros da mesa e pelos demais sócios participantes, deve ser arquivada na junta comercial nos vinte dias seguintes à sua realização.

A reunião ou assembleia, nos termos do art. 1.078, deve realizar-se ao menos uma vez por ano, nos quatro meses seguintes ao término do exercício social, com o objetivo de:

a) tomar as contas dos administradores e deliberar sobre o balanço patrimonial e o de resultado econômico;

b) designar administradores, quando for o caso;

c) tratar de qualquer outro assunto constante da ordem do dia.

Os documentos referidos no item *a* devem ser postos, por escrito, à disposição dos sócios que não exerçam a administração social, com o prazo de antecedência de até trinta dias da data marcada para a assembleia, conforme dispõe o art. 1.078, § 1.º.

A aprovação, sem reservas, do balanço patrimonial e do de resultado econômico, salvo erro, dolo ou simulação, exonera de responsabilidade os administradores e, se houver, os membros do conselho fiscal (art. 1.078, § 3.º), extinguindo-se em dois anos, contados do fato, o direito de anular a reunião ou assembleia em que se deu aprovação das demonstrações financeiras.

Nos termos do art. 1.072, § 5.º, as deliberações tomadas em conformidade com a lei e o contrato social vinculam todos os sócios, ainda que ausentes ou dissidentes.

Ressalte-se, porém, que o Código Civil assegura o direito de recesso aos sócios nas hipóteses de *a)* modificação do contrato social, *b)* fusão da sociedade ou *c)* incorporação de outra ou dela por outra.

Conforme o art. 1.077, o sócio dissidente terá o direito de retirar-se da sociedade nos trinta dias subsequentes à reunião ou assembleia.

Note-se, por fim, que as deliberações infringentes do contrato social ou da lei, conforme o art. 1.080, tornam ilimitada a responsabilidade dos sócios que expressamente as aprovaram.

2.7.2. Transformação, incorporação, fusão e cisão

As operações de transformação, incorporação, fusão e cisão das sociedades reguladas pelo Código Civil encontram-se previstas nos arts. 1.113 a 1.122.

Em linhas gerais, o Código Civil optou por repetir as disposições contidas na Lei das Sociedades Anônimas, visto que, antes da sua entrada em vigor, nas operações de transformação, incorporação, fusão e cisão das demais sociedades (que não as sociedades anônimas), se aplicavam, por analogia, as disposições respectivas daquela legislação societária.

Diante disso, tais operações serão tratadas mais adiante, no tópico relativo à transformação, incorporação, fusão e cisão das sociedades anônimas.

2.8. SOCIEDADE POR AÇÕES

2.8.1. Características gerais

A sociedade por ações, também designada sociedade anônima ou companhia, está regulada no Brasil pela Lei 6.404/1976, denominada Lei das Sociedades Anônimas, regendo-se tais sociedades, nas omissões desta lei, pelas disposições aplicáveis do Código Civil, sendo que os artigos legais doravante citados corresponderão a essa norma societária, salvo indicação diversa.

Independentemente de seu objeto, as sociedades por ações são sempre consideradas sociedades empresárias (art. 2.º, § 1.º), sendo que tal classificação decorre de força exclusiva da lei.

Assim, uma sociedade que tenha por objeto a prestação de serviços (exceto as sociedades uniprofissionais), desde que constituída sob a forma de sociedade anônima, terá a natureza de sociedade empresária, devendo, por conseguinte, seus atos constitutivos serem arquivados em junta comercial.

A sociedade por ações apresenta basicamente as seguintes características:

a) é um tipo societário apropriado ao desenvolvimento de atividades empresariais de grande porte;

b) a estrutura das sociedades por ações foi concebida de modo a possibilitar captação de recursos econômicos junto ao público, como forma de financiar a sua atividade, sendo por isso considerada uma *sociedade de massa*;

c) atualmente é possível a constituição de uma sociedade por ações com apenas dois acionistas, considerando que no direito pátrio é vedada a constituição de sociedades unipessoais, salvo a *sociedade subsidiária integral* (art. 251) e a *sociedade unipessoal de advocacia* (Estatuto da Advocacia e da OAB, art. 15, conforme alterações promovidas pela Lei 13.247/2016).

d) toda sociedade por ações tem natureza empresária, mesmo que o seu objeto compreenda exclusivamente atividades de prestação de serviços (art. 2.º, § 1.º);

e) toda sociedade por ações é identificada por nome empresarial contendo denominação (expressão de fantasia). Entretanto, é possível o emprego, na denominação, do nome próprio do fundador da sociedade ou de um terceiro que se pretenda homenagear (art. 3.º);

f) a responsabilidade dos acionistas, em princípio, é restrita ou limitada ao valor fixado pela companhia quando da emissão das ações (preço de emissão) e correspondente ao valor efetivamente integralizado pelo acionista por conta das ações subscritas (art. 1.º).

2.8.2. Classificação das sociedades por ações

A doutrina comercialista, com base nas disposições contidas na Lei das Sociedades Anônimas, usualmente classifica as sociedades por ações conforme três critérios distintos, a saber: a) sociedades por ações de capital aberto e capital fechado; b) sociedades de economia mista; e, c) sociedades subsidiárias integrais.

2.8.2.1. *Sociedade por ações de capital aberto e sociedade por ações de capital fechado*

O modelo de sociedade anônima preconizado pela lei é a sociedade por ações de capital aberto, pelos motivos que adiante serão expostos, ainda que a lei faça referência também à de capital fechado. Assim:

a) As sociedades por ações de capital aberto são aquelas que têm ações ou outros valores mobiliários de sua emissão negociados em mercado de balcão ou em bolsa de valores, adquirindo, portanto, a partir de sua circulação, um valor de mercado.

b) As sociedades por ações de capital fechado são aquelas que não têm suas ações ou outros valores mobiliários de sua emissão negociados em mercado de balcão ou em bolsa de valores, conforme dispõe o art. 4.º da lei.

2.8.2.2. *Sociedade de economia mista*

Constitui uma categoria de sociedades por ações de capital aberto expressamente prevista nos arts. 235 a 240 da Lei das Sociedades Anônimas, com capital social misto, formado com recursos públicos e privados, pertencendo à Administração Pública parte das ações com direito a voto em proporção mínima que assegure o controle acionário à entidade estatal que a criou.

No contexto em que as sociedades de economia mista foram criadas, caracterizado pela participação muitas vezes tímida da iniciativa privada em certas atividades econômicas, tais sociedades constituíram um instrumento muito interessante concebido para a captação de recursos econômicos no mercado, sempre sob o controle acionário estatal.

Nos termos do art. 173 da Constituição Federal, as sociedades de economia mista devem ter por objeto atividade econômica necessária aos imperativos da segurança nacional ou a relevante interesse coletivo, conforme definidos em lei.

Não obstante isso, do disposto no art. 37, § 6.º, da Constituição Federal, depreende-se a possibilidade de criação de sociedades de economia mista que tenham por objeto a prestação e a exploração de serviços públicos. As sociedades de economia mista têm como característica a descentralização de atividades, podendo ser criadas pela União, Estados-membros, Municípios ou Distrito Federal.

As sociedades de economia mista integram a denominada Administração Pública indireta ou descentralizada, e por isso devem promover licitação para a contratação de obras, serviços, compras e alienações, mediante a observância dos princípios da Administração Pública (art. 37, XXI, da Constituição Federal).

Também estão obrigadas à realização de concurso público para admissão de empregados (art. 37, II, da Constituição Federal), ainda que estes não possam ser considerados agentes públicos no exato teor da expressão, sendo regidos pela legislação trabalhista.

Deve-se ainda observar que os bens integrantes do patrimônio das sociedades de economia mista não gozam de inalienabilidade, imprescritibilidade e impenhorabilidade, podendo ser executados e penhorados, excetuando-se a hipótese da sociedade de economia mista prestadora de serviço público, cujos bens vinculados ao respectivo serviço público gozam de proteção especial (inalienabilidade, imprescritibilidade e impenhorabilidade), em virtude do princípio da continuidade dos serviços públicos, a fim de permitir que, diante de eventual inadimplemento da companhia, o Estado possa assumir, em caráter emergencial, a prestação de referidos serviços públicos.

As sociedades de economia mista, não obstante serem sociedades anônimas e de natureza empresária, com registro em junta comercial, não estão sujeitas à falência nem à recuperação de empresas (judicial ou extrajudicial), conforme previsto no art. 2.º da Lei de Falência e Recuperação de Empresas.

2.8.2.3. *Sociedade Subsidiária integral*

A subsidiária integral constitui uma categoria específica de sociedade por ações, expressamente prevista no art. 251 da Lei das Sociedades Anônimas, e se caracteriza pelo fato de ser uma *sociedade unipessoal* constituída mediante escritura pública e que deve ter como único acionista uma sociedade brasileira.

Ainda nesse sentido, conforme o art. 251, § 2.º, uma sociedade já constituída no Brasil poderá ser convertida em subsidiária integral mediante
aquisição, por sociedade brasileira, de todas as suas ações, ou mediante
incorporação de todas as ações do capital social ao patrimônio de outra
companhia brasileira, nos termos do art. 252, devendo a operação societária de incorporação ser submetida à deliberação da assembleia geral das
duas companhias, mediante protocolo e justificação.

2.8.3. Capital social

2.8.3.1. Aspectos gerais

O capital social, como estudado anteriormente, reveste-se de fundamental importância em uma sociedade, pois é o substrato econômico
necessário ao desenvolvimento de suas atividades.

No entanto, o capital social não deve ser confundido com o patrimônio
da sociedade.

A esse respeito ensina Waldirio Bulgarelli (*Manual das sociedades
anônimas*, p. 95):

> "O conceito jurídico de capital na sociedade anônima determina,
> internamente, a posição do sócio e, externamente, diz quanto à ga-
> rantia dos credores, sendo, portanto, sua importância não apenas
> fundacional (pela exigência da lei de que seja mencionado no ato
> constitutivo), mas também funcional.
>
> Não há assim que se confundir capital social com o patrimônio da
> companhia. Este que é o conjunto de bens, direitos e obrigações (bruto)
> ou de bens e direitos menos as obrigações (líquido) é essencialmente
> variável, sofrendo as mutações próprias da vida empresarial, nem sem-
> pre correspondendo ao capital social. Daí porque os autores costumam
> apontar o fato de que ao menos no início da vida da sociedade o capital
> social corresponde ao patrimônio, verificando-se, posteriormente, as
> alterações próprias como consequência da atividade empresarial, ob-
> servando, contudo, Ascarelli que nem sempre, no início da sociedade,
> o capital corresponde ao patrimônio, tendo em vista as despesas de
> constituição ou a emissão de ações abaixo do par."

Na sociedade por ações, conforme exposto no item 2.8.2.1, o capital social pode apresentar-se sob a forma de *a)* capital fechado ou *b)* capital aberto.

Com relação às sociedades por ações de capital social aberto, vigoram, além das normas contidas na Lei das Sociedades Anônimas, também

aquelas fixadas pela Comissão de Valores Mobiliários (CVM), conforme estabelece o art. 4.º, § 1.º.

A CVM é uma autarquia federal, criada pela Lei 6.385/1976, que tem como atribuições desenvolver, regular e fiscalizar o mercado de valores mobiliários no Brasil. Este, por sua vez, encontra-se organizado da seguinte forma:

a) Mercado primário ou mercado de balcão: compreende todas as operações relativas a valores mobiliários realizadas por sociedades corretoras ou por instituições financeiras ou sociedades autorizadas, fora da bolsa de valores.

O mercado primário ou de balcão, ao contrário das bolsas de valores, que apenas vendem e compram ações, opera também no mercado de subscrição de valores mobiliários, daí porque a emissão de novas ações por subscrição pública também denominada, na prática do direito societário, *Oferta Pública Inicial* ou *Initial Public Offering (IPO)*, deve ser realizada no mercado de balcão.

b) Mercado secundário ou bolsa de valores: compreende entidades privadas, denominadas bolsas de valores, que são resultantes da associação de sociedades corretoras de valores mobiliários e prestam um serviço público, com base territorial predeterminada, consistente no oferecimento do suporte estrutural para negociação de ações, e estando a sua criação e o seu funcionamento sujeitos à autorização e à fiscalização da CVM.

2.8.3.2. *Formação do capital social: quotas versus ações*

Quando se trata da formação do capital de uma sociedade, deve-se ter em conta a distinção fundamental existente entre quotas sociais e ações.

Nesse sentido, as quotas sociais, como já observado anteriormente, afiguram-se como frações ideais do capital social. São, desse modo, a forma mais elementar de proceder-se à divisão de algo, sendo que a noção de quota refere-se à própria ideia de proporção, ínsita à natureza humana.

Já as ações das sociedades anônimas podem ser definidas como títulos emitidos por essas sociedades, representativos de seu capital social (em que pese a possibilidade de existência de ações sem um título que materialmente lhes corresponda) e destinados à captação de recursos para o financiamento das atividades econômicas que constituem seu objeto social.

As ações representam, ademais, um direito de crédito de seu titular, o acionista, contra a sociedade anônima e correspondente ao valor por ele subscrito e integralizado no capital social quando da emissão de referidas ações.

Assim, enquanto o quotista é juridicamente o "dono" de uma parcela efetiva do capital social, visto que a sua quota é uma fração deste, o acionista, em sua essência, afigura-se como um credor, por conta do capital integralizado, cujo direito de crédito, no entanto e diversamente das outras obrigações da companhia, não possui exigibilidade plena, de modo que, salvo nas hipóteses especificamente previstas na Lei das Sociedades Anônimas (p. ex: liquidação da companhia), o acionista, ainda que credor, não poderá exigir da companhia a restituição do valor por ele integralizado (ou, para fins didáticos, simbolicamente "emprestado" à companhia quando da integralização das ações).

Como forma de compensar a restrição à exigibilidade do valor integralizado, é que as ações conferem também direitos econômicos (participação nos lucros sociais, na forma de dividendos, sendo que esse é um *direito expectativo*, condicionado à verificação anual de lucros ao término de cada exercício social, em caso de resultado negativo, não poderá ser exercido) e direitos políticos (participação nas assembleias, fiscalização da gestão da companhia e voto, este último característico das ações ordinárias).

Por esse motivo é que a sociedade anônima padrão, que é a de capital aberto, enquanto *sociedade institucional*, não admite a dissolução parcial (diversamente das sociedades contratuais, que a admitem), de modo que o acionista que porventura queira retirar-se do quadro societário, poderá livremente fazê-lo mediante a negociação de suas ações com terceiros quaisquer, sobretudo no mercado secundário (bolsa de valores), ocasião em que poderá obter, de acordo com o valor pago pelo mercado no momento (quotação acionária), a restituição do valor integralizado.

Essa característica, exclusiva das ações, é denominada pela doutrina comercialista como sendo o *princípio da livre circulabilidade do capital social* e constitui a grande vantagem oferecida por uma sociedade por ações ao desenvolvimento de atividades econômicas de grande porte, sobretudo naquelas ocasiões em que os acionistas fundadores não dispõem de todo o montante do capital necessário.

Em termos práticos, se acaso fossem captar esses recursos junto a uma instituição financeira, a exigibilidade das obrigações assumidas poderia representar sério risco à companhia, na medida em que os resultados positivos esperados poderiam não se materializar no tempo previsto.

Por outro lado, a adoção de um tipo societário contratual (a sociedade limitada, por exemplo) ou mesmo uma sociedade anônima de capital fechado (em relação à qual atualmente se admite a dissolução parcial), conferiria aos sócios o direito a exigirem a dissolução parcial na hipótese de seu desinteresse em permanecer no quadro societário, representando igualmente sério risco ao desenvolvimento da companhia a médio prazo.

Oportuno, a esse respeito, é o magistério de Waldirio Bulgarelli (*Manual das sociedades anônimas*, p. 122):

> "Na verdade, ação difere das quotas das sociedades sobretudo pelo seu chamado aspecto objetivo, ou seja, permite ao titular adquirir a condição de acionista sem maiores formalidades, enquanto nas demais sociedades a quota tem um caráter eminentemente subjetivo, ligada às condições personalíssimas de seu titular. A propósito dessa distinção, acentua Sosá Cañizares que o que veio contribuir para tornar mais complexo o problema foi o advento das sociedades por quotas de responsabilidade limitada, que se situam numa linha intermediária entre as chamadas sociedades de pessoas e as sociedades de capital."

O valor do capital social deve ser expresso em moeda corrente nacional (art. 5.º), sendo que o capital pode ser formado com contribuições em dinheiro ou em qualquer espécie de bens suscetíveis de avaliação em dinheiro, conforme estabelece o art. 7.º da lei.

2.8.4. Constituição

A constituição de uma sociedade por ações, disciplinada pelos arts. 80 a 99, é o ato jurídico formador da pessoa jurídica destinada ao exercício de determinada atividade econômica que corresponde ao seu objeto social e, nos termos do art. 80, depende do cumprimento dos seguintes requisitos preliminares:

a) subscrição, pelo menos por duas pessoas, de todas as ações em que se divide o capital social fixado no estatuto;

b) realização em dinheiro, como entrada, de 10%, no mínimo, do preço de emissão das ações subscritas;

c) depósito, no Banco do Brasil S/A, ou em outro estabelecimento bancário autorizado pela CVM, da parte do capital social realizado em dinheiro.

Nesse sentido, uma sociedade por ações pode ser constituída por meio de duas formas distintas:

2.8.4.1. Constituição por subscrição particular

É a modalidade de constituição efetuada por deliberação dos subscritores em assembleia geral ou por escritura pública (assinada por todos os subscritores), considerando-se como fundadores todos os subscritores iniciais, conforme dispõe o art. 88 da lei.

2.8.4.2. Constituição por subscrição pública

É a modalidade de constituição que depende do prévio registro da emissão na CVM, sendo que a subscrição pública somente poderá ser efetuada com a intermediação de uma instituição financeira, e o pedido de registro de emissão obedecerá às normas expedidas pela CVM e será instruído com estudo de viabilidade econômica e financeira do empreendimento; projeto do estatuto social; e prospecto organizado e assinado pelos fundadores e pela instituição financeira que intermediará a venda das ações emitidas.

A constituição por subscrição pública encontra-se prevista nos arts. 82 a 87.

Encerrada a subscrição e tendo sido subscrito todo o capital social, os fundadores convocarão a assembleia geral que deverá promover a avaliação dos bens, se for o caso, e deliberar sobre a constituição da nova sociedade.

A esse respeito, é interessante a lição de Rubens Requião (*Curso de direito comercial*, v. 2, p. 110):

> "A sociedade anônima pode formar-se simultaneamente ou sucessivamente. Daí distinguirem-se as duas modalidades de criação da sociedade: constituição simultânea e constituição sucessiva.
>
> Na constituição simultânea os subscritores do capital se reúnem, e por instrumento particular, representado pela ata da assembleia geral, ou por escritura pública, dão por constituída definitivamente

a sociedade. A subscrição do capital se procede, nesses casos, particularmente, sem apelo ao público.

O Decreto 1.800, de 30 de janeiro de 1996, no art. 42, dispõe que 'os atos constitutivos de sociedades mercantis poderão ser efetivados por instrumento particular ou por escritura pública, podendo as respectivas alterações serem realizadas independentemente da forma adotada na Constituição'.

Na constituição sucessiva, em que o capital se forma por apelo público aos subscritores, surge nítida a figura do fundador, que se encarrega de liderar a formação da sociedade em etapas sucessivas. A lei, nesse caso, prescreve minucioso roteiro de formalidades e publicidade, que constituem proteção e garantia do público que aderir à subscrição."

2.8.5. Títulos emitidos pela sociedade por ações

As sociedades por ações, conforme exposto anteriormente, se valem da emissão de títulos tanto para formar o seu capital social como para captar recursos econômicos para a realização de investimentos específicos.

Essa característica é de fundamental importância na distinção entre a sociedade anônima e os demais tipos societários existentes.

Uma sociedade por ações pode emitir como principais títulos: *a)* ações; *b)* partes beneficiárias; *c)* debêntures; e *d)* bônus de subscrição. Assim:

2.8.5.1. Ações

As ações de uma sociedade anônima, conforme exposto, são bens móveis representativos de seu capital social e do direito de crédito de seu titular (acionista) contra a companhia, conferindo-lhe vantagens de ordem política e a qualidade de sócio. São também títulos que conferem vantagens de ordem econômica e direitos de crédito, que, entretanto, somente podem ser exercitados pelo seu titular contra a sociedade em situações legais específicas que autorizam o *resgate*, a *amortização* ou o *reembolso* dos valores correspondentes às respectivas ações de sua titularidade, conforme o disposto nos arts. 44 e 45 da Lei das Sociedades Anônimas.

Assim, o *resgate* consiste no pagamento do valor das ações para que sejam retiradas definitivamente de circulação, com redução ou não do capital social; mantido o mesmo capital, será atribuído, quando for o caso, novo valor nominal às ações remanescentes (art. 44, § 1.º).

A *amortização* consiste na distribuição aos acionistas, a título de antecipação e sem redução do capital social, das quantias que lhes caberiam em caso de liquidação da companhia, se efetivada naquele momento (art. 44, § 2.º).

Por fim, o *reembolso* é a operação pela qual, nos casos previstos em lei, a companhia paga aos acionistas dissidentes de deliberação da assembleia geral o valor de suas ações, podendo o estatuto fixar normas para a determinação do valor do reembolso, que deverá ser inferior ao valor do patrimônio líquido constante do último balanço aprovado pela assembleia geral, tendo de ser apurado mediante avaliação, conforme o art. 45.

As ações são classificadas quanto à *natureza* e quanto à *forma*.

2.8.5.1.1. Classificação das ações quanto à natureza

a) Ações ordinárias

São as ações que conferem ao seu titular os direitos comuns de sócio, sem quaisquer restrições e também sem quaisquer privilégios, conforme dispõe o art. 16.

b) Ações preferenciais

São as ações que conferem ao seu titular algum tipo de privilégio ou preferência, como *a)* prioridade na distribuição de dividendo, fixo ou mínimo; *b)* prioridade no reembolso do capital social, com ou sem prêmio; *c)* direito ao recebimento de dividendos equivalentes a, no mínimo, 10% a mais que o valor dos dividendos pagos aos acionistas titulares de ações ordinárias, conforme estabelece o art. 17 da Lei das Sociedades Anônimas.

Entretanto, em troca, as ações preferenciais podem ser privadas de alguns direitos, como o direito de voto, ou ainda podem conferi-los com algumas restrições, de modo que o seu titular, na qualidade de acionista, pode comparecer às assembleias gerais sem, contudo, poder manifestar-se validamente por meio do voto, afigurando-se referidos acionistas mais como sócios investidores do que como sócios com poder de participação política na sociedade, dado o flagrante benefício econômico conferido a tais ações em troca da supressão do direito de voto e de outros direitos.

O número de ações preferenciais sem direito a voto, ou sujeitas a restrição no exercício desse direito, não pode ultrapassar 50% do total de ações emitidas, conforme dispõe o art. 15, § 2.º.

Note-se também que as ações preferenciais sem direito de voto adquirirão esse direito se a companhia, pelo prazo previsto no estatuto, não superior a três exercícios consecutivos, deixar de pagar os dividendos fixos ou mínimos a que os titulares fizerem jus, direito que será conservado até o pagamento, se tais dividendos não forem cumulativos, ou até que sejam pagos os dividendos cumulativos em atraso, conforme o art. 111, § 1.º.

c) Ações de fruição

São aquelas que substituem as outras espécies de ações quando são amortizadas, na hipótese de a companhia, possuindo fundos disponíveis e sem prejuízo do capital social, antecipar a determinados acionistas as importâncias que lhes caberiam em caso de liquidação.

Na hipótese de emissão de ações de fruição, o acionista conserva todos os seus direitos, mas, em caso de liquidação da companhia, nada mais receberá a título de reembolso, conforme dispõem os arts. 15 e 44, § 5.º.

Caracterizam-se assim pela percepção dos "frutos" pelo seu titular, representados por dividendos e outros benefícios, sem, contudo, representarem parcela do capital social, visto já ter sido anteriormente objeto de pagamento ao acionista.

As ações de fruição visam "premiar" aquele acionista que acreditou na companhia e manteve o seu capital investido em ações durante determinado período de tempo (em geral longo) e previsto no estatuto, restituindo-lhe o capital investido, devidamente atualizado, e proporcionando-lhe a continuidade na percepção dos benefícios econômicos decorrentes da sua condição original de acionista.

2.8.5.1.2. Classificação das ações quanto à sua forma

a) Ações nominativas

São ações, com ou sem valor nominal, cuja propriedade se prova pela inscrição do nome do acionista em um livro próprio (livro de registro de ações nominativas) ou então pelo extrato que seja fornecido pela instituição custodiante das ações, conforme o art. 31 da Lei das Sociedades Anônimas.

Atualmente, grande parte das companhias possui ações nominativas (art. 20), ainda que exista a possibilidade de criação de ações escriturais (arts. 34 e 35).

A transferência da titularidade das ações nominativas se dá mediante a assinatura de termo lavrado no livro de transferência de ações nominativas, datado e assinado pelo cedente e pelo cessionário, ou por seus legítimos representantes, conforme dispõe o art. 31, § 1.º.

b) Ações escriturais

São ações que dispensam a emissão de certificado. Elas são mantidas em conta de depósito, em nome de seus titulares, em uma instituição financeira devidamente autorizada pela Comissão de Valores Mobiliários (CVM), podendo o estatuto social autorizar ou estabelecer que todas as ações da sociedade, ou uma ou mais classes delas, se revistam da forma escritural, conforme dispõem os arts. 34 e 35.

Assim, a propriedade e a titularidade de uma ação escritural se provam pelo registro na conta de depósito das ações, aberta em nome do acionista nos livros da instituição depositária, dando-se a transferência da ação escritural pelo lançamento efetuado pela instituição depositária em seus livros, a débito da conta de ações do alienante e a crédito da conta de ações do adquirente, à vista de ordem escrita do alienante ou de autorização ou ordem judicial, em documento hábil que ficará em poder da instituição, conforme estabelece o art. 35, § 1.º.

Nesse sentido, a instituição financeira depositária deve fornecer ao acionista extrato da conta de depósito das ações escriturais, sempre que solicitado, ao término de todo mês em que for movimentada e, ainda que não haja movimentação, ao menos uma vez por ano.

2.8.5.2. Partes beneficiárias

São títulos negociáveis, sem valor nominal, e estranhos ao capital social, que podem ser criados a qualquer tempo pela sociedade e conferem ao seu titular um direito de crédito eventual contra ela, consistente na participação nos lucros anuais, desde que tal participação não ultrapasse um décimo dos lucros anuais.

As partes beneficiárias encontram-se reguladas pelo disposto nos arts. 46 a 51 da Lei das Sociedades Anônimas.

A sociedade não pode conferir às partes beneficiárias qualquer direito privativo de acionista, salvo o de fiscalizar os atos dos administradores. É proibida a criação de mais de uma classe ou série de partes beneficiárias, bem como também é vedada a sua emissão pelas sociedades anônimas de capital aberto (art. 47, parágrafo único).

2.8.5.3. Debêntures

São títulos negociáveis emitidos com a finalidade de captar recursos econômicos junto ao público e que conferem ao seu titular direito de crédito contra a sociedade, nas condições constantes da escritura de emissão e, se houver, do certificado.

As debêntures encontram-se reguladas pelo disposto nos arts. 52 a 74. São emitidas pela companhia a partir de deliberação tomada em assembleia geral ou em reunião do Conselho de Administração (art. 59, § 1.º), que deve ser instrumentalizada por meio de uma escritura de emissão de debêntures, contendo todos os dados relativos às debêntures emitidas (valor, época de vencimento, opção de resgate ou conversão em novas ações da companhia), conforme o art. 57.

Ainda nos termos do art. 54, § 2.º, a escritura de debênture pode assegurar ao debenturista a opção de escolha do recebimento do pagamento do principal e acessórios à época do vencimento, bem como da amortização ou do resgate, em moeda ou em bens.

As debêntures podem ser conversíveis em ações nas condições constantes da respectiva escritura de emissão, e os acionistas têm preferência na subscrição da emissão de debêntures com cláusula de conversibilidade em ações.

Os titulares de debêntures da mesma emissão ou série, apesar de não serem acionistas, podem, a qualquer tempo, reunir-se em assembleia especial, a fim de deliberarem sobre matéria de interesse da comunhão de debenturistas, conforme o art. 71.

2.8.5.4. Bônus de subscrição

São títulos negociáveis que se revestem da forma nominativa, emitidos dentro do limite de aumento de capital autorizado no estatuto social, e que conferem ao seu titular o direito de subscrição de novas ações quando de sua emissão.

Os bônus de subscrição podem ter a finalidade de facilitar a venda de ações ou de debêntures, além de contribuir para uma melhor programação do aumento do capital social.

O "capital autorizado" pode ser instituído pelos acionistas reunidos em assembleia geral extraordinária, para aquelas sociedades anônimas que tenham conselho de administração, sendo então fixado pelos acionistas um "limite" até o qual o capital social pode ser aumentado, sem necessidade de realização de nova assembleia geral e mediante decisão do conselho de administração. Uma vez esgotado esse "limite", os acionistas devem, em assembleia geral, fixar novo valor para o capital autorizado, a seu exclusivo critério.

Os bônus de subscrição podem ser alienados pela companhia ou por ela atribuídos, como vantagem adicional, aos subscritores de emissões de suas ações ou debêntures, e os acionistas da companhia gozarão de preferência para subscrição dos bônus emitidos.

2.8.6. Acionista

É o titular de ações de determinada sociedade anônima. Sua principal obrigação é pagar à companhia (integralizar) o valor em moeda corrente nacional, correspondente ao preço de emissão das ações que subscrever. Caso não o faça no seu vencimento, será constituído em mora, devendo pagar o principal, acrescido de juros de até doze por cento ao ano, devidamente atualizado e acrescido da multa que o estatuto determinar.

Quando as ações já tiverem sido subscritas e integralizadas, o novo acionista pagará ao acionista anterior – e não à companhia – o valor convencionado entre si (ou fixado pelo mercado a partir da cotação em bolsa) pelas ações adquiridas.

Para fins de exemplificação, as ações de uma companhia podem ser em parte comparadas a um automóvel. O primeiro proprietário, ao adquiri-lo no mercado de automóveis novos, irá pagar o seu preço de tabela à concessionária ou à própria montadora, que equivaleria, analogicamente, ao preço de emissão da ação "nova" recém emitida pela companhia, e cujo valor obtido com o preço de emissão será pago à própria companhia emissora. Quando desejar vendê-lo, em princípio, o proprietário em regra não irá exigir da montadora que o readquira e restitua o valor pago, e sim, irá vendê-lo no mercado de automóveis usados, a um terceiro interessado, pelo valor fixado por esse mercado específico.

Assim, mantidas as devidas proporções, o mesmo sucede com as ações: quando recém-emitidas, o seu preço de emissão é pago pelo primeiro adquirente diretamente à companhia, no chamado mercado primário ou de balcão. É o que ocorre quando uma companhia faz uma *Initial Public Offering - IPO*.

Por seu turno, quando desejar vender referidas ações e recuperar o capital investido, o acionista e proprietário, em regra, não poderá exigir da companhia que lhe restitua o capital investido, pois nas sociedades anônimas, conforme estudado, não há dissolução parcial. Assim, ele irá ao "mercado de ações usadas", que é o chamado mercado secundário, representado pelas Bolsas de Valores, onde venderá as suas ações pelo valor de mercado vigente na ocasião.

2.8.6.1. Direitos essenciais dos acionistas

Por outro lado, o acionista, como tal e independentemente da natureza de suas ações, tem certos direitos que, nos termos do art. 109 da Lei das Sociedades Anônimas, nem o estatuto social nem a assembleia geral poderão retirar. Assim, são direitos essenciais dos acionistas:

a) participar dos lucros sociais;

b) participar do acervo da companhia, em caso de liquidação;

c) fiscalizar, na forma prevista na lei, a gestão dos negócios sociais;

d) preferência para a subscrição de ações, partes beneficiárias conversíveis em ações, debêntures conversíveis em ações e bônus de subscrição, observado o disposto na lei;

e) retirar-se da sociedade nos casos previstos na Lei das Sociedades Anônimas.

Os direitos essenciais, como ensina Luiz Gastão Paes de Barros Leães (*Comentários à Lei das S/A*, p. 216-217), constituem parte do *status socii* do acionista:

> "Partindo da ideia de que a condição de sócio – ou a 'qualidade de acionista' como diz o art. 126 – deve ter um substrato intangível, a lei consagra neste artigo uma série de proteções individuais, que impede se retire dos acionistas as suas características essenciais, tal como o status civitatis demanda a institucionalização de um mínimo de garantias individuais.
>
> (...)
>
> Esses direitos, somados a poderes, ônus e obrigações atinentes aos acionistas, compõem o chamado *status socii*, que se define como a posição do sócio dentro da coletividade social, e pressuposto comum e constante de tais direitos e deveres. Nesse complexo, os direitos mínimos enumerados constituem autênticos direitos subjetivos, pois consubstanciam poderes de ação conferidos aos acionistas para a satisfação de seus interesses em conformidade com a norma jurídica. As objeções contrárias a essa caracterização e favoráveis à ideia de que essas situações mais se assemelham a simples poderes jurídicos, ou meros direitos reflexos, não colhem. Nessas condições, independentemente da qualificação do art. 109 como material ou instrumental, a norma nele contida atribui ao acionista autênticos direitos subjetivos, e, correlativamente, obrigações à sociedade."

2.8.6.2. *O acionista e o direito ao dividendo*

Os acionistas, na qualidade de sócios e coinvestidores no empreendimento realizado pela sociedade por ações, têm direito à participação nos lucros sociais. Esse direito aparece regulamentado na Lei das Sociedades Anônimas, por meio do dividendo, que nada mais é que uma parcela do lucro líquido da companhia.

A esse respeito, note-se a lição de Waldirio Bulgarelli (*Manual das sociedades anônimas*, p. 212-214):

"O direito de participar dos lucros sociais é considerado um dos direitos mais importantes de natureza patrimonial. Decorre tal direito do reconhecimento de que o acionista, tendo contribuído com sua parcela de capital para que a companhia obtenha lucros, deve também receber periodicamente parte deles.

(...)

As legislações, em geral, consagram o direito de o acionista participar dos lucros sociais, condicionados, porém, a que haja lucros e que a assembleia geral efetivamente delibere a distribuição desses lucros entre os acionistas, após a atribuição de parte dos lucros às reservas obrigatórias.

É de acentuar que a não obtenção de lucros durante exercícios seguidos enseja a dissolução e a liquidação da sociedade, por não estar cumprindo seus objetivos, que basicamente são a sua obtenção.

Mas entre obtê-los e distribuí-los é que se interpõe o dilema acima apontado, ou seja, qual a destinação desses lucros: retê-los na própria sociedade, a título de reservas e fundos, ou distribuí-los entre os acionistas, a título de dividendos?

Fixou a Lei 6.404/1976, inovadoramente, o chamado dividendo obrigatório, parecendo, à primeira vista, que optou o legislador por consagrar a política de distribuição de altos dividendos. Não é assim, porém, pois deixou a fixação do quantum desse dividendo a critério do estatuto, baixando normas a esse respeito apenas quando o estatuto silencia a respeito."

Nesse sentido, o art. 202 estabelece que os acionistas têm direito de receber como dividendo obrigatório, em cada exercício, a parcela dos lucros estabelecida no estatuto ou, quando este for omisso (§ 2º) e a assembleia-geral deliberar alterá-lo para introduzir norma sobre a matéria, o dividendo obrigatório não poderá ser inferior a 25% (vinte e cinco por cento) do lucro líquido ajustado.

Convém ressaltar que, a teor da redação do citado dispositivo, o chamado *dividendo mínimo obrigatório*, em verdade, pode ser reduzido pela companhia a partir de previsão estatutária específica, aprovada pela assembleia geral.

2.8.6.3. Acionista controlador

Um dos temas mais polêmicos em matéria de sociedades por ações é a questão relativa à figura do acionista controlador.

Nos termos do art. 116, considera-se acionista controlador a pessoa, natural ou jurídica, ou o grupo de pessoas vinculadas por acordo de voto, ou sob controle comum, que:

a) seja titular de direitos de sócio que lhe assegurem, de modo permanente, a maioria dos votos nas deliberações da assembleia geral e o poder de eleger a maioria dos administradores da companhia; e

b) use efetivamente seu poder para dirigir as atividades sociais e orientar o funcionamento dos órgãos da companhia.

O acionista controlador deve assim usar o poder de controle com o fim de fazer a companhia a realizar o seu objeto e cumprir sua função social. Ele tem deveres e responsabilidades para com os demais acionistas e empregados da companhia e para com a comunidade em que atua, cujos direitos e interesses deve lealmente respeitar e atender. Isso é o que textualmente estabelece a Lei das Sociedades Anônimas em seu art. 116, parágrafo único.

Percebe-se claramente que a lei apresentou dois perfis distintos para a caracterização do acionista controlador.

Primeiramente um a) *perfil objetivo*, baseado na titularidade de direitos de acionista que assegurem a maioria de votos nas deliberações da assembleia geral e o poder de eleger a maioria dos administradores da companhia.

Como observa Waldirio Bulgarelli, o controle não se vincula à titularidade de ações representativas da maioria absoluta do capital social (*Manual das sociedades anônimas*, p. 300):

> "Claro está que o controle exercido sobre uma empresa não se prende exclusivamente à posse da maioria das ações (quando se trata de sociedade por ações) ou do capital social, pois ele pode ser exercido com pequena margem de ações nas sociedades anônimas, mercê da dispersão dos acionistas ou do seu absenteísmo; também não implica ou pressupõe o seu efetivo exercício um vínculo *interna corporis*, pois poderá ser contratual e até mesmo pessoal.
>
> Daí por que o código civil italiano de 1942, ao conceituar a sociedade controladora, no artigo 2.359, 2, acena não só para a maioria dos votos, como também para o *particular vínculo contratual*, o que levou Ferri a interpretá-lo, entendendo que o controle é uma situação particular, por efeito da qual alguém é '*in grado di improntare con la propria volontà l´attività economica di una determinata società*.'"

Nesse sentido, conforme observado anteriormente, em momento algum a lei faz uso da expressão acionista majoritário. O que demonstra clara distinção entre o sócio ou acionista majoritário e o acionista controlador.

A própria redação conferida ao art. 116 demonstra claramente que, para a caracterização do poder de controle, necessária se faz a titularidade de direitos de acionista que assegurem a maioria dos votos nas deliberações sociais e o consequente poder de eleger a maioria dos administradores, não sendo, em princípio, admissível interpretação diversa.

Da mesma forma, prevê a lei societária um b) *perfil subjetivo*, baseado no exercício efetivo do poder de controle para dirigir as atividades sociais e orientar o funcionamento dos órgãos da companhia.

Convém observar que o poder de controle, para que se configure no âmbito da definição legal, deve revestir-se de *efetividade*, de modo que, em uma leitura inicial do citado art. 116, constata-se que, em princípio, não se configuraria o controle pela omissão do acionista controlador, visto que a configuração de seu perfil subjetivo exigiria o uso efetivo do poder.

Nesse mesmo sentido Guilherme Döring Cunha Pereira observa (*Alienação do poder de controle acionário*, p. 19):

> "Pensamos, no entanto, que se deveria introduzir uma pequena variação de matiz nessa forma de entender a definição legal, no sentido de se advogar que, no caso do controle majoritário, o uso efetivo do poder é presumido, não de forma absoluta, mas com presunção *iuris tantum*, elidível por prova em contrário. Isso porque a aceitação da tese parece implicar que todo aquele que detém a maioria das ações com voto tem o dever legal de exercer o controle, de comandar (talvez devêssemos falar em ônus). Ou seja, a ninguém é lícito ter tal quantidade de ações e desinteressar-se da orientação da empresa. A solução não me parece má; é, ao contrário, justa e até moralizadora (impondo certos limites à especulação). Deveria haver, contudo, a explicitação desse dever – o que, em absoluto, não se dessume do art. 116 da lei societária como está redigido; a impressão que se colhe é a de que àquele que resolver assumir o poder, que tenha em estado potencial, a este atribui a lei as funções sociais e empresariais do parágrafo único. Se o acionista majoritário prova que nada tinha a ver com a orientação da companhia e ignorava o desempenho dela, não vejo como achacar-lhe a responsabilidade do art. 117. Se, todavia, estava a par da situação e tinha como evitar a má orientação, mas omitiu-se, responde pelo princípio geral do art. 159 do Código Civil."

Assim, sustenta o referido autor que o titular da maioria das ações com direito a voto somente poderá isentar-se de qualquer responsabilidade atribuída por lei ao controlador caso prove que outro, e não ele próprio, exercita efetivamente o poder de controle.

Considerando a importância do acionista controlador dentro da estrutura das sociedades por ações, a lei elencou diversas hipóteses quanto à sua responsabilização. Nos termos do art. 117, o acionista controlador responde pelos danos causados por atos praticados com abuso de poder, sendo consideradas modalidades de exercício abusivo de poder:

a) orientar a companhia para fim estranho ao objeto social ou lesivo ao interesse nacional, ou levá-la a favorecer outra sociedade, brasileira ou estrangeira, em prejuízo da participação dos acionistas minoritários nos lucros ou no acervo da companhia, ou da economia nacional.

b) promover a liquidação de companhia próspera, ou transformação, incorporação, fusão ou cisão da companhia, com o fim de obter, para si ou para outrem, vantagem indevida, em prejuízo dos demais acionistas, dos que trabalham na empresa ou dos investidores em valores mobiliários emitidos pela companhia.

c) promover alteração estatutária, emissão de valores mobiliários ou adoção de políticas ou decisões que não tenham por fim o interesse da companhia e visem causar prejuízo a acionistas minoritários, aos que trabalham na empresa ou aos investidores em valores mobiliários emitidos pela companhia.

d) eleger administrador ou fiscal que saiba inapto, moral ou tecnicamente.

e) induzir, ou tentar induzir, administrador ou fiscal a praticar ato ilegal, ou, descumprindo seus deveres definidos em lei e no estatuto social, promover, contra o interesse da companhia, sua ratificação pela assembleia geral.

f) contratar com a companhia, diretamente ou por meio de outrem, ou de sociedade na qual tenha interesse, em condições de favorecimento ou não equitativas.

g) aprovar ou fazer aprovar contas irregulares de administradores, por favorecimento pessoal, ou deixar de apurar denúncia que saiba ou devesse saber procedente, ou que justificasse fundada suspeita de irregularidade.

h) subscrever ações, para os fins do disposto no art. 170, com a realização em bens estranhos ao objeto social da companhia.

2.8.6.4. *Acordos de acionistas*

Os acordos de acionistas são pactos celebrados por acionistas que têm interesses afins em uma sociedade por ações, com o objetivo de regular a prática de determinados atos societários entre os seus participantes. Nos termos do art. 118 da Lei das Sociedades Anônimas , os acordos de acionistas que versarem sobre compra e venda de suas ações, preferência para adquiri-las, exercício do direito a voto ou do poder de controle devem ser respeitados pela companhia quando arquivados em sua sede.

Desse modo, obrigações ou ônus decorrentes desses acordos somente são oponíveis a terceiros depois de averbados nos livros de registro e nos certificados das ações cujos titulares tenham sido parte em referidos acordos, caso tenham sido emitidos os certificados em questão.

Por outro lado, nas condições previstas no acordo de acionistas, os participantes também podem promover a sua execução específica, na forma de execução de obrigação de fazer, em relação àqueles participantes que descumprirem os seus termos.

É interessante ainda observar que a própria lei, em seu art. 118, § 9.º, estabelece que:

> "O não comparecimento à assembleia ou às reuniões dos órgãos de administração da companhia, bem como as abstenções de voto de qualquer parte de acordo de acionistas ou de membros do conselho de administração eleitos nos termos de acordo de acionistas, assegura à parte prejudicada o direito de votar com as ações pertencentes ao acionista ausente ou omisso e, no caso de membro do conselho de administração, pelo conselheiro eleito com os votos da parte prejudicada" (grifo nosso).

Essa disposição introduzida pela Lei 10.303/2001 evidencia a força vinculante do acordo de acionistas nas sociedades anônimas.

Nesse sentido, nos termos do supracitado art. 118, caso o acordo de acionistas tenha por objeto, por exemplo, regular o exercício do poder de controle assegurado pelo conjunto ou bloco de ações de titularidade dos acionistas signatários, tal mecanismo (art. 118, § 9.º) garantirá a perfeita manutenção da unidade de voto, mesmo em relação às partes ausentes ou omissas, unidade essa que é fundamental, inclusive e muitas vezes, ao exercício do poder de controle.

2.8.7. Órgãos sociais

2.8.7.1. Assembleias gerais

As assembleias gerais, nos termos do art. 121 da Lei das Sociedades Anônimas, constituem um órgão deliberativo dos acionistas, tendo poderes para decidir sobre todos os negócios relativos ao objeto social, desde que convocadas e instaladas de acordo com a lei e o estatuto social.

Nesse sentido, é interessante a lição de J. C. Sampaio de Lacerda (*Comentários à Lei das S/A*, p. 6) a respeito:

> "A assembleia geral ainda hoje é o órgão de maior relevo na companhia porque tem poderes para decidir todos os negócios relativos ao objeto da companhia. O objeto da companhia obrigatoriamente vem definido no estatuto de modo preciso e completo (art. 2.º, § 2.º) e pode ser qualquer empresa de fim lucrativo, não contrário à lei, à ordem pública e aos bons costumes. Qualquer assunto, qualquer operação que gire em torno do objeto da companhia, cabe à assembleia geral examiná-lo e sobre ele decidir. E, consequentemente, tem a assembleia geral poderes para tomar as resoluções que julgar convenientes à sua defesa e desenvolvimento. Portanto, a assembleia geral deve sempre estar alerta para resolver qualquer situação que se apresente, visando a defender a companhia."

As assembleias gerais possuem, privativamente, as seguintes competências:

a)   reformar o estatuto social;

b)   eleger ou destituir, a qualquer tempo, os administradores e membros do conselho fiscal da companhia;

c)   tomar, anualmente, as contas dos administradores e deliberar sobre as demonstrações financeiras por eles apresentadas;

d)   autorizar a emissão de debêntures (quando essa competência não for transferida pelo estatuto social ao conselho de administração, conforme o art. 59, §§ 1.º, 2.º e 4.º);

e)   suspender o exercício dos direitos do acionista;

f)   deliberar sobre a avaliação de bens com os quais o acionista concorre para a formação do capital social;

g)   autorizar a emissão de partes beneficiárias;

h)   deliberar sobre transformação, fusão, incorporação e cisão da companhia, sua dissolução e liquidação;

i)   eleger e destituir liquidantes e julgar-lhes as contas; e

j)   autorizar os administradores a confessar falência e requerer recuperação de empresas, sendo que, em caso de urgência, a confissão de falência ou o pedido de recuperação poderá ser formulado pelos administradores, com a concordância do acionista controlador, se houver, convocando-se imediatamente a assembleia geral, para manifestar-se sobre a matéria (art. 122, parágrafo único).

Nas sociedades em que existir conselho de administração, as assembleias gerais devem ser convocadas por esse órgão. Nas demais, cabe à diretoria a sua convocação, conforme as disposições contidas no estatuto social. Além disso, nos termos do art. 123, parágrafo único, as assembleias gerais também podem ser convocadas:

a) pelo conselho fiscal, nas hipóteses legais;

b) por qualquer acionista, quando os administradores retardarem, por mais de sessenta dias, a convocação nos casos previstos em lei ou no estatuto;

c) por acionistas que representem cinco por cento, no mínimo, do capital social, quando os administradores não atenderem, no prazo de oito dias, a pedido de convocação que apresentarem, devidamente fundamentado, com indicação das matérias a serem tratadas;

d) por acionistas que representem cinco por cento no mínimo, do capital social votante, ou cinco por cento no mínimo, dos acionistas sem direito a voto, quando os administradores não atenderem, no prazo de oito dias, a pedido de convocação de assembleia para a instalação do conselho fiscal.

Nos termos do art. 124 da Lei, a convocação das assembleias gerais deve ser feita mediante anúncio publicado por três vezes, no mínimo, em diário oficial e em outro jornal de grande circulação, contendo, além de local, data e hora da assembleia, a ordem do dia, e, no caso de reforma do estatuto, a indicação da matéria, sendo que a primeira convocação da assembleia geral deverá ser feita:

a) na companhia fechada, com oito dias de antecedência, no mínimo, contado o prazo da publicação do primeiro anúncio; não se realizando a assembleia, será publicado novo anúncio, de segunda convocação, com antecedência mínima de cinco dias;

b) na companhia aberta, o prazo de antecedência da primeira convocação será de quinze dias, e o da segunda, de oito dias.

Também é importante observar que as assembleias gerais devem ser realizadas na sede social, salvo motivo de força maior, sendo ainda que em nenhum caso poderão ser realizadas fora da localidade da sede.

Com relação ao quórum de instalação, a assembleia geral deve ser instalada, em primeira convocação, respeitadas as exceções legais, com a presença de acionistas que representem, no mínimo, um quarto do capital social com direito de voto, e em segunda convocação pode ser instalada com qualquer número de presentes.

Quanto ao quórum necessário para as deliberações, estas devem ser tomadas por maioria de votos dos acionistas presentes, não se computando os votos em branco.

O estatuto social pode, nas sociedades por ações de capital fechado, elevar o quórum exigido para certas deliberações, desde que especifique as matérias a que se aplique.

Deve-se observar que, nas companhias de capital aberto, consoante o art. 121, parágrafo único, o acionista poderá participar e votar à distância em assembleia geral, nos termos de regulamentação da Comissão de Valores Mobiliários, sendo que, nesse caso a sua participação, ainda que *virtual*, deverá ser computada para fins de obtenção dos quóruns legais de instalação e deliberação na assembleia, considerando-se referido acionista como presente à assembleia geral, conforme dispõe o art. 127, parágrafo único.

Na hipótese de empate de votos nas deliberações, se o estatuto social não estabelecer procedimento de arbitragem e não contiver norma diversa, nova assembleia geral deverá ser convocada, com intervalo mínimo de dois meses, para votar a deliberação. Caso permaneça o empate e os acionistas não concordem em atribuir a decisão a um terceiro, será necessária então a tomada de medida judicial, no interesse da companhia, para dirimir tal controvérsia.

Note-se ainda que prescreve em dois anos a ação para anulação de deliberação tomada em assembleia geral, em virtude de vício de convocação ou de instalação, ou tomada com infração à lei ou ao estatuto social, ou ainda mediante erro, dolo, fraude ou simulação (art. 286).

Na sociedade por ações existem três espécies de assembleia:

2.8.7.1.1. *Assembleia geral ordinária (AGO)*

Deve ser realizada nos quatro primeiros meses do ano, tendo, nos termos do art. 132 da Lei das Sociedades Anônimas, as seguintes competências:

a) tomar as contas dos administradores, examinar, discutir e votar as demonstrações financeiras;

b) deliberar sobre a destinação do lucro líquido do exercício e a distribuição de dividendos;

c) eleger os administradores e os membros do conselho fiscal, quando for o caso; e

d) aprovar a correção da expressão monetária do capital social.

Deve-se observar que a aprovação, sem reserva, das demonstrações financeiras e das contas exonera os administradores e membros do conselho fiscal de responsabilidade, salvo nas hipóteses em que haja erro, dolo, fraude ou simulação de sua parte, com a finalidade de obter a aprovação indevida das contas alusivas à sua gestão social.

Por fim, considerando a natureza empresária da sociedade por ações, a ata da assembleia geral ordinária deverá ser arquivada na junta comercial da sede e publicada no diário oficial do Estado e em outro jornal de grande circulação.

2.8.7.1.2. Assembleia geral extraordinária (AGE)

Pode ser realizada sempre que houver necessidade, para deliberação sobre qualquer outro assunto de interesse da sociedade.

A Lei das Sociedades Anônimas estabelece alguns requisitos para a realização de assembleia geral extraordinária que tenha por objeto determinadas matérias.

Assim, nos termos do art. 135, a assembleia geral extraordinária que tiver por objeto a reforma do estatuto social somente poderá ser instalada em primeira convocação com a presença de acionistas que representem dois terços, no mínimo, do capital social com direito a voto, podendo entretanto ser instalada em segunda convocação com qualquer número.

Note-se, ainda, que os documentos pertinentes à matéria a ser debatida em assembleia geral extraordinária deverão ser postos à disposição dos acionistas, na sede social, por ocasião da publicação do primeiro anúncio de convocação da assembleia geral.

a) Quórum qualificado

Nas sociedades por ações, a lei prevê hipóteses em que se exige, para a aprovação de determinadas matérias em assembleia geral extraordinária, o *quórum qualificado*. Assim, nos termos do art. 136, é necessária a aprovação de acionistas que representem metade, no mínimo, das ações com direito a voto, se maior quórum não for exigido pelo estatuto social, para aquelas sociedades cujas ações não estejam admitidas à negociação em bolsa ou no mercado de balcão, para deliberação sobre:

a.1) criação de ações preferenciais ou aumento de classe de ações preferenciais existentes, sem guardar proporção com as demais classes de ações preferenciais, salvo se já previstos ou autorizados pelo estatuto;

a.2) alteração nas preferências, vantagens e condições de resgate ou amortização de uma ou mais classes de ações preferenciais ou criação de nova classe mais favorecida;

a.3) redução do dividendo obrigatório;

a.4) fusão da companhia ou sua incorporação por outra;

a.5) participação em grupo de sociedades;

a.6) mudança do objeto da companhia;

a.7) cessação do estado de liquidação da companhia;

a.8) criação de partes beneficiárias;

a.9) cisão da companhia; e

a.10) dissolução da companhia.

Não obstante a exigência do quórum qualificado ser válida para todas as hipóteses elencadas, é interessante observar que, nas grandes companhias de capital aberto, ocorre com frequência que mais da metade das ações representativas do capital social encontra-se dispersa pelo mercado, o que dificulta a reunião de acionistas, por assim dizer, titulares de ações representativas da maioria do capital social votante. Nesse caso, a CVM pode autorizar a redução do quórum qualificado da companhia aberta cujas três últimas assembleias tenham sido realizadas com a presença de acionistas representando menos da metade das ações com direito a voto. Nesse caso, a autorização da CVM será mencionada nos avisos de convocação e a deliberação com quórum reduzido somente poderá ser adotada em terceira convocação, conforme o art. 136, § 2.º da lei.

b) Direito de retirada

Como já vimos, as sociedades por ações têm como uma de suas principais características a impessoalidade no ingresso e na retirada de sócios. Nesse contexto, uma vez subscritas e integralizadas suas ações, os acionistas não podem exigir, a qualquer momento e como regra geral, a devolução dos valores por eles integralizados no capital social e correspondentes às suas ações.

Há, entretanto, situações legais específicas em que é assegurado ao acionista dissidente o direito de retirar-se da companhia (direito de recesso), obtendo o reembolso do valor de suas ações, e observando-se, para tanto, as hipóteses previstas no art. 137 combinado com o art. 136, da Lei das Sociedades Anônimas:

b.1) criação de ações preferenciais ou aumento de classe de ações preferenciais existentes, sem guardar proporção com as demais classes de ações preferenciais, salvo se já previstos ou autorizados pelo estatuto, desde que o acionista seja titular de ações de espécie ou classe prejudicadas;

b.2) alteração nas preferências, vantagens e condições de resgate ou amortização de uma ou mais classes de ações preferenciais, ou criação de nova classe mais favorecida. Nesse caso somente terá direito de retirada o titular de ações de espécie ou classes prejudicadas;

b.3) fusão da companhia ou sua incorporação por outra;

b.4) participação em grupo de sociedades.

Entretanto, nas companhias de capital aberto, o titular de ação de espécie ou classe que tenha *liquidez* e *dispersão* no mercado não terá direito de retirada nas hipóteses de *fusão da companhia, sua incorporação por outra ou ainda participação em grupo de sociedades*, considerando-se existir:

* *liquidez*, quando a espécie ou classe de ação, ou certificado que a represente, integrar índice geral representativo de carteira de valores mobiliários admitido à negociação no mercado de valores mobiliários, no Brasil ou no exterior, definido pela CVM; e

* *dispersão*, quando o acionista controlador, a sociedade controladora ou outras sociedades sob seu controle detiverem menos da metade da espécie ou classe de ação.

c) Cisão da companhia

Por fim, na hipótese de cisão da companhia, conforme o art. 137, III, somente haverá direito de retirada se a cisão implicar:

c.1) mudança do objeto social, salvo quando o patrimônio cindido for vertido para sociedade cuja atividade preponderante coincida com a decorrente do objeto social da sociedade cindida;

c.2) redução do dividendo obrigatório;

c.3) participação em grupo de sociedades.

A Lei 13.129/2015 introduziu o art. 136-A na Lei das Sociedades Anônimas, estabelecendo que a aprovação da inserção de convenção de arbitragem no estatuto social, observado o quórum do art. 136, obriga a todos os acionistas, sendo assegurado ao acionista dissidente o direito de retirar-se da companhia mediante o reembolso do valor de suas ações, nos termos do art. 45.

Ressalte-se que a convenção de arbitragem somente terá eficácia após o decurso do prazo de trinta dias, contado da publicação da ata da assembleia geral que a aprovou (§1º), sendo que o direito de retirada, nesse caso, está sujeito às restrições contidas no art. 136, § 2º.

2.8.7.1.3. Assembleias especiais

São assembleias destinadas a reunir, em caráter exclusivo, uma das seguintes categorias: *a)* acionistas preferencialistas (art. 18); *b)* portadores de partes beneficiárias (art. 51); ou *c)* debenturistas (art. 71), a fim de tratar de matéria de interesse dessas respectivas categorias e que, posteriormente, conforme a Lei das Sociedades Anônimas, poderá ser levada ao conhecimento dos demais acionistas, reunidos em assembleia geral.

2.8.7.2. Conselho de administração

É um órgão colegiado de orientação geral dos negócios da sociedade, de existência facultativa nas sociedades anônimas de capital fechado e obrigatória nas sociedades anônimas de capital aberto e de capital autorizado, tendo caráter deliberativo e devendo, nos termos do art. 140, ser composto por, no mínimo, três membros, pessoas naturais, eleitos pela assembleia geral e por ela destituíveis a qualquer tempo, devendo o estatuto social estabelecer:

a) o número de conselheiros, ou o máximo e o mínimo permitidos, e o processo de escolha e substituição do presidente do conselho pela assembleia ou pelo próprio conselho de administração;

b) o modo de substituição dos conselheiros;

c) o prazo de gestão, que não poderá ser superior a três anos, permitida a reeleição;

d) as normas sobre convocação, instalação e funcionamento do conselho, que deliberará por maioria de votos, podendo o estatuto prever quórum qualificado para certas deliberações, desde que especifique as matérias.

O estatuto social poderá, ainda, prever a participação, no conselho de administração, de representantes dos empregados, escolhidos pelo voto destes em eleição direta organizada pela sociedade, em conjunto com as entidades sindicais que os representem.

Com relação às competências do conselho de administração, nos termos do art. 142, cabe a esse órgão deliberativo:

a) fixar a orientação geral dos negócios sociais;

b) eleger e destituir os diretores da sociedade e fixar-lhes as atribuições, observado o que dispuser a respeito o estatuto social;

c) fiscalizar a gestão dos diretores, examinar, a qualquer tempo, os livros e documentos da sociedade, solicitar informações sobre contratos celebrados ou em via de celebração, e quaisquer outros atos;

d) convocar a assembleia geral quando julgar conveniente, ou na hipótese de realização anual da assembleia geral ordinária;

e) manifestar-se sobre o relatório da administração e as contas da diretoria;

f) manifestar-se previamente sobre atos ou contratos, quando o estatuto assim o exigir;

g) deliberar, quando autorizado pelo estatuto social, sobre a emissão de ações ou de bônus de subscrição;

h) autorizar, se o estatuto não dispuser em contrário, a alienação de bens do ativo não circulante, a constituição de ônus reais e a prestação de garantias a obrigações de terceiros; e

i) escolher e destituir os auditores independentes, se houver.

2.8.7.3. *Diretoria*

A diretoria é um órgão de gestão e representação social responsável pela execução das deliberações tomadas pelos acionistas reunidos em assembleia geral e pelo conselho de administração.

Nos termos do art. 143, a diretoria deve ser composta de dois ou mais diretores, pessoas naturais, acionistas ou não, residentes no país, eleitos e destituíveis a qualquer tempo pelo conselho de administração ou pela assembleia geral, caso a companhia não possua conselho de administração, devendo o estatuto social estabelecer:

a) o número de diretores ou o máximo e o mínimo permitidos;

b) o modo de sua substituição;

c) o prazo de gestão, que não será superior a três anos, permitida a reeleição;

d) as atribuições e os poderes de cada diretor.

Os membros do conselho de administração, até o máximo de um terço, podem ser eleitos diretores.

Com relação aos poderes de representação da sociedade inerentes ao cargo de diretor, deve-se observar que, conforme previsto no art. 144, no silêncio do estatuto social e inexistindo deliberação do conselho de administração, qualquer diretor terá poderes para a representação da sociedade e para a prática dos atos necessários ao seu regular funcionamento.

2.8.7.4. Conselho fiscal

O conselho fiscal é um órgão de fiscalização, podendo, a critério do estatuto social, funcionar de modo permanente ou apenas em determinados exercícios sociais, a pedido de acionistas.

O conselho fiscal, nos termos do art. 161, § 1.º, da Lei das Sociedades Anônimas, deve ser composto por, no mínimo, três e, no máximo, cinco membros, e suplentes em igual número, acionistas ou não, eleitos em assembleia geral.

Nas sociedades por ações em que o conselho fiscal não tiver funcionamento permanente, ele poderá ser instalado pela assembleia geral a pedido de acionistas que representem, no mínimo, um décimo das ações com direito a voto, ou cinco por cento das ações sem direito a voto, e o seu funcionamento terminará na primeira assembleia geral ordinária após a sua instalação.

Os membros do conselho fiscal e seus suplentes deverão exercer seus cargos até a primeira assembleia geral ordinária que se realizar após a sua eleição e poderão ser reeleitos, sendo indelegável a função de membro do conselho fiscal.

Além disso, nos termos do art. 162, somente podem ser eleitas para o conselho fiscal pessoas naturais, residentes no país, diplomadas em curso de nível universitário, ou que tenham exercido, por prazo mínimo de três anos, cargo de administrador de empresa ou de conselheiro fiscal.

Não podem ser eleitos para o conselho fiscal os membros de órgãos de administração nem os empregados da companhia ou de sociedade por ela controlada ou do mesmo grupo, nem o cônjuge ou parente, até terceiro grau, de administrador da companhia.

O conselho fiscal, nos termos do art. 163, possui as seguintes competências:

a) fiscalizar, por qualquer de seus membros, os atos dos administradores e verificar o cumprimento de seus deveres legais e estatutários;

b) opinar sobre o relatório anual da administração, fazendo constar do seu parecer as informações complementares que julgar necessárias ou úteis à deliberação da assembleia geral;

c) opinar sobre as propostas dos órgãos da administração a serem submetidas à assembleia geral, relativas a modificação do capital social, emissão de debêntures ou bônus de subscrição, planos de investimento ou orçamentos de capital, distribuição de dividendos, transformação, incorporação, fusão ou cisão;

d) denunciar, por qualquer de seus membros, aos órgãos de administração, e, se estes não tomarem as providências necessárias para a proteção dos interesses da companhia, à assembleia geral os erros, fraudes ou crimes que descobrirem, e sugerir providências úteis à companhia;

e) convocar a assembleia geral ordinária, se os órgãos da administração retardarem por mais de um mês essa convocação, e a extraordinária sempre que ocorrerem motivos graves ou urgentes, incluindo na agenda das assembleias as matérias que considerarem necessárias;

f) analisar, ao menos trimestralmente, o balancete e demais demonstrações financeiras elaboradas periodicamente pela companhia;

g) examinar as demonstrações financeiras do exercício social e opinar sobre elas;

h) exercer essas atribuições durante a liquidação, tendo em vista as disposições especiais que a regulam.

Os membros do conselho fiscal têm poderes para solicitar esclarecimentos ou informações aos órgãos de administração, bem como aos auditores independentes, quando existirem na sociedade, desde que relativos à sua função fiscalizadora, assim como a elaboração de demonstrações financeiras ou contábeis especiais, limitando-se tais poderes, entretanto e em princípio, ao exercício social em curso e para o qual ditos conselheiros fiscais foram eleitos.

Os membros do conselho fiscal têm os mesmos deveres dos administradores, previstos nos arts. 153 a 156 da Lei das Sociedades Anônimas, tratados adiante, e são responsáveis pelos danos resultantes de omissão no cumprimento de seus deveres e de atos praticados com culpa ou dolo, ou com violação da lei ou do estatuto social. Devem exercer suas funções no exclusivo interesse da companhia, sendo considerado abusivo o exercício da função com a finalidade de causar dano à sociedade e aos seus acionistas ou administradores, ou de obter, para si ou para outrem, vantagem a que não fazem jus e de que resulte, ou possa resultar, prejuízo para a sociedade, seus acionistas ou administradores.

Por outro lado, é importante observar que o membro do conselho fiscal não é responsável pelos atos ilícitos dos outros membros do conselho, salvo se tiver agido em conivência ou mediante concurso com outros membros para a prática do ato.

A responsabilidade dos membros do conselho fiscal por omissão no cumprimento de seus deveres é solidária, mas dela pode eximir-se o membro dissidente que fizer constar sua divergência em ata da reunião do conselho fiscal e comunicá-la aos órgãos da administração e à assembleia geral.

2.8.7.5. Outros órgãos consultivos

Além dos órgãos sociais estudados, nas sociedades anônimas é ainda possível a existência de órgãos técnicos e consultivos destinados a auxiliar os órgãos sociais (assembleias gerais, conselho de administração, diretoria e conselho fiscal). Nesse sentido, a lei prevê, em seu art. 160, que os membros dos órgãos técnicos e consultivos também se sujeitam aos mesmos deveres impostos aos administradores.

2.8.8. Aspectos legais da administração das sociedades por ações

Tendo em vista a complexa estrutura administrativa característica das sociedades por ações, a Lei das Sociedades Anônimas estabelece normas específicas relativas a requisitos, impedimentos, investidura, remuneração, deveres e responsabilidade dos administradores, aplicando-se tais normas aos membros da diretoria, do conselho de administração, do conselho fiscal e dos demais órgãos técnicos ou consultivos porventura existentes na companhia.

Conforme já mencionado, devem ser eleitas como membros dos órgãos de administração pessoas naturais, podendo os membros do conselho de administração e os membros da diretoria ser acionistas ou não, porém estes últimos deverão obrigatoriamente ser residentes no Brasil.

São inelegíveis para os cargos de administração das sociedades por ações as pessoas impedidas por lei especial, condenadas por crime falimentar, de prevaricação, suborno, concussão, peculato e contra a economia popular, a fé pública ou a propriedade, ou por crime cuja pena vede, ainda que temporariamente, o acesso a cargos públicos.

São também inelegíveis para os cargos de administração de sociedades por ações de capital aberto as pessoas declaradas inabilitadas por ato da CVM.

O membro do conselho de administração deve ter reputação ilibada, não podendo ser eleito, salvo dispensa da assembleia geral, aquele que:

a) ocupe cargo em sociedades que possam ser consideradas concorrentes no mercado, em especial em seus conselhos consultivos, de administração ou fiscal; ou

b) tenha interesse conflitante com a sociedade.

Os administradores de uma sociedade por ações estão sujeitos aos seguintes deveres, previstos nos arts. 153 e seguintes:

2.8.8.1. *Dever de diligência*

O administrador da sociedade, quando no exercício de suas funções, atribuições legais e estatutárias, deve empregar o cuidado e a diligência que todo homem ativo e probo costuma ter na administração dos seus próprios negócios, satisfeitas as exigências do bem público e da função social da empresa.

Nesse sentido, é vedado ao administrador:

a) praticar ato de liberalidade à custa da companhia;

b) sem prévia autorização da assembleia geral ou do conselho de administração, tomar por empréstimo recursos ou bens da companhia, ou usar, em proveito próprio, de sociedade em que tenha interesse, ou de terceiros, os seus bens, serviços ou crédito;

c) receber de terceiros, sem autorização estatutária ou da assembleia geral, qualquer modalidade de vantagem pessoal, direta ou indireta, em razão do exercício de seu cargo.

2.8.8.2. Dever de lealdade

O dever de lealdade representa o vínculo não apenas pessoal, mas sobretudo ético que une o administrador à companhia, à qual deve servir com lealdade e manter reserva sobre os seus negócios, sendo-lhe vedado, nos termos do art. 155:

a) usar, em benefício próprio ou de outrem, com ou sem prejuízo para a companhia, as oportunidades comerciais de que tenha conhecimento em razão do exercício de seu cargo;

b) omitir-se no exercício ou na proteção de direitos da companhia ou, visando à obtenção de vantagens, para si ou para outrem, deixar de aproveitar oportunidades de negócio de interesse da companhia;

c) adquirir, para revender com lucro, bem ou direito que sabe necessário à companhia ou que esta tencione adquirir.

2.8.8.3. Dever de informar

Os acionistas, como sócios e investidores, têm o direito de obter informações a respeito da companhia. Mais especificamente nas sociedades por ações de capital aberto, os administradores são obrigados, nos termos do art. 157, a revelar à assembleia geral ordinária, a pedido de acionistas que representem 5% ou mais do capital social:

a) o número dos valores mobiliários de emissão da sociedade ou de sociedades controladas, ou do mesmo grupo, que tiverem adquirido ou alienado, diretamente ou por meio de outras pessoas, no exercício anterior;

b) as opções de compra de ações que tiverem contratado no exercício anterior;

c) os benefícios ou vantagens, indiretas ou complementares, que tenham recebido ou estejam recebendo da própria sociedade e de sociedades coligadas, controladas ou do mesmo grupo;

d) as condições dos contratos de trabalho que tenham sido firmados pela sociedade com os diretores e empregados de alto nível; e

e) quaisquer atos ou fatos relevantes nas atividades sociais.

2.8.8.4. Dever de sigilo

O dever de sigilo, mencionado por diversos comercialistas, não aparece identificado sob essa denominação na Lei das Sociedades Anônimas, e sim de forma implícita no dever de lealdade, no art. 155, § 1.º. É um dever de natureza ética e profissional, não se contrapondo, em momento algum, ao dever de informar, anteriormente enunciado.

No caso específico das sociedades por ações de capital aberto, os seus administradores devem guardar sigilo sobre qualquer informação que ainda não tenha sido divulgada para conhecimento do mercado, obtida em razão do cargo e capaz de influir de modo ponderável na cotação de valores mobiliários, sendo-lhes vedado o uso de referida informação para obter, para si ou para outrem, vantagem mediante compra ou venda de valores mobiliários.

Referida conduta pode configurar o crime de uso indevido de informação privilegiada, tipificado na Lei 6.385/1976, em seu art. 27-D e também denominado pela doutrina de *insider trading* ("Art. 27-D. Utilizar informação relevante de que tenha conhecimento, ainda não divulgada ao mercado, que seja capaz de propiciar, para si ou para outrem, vantagem indevida, mediante negociação, em nome próprio ou de terceiros, de valores mobiliários: Pena – reclusão, de 1 (um) a 5 (cinco) anos, e multa de até 3 (três) vezes o montante da vantagem ilícita obtida em decorrência do crime").

2.8.8.5. *Responsabilidade dos administradores das sociedades por ações*

A responsabilidade dos administradores das sociedades por ações está adstrita aos atos a cuja prática se encontram autorizados pela lei e pelo estatuto social, dentro do período de vigência de seu mandato, de modo que, sempre que agirem contrariamente à lei ou com excesso de poderes, dolosa ou culposamente, tais administradores poderão ser responsabilizados.

Nos termos do art. 158, o administrador não é pessoalmente responsável pelas obrigações que contrair em nome da sociedade e em virtude de ato regular de gestão, entretanto responde civilmente pelos prejuízos que causar quando proceder:

a) dentro de suas atribuições ou poderes com culpa ou dolo;

b) com violação da lei ou do estatuto social (que também implicará na existência do elemento subjetivo na sua ocorrência, qual seja, o dolo ou ao menos a culpa).

Note-se também que o administrador não é responsável por atos ilícitos de outros administradores, salvo se com eles for conivente, negligenciar em descobri-los, ou, deles tendo conhecimento, deixar de agir para impedir a sua prática. Entretanto, o administrador dissidente, para eximir-se de responsabilidade por ato de outros administradores, deverá registrar sua divergência em ata de reunião do órgão de administração ou então comunicá-la por escrito à diretoria, ao conselho de administração (se existente), ao conselho fiscal, se existente e em funcionamento, ou à assembleia geral.

Deve-se ainda fazer menção ao disposto no art. 99, que atribui aos primeiros administradores responsabilidade solidária perante a companhia pelos prejuízos causados pela demora no cumprimento das formalidades complementares à sua constituição.

2.8.8.6. Ação de responsabilidade

Como forma de responsabilizar os administradores que descumprirem os seus deveres legais e estatutários, a Lei das Sociedades Anônimas, em seu art. 159, atribui competência à sociedade para, mediante prévia deliberação da assembleia geral, propor ação de responsabilidade civil contra o(s) administrador(es) pelos prejuízos causados ao patrimônio social.

Referida deliberação poderá ser tomada em assembleia geral ordinária e, se prevista na ordem do dia, ou for consequência direta de assunto nela incluído, em assembleia geral extraordinária.

Note-se ainda que, caso a ação não seja proposta no prazo de três meses contados da deliberação autorizadora tomada em assembleia geral, qualquer acionista poderá promovê-la.

Por outro lado, caso a assembleia geral delibere não promover a ação, ela poderá ser proposta por acionistas que representem 5%, pelo menos, do capital social.

Deve-se ainda observar que, não obstante a possibilidade de um acionista formular a ação, os resultados desta são revertidos à companhia, que estará assim obrigada a indenizar o referido acionista de todas as despesas em que tiver incorrido no processo.

Por oportuno, ressalte-se que a ação de responsabilidade prevista na legislação societária, não exclui qualquer outra que couber ao acionista ou a terceiro diretamente prejudicado por ato de administrador da companhia, visto que a própria Constituição Federal assegura, em seu art. 5.º, V, o direito à indenização proporcional ao dano.

2.8.9. Demonstrações financeiras

Nas sociedades por ações, o distanciamento existente entre a administração social e os acionistas comuns (entendendo-se como acionista comum aquele que não é titular de ações em quantidade suficiente para exercer o poder de controle e tampouco para influenciar as deliberações sociais por meio do voto, nas assembleias gerais) faz com que a diretoria seja obrigada a elaborar certos documentos e dar-lhes publicidade. Esses documentos são previstos na lei e identificados genericamente como "demonstrações financeiras" e refletem certos aspectos financeiros e contábeis da companhia em determinado período de tempo.

Assim, para fins de elaboração das demonstrações financeiras, a Lei das Sociedades Anônimas em seu art. 175 adota como padrão o *exercício social*, que é o lapso temporal considerado para fins de avaliação do desempenho da companhia.

O exercício social terá duração de um ano e a data de seu término será fixada pelo estatuto social. Na prática societária, os estatutos sociais costumam atrelar o exercício social ao ano civil, iniciando-se assim em 1.º de janeiro e terminando em 31 de dezembro de cada ano. Ressalte-se, porém, que o estatuto social poderá fixar período temporal diverso do ano civil para o exercício social, sendo ainda que na constituição da companhia e nos casos de alteração estatutária o exercício social poderá ter duração diversa (art. 175, parágrafo único).

As demonstrações financeiras, assim, refletem o desempenho da companhia durante o exercício social, devendo ser elaboradas ao término de cada exercício, a fim de que sejam submetidas à aprovação dos acionistas reunidos em assembleia geral ordinária, que, como visto, deve ser realizada dentro dos quatro primeiros meses do ano, sendo esse prazo, portanto, um limite temporal para a elaboração e a aprovação das demonstrações financeiras, ainda que excepcionalmente sua aprovação possa ocorrer em assembleia geral realizada fora do quadrimestre legal.

De acordo com o disposto no art. 176, as demonstrações financeiras compreendem os seguintes documentos:

I) balanço patrimonial;

II) demonstração dos lucros ou prejuízos acumulados;

III) demonstração do resultado do exercício;

IV) demonstração dos fluxos de caixa; e,

V) demonstração do valor adicionado, no caso de companhia aberta.

Com relação ao balanço patrimonial, oportuno é o magistério de Fábio Ulhoa Coelho (Manual de direito comercial, p. 247):

> "O *Balanço Patrimonial* é a demonstração financeira que procura retratar o ativo, o passivo e o patrimônio líquido da sociedade anônima. Diz-se que procura retratar porque, segundo reconhece a Contabilidade, há uma inevitável margem de subjetividade na definição de algumas contas e da classificação adequada de certos valores. Isso se deve não somente às divergências próprias entre os profissionais da área, no tocante à melhor solução para as diversas questões relacionadas com o tema, mas, fundamentalmente, às limitações da capacidade humana. O balanço patrimonial, portanto, embora correto sob o ponto de vista técnico, é sempre *aproximativo*, fornecendo apenas relativamente o retrato da situação da empresa."

A *demonstração dos lucros ou prejuízos acumulados*, conforme o art. 186, é o documento contábil que deverá conter a discriminação: a) do saldo do início do período, dos ajustes de exercícios anteriores e da correção monetária do saldo inicial; b) das reversões de reservas e o lucro líquido do exercício; c) das transferências para reservas, dos dividendos, da parcela dos lucros incorporada ao capital e do saldo ao fim do período.

Deverá indicar ainda o montante do dividendo por ação do capital social e poderá ser incluída na demonstração das mutações do patrimônio líquido, se elaborada e publicada pela companhia (art. 186, § 2.º).

A *demonstração do resultado do exercício*, por sua vez, nos termos do art. 187, deverá indicar: a) a receita bruta das vendas e serviços, as deduções das vendas, os abatimentos e os impostos; b) a receita líquida das vendas e serviços, o custo das mercadorias e serviços vendidos e o lucro bruto; c) as despesas com as vendas, as despesas financeiras, deduzidas das receitas, as despesas gerais e administrativas, e outras despesas operacionais; d) o lucro ou prejuízo operacional, as outras receitas e as outras despesas; e) o resultado do exercício antes do Imposto sobre a Renda e a provisão para o imposto; f) as participações de debêntures, empregados, administradores e partes beneficiárias, mesmo na forma de instrumentos financeiros, e de instituições ou fundos de assistência ou previdência de empregados, que não se caracterizem como despesa; g) o lucro ou prejuízo líquido do exercício e o seu montante por ação do capital social.

Da mesma forma, na determinação do resultado do exercício serão computados (art. 187, § 1.º): a) as receitas e os rendimentos ganhos no período, independentemente da sua realização em moeda; e, b) os custos, despesas, encargos e perdas, pagos ou incorridos, correspondentes a essas receitas e rendimentos.

A *demonstração dos fluxos de caixa* (art. 188, I) deverá conter a indicação, no mínimo, das alterações ocorridas, durante o exercício, no saldo de caixa e equivalentes de caixa, segregando-se essas alterações em, no mínimo, três fluxos: a) das operações; b) dos financiamentos; e c) dos investimentos. A elaboração e publicação desse documento não é obrigatória para as sociedades por ações de capital fechado, que tenham patrimônio líquido, na data do balanço, inferior a dois milhões de reais (art. 176, § 6.º).

Por fim, a *demonstração do valor adicionado* (art. 188, II), específica das sociedades por ações de capital aberto, deverá indicar no mínimo o valor da riqueza gerada pela companhia, a sua distribuição entre os elementos que contribuíram para a geração dessa riqueza, tais como empregados, financiadores, acionistas, governo e outros, bem como a parcela da riqueza não distribuída.

Deve-se também observar que, além das funções específicas de-sempenhadas por cada um dos documentos referidos, as demonstrações financeiras podem também constituir importante elemento de prova, por exemplo, para fins de dissolução total da sociedade, em decorrên-cia da não distribuição de dividendos por seguidos exercícios sociais, demonstrando que ela não está mais conseguindo atingir os seus fins (conforme art. 206, II, *b)*, podendo constituir também elemento de prova para a propositura de ação de responsabilidade contra os administra-dores (art. 159).

O *balanço patrimonial* pode ser melhor entendido a partir do seguinte modelo, aqui apresentado a título meramente ilustrativo:

Balanço patrimonial	
Ativo	**Passivo**
I – Disponível Valores em caixa Valores em bancos II – Realizável a curto prazo Clientes (-) Títulos descontados Mercadorias em estoque Contas a receber Adiantamentos Importações em trânsito Aplicações financeiras III – Realizável a longo prazo Devedores diversos IV – Diferido Juros a apropriar Prêmios de seguros a vencer V – Permanente Imóveis de uso Equipamentos de informática Móveis e equipamentos Veículos (-) Depreciações acumuladas VI – Contas de compensação Contrapartidas do passivo	I – Circulante A – Exigível a curto prazo Fornecedores nacionais Obrigações fiscais a recolher Contribuições sociais a recolher B – Exigível a longo prazo Credores com garantia real Parcelamentos fiscais II – Patrimônio líquido Capital social subscrito (-) Capital social a integralizar Reservas estatutárias Lucros a distribuir Resultado do exercício

2.8.10. Dissolução das sociedades por ações

A dissolução representa o fim dos esforços e/ou interesses associativos reunidos quando da constituição da sociedade, caracterizando, por conseguinte, o início do fim da sociedade, como ensina Waldirio Bulgarelli (*Manual das sociedades anônimas*, p. 331):

> "(...) é um processo que põe fim à existência da sociedade; trata-se de uma situação jurídica decorrente de vários fatores (término do prazo de duração, deliberação social, determinação judicial etc), que faz cessar a atividade normal da sociedade; ou, para os que adotam a terminologia biológica, é a morte da sociedade.
>
> Contudo, não é em si mesma um processo definitivo e acabado; trata-se do primeiro estágio, a que se seguirá o segundo, que é a liquidação, para finalmente chegar-se à extinção, considerada esta por Gudesteu Pires como o atestado de óbito da sociedade."

Assim, de acordo com o art. 206 da Lei das Sociedades Anônimas, a dissolução de uma companhia pode ocorrer nas seguintes hipóteses:

2.8.10.1. Dissolução de pleno direito

A dissolução de pleno direito é aquela que ocorre por simples motivação jurídica, independentemente de pronunciamento judicial. Assim, nos termos do art. 206, I, são motivos para a dissolução de pleno direito das sociedades anônimas:

a) o término do prazo de duração, sendo certo que isso somente pode ocorrer nas sociedades por ações em que os acionistas fixam em seu estatuto social prazo certo para a sua duração;

b) *as hipóteses previstas* no estatuto, e nesse caso se trata de típica regra de direito dispositivo, ficando ao livre-arbítrio da assembleia geral a sua inclusão no estatuto, respeitadas as condições para a validade dos atos jurídicos e a definição estatutária das hipóteses de dissolução da companhia;

c) por deliberação da assembleia geral, visto que esta é o órgão supremo de uma sociedade por ações, sendo soberanas as suas decisões, desde que obedecidos os respectivos quóruns fixados pela lei ou pelo estatuto social para a sua validade;

d) pela existência de um único acionista, verificada em assembleia geral ordinária, se o mínimo de dois acionistas não for reconstituído até a Assembleia Geral Ordinária do ano seguinte, restando patente nesse caso a impossibilidade de prosseguimento da sociedade, visto não ser permitida, como regra geral no direito pátrio, a existência de sociedades unipessoais;

e) pela extinção, na forma da lei, da autorização para funcionar, sendo que essa hipótese trata daquelas sociedades que exercem atividades empresariais específicas sujeitas a autorização não renovável e com prazo determinado, cuja expiração, nesse caso, implica invariavelmente na sua dissolução.

2.8.10.2. *Dissolução por decisão judicial*

A dissolução que se opera por meio de decisão judicial depende, logicamente, do regular atendimento aos ditames do devido processo legal, podendo ocorrer conforme o disposto no art. 206, II, nas seguintes hipóteses:

a) quando anulada a constituição da sociedade em ação proposta por qualquer acionista;

b) quando provado que a sociedade não pode preencher o seu fim, em ação proposta por acionistas que representem 5% ou mais do capital social;

c) em caso de falência, na forma prevista na Lei de Falência e Recuperação de Empresas, e nessa hipótese a dissolução ocorre com a prolação da sentença declaratória da falência.

Conforme observado anteriormente, também a Lei Anticorrupção Empresarial (Lei 12.846/2013) prevê como uma das sanções que podem ser impostas às empresas infratoras a dissolução compulsória da pessoa jurídica, a ser determinada judicialmente nos autos de ação específica (art. 19) a ser proposta pela União, Estado-Membros, Distrito Federal ou Municípios interessados, através de suas respectivas Advocacias Públicas ou ainda pelo Ministério Público, contra a empresa responsabilizada por atos de corrupção, nos termos do art. 1.º, parágrafo único; art. 4.º, e art. 5.º da referida lei.

Conforme o art. 19, § 1.º, a dissolução judicial da pessoa jurídica será determinada quando comprovado: a) ter sido a personalidade jurídica utilizada de forma habitual para facilitar ou promover a prática de atos ilícitos; ou, b) ter sido constituída para ocultar ou dissimular interesses ilícitos ou a identidade dos beneficiários dos atos praticados.

2.8.10.3. *Dissolução por decisão de autoridade administrativa*

Essa hipótese cuida daquelas sociedades que estão sujeitas à fiscalização de determinada autoridade administrativa, nos termos de legislação especial. Assim, as instituições financeiras, por exemplo, estão sujeitas à fiscalização administrativa do Banco Central do Brasil, que pode, por meio de procedimento administrativo próprio, intervir nessas sociedades, bem como determinar a sua liquidação extrajudicial.

2.8.11. Liquidação das sociedades por ações

A liquidação é o procedimento pelo qual se realiza o ativo da sociedade, dando-lhe liquidez, com a utilização de seu produto para o pagamento do passivo eventualmente existente, sendo o saldo remanescente, se positivo, rateado entre os acionistas nas proporções das ações de que sejam titulares no capital social. Durante todo o período em que se processa a liquidação, a sociedade deve acrescentar à sua denominação a expressão *em liquidação* (art. 212).

A liquidação se encontra regulada pela Lei das Sociedades Anônimas em seus arts. 208 a 218.

Como referido anteriormente, o Código Civil também cuida da liquidação em seus arts. 1.102 a 1.112, aplicando-se, entretanto, tais dispositivos exclusivamente às sociedades cujos tipos societários são regulados pelo Código Civil.

A liquidação pode ser realizada pela própria sociedade, sendo denominada *liquidação extrajudicial*, ou em decorrência de procedimento judicial, sendo então denominada *liquidação judicial*.

2.8.11.1. Liquidação extrajudicial

A liquidação extrajudicial ou liquidação pelos órgãos da sociedade poderá ser realizada quando verificada qualquer das hipóteses de dissolução de pleno direito previstas no art. 206, I:

> "a) pelo término do prazo de duração; b) nos casos previstos no estatuto; c) por deliberação da assembleia geral (art. 136, X); d) pela existência de um único acionista, verificada em assembleia geral ordinária, se o mínimo de dois não for reconstituído até à do ano seguinte, ressalvado o disposto no art. 251; e) pela extinção, na forma da lei, da autorização para funcionar."

Nesse caso, compete à assembleia geral determinar o modo de liquidação e nomear o liquidante e o conselho fiscal que devam funcionar durante o período de liquidação.

A sociedade que tiver conselho de administração poderá mantê-lo, competindo a esse órgão nomear o liquidante, e o funcionamento do conselho fiscal poderá ser permanente ou não, a pedido de acionistas, conforme dispuser o estatuto social.

2.8.11.2. *Liquidação judicial*

A liquidação judicial tem caráter impositivo, na medida em que decorre de decisão judicial proferida em conformidade com as hipóteses legais.

Assim, além daquelas hipóteses em que a sociedade pode ser dissolvida por decisão judicial referidas no art. 206, II (ver subitem Dissolução por Decisão Judicial), ela também poderá ser liquidada judicialmente:

a) a pedido de qualquer acionista, se os administradores ou a maioria de acionistas deixarem de promover a sua liquidação, ou a ela se opuserem, nos casos em que a sociedade deva sofrer dissolução de pleno direito.

b) a requerimento do Ministério Público, à vista de comunicação da autoridade competente, se a sociedade, nos trinta dias subsequentes à dissolução, não iniciar a liquidação ou, se após iniciá-la, interrompê-la por mais de quinze dias, na hipótese de extinção de autorização existente para o funcionamento da sociedade dissolvida.

2.8.11.3. *Liquidante*

O liquidante é o responsável pela administração da sociedade durante o período de liquidação, sendo que, na hipótese de liquidação extrajudicial, ele será nomeado pela assembleia geral que a aprovar, ao passo que na hipótese de liquidação judicial o liquidante será nomeado pelo juiz competente para conhecer da respectiva ação.

Independentemente de ser a liquidação judicial ou extrajudicial, o liquidante terá as mesmas responsabilidades legais dos administradores, devendo portanto ser pessoa natural. Não obstante isso, os deveres e as responsabilidades dos administradores, fiscais e acionistas subsistirão até a extinção da companhia.

O liquidante tem competência para representar a sociedade e praticar todos os atos necessários à liquidação, podendo alienar bens móveis ou imóveis, transigir, receber e dar quitação, porém necessita de expressa autorização da assembleia geral para gravar bens e contrair empréstimos, salvo quando tais atos forem indispensáveis ao pagamento de obrigações inadiáveis, não podendo também prosseguir na atividade social sem referida autorização, ainda que para facilitar a liquidação.

Nos termos do art. 210, são deveres do liquidante:

a) arquivar e publicar a ata da assembleia geral ou certidão de sentença que tiver deliberado ou decidido a liquidação;

b) arrecadar os bens, livros e documentos da companhia, onde quer que estejam;

c) fazer levantar de imediato, em prazo não superior ao fixado pela assembleia geral ou pelo juiz, o balanço patrimonial da companhia;

d) ultimar os negócios da companhia, realizar o ativo, pagar o passivo, e partilhar o remanescente entre os acionistas;

e) exigir dos acionistas, quando o ativo não bastar para a solução do passivo, a integralização de suas ações;

f) convocar a assembleia geral, nos casos previstos em lei ou quando julgar necessário;

g) confessar a falência da companhia e requerer sua recuperação (judicial ou extrajudicial), nos casos previstos em lei;

h) finda a liquidação, submeter à assembleia geral relatório dos atos e operações da liquidação e suas contas finais;

i) arquivar e publicar a ata da assembleia geral que houver encerrado a liquidação.

2.8.11.4. Assembleia geral

Conforme o art. 213, o liquidante deve convocar a assembleia geral a cada seis meses para a prestação de contas dos atos e operações praticados no semestre e para a apresentação do relatório e do balanço do estado da liquidação. A assembleia geral pode fixar, para essas prestações de contas, períodos menores ou maiores, porém não inferiores a três nem superiores a doze meses.

Deve-se ainda observar que, uma vez iniciada a liquidação, nas assembleias gerais da sociedade em liquidação, todas as ações gozam de igual direito de voto. As restrições ou limitações porventura existentes em relação às ações ordinárias ou preferenciais tornam-se ineficazes nesse momento. Caso cesse o estado de liquidação, todas as restrições e limitações relativas ao direito de voto de referidas ações serão restabelecidas.

2.8.11.5. Pagamento do passivo, partilha do ativo e prestação de contas

Na sua gestão à frente da sociedade em liquidação, o liquidante deverá efetuar o pagamento das dívidas sociais proporcionalmente e sem distinção entre as vencidas e vincendas, mas, em relação às dívidas vin-cendas, deverão ser pagas, com desconto das taxas bancárias e desde que respeitados os direitos dos credores preferenciais.

Ato contínuo, uma vez pago o passivo e rateado o ativo remanescente, o liquidante deverá convocar a assembleia geral para a prestação final das contas relativas à liquidação. A aprovação das referidas contas põe fim à liquidação e determina a extinção da sociedade.

2.8.11.6. Direito de credor não satisfeito

Por fim, deve-se observar que, mesmo tendo sido encerrada a liqui-dação e extinta a sociedade, nos termos do art. 218, o credor cujo crédito porventura não tenha sido satisfeito durante a liquidação só terá direito de exigir dos acionistas, individualmente, o pagamento de seu crédito até o limite da soma por eles recebida (na hipótese de estes terem recebido algo na partilha do ativo), podendo ainda propor ação de indenização contra o liquidante, se for o caso.

O acionista que houver sido cobrado, por sua vez, terá o direito de cobrar dos demais acionistas a parcela que lhes couber na dívida paga, limitando-se, porém, o valor global a ser cobrado, sempre ao valor efeti-vamente recebido por referidos acionistas durante a partilha.

2.8.12. Extinção das sociedades por ações

A extinção é propriamente o fim da sociedade. Com o arquivamento na junta comercial do correspondente ato jurídico que deliberou ou determinou a extinção, desaparece, por conseguinte, a personalidade jurídica societária.

A extinção se encontra regulada pelo disposto no art. 219 da Lei das Sociedades Anônimas. Assim, uma sociedade por ações pode extinguir-se:

a) pelo encerramento da liquidação, que se segue à dissolução, restando claro aqui o fim da sociedade, em virtude da total li-quidação de seu ativo;

b) pela incorporação;

c) pela fusão;

d) pela cisão total; ou

e) após a sentença declaratória de encerramento da falência (nes-se caso não existe deliberação dos sócios sobre a liquidação, decorrendo a extinção unicamente da sentença que declara encerrado o processo falimentar).

2.8.13. Modificações na estrutura das sociedades por ações

As estruturas societárias possuem certa flexibilidade jurídica, na medida em que, consideradas as peculiaridades de cada tipo societário, é possível a sua alteração mediante determinadas operações societárias previstas nos arts. 220 a 234 da Lei das Sociedades Anônimas.

À semelhança do que ocorre com a liquidação, as operações societárias aqui referidas também têm o seu correspondente no Código Civil (arts. 1.113 a 1.122), aplicando-se porém tais dispositivos exclusivamente às sociedades cujos tipos societários são regulados pelo Código Civil. Assim, as operações de modificação da estrutura das sociedades anônimas são as seguintes:

2.8.13.1. Transformação

É a operação pela qual a sociedade passa, independentemente de dissolução e liquidação, de um tipo societário para outro, sendo que a transformação deve obedecer aos requisitos que regulam a constituição e o registro do tipo societário a ser adotado pela sociedade resultante da transformação, estando prevista nos arts. 220 a 222.

A transformação nas sociedades por ações exige o consentimento unânime dos sócios ou acionistas, salvo se prevista no estatuto social, caso em que o sócio dissidente terá o direito de retirar-se da sociedade, sendo que os sócios podem renunciar, no contrato social, ao direito de retirada no caso de transformação da sociedade limitada em sociedade anônima, por exemplo.

Deve-se ainda observar que a transformação não prejudica, em hipótese alguma, os direitos dos credores, que permanecem, até o pagamento integral dos seus créditos, com as mesmas garantias que o tipo societário anterior lhes oferecia.

2.8.13.2. Incorporação

É a operação pela qual uma ou mais sociedades são absorvidas (*incorporadas*) por outra sociedade (*incorporadora*), que lhes sucede em todos os seus direitos e obrigações, assumindo seu ativo e passivo.

A assembleia geral da sociedade incorporadora, se aprovar o protocolo da operação, deve autorizar o aumento de capital a ser subscrito e realizado mediante versão do patrimônio líquido da sociedade incorporada à incorporadora, e nomear os peritos para a sua avaliação.

Quando da aprovação do protocolo de incorporação, a sociedade incorporada deve autorizar seus administradores a praticar os atos necessários à incorporação, inclusive a subscrição do aumento de capital da incorporadora.

Por fim, com a aprovação pela assembleia geral da sociedade incorporadora do laudo de avaliação e da operação de incorporação, ocorre a extinção da sociedade incorporada, cabendo à sociedade incorporadora promover o arquivamento na junta comercial e a publicação dos atos societários da incorporação.

A incorporação encontra-se regulada pelo art. 227 da Lei das Sociedades Anônimas.

2.8.13.3. Fusão

É a operação pela qual duas ou mais sociedades se unem para formar uma nova sociedade, que lhes sucederá em todos os direitos e obrigações. A assembleia geral de cada uma das sociedades, quando da aprovação do protocolo de fusão, deve nomear os peritos para a avaliação do patrimônio líquido das respectivas sociedades.

Apresentados os laudos de avaliação, os administradores das sociedades envolvidas devem convocar os sócios ou acionistas das companhias para uma assembleia geral, a fim de que apreciem tais documentos e deliberem sobre a constituição definitiva da nova sociedade, sendo vedado aos sócios ou acionistas votar o laudo de avaliação do patrimônio líquido da sociedade de que fizerem parte.

Após a constituição da nova sociedade, os primeiros administradores devem promover o arquivamento na junta comercial e a publicação (*no diário oficial e em jornal de grande circulação*) dos atos societários e demais documentos relativos à fusão.

A fusão encontra-se regulada pelo art. 228 da Lei societária.

2.8.13.4. Cisão

É a operação pela qual a sociedade transfere parcelas de seu patrimônio a uma ou mais sociedades, constituídas para esse fim ou já existentes, com a consequente extinção da sociedade cindida, se houver versão de todo o seu patrimônio (*cisão total*), ou dividindo-se o seu capital (em partes iguais ou desiguais), se houver versão parcial de seu patrimônio ao patrimônio da outra sociedade (*cisão parcial*).

A cisão encontra-se regulada pelo art. 229 da Lei.

É importante observar que, na hipótese de cisão da companhia, somente haverá direito de retirada dos acionistas porventura dissidentes se a cisão implicar:

a) mudança do objeto social, salvo quando o patrimônio cindido for vertido para sociedade cuja atividade preponderante coincida com a decorrente do objeto social da sociedade cindida;

b) redução do dividendo obrigatório; ou

c) participação em grupo de sociedades.

Nessas hipóteses, o reembolso da ação deve ser solicitado pelo acionista dissidente à companhia no prazo de trinta dias, contados da publicação da respectiva ata de assembleia geral no diário oficial e em jornal de grande circulação.

2.8.13.5. *Regras comuns à incorporação, fusão e cisão*

Nos termos do art. 223, a incorporação, a fusão ou a cisão podem ser operadas entre sociedades de tipos societários iguais ou diferentes e devem ser deliberadas na forma prevista para a alteração dos respectivos estatutos ou contratos sociais. Nas operações em que houver criação de sociedade, devem ser observadas as normas reguladoras da constituição das sociedades do seu respectivo tipo societário.

As operações de incorporação, fusão ou cisão com incorporação em sociedade existente devem ser formalizadas por meio de um protocolo firmado pelos órgãos de administração social ou pelos próprios sócios das sociedades interessadas, que incluirá, nos termos do art. 224:

a) o número, a espécie e a classe das ações que serão atribuídas em substituição aos direitos de sócios que se extinguirão e os critérios utilizados para determinar as relações de substituição;

b) os elementos ativos e passivos que formarão cada parcela do patrimônio, no caso de cisão;

c) os critérios de avaliação do patrimônio líquido, a data a que será referida a avaliação, e o tratamento das variações patrimoniais posteriores;

Cap. 2 · DIREITO SOCIETÁRIO

d) a solução a ser adotada quanto às ações ou quotas do capital de uma das sociedades possuídas por outra;

e) o valor do capital das sociedades a serem criadas ou do aumento ou redução do capital das sociedades que forem parte na operação;

f) o projeto ou projetos de estatuto, ou de alterações estatutárias, que deverão ser aprovados para efetivar a operação;

g) todas as demais condições a que estiver sujeita a operação.

As operações de incorporação, fusão e cisão devem ser obrigatoriamente submetidas à deliberação da assembleia geral das sociedades interessadas, procedimento denominado *justificação*, no qual serão expostos:

a) os motivos ou fins da operação e o interesse da companhia na sua realização;

b) as ações que os acionistas preferenciais receberão e as razões para a modificação dos seus direitos, se prevista;

c) a composição, após a operação, segundo espécies e classes das ações, do capital das sociedades que deverão emitir ações em substituição às que se deverão extinguir;

d) o valor de reembolso das ações a que terão direito os acionistas dissidentes.

Assim, esquematicamente, pode-se dizer que a incorporação, a fusão e a cisão adotam o seguinte procedimento comum:

a) protocolo (de incorporação, fusão ou cisão) acompanhado dos fundamentos para justificação;

b) laudo de avaliação dos respectivos patrimônios das sociedades participantes;

c) assembleia para aprovação do laudo de avaliação e da operação em questão.

2.8.13.6. *Direitos dos credores na incorporação ou fusão*

O credor cujo crédito seja anterior ao ato de incorporação ou de fusão e seja prejudicado em decorrência de tal ato, pode, nos termos do art. 232, pleitear judicialmente a anulação da operação no prazo de até sessenta dias depois de publicados os atos relativos à incorporação ou fusão, sendo que, findo o referido prazo, decairá do seu direito.

2.8.13.7. Direitos dos credores na cisão

Nos termos do art. 233, na cisão em que ocorra a extinção da sociedade cindida (cisão total), as sociedades que absorverem parcelas do seu patrimônio possuem *responsabilidade solidária* quanto às obrigações da sociedade extinta.

Na hipótese de cisão parcial, a sociedade parcialmente cindida e as sociedades que absorverem parcelas do seu patrimônio possuem *responsabilidade solidária* pelas obrigações da sociedade parcialmente cindida anteriores à cisão.

Por outro lado, o ato de cisão parcial poderá estipular que as sociedades que absorverem parcelas do patrimônio da sociedade cindida serão responsáveis apenas pelas obrigações que lhes forem transferidas, sem solidariedade entre si ou com a sociedade cindida, mas, nesse caso, qualquer credor anterior pode opor-se à estipulação, em relação ao seu crédito, desde que notifique a sociedade cindida parcialmente no prazo de noventa dias a contar da data da publicação dos atos da cisão.

Fica evidente o escopo legal de possibilitar aos credores prejudicados manifestar-se sobre a cisão que possa acarretar prejuízo ao seu direito de crédito.

2.8.14. Grupo de sociedades

A Lei das Sociedades Anônimas prevê, em seus arts. 265 a 277, a figura do grupo de sociedades. Assim, nos termos do art. 265, a sociedade controladora e suas controladas podem constituir grupo de sociedades mediante convenção pela qual se obriguem a combinar recursos ou esforços para a realização dos respectivos objetos, ou a participar de atividades ou empreendimentos comuns.

A sociedade controladora, ou de comando do grupo, deve ser brasileira e exercer, direta ou indiretamente, e de modo permanente, o controle das sociedades filiadas, como titular de direitos de sócio ou acionista, ou mediante acordo com outros sócios ou acionistas.

Conforme o art. 267, o grupo de sociedades terá designação em que constarão as palavras "grupo de sociedades" ou "grupo", sendo que apenas os grupos organizados de acordo com as disposições da Lei das Sociedades Anônimas, poderão usar essas designações.

O grupo de sociedades é constituído por convenção aprovada pelas sociedades que o compõem. Referida convenção deverá ser registrada na Junta Comercial e, nos termos do art. 269, conterá:

a) a designação do grupo;

b) a indicação da sociedade de comando e das filiadas;

c) as condições de participação das diversas sociedades;

d) o prazo de duração, se houver, e as condições de extinção;

e) as condições para a admissão de outras sociedades e para a retirada das que o compõem;

f) os órgãos e cargos da administração do grupo, suas atribuições e as relações entre a estrutura administrativa do grupo e a das sociedades que o compõem;

g) as condições para a alteração da convenção;

h) a declaração da nacionalidade do controle do grupo.

Os grupos de sociedades não têm personalidade jurídica, sendo que cada sociedade conserva sua personalidade e patrimônio próprios, não existindo, em princípio, solidariedade entre as sociedades integrantes do grupo para fins de responsabilidade patrimonial.

Excetuam-se dessa regra geral algumas hipóteses de *responsabilidade solidária* previstas em leis específicas, como por exemplo, por dívidas trabalhistas (Consolidação das Leis do Trabalho – art. 2.º, § 2.º); e de *responsabilidade subsidiária* por infrações aos direitos do consumidor (Código de Defesa do Consumidor - art. 28, § 2.º). Não obstante os rigores da Lei das Sociedades Anônimas, na prática empresarial é comum a existência dos chamados "grupos de fato", que consistem na união fática de duas ou mais sociedades, coligadas ou sob controle comum, entretanto sem qualquer observância às formalidades legais e que chegam a utilizar, inclusive, a expressão "grupo" em sua publicidade, em total desrespeito à lei, opondo-se, dessa forma, aos "grupos de direito" legalmente previstos.

Convém ainda distinguir o *grupo de sociedades* daquelas sociedades que, sem integrar formalmente um "grupo", possuem certa vinculação entre si, como as *sociedades coligadas* e as *sociedades controladora e controlada*.

Assim, nos termos do art. 243, §§ 1.º, 4.º e 5.º, são *sociedades coligadas* aquelas nas quais a investidora tenha *influência significativa*, que, em princípio a) se caracteriza quando a investidora detém ou exerce o poder de participar nas decisões das políticas financeira ou operacional da investida, sem controlá-la, ou ainda, b) é presumida quando a investidora for titular de vinte por cento ou mais do capital votante da investida, sem controlá-la.

Por outro lado, conforme o art. 243, § 2.º, considera-se *sociedade controlada* aquela na qual a *controladora*, diretamente ou por meio de outras controladas, seja titular de direitos de sócio que lhe assegurem, de modo permanente, preponderância nas deliberações sociais e o poder de eleger a maioria dos administradores.

Da mesma forma, é vedada a participação recíproca entre a sociedade por ações e suas coligadas ou controladas (art. 244).

Ressalte-se que o Código Civil, em seus arts. 1.097 a 1.101, traz conceito idêntico de sociedades controlada e controladora, porém o conceito lá previsto para sociedade coligada está em descompasso com o conceito trazido pela Lei das Sociedades Anônimas, pois enquanto esta norma (alterada pela Lei 11.941/2009), considera sociedade coligada aquela sociedade em que a investidora detenha *influência significativa*, conforme exposto, o Código Civil, em seu art. 1.099 considera sociedade coligada ou filiada aquela de cujo capital outra sociedade participe com dez por cento ou mais, do capital da outra, sem controlá-la, de modo que, pode-se dizer que o conceito de sociedade coligada para as sociedades regidas pela Lei das Sociedades Anônimas é um, ao passo que, para aquelas sociedades regidas pelo Código Civil, o conceito é diverso.

2.8.15. Consórcio

É a união de duas ou mais sociedades, sob o mesmo controle ou não, para a execução de determinado empreendimento, conforme previsto no arts. 278 e 279.

A união consorcial não tem personalidade jurídica e deve possuir prazo certo e determinado de duração, sendo que as sociedades consorciadas possuem sua responsabilidade adstrita às condições previstas no respectivo contrato de consórcio, respondendo cada uma por suas obrigações, sem presunção de solidariedade. A falência de uma consorciada não se estende às demais, subsistindo o consórcio com as demais consorciadas.

Excetuam-se dessa regra geral as hipóteses de *responsabilidade solidária* por: *a)* infrações aos direitos do consumidor (Código de Defesa do Consumidor, art. 28, § 3.º); e *b)* infrações à Lei de Licitações (Lei 8.666/1993, art. 33, V).

2.8.16. Sociedade em comandita por ações

2.8.16.1. Características gerais

A sociedade em comandita por ações, nos termos do art. 280, caracteriza-se por ser uma sociedade empresária híbrida, na medida em que contém elementos comuns a dois tipos societários distintos, a saber: a sociedade por ações e a sociedade em comandita simples.

2.8.16.2. Administração social e responsabilidade dos administradores

Na sociedade em comandita por ações, apenas o acionista (sócio comanditado) pode exercer a administração social, respondendo de forma subsidiária, em caráter solidário com os demais sócios comanditados e ilimitadamente pelas obrigações da sociedade.

Os diretores são nomeados, sem limitação de tempo, no estatuto da sociedade e somente podem ser destituídos por deliberação de acionistas que representem dois terços, no mínimo, do capital social.

Note-se ainda que, diversamente do que ocorre na sociedade por ações, na sociedade em comandita por ações, dada a qualidade de sócio dos administradores, o diretor destituído ou exonerado continua responsável pelas obrigações sociais contraídas sob sua administração.

A sociedade em comandita por ações pode exercer suas atividades utilizando, como nome empresarial, uma firma coletiva (ou razão social), que deve conter apenas os nomes dos sócios que exerçam a administração social (diretores – sócios comanditados), sendo estes solidária e ilimitadamente responsáveis pelas obrigações sociais. Referido nome empresarial pode ainda ser composto por uma denominação, contendo expressão de fantasia.

Note-se, ainda, que a sociedade em comandita por ações deve apresentar em seu nome empresarial a expressão "sociedade em comandita por ações".

2.8.16.3. Limitações da assembleia geral

A assembleia geral nas sociedades em comandita por ações não pode, sem o consentimento dos sócios-diretores:

a) mudar o objeto social;

b) prorrogar o prazo de duração da sociedade;

c) aumentar ou diminuir o capital social;

d) emitir debêntures;

e) criar partes beneficiárias nem aprovar a participação da sociedade em grupo de sociedades.

2.9. SOCIEDADES DE GRANDE PORTE

A Lei 11.638/2007, em seu art. 3.º, criou no direito brasileiro o conceito de *sociedade de grande porte*, assim considerada como sendo aquela sociedade, ainda que não constituída sob a forma de sociedade por ações, ou ainda o conjunto de sociedades sob controle comum, que tiver, no exercício social anterior, ativo total superior a duzentos e quarenta milhões de reais ou receita bruta anual superior a trezentos milhões de reais.

Nos termos da referida lei, as sociedades assim consideradas de grande porte, ainda que não adotem o tipo societário das sociedades por ações, deverão observar as disposições da Lei das Sociedades Anônimas sobre escrituração e elaboração de demonstrações financeiras e a obrigatoriedade de auditoria independente por auditor registrado na Comissão de Valores Mobiliários.

Ressalte-se ainda que a doutrina comercialista não é unânime sobre a efetiva aplicação das disposições contidas nessa lei às sociedades que adotem outros tipos societários, sobretudo no que diz respeito à necessidade de publicação das demonstrações financeiras, obrigatória para as sociedades anônimas de capital aberto e de capital fechado (com exceção daquelas sociedades anônimas com capital fechado que tenham menos de vinte acionistas e apresentem patrimônio líquido inferior a um milhão de reais, conforme o art. 294, II, da Lei das Sociedades Anônimas).

Essa divergência encontra motivo de ordem prática, pois no Brasil existe uma parcela significativa de empresas facilmente enquadráveis no conceito legal de *sociedades de grande porte*, porém constituídas anteriormente à vigência dessa lei, sob a forma de sociedades limitadas, com a finalidade específica de não submeter-se à obrigatoriedade de publicação de suas demonstrações financeiras e, desse modo, preservar informações relativas a seu desempenho econômico, por questões meramente concorrenciais.

2.10. CONCEITOS COMPLEMENTARES DO CÓDIGO CIVIL

O Código Civil traz ainda alguns conceitos complementares em matéria de sociedades, em seus arts. 1.123 a 1.141, em que dispõe sobre as sociedades dependentes de autorização, classificando-as em sociedades nacionais e sociedades estrangeiras.

2.10.1. Sociedade dependente de autorização

A autorização a que se refere o Código Civil é aquela definida por leis especiais, tal como ocorre com os bancos, que necessitam de autorização prévia do Banco Central, ou as seguradoras, que necessitam de autorização da Superintendência de Seguros Privados – Susep, para iniciarem suas atividades. Nesse sentido, o art. 1.123, parágrafo único, prevê que a competência para a autorização será sempre do Poder Executivo Federal (direta ou indiretamente, como ocorre com o Banco Central e a Susep, que são autarquias federais).

Ainda conforme o art. 1.124, na ausência de prazo estipulado em lei especial ou em ato administrativo do poder público, será considerada caduca a autorização se a sociedade não entrar em funcionamento nos doze meses seguintes à publicação da respectiva autorização, sendo ainda facultado ao Poder Executivo, a qualquer tempo, cassar a autorização concedida à sociedade nacional ou estrangeira que infringir disposição de ordem pública ou praticar atos contrários aos fins declarados no seu estatuto, conforme dispõe o art. 1.125.

2.10.1.1. Sociedade nacional

A sociedade dependente de autorização pode ser uma sociedade nacional, que é aquela organizada em conformidade com a lei brasileira e que tenha no país a sede de sua administração, conforme o art. 1.126.

O Poder Executivo poderá, nos termos do art. 1.130, recusar a autorização se a sociedade não atender às condições econômicas, financeiras ou jurídicas especificadas em lei.

A autorização se dará mediante decreto do Poder Executivo Federal, e, uma vez expedido o decreto de autorização, caberá à sociedade, no prazo de trinta dias, publicar no *Diário Oficial da União*, atualmente em sua forma eletrônica, os atos societários e administrativos referentes à sua constituição, cujo exemplar, nos termos do art. 1.131, representará prova para inscrição, no registro próprio, dos atos constitutivos da sociedade.

Uma vez estando em funcionamento a sociedade, as modificações de seu contrato ou estatuto social dependerão igualmente de autorização do Poder Executivo, salvo se decorrerem de aumento do capital social, em virtude de utilização de reservas ou reavaliação do ativo, conforme dispõe o art. 1.133.

Note-se, ainda, que uma sociedade brasileira, assim considerada nacional pelo Código Civil, poderá mudar de nacionalidade, sendo que tal mudança dependerá do consentimento unânime dos sócios ou acionistas (art. 1.127).

2.10.1.2. Sociedade estrangeira

A sociedade dependente de autorização pode também ser uma sociedade constituída e sediada em território estrangeiro.

Nesse caso, qualquer que seja o seu objeto, a sociedade estrangeira não poderá funcionar no país sem autorização prévia do Poder Executivo, ainda que por meio de estabelecimentos subordinados (representações, sucursais etc.), podendo, entretanto, conforme dispõe o art. 1.134 e ressalvados os casos expressos em lei, ser acionista de sociedade anônima brasileira (ou mesmo quotista de sociedade limitada), configurando-se esta última a hipótese mais usual, e compreendendo as denominadas *sociedades multinacionais* (sociedades de origem estrangeira que possuem participações majoritárias em outras sociedades constituídas em diversos países), mas que não se confundem com a disciplina da sociedade estrangeira referida no Código Civil.

No caso de sociedade estrangeira, a autorização a que se refere o Código Civil possui um caráter nitidamente discricionário, conforme prevê o Decreto federal 8.803/2016, sendo facultado ao Poder Executivo estabelecer condições convenientes à defesa dos interesses nacionais para a sua outorga, conforme dispõe o art. 1.135.

A sociedade estrangeira autorizada a funcionar deverá proceder a todas as publicações previstas em lei no *Diário Oficial da União*, atualmente em sua versão eletrônica, devendo ainda inscrever-se na Junta Comercial correspondente ao estado da federação em que for estabelecer sua filial. O requerimento de inscrição deverá ser instruído com exemplar da publicação no *Diário Oficial* acompanhado de comprovante do depósito em dinheiro, em estabelecimento bancário oficial, do capital ali mencionado e correspondente à referida filial.

Uma vez concedida a autorização para o seu funcionamento, a sociedade estrangeira ficará sujeita às leis e aos tribunais brasileiros no tocante aos atos ou operações praticados no Brasil, conforme o art. 1.137, devendo utilizar no Brasil o nome que tiver em seu país de origem, ao qual poderá acrescentar as palavras "do Brasil" ou "para o Brasil".

A sociedade deverá manter, ainda, em caráter permanente, representante no Brasil, com poderes para resolver quaisquer questões e receber citação judicial, sendo que qualquer modificação no contrato ou no estatuto dependerá da aprovação do Poder Executivo para produzir efeitos no território nacional, conforme dispõe o art. 1.139.

A sociedade estrangeira dependente de autorização deve, ainda, sob pena de lhe ser cassada a autorização, reproduzir no *Diário Oficial da União* e no *do Estado,* se for o caso, as publicações que, segundo a sua lei nacional, seja obrigada a fazer relativamente ao balanço patrimonial e ao de resultado econômico, bem como aos atos de sua administração, conforme o art. 1.140, devendo ainda, sob as mesmas penas, publicar o balanço patrimonial e o de resultado econômico de sua filial aberta no Brasil.

2.11. SOCIEDADES *OFF-SHORE*

Como regra geral do direito societário e observadas as exceções legais, as sociedades regem-se pelas leis vigentes na localidade de sua sede. Tendo em vista esse princípio, desde a antiguidade, mercadores passaram a constituir empresas em localidades cujas leis, sobretudo em matéria tributária, lhes fossem mais favoráveis.

Nesse contexto é que surgiram as sociedades *off-shore* (expressão originária do inglês "distante da costa"), como sociedades sediadas em ilhas "distantes da costa", onde a legislação era mais favorável à atividade comercial, subtraindo-se, desse modo, à jurisdição e à aplicação das leis continentais. Tais localidades passaram a ser conhecidas como "paraísos fiscais".

Ao longo dos séculos, esse conceito se aperfeiçoou e, sobretudo após a segunda metade do século XX, surgiram tratados e convenções internacionais destinados a regular a existência dos paraísos fiscais e o funcionamento das sociedades *off-shore.*

Os paraísos fiscais costumam ser classificados em duas categorias: *a)* paraísos fiscais puros: localidades onde não existem tributos; e *b)* paraísos fiscais relativos: localidades onde os tributos são extremamente reduzidos. Caracterizam-se, ainda, por garantirem, em princípio, sigilo às pessoas jurídicas constituídas e sediadas sob a sua jurisdição (no tocante à sua composição societária e determinadas operações financeiras) – dentre as quais se encontram as sociedades *off-shore.*

Logicamente, que a existência de referidos paraísos fiscais pode atrair não só muitas pessoas interessadas em licitamente pagar menos tributos, como também aquelas interessadas em ocultar receitas. Diante disso, Receita Federal do Brasil expediu a Instrução Normativa RFB 1.037/2010 (alterada pela Instrução Normativa RFB 1.773/2017), que listou as localidades consideradas paraísos fiscais para fins de tributação. São exemplos de paraísos fiscais: Mônaco, *Liechtenstein*, Ilhas Virgens Britânicas, Panamá etc.

As sociedades *off-shore* são constituídas geralmente sob a forma de sociedades por ações, sendo que suas ações podem assumir a forma nominativa ou ao portador; sendo esta última forma de ações muito usual em tais sociedades, visto assegurar sigilo ao acionista titular, na medida em que não permite a sua imediata identificação.

Sua manutenção e sua administração geralmente são atribuídas a um *trustee* ou agente localizado no paraíso fiscal em que essas sociedades estão sediadas, que em muitas dessas localidades também exerce a função de órgão de registro de empresas (por delegação do poder público local, como acontece com os cartórios de registro civil de pessoas jurídicas no Brasil), e que em muitos casos possui dever de sigilo sobre os dados arquivados, de modo que o registro de empresas em muitas dessas localidades não é público.

As sociedades *off-shore*, em geral, e considerando as peculiaridades de cada paraíso fiscal, podem ser constituídas nas seguintes modalidades:

a)   sociedades *holdings*: têm por objeto a participação em outras sociedades;

b)   sociedades de negócios internacionais (*trading companies*): têm por objeto a realização de negócios variados, relacionados ao comércio internacional; ou

c)   sociedades prestadoras de serviços: têm por objeto a prestação de serviços especificados em seu estatuto social.

Em virtude de suas peculiaridades, as sociedades *off-shore* muitas vezes têm seu uso desvirtuado, sendo que há tratados internacionais que asseguram a possibilidade de quebra do sigilo garantido a tais sociedades em procedimentos judiciais destinados a apurar tráfico internacional de entorpecentes ou improbidade administrativa, por exemplo.

Mesmo que não tenham por objeto atividades sujeitas a autorização do Governo Federal, para atuar no Brasil as sociedades *off-shore* necessitam constituir procurador no país, em conformidade com as disposições fixadas pela Receita Federal do Brasil, e os atos jurídicos por elas praticados no Brasil estarão sujeitos às leis nacionais.

2.12. RESPONSABILIDADE PATRIMONIAL DOS SÓCIOS E DOS ADMI-
NISTRADORES

2.12.1. Aspectos gerais

Uma das questões mais polêmicas que surgem no estudo das sociedades personificadas é, sem dúvida nenhuma, a definição do exato limite
da responsabilidade patrimonial de seus sócios e administradores.

Conforme exposto anteriormente, as sociedades personificadas têm
personalidade jurídica distinta da de seus sócios e administradores,
assumindo, por si próprias, responsabilidade patrimonial por suas obrigações.

Quando se trata da responsabilidade patrimonial das sociedades,
esta deve ser analisada nos seguintes campos principais: *a)* responsabilidade por obrigações cíveis e empresariais (obrigações com fornecedores e bancos em geral); *b)* responsabilidade por obrigações fiscais; *c)*
responsabilidade por obrigações trabalhistas; e, *d)* responsabilidade em
processo de falência.

2.12.2. Regras gerais de responsabilidade

Nas sociedades personificadas, os sócios e os administradores poderão ser responsabilizados patrimonialmente, de acordo com as seguintes
regras gerais, quando agirem com *a)* culpa; *b)* dolo; *c)* violação da lei; ou
d) violação do contrato social ou do estatuto social.

2.12.3. Regras específicas dos tipos societários

A responsabilidade patrimonial deve ser analisada sob dois ângulos
distintos, ainda que muitas vezes próximos na prática empresarial: *a)*
responsabilidade dos sócios; e *b)* responsabilidade dos administradores.

Considerando que no Brasil existem cinco tipos de sociedades empresárias: *a)* sociedade em nome coletivo; *b)* sociedade em comandita
simples; *c)* sociedade em comandita por ações; *d)* sociedade limitada;
e *e)* sociedade por ações – optamos por tratar de forma mais detalhada neste tópico sobre a responsabilidade patrimonial dos sócios e dos
administradores dos dois tipos societários mais utilizados: a sociedade
limitada e a sociedade por ações, visto que, quanto às demais, as regras
de responsabilidade já foram suficientemente delineadas quando do seu
estudo na presente obra.

2.12.3.1. Sociedades limitadas

a) Sócios-quotistas

Na sociedade limitada, a responsabilidade de cada sócio é restrita ao valor de suas quotas sociais, entretanto todos respondem solidariamente até que ocorra a efetiva e plena integralização do capital social. Isso significa que na hipótese de a integralização do capital social não ocorrer conforme o Código Civil e o contrato social, todos os sócios têm responsabilidade solidária não só pela integralização de eventual valor em aberto, mas também por quaisquer obrigações que eventualmente ultrapassem o valor integralizado, visto que até esse momento a responsabilidade é ilimitada.

Uma vez integralizado o capital social, passa então a vigorar o disposto no art. 1.052 do Código Civil, limitando-se a responsabilidade de cada sócio ao valor por ele integralizado no capital social, de modo que, na hipótese de as obrigações sociais ultrapassarem o valor integralizado, ressalvadas as exceções legais, não poderá o referido sócio, em princípio, ser demandado para o pagamento do valor restante.

Os sócios-quotistas respondem ainda solidariamente, nos termos do art. 1.055, § 1.º, pela exata estimação de bens conferidos ao capital social, estendendo-se essa responsabilidade pelo prazo de cinco anos, contados da data do arquivamento, em junta comercial, do ato societário que aprove a conferência de bens ao capital social.

Por fim, deve-se ainda observar que, nos termos do art. 1.080, as deliberações infringentes do contrato ou da lei tornam ilimitada a responsabilidade dos sócios-quotistas que expressamente as aprovaram.

b) Administradores

A responsabilidade dos administradores perante a sociedade (não perante terceiros), consideradas as regras gerais referidas anteriormente, desaparece com a aprovação pelos sócios, em reunião (ou assembleia) geral de quotistas, sem reservas, do balanço patrimonial e do de resultado econômico relativo à sua gestão, nos termos do art. 1.078, § 3.º, do Código Civil, excetuando-se as hipóteses de erro, dolo ou simulação.

2.12.3.2. Sociedades por ações

a) Acionistas comuns

Nas sociedades anônimas, a principal (se não a única) obrigação do *acionista comum* (considerando-se como acionista comum aquele que

Cap. 2 · DIREITO SOCIETÁRIO

não detém o poder de controle) é a integralização das ações por ele subscritas no capital social, conforme previsto nos arts. 106 e 107 da Lei das Sociedades Anônimas, não existindo, porém, qualquer solidariedade entre os acionistas pelo descumprimento de referida obrigação por parte do acionista remisso.

Ainda a esse respeito, deve ser ressaltada a hipótese de responsabilidade do acionista contida no art. 218 da mesma lei, que assegura ao credor não satisfeito, quando do encerramento da liquidação da sociedade, o direito de exigir dos acionistas, individualmente, o pagamento de seu crédito, até o limite da soma, por eles recebida, sendo que o acionista executado terá o direito de haver dos demais a parcela que lhes couber no crédito pago, tornando-se solidária a responsabilidade dos acionistas nesse momento.

Por seu turno, o *acionista controlador*, conforme já estudado, responde patrimonialmente, nos termos do art. 117, pelos atos praticados com abuso de poder.

b)   Administradores

A responsabilidade dos administradores nas sociedades anônimas deve ser aferida em conformidade com os seus deveres legais (diligência, lealdade, informação e sigilo), sendo que, nos termos do art. 158, o administrador não é pessoalmente responsável pelas obrigações que contrair em nome da sociedade e em virtude de ato regular de gestão, respondendo, entretanto, patrimonialmente pelos prejuízos que causar quando proceder: *a)* dentro de suas atribuições ou poderes, com culpa ou dolo; ou *b)* com violação da lei ou do estatuto.

Nesse sentido, estabelece ainda a Lei das Sociedades Anônimas em seu art. 158, § 2.º, responsabilidade solidária para os administradores em decorrência de prejuízos causados pelo não cumprimento dos deveres impostos por lei para assegurar o funcionamento normal da companhia, ainda que, pelo estatuto social, tais deveres não caibam a todos os administradores.

2.12.4. Principais hipóteses de responsabilidade definidas em leis especiais

2.12.4.1. Obrigações tributárias

A Lei 5.172/1966 – Código Tributário Nacional – estabelece em seu art. 135, responsabilidade pessoal pelas obrigações tributárias resultantes de atos praticados com *excesso de poderes* ou *infração de lei, contrato social* ou *estatutos* para:

   a)   os sócios, na hipótese de liquidação de sociedade de pessoas;

   b)   os mandatários, prepostos e empregados;

   c)   os diretores, gerentes ou representantes de pessoas jurídicas de direito privado.

2.12.4.2. Obrigações trabalhistas

A Consolidação das Leis do Trabalho considera empregador a empresa, individual ou coletiva, que, assumindo os riscos da atividade econômica, admite, assalaria e dirige a prestação pessoal de serviço.

A responsabilidade patrimonial dos sócios e dos administradores pelas obrigações trabalhistas segue as regras gerais expostas anteriormente, com a peculiaridade de que, em sede de execução trabalhista, sempre que o patrimônio da sociedade executada revelar-se insuficiente para satisfação do débito exequendo, a jurisprudência trabalhista tem admitido a aplicação imediata da desconsideração da personalidade jurídica, adotando a chamada *teoria menor*, já estudada, com o atingimento do patrimônio pessoal dos sócios, quando de responsabilidade limitada (no caso específico da sociedade limitada), baseada no *princípio da proteção ao trabalhador hipossuficiente* e considerando, ademais, a natureza alimentar do crédito trabalhista.

A norma trabalhista também prevê em seu art. 10-A que o sócio retirante responde subsidiariamente pelas obrigações trabalhistas da sociedade relativas ao período em que figurou como sócio, somente em ações ajuizadas até dois anos depois de averbada a modificação do contrato, observada a seguinte ordem de preferência: I - a empresa devedora; II - os sócios atuais; e III - os sócios retirantes. O sócio retirante responderá solidariamente com os demais quando ficar comprovada fraude na alteração societária decorrente da modificação do contrato social.

2.12.4.3. Falência

Com relação à responsabilidade patrimonial na falência, a Lei de Falência e Recuperação de Empresas, estabelece critérios diferenciados para os sócios *a)* de responsabilidade ilimitada; *b)* de responsabilidade limitada; e *c)* para os administradores.

Assim, a Lei de Falência e Recuperação de Empresas dispõe em seu art. 81 que a decisão que decreta a falência da sociedade com *sócios de responsabilidade ilimitada* também acarreta a falência destes, que ficam sujeitos aos mesmos efeitos jurídicos produzidos em relação à sociedade falida.

Igual critério se aplica ao sócio que tenha se retirado voluntariamente ou que tenha sido excluído da sociedade há menos de dois anos, quanto às obrigações existentes na data do arquivamento da alteração do contrato social, no caso de referidas obrigações não terem sido solvidas até a data da decretação da falência.

Os *sócios de responsabilidade limitada* e os controladores não são, em princípio, atingidos pela falência, ficando porém, nos termos do art. 82 da lei, sujeitos a ação ordinária de responsabilidade a ser proposta perante o juízo da falência, em que poderá ser determinada liminarmente a indisponibilidade de bens particulares dos réus, em valor compatível com o dano provocado, até o julgamento final da ação.

Por fim, os *administradores* da sociedade falida (que figuraram nessa condição anteriormente à decretação da falência), para fins de responsabilidade, estão sujeitos às mesmas obrigações do falido, nos termos do art. 81, § 2.º, da Lei de Falência e Recuperação de Empresas, estando ainda sujeitos à ação de responsabilidade prevista no art. 82, *caput*, e referida no parágrafo anterior.

2.13. QUADRO GERAL DAS SOCIEDADES

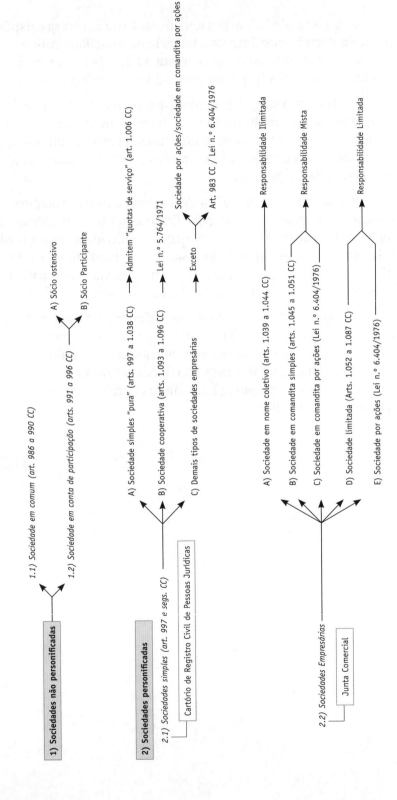

CAPÍTULO 3

Títulos de Crédito

Sumário • **3.1**. Teoria geral dos títulos de crédito – **3.2**. Origem histórica – **3.3**. Definição – **3.4**. Características essenciais dos títulos de crédito: **3.4.1**. Cartularidade; **3.4.2**. Autonomia; **3.4.3**. Literalidade – **3.5**. Sistemática legal dos títulos de crédito e o Código Civil – **3.6**. Classificação dos títulos de crédito: **3.6.1**. Quanto à natureza; **3.6.2**. Quanto ao modo de circulação; **3.6.3**. Quanto à estrutura jurídica – **3.7**. Elementos conexos à matéria títulos de crédito: **3.7.1**. Endosso e cessão de crédito; **3.7.2**. Aval e fiança; **3.7.3**. Protesto; **3.7.4**. Ação executiva cambial, processo de conhecimento e ação monitória – **3.8**. Títulos de crédito em espécie: **3.8.1**. Letra de câmbio; **3.8.2**. Nota promissória; **3.8.3**. Cheque; **3.8.4**. Duplicata – **3.9**. Títulos de crédito próprios e impróprios: **3.9.1**. Títulos de crédito próprios; **3.9.2**. Títulos de crédito impróprios.

3.1. TEORIA GERAL DOS TÍTULOS DE CRÉDITO

O direito de crédito é, sem dúvida nenhuma, no âmbito dos direitos disponíveis, aquele de maior circulação no mundo atual, sobretudo quando associado a um valor de natureza pecuniária.

Nesse contexto, um título de crédito pode ser caracterizado, em sentido genérico, como um documento destinado a representar um direito de crédito, facilitando assim a sua circulação entre titulares distintos, em substituição à moeda propriamente dita, propiciando segurança à circulação de valores.

No Brasil existem cerca de quarenta modalidades de títulos de crédito, cada uma delas regulada por normas específicas. De todas as modalidades existentes, as principais, como se verá adiante, por preencherem a maioria das necessidades civis e empresariais no âmbito creditício, são: *a)* letra de câmbio; *b)* nota promissória; *c)* cheque; e *d)* duplicata.

A lógica dos títulos de crédito está assentada em duas finalidades:

a)   *promover e facilitar* a circulação de créditos e de seus respectivos valores;

b)   garantir *segurança* à circulação de valores.

Na sistemática dos títulos de crédito, é fundamental compreender que um título de crédito é um documento *representativo* de um direito de crédito e não propriamente *originário* deste, na medida em que a existência de um direito de crédito não exige a criação de um título; mas, pelo contrário, a existência de um título exige a preexistência de um direito de crédito a ser representado pelo título.

3.2. ORIGEM HISTÓRICA

Os títulos de crédito têm a sua origem mais precisa por volta do século XII, no período compreendido entre a Baixa Idade Média e o início da Idade Moderna, mais conhecido por Renascimento Comercial.

Nesse período histórico, em que o modo de produção feudal, baseado na imobilidade e na troca de produtos dentro dos limites do feudo, entrou em declínio, um novo modo de produção passou a ser desenvolvido nas vilas conhecidas por burgos, extrapolando os limites feudais.

Foi nos burgos que se verificou o surgimento de uma nova categoria profissional e social, que viria a constituir uma nova classe social – a burguesia. A burguesia comercial ou mercantil, constituída não somente por mercadores, mas também por banqueiros e manufatureiros, passou a fomentar o crescimento de um comércio pujante, que viria a caracterizar o renascimento comercial.

Nesse contexto, em que o poder feudal se desagregava e as monarquias nacionais ainda não haviam se consolidado no mundo moderno, se por um lado o comércio crescia abundantemente, a circulação de valores inerentes às relações comerciais exigia canais rápidos e seguros, que superassem não apenas os entraves gerados pela diversidade de moedas, muitas vezes entre cidades vizinhas, característica do sistema feudal e da inexistência de unidade política e monetária, mas também a falta de segurança nas estradas e vias de acesso pelas quais transitavam mercadores, mercadorias e moeda.

Como forma de minorar os efeitos de referidos entraves, os comerciantes passaram a emitir ordens de pagamento, em substituição à moeda física utilizada, por meio da sistemática adiante especificada.

Assim, se o comerciante A (vendedor) se deslocava da sua cidade de origem em direção a outra cidade onde se localizava o comerciante B (comprador), com vistas a proceder à venda de mercadorias a este, o comprador, de comum acordo com o vendedor, entregava-lhe uma ordem de pagamento dirigida a uma casa bancária (C), localizada na cidade de origem do vendedor (A), e com a qual o comprador/emitente (B) mantinha relacionamento comercial, de modo que, de volta à sua cidade de origem, o vendedor (A) pudesse proceder à troca da ordem em questão, por assim dizer, pela moeda corrente na cidade, e seu portador (credor) resgataria o valor expresso no título e representativo de seu crédito contra o devedor (B) nele especificado, mediante a sua apresentação à casa bancária indicada (C).

Pode-se dizer que os títulos de crédito foram uma das mais geniais criações jurídicas e comerciais, sendo instrumentos imprescindíveis à rápida circulação de valores exigida pelas sociedades moderna e contemporânea.

Disso resultou a criação da chamada letra de câmbio, a primeira modalidade de título de crédito a ser estudada. Por ter sido a letra de câmbio a precursora dos títulos de crédito, utiliza-se a expressão *cambial* ou *cambiário* para designar, em sentido genérico, os elementos relacionados a um título de crédito. Assim, diz-se direito cambiário (o ramo do direito empresarial que estuda os títulos de crédito e que constitui o objeto do presente capítulo), abstração cambiária etc.

3.3. DEFINIÇÃO

O comercialista italiano Cesare Vivante concebeu, sem dúvida alguma, a melhor definição para a expressão *título de crédito*, que, no seu entendimento, é o "documento necessário ao exercício de um direito literal e autônomo que nele se contém". Essa definição foi posteriormente reproduzida no art. 887 do Código Civil.

3.4. CARACTERÍSTICAS ESSENCIAIS DOS TÍTULOS DE CRÉDITO

Os títulos de crédito apresentam determinadas características essenciais ou comuns, que são a cartularidade, a autonomia e a literalidade.

3.4.1. Cartularidade

A cartularidade baseia-se no fato de que, como regra geral, um título de crédito existe enquanto existir a sua cártula, ou seja, enquanto existir o próprio título impresso, que tem por finalidade a representação de um direito de crédito preexistente, conforme exposto no item 3.1, devendo todas as informações relativas ao crédito cambiário, que é o crédito representado pelo título, estarem inseridas na cártula, daí se originando o brocardo de que "o que não está no título não está no mundo".

Nesse sentido, o art. 889 do Código Civil evidencia a necessidade da existência física do título, porém, o mesmo dispositivo, em seu § 3.º, prevê que o título poderá ser emitido a partir de caracteres criados em computador ou meio técnico equivalente e que constem da escrituração do emitente, observados os requisitos legais mínimos.

Referida previsão legal não afasta a regra geral da cartularidade, mas constitui literal exceção a ela e tem possibilitado o surgimento dos chamados *títulos virtuais.*

Nesse sentido, deve-se ressaltar que a norma em questão tem sido utilizada pela doutrina e pela jurisprudência atuais para fundamentar o protesto e propositura da respectiva ação de execução cambial sem a existência física da cártula, quando se trate exclusivamente daqueles títulos de crédito que se afigurem como ordens de pagamento, como se verá adiante, em que a lei autoriza o credor a proceder à emissão do título mediante sua declaração unilateral a respeito da existência do direito de crédito em relação ao devedor, como é o caso da duplicata, aqui denominada *duplicata virtual,* e que será tratada adiante.

Da mesma forma, a Lei 9.492/1997, que disciplina o protesto de títulos, em seu art. 22, parágrafo único, prevê inclusive que quando o tabelião de protesto conservar em seus arquivos gravação eletrônica da imagem, cópia reprográfica ou micrográfica do título ou documento de dívida, dispensa-se, no registro e no instrumento do protesto, a sua transcrição literal, bem como das demais declarações nele inseridas.

3.4.2. Autonomia

A autonomia é a característica de acordo com a qual a emissão regular de um título de crédito origina um direito processual autônomo em relação ao direito processual que inicialmente corresponderia ao direito material de crédito representado pelo título, se este não tivesse sido emitido.

Assim, considerando-se que a todo direito material devem corresponder um ou mais direitos processuais para assegurar o seu cumprimento, a autonomia revela-se como manifestação de um direito processual autônomo originado do título de crédito.

Como ilustração, suponha-se que A empreste R$ 1.000,00 a B e que, em um primeiro exemplo, não documente de forma alguma esse negócio jurídico, sendo que, quando do vencimento da obrigação pactuada, em ocorrendo o inadimplemento da obrigação de restituir a quantia emprestada por parte de B, A deverá ingressar com a ação judicial correspondente ao seu direito material de crédito, no caso em tela, pela via do processo de conhecimento.

Suponha-se, agora, exemplo diverso, em que A realize o mesmo negócio jurídico com B (mútuo), porém solicite que B lhe emita um título de crédito em garantia ao cumprimento da obrigação de pagar assumida, sendo que, neste caso, em ocorrendo o inadimplemento por parte de B, A poderá exercitar um direito processual autônomo que lhe é assegurado pelo título de crédito (representativo do direito material de crédito) pela via do processo de execução.

Assim, o direito processual à propositura da ação executiva baseada no título de crédito é autônomo em relação a qualquer outro direito processual originado do mesmo direito material de crédito representado pelo título, caso este não existisse.

No campo material, entretanto, o direito de crédito é um só, estando apenas representado pelo título a partir da sua emissão.

Todo título de crédito já nasce com autonomia, sendo, portanto, a autonomia uma característica essencial dos títulos de crédito e que somente existe durante o prazo assegurado pela lei para exercício do direito processual correspondente (prazo prescricional), no caso o direito ao processo de execução.

A autonomia encerra em si duas subcaracterísticas ou princípios, que podem ou não surgir em um título de crédito, dependendo de sua entrada ou não em circulação.

Assim, diz-se que um título de crédito "entra em circulação" quando a sua propriedade é transferida a terceiro de boa-fé. Nessa hipótese, surgem as duas subcaracterísticas ou princípios, que são: a abstração e a inoponibilidade de exceções.

3.4.2.1. Abstração

A abstração cambiária pode ser definida como *a desvinculação de um título de crédito em relação ao negócio jurídico que motivou a sua criação.*

Nesse sentido, inicialmente todo título de crédito tem origem em uma relação de débito e crédito que constitui, desse modo, o motivo concreto para a sua criação.

A abstração, assim, opõe-se à concreção, sendo que, uma vez colocado em circulação, mediante a sua transferência para um terceiro de boa-fé, o título se desvincula do negócio concreto que o originou, como forma de proteger tal terceiro de boa-fé e conferir segurança jurídica à circulação do direito de crédito representado pelo título em questão.

3.4.2.2. *Inoponibilidade de exceções*

O devedor (obrigado cambiário), uma vez requerido judicialmente a efetuar o pagamento de valor constante de título em que figure como obrigado cambiário, pode apresentar defesas, aqui denominadas exceções, e estas podem ser de duas modalidades:

a) Exceções de natureza cartular

São as exceções que têm por fundamento uma alegação relacionada à própria cártula e que podem ser verificadas pelo exame da cártula em questão. Assim, nas hipóteses em que haja falsificação de assinaturas, adulteração de valores, prescrição da ação executiva etc., cabem exceções de natureza cartular.

b) Exceções de natureza extracartular

São as exceções que têm por fundamento um motivo relacionado à convenção cambial, ou seja, ao próprio negócio jurídico que gerou o direito de crédito representado pela cártula em questão e motivou a sua emissão, sendo que, nesse caso, tais exceções somente são oponíveis em relação ao credor originário e enquanto este for proprietário do título. A transferência do título a um terceiro de boa-fé, com a sua consequente entrada em circulação, afasta a possibilidade de o obrigado cambiário opor alguma exceção de natureza extracartular contra o terceiro de boa-fé que venha a tornar-se titular do crédito representado pelo título.

Nesse sentido, o art. 915 do Código Civil dispõe que o devedor só poderá opor ao endossatário as exceções relativas à forma do título e ao seu conteúdo literal, à falsidade da própria assinatura, a defeito de capacidade ou de representação no momento da subscrição, e à falta de requisito necessário ao exercício da ação.

Assim, as exceções de natureza cartular podem ser opostas tanto em relação ao credor originário quanto em relação ao novo credor (terceiro de boa-fé – o endossatário, por exemplo, quando o título for transferido mediante endosso), pois acompanham a cártula por onde quer que ela circule.

No entanto, as exceções de natureza extracartular somente podem ser opostas em relação ao credor originário ou primitivo por estarem adstritas à relação fundamental originária do crédito representado pela cártula.

O exemplo a seguir ilustra de forma clara as várias relações que podem originar-se de um título de crédito. Assim, suponha-se que A (vendedor) contrate com B (comprador) a venda e compra de um automóvel de propriedade de A.

ABSTRAÇÃO CAMBIÁRIA
ART. 915 CC

Inicialmente, no momento em que A vende o automóvel a B, podemos dizer que, do ponto de vista jurídico, surge uma *relação contratual*.

Não obstante a relação contratual já entabulada entre vendedor e comprador, estes convencionam que, com vistas a garantir o cumprimento das obrigações pecuniárias estabelecidas no contrato (pagamento a prazo, em uma única parcela), o comprador emitirá uma nota promissória (promessa unilateral de pagamento – para fins de ilustração poderia, inclusive, ser emitido alternativamente um cheque pré-datado) ao vendedor, cuja data de vencimento deverá coincidir com a data de vencimento da parcela contratada e alusiva ao preço do automóvel objeto da venda e compra, nesse exemplo fixada em quinze dias contados da celebração do contrato e da entrega do automóvel a B. A emissão da nota promissória em questão representa o surgimento de uma segunda relação obrigacional entre A e B – denominada *relação cambial*, dotada de autonomia.

Assim, em uma primeira hipótese, verificando-se o pagamento regular por B a A da parcela relativa ao preço do veículo na data contratada, A é obrigado a proceder à devolução a B da nota promissória por este anteriormente emitida como garantia do pagamento do preço (resgate do título).

Por outro lado, partindo-se dos mesmos pressupostos, imagine-se uma segunda hipótese em que, decorridos cinco dias da entrega do veículo por A a B, este, na qualidade de comprador, telefone a A e lhe relate ter detectado vício oculto no veículo (vício redibitório), consistente em problemas mecânicos, não perceptíveis quando da celebração do contrato, propondo, em decorrência disso, um abatimento no valor do preço ou então, alternativamente, o desfazimento do negócio, com a devolução do automóvel a A.

Suponha-se, ainda, que A não concorde com nenhuma das alternativas propostas por B e, ao fim do prazo de quinze dias, notifique B para que proceda ao pagamento do preço avençado, sob pena de protesto e execução da nota promissória.

Ato contínuo, B ingressa com uma ação ordinária de anulação contratual, com vistas a anular o contrato de venda e compra celebrado com A e obrigá-lo judicialmente ao recebimento do automóvel em devolução, enquanto A, paralelamente, ingressa com uma ação de execução contra B, baseada na nota promissória por ele emitida. Primeiramente, pode-se dizer que a possibilidade de A ingressar com uma medida judicial própria para cobrar o valor do título caracteriza a autonomia cambial, e qualquer defesa que possa ser interposta por B deverá ser feita nos autos da respectiva ação de execução, mesmo que B tenha ingressado com uma ação ordinária destinada a anular o contrato.

Assim, a ação ordinária de anulação do contrato de compra e venda do automóvel formulada por B contra A atinge apenas a relação contratual existente entre A e B, ao passo que a ação de execução formulada por A contra B atinge apenas a relação cambial existente entre as partes e representada pela nota promissória emitida por B em favor de A.

Por fim, em uma terceira hipótese, A não aguarda o prazo de vencimento estabelecido na nota promissória e endossa o título a um terceiro de boa-fé (em relação ao negócio originário) aqui denominado C, e a relação cambial, anteriormente existente entre A e B, é transferida para o endossatário C, terceiro de boa-fé, que assume titularidade do polo ativo da relação cambial.

Nessa hipótese, a *relação contratual* entre A e B continua vigorando, mas a *relação cambial* entre eles anteriormente existente passa a existir entre o endossatário C e B, e, concluindo, disso resulta que, em relação ao endossatário C em uma eventual defesa processual, em sede de ação de execução por ele formulada, B somente poderá defender-se opondo *exceções de natureza cartular* (prescrição, adulteração do valor do título, por exemplo), se houver, visto que, por força do princípio da abstração, omitiu-se o negócio originário entre A e B (o título desvinculou-se no negócio jurídico que lhe deu causa) e, por conseguinte, foi totalmente afastada a possibilidade de, em relação ao endossatário C, B vir a opor qualquer exceção de natureza extracartular (vício redibitório do veículo), defesa essa que somente poderia ser deduzida por B em ação de execução que lhe fosse movida diretamente por A (segunda hipótese), em relação ao qual vigorariam as exceções extracartulares decorrentes do negócio jurídico originário.

3.4.3. Literalidade

A literalidade, característica essencial de um título de crédito, reveste-se de um aspecto eminentemente formal, na medida em que por literalidade se entende a necessidade de o título de crédito estar devidamente preenchido, explicitando, assim, de forma literal, a obrigação por ele representada.

A literalidade representa, outrossim, garantia evidente para as partes na relação cambial, já que, por um lado, o obrigado cambiário não pode, até o regular vencimento do título, ser cobrado por valor superior àquele literalmente nele constante, e, por outro, o beneficiário tem assegurado o seu direito de crédito no valor literalmente expresso no título.

Caso o beneficiário dê quitação ao obrigado cambiário pela totalidade do valor do crédito representado por título com o recebimento em pagamento de valor inferior àquele literalmente expresso, tal ato implicará mera liberalidade do beneficiário na condição de credor.

Por outro lado, após o regular vencimento do título, é assegurado ao beneficiário credor o direito de exigir do obrigado cambiário o valor de face do título acrescido de juros de mora, multa e honorários advocatícios, podendo ainda o devedor efetuar o pagamento parcial do valor do título, que deverá ser anotado pelo credor na própria cártula.

3.5. SISTEMÁTICA LEGAL DOS TÍTULOS DE CRÉDITO E O CÓDIGO CIVIL

Antes de iniciarmos o estudo dos títulos de crédito em espécie, faremos uma breve referência à sua sistemática legal. Como observado no início deste capítulo, no Brasil cada uma das modalidades de títulos de crédito existentes encontra-se disciplinada por leis específicas. Assim, considerando as quatro modalidades principais de títulos de crédito – letra de câmbio, nota promissória, cheque e duplicata – que serão objeto de nosso estudo, tem-se que a letra de câmbio e a nota promissória estão reguladas no Brasil pelo Decreto 2.044/1908, e pelo Decreto 57.663/1966, que introduziu no ordenamento jurídico interno brasileiro as disposições da Convenção de Genebra, realizada em 07.06.1930, à qual o Brasil aderiu em 26.08.1942.

Referida norma destinava-se a uniformizar as legislações internas dos países signatários, sendo por isso chamada de *Lei Uniforme* ou ainda *Lei Uniforme de Genebra - LUG*. O Brasil, entretanto, quando de sua adesão à Convenção de Genebra, efetuou determinadas *reservas* que lhe garantiram o direito de não introduzir no ordenamento jurídico interno certos dispositivos originalmente previstos no texto da convenção.

Desse modo, o texto da Lei Uniforme que vigora no Brasil não corresponde literalmente ao texto integral da Convenção de Genebra sobre letras de câmbio e notas promissórias.

O cheque, por sua vez, está disciplinado pela Lei 7.357/1985 (Lei do Cheque), e a duplicata encontra-se regulada pela Lei 5.474/1968 (Lei de Duplicatas).

Até a edição do Código Civil, não existia no Brasil uma norma que se propusesse a regular os títulos de crédito em geral. Em janeiro de 2002, com a edição do novo Código Civil (e sua entrada em vigor em janeiro de 2003), esse novo diploma legal trouxe em seus arts. 887 a 926 disposições genéricas aplicáveis aos títulos de crédito.

O fato de os títulos de crédito no Brasil estarem disciplinados por leis específicas, porém, afasta, em princípio, a incidência direta do Código Civil sobre os títulos já existentes.

Tendo em vista essa peculiaridade, o Código Civil estabelece em seu art. 903 que "salvo disposição diversa em lei especial, regem-se os títulos de crédito pelo disposto neste Código". Disso resulta que a regência do Código Civil, em matéria de títulos de crédito, é apenas *supletiva*, disciplinando a matéria, adicionalmente, naquilo que as leis especiais não o fizerem e no que com elas não conflitar.

3.6. CLASSIFICAÇÃO DOS TÍTULOS DE CRÉDITO

A doutrina comercialista usualmente atribui aos títulos de crédito diversas classificações, das quais as mais comuns são aquelas que têm por base *a)* sua natureza; *b)* seu modo de circulação; e *c)* sua estrutura jurídica.

3.6.1. Quanto à natureza

3.6.1.1. Títulos de crédito causais

São títulos cuja emissão depende da ocorrência de determinada hipótese ou "causa" específica, prevista na respectiva norma que os discipline, constituindo tal causa requisito indispensável à sua emissão. Exemplo: duplicata mercantil, que só pode ser emitida por empresário, empresa individual de responsabilidade limitada ou sociedade empresária por ocasião da venda e entrega efetiva de uma mercadoria.

3.6.1.2. *Títulos de crédito abstratos*

São títulos cuja emissão não depende da ocorrência de determinada hipótese ou "causa" específica. Ainda que se entenda que o título possui apenas função representativa de um crédito e que o direito de crédito deve preexistir ao título, admite-se a existência dos títulos de crédito abstratos, na medida em que o seu caráter abstrato não nega, em hipótese alguma, a existência de um direito de crédito anterior à criação do título, mas apenas oferece mais opções para a emissão de um título, relegando a um plano secundário a explicação sobre a causa de sua emissão, que logicamente existirá sob o ponto de vista econômico.

Deve-se ainda observar que a natureza abstrata de determinadas modalidades de títulos de crédito não se confunde com o princípio da abstração cambiária estudado anteriormente, pois um título de natureza abstrata já nasce abstrato, não constituindo a sua causa, exclusivamente, e independentemente de qual seja, motivo impeditivo ou autorizador de sua emissão, enquanto o princípio da abstração cambiária, conforme estudado, somente se aplica àquelas situações em que o título é transferido a um terceiro de boa-fé, entrando assim em circulação e afastando-se (abstraindo-se) dele a sua causa, para fins de proteção ao terceiro de boa-fé contra o qual, dessa forma, o devedor não poderá opor exceções de natureza extracartular.

Assim, se A emite um cheque em favor de B, esse título é abstrato, pois A não necessita explicitar o motivo de sua emissão no título. Referido título, entretanto, não possui abstração cambiária, vindo a adquiri-la somente na hipótese de sua transferência – via endosso – a um terceiro de boa-fé. Exemplos: letra de câmbio, nota promissória, cheque etc.

3.6.2. Quanto ao modo de circulação

3.6.2.1. *Títulos de crédito à ordem*

São aqueles cuja titularidade se transfere mediante a indicação, por meio de endosso efetuado pelo atual credor (beneficiário), do nome de nova pessoa a quem deva ser paga a quantia expressa no título.

O endosso é efetuado mediante assinatura do credor beneficiário (endossante) no verso ou anverso do próprio título e transfere a sua propriedade a terceiro designado endossatário, visto que a legislação em vigor admite apenas o endosso "em preto", com a expressa indicação do nome do endossatário.

Pode-se dizer que a maioria dos títulos de crédito utilizados atualmente se classifica como título à ordem. Exemplos: cheque, letra de câmbio, nota promissória.

O título de crédito à ordem pode conter expressa limitação à sua circulação por meio do endosso, mediante a inserção, pelo emitente, da cláusula "não à ordem". Nesse caso, a sua transmissão somente pode ser realizada pela cessão civil.

3.6.2.2. Títulos de crédito ao portador

São títulos que circulam por intermédio de quem os portar. Por conseguinte, o pagamento do valor neles expresso deve ser efetuado a quem os trouxer consigo (portar) e apresentá-los ao devedor, pelo fato de neles não constar expresso o nome do credor seu titular, tornando-se o portador, assim, credor do título.

Não é necessário o endosso para sua transferência, podendo ser transferidos, indeterminadamente, pela simples tradição, considerado o seu prazo prescricional. No Brasil, os títulos ao portador foram praticamente extintos no início dos anos 1990, e juntamente com eles foi proibido o *endosso em branco*. Exemplo: cheque ao portador.

Nesse sentido, a Lei 8.021/1990, editada à época do governo Collor, proibiu a emissão de ações ao portador pelas sociedades anônimas e de outros títulos ao portador na ocasião, em decorrência de motivações de ordem econômica e tributária, às quais se somaram, nos anos subsequentes, aquelas relacionadas a políticas governamentais voltadas ao combate aos crimes de lavagem de dinheiro e evasão tributária, motivo de sua manutenção em vigor até os dias atuais.

Nesse mesmo sentido, a Lei 8.088/1990, proibiu também o "endosso em branco", por meio do qual o título à ordem era transferido a terceiro cujo nome não vinha expresso na cártula quando do endosso (daí a expressão "em branco"), o que transformava o título à ordem em título ao portador.

Anteriormente a essas disposições, alguns títulos de crédito já não podiam ser emitidos ou sacados na forma ao portador. Nesse sentido, a nota promissória, conforme o disposto na Lei Uniforme, em seu art. 75, item 5; a letra de câmbio, conforme o disposto na Lei Uniforme, em seu art. 1.º, item 6; e a duplicata, conforme o disposto na Lei de Duplicatas, em seu art. 2.º, § 1.º, V, não podem ser emitidas e/ou sacadas como títulos ao portador.

Anote-se, ainda, que o Código Civil trouxe, em seus arts. 904 a 909, disposições genéricas a respeito dos títulos ao portador. Tais disposições, no entanto, em momento algum têm o condão de, por si só, ressuscitarem todas as modalidades de títulos cuja emissão ao portador foi proibida por lei especial.

Assim, conforme referido no item 3.5 deste capítulo, o Código Civil, como lei geral, não pode sobrepor-se à lei especial sem que expressamente faça menção a isso, como estabelece o Princípio da Especialidade (art. 2º, § 2º - Decreto-lei 4.657/1942 – Lei de Introdução às normas do Direito Brasileiro), de modo que, em sentido geral, prevalece a proibição à emissão de títulos ao portador prevista na legislação especial.

Nesse mesmo sentido é o disposto no art. 907 que textualmente estabelece "é nulo o título ao portador emitido sem autorização de lei especial".

Convém observar que, atualmente, uma das poucas exceções a essa proibição geral são os cheques emitidos em valores de até R$ 100,00 (cem reais), que, nos termos do art. 69 da Lei 9.069/1995, não exigem o nome do beneficiário, podendo o seu pagamento ser efetuado a quem os estiver portando, sem necessidade de sua identificação pelo banco sacado, funcionando, na prática, como títulos ao portador.

Também o popular bilhete de loteria, disciplinado pelo Decreto-lei 204/1967, em seu art. 6.º, constitui exceção à regra, podendo ser emitido na forma de título ao portador.

3.6.2.3. *Títulos de crédito nominativos*

São aqueles cujo nome do respectivo credor encontra-se registrado em um livro de registro próprio e, como regra geral, circulam a partir da transferência de sua titularidade no livro de registro respectivo. O Código Civil contém previsão específica a seu respeito nos arts. 921 e 926.

Assim, o art. 921 considera título nominativo o emitido em favor de pessoa cujo nome conste no registro do emitente, sendo que o art. 922 prevê que a sua transferência se dá mediante termo, em registro do emitente, assinado pelo proprietário e pelo adquirente.

Convém mencionar a lição de Rubens Requião a respeito (*Curso de direito comercial*, v. 2, p. 371):

> "A doutrina do Código é fiel a Vivante. Disse o mestre que 'os títulos nominativos são títulos de crédito emitidos em nome de uma pessoa determinada, cuja transmissão não é perfeita senão quando se registra nos livros do devedor (entidade emissora)'.
>
> (...) Assim, a respeito, escreveu Vivante: 'Distinguem-se essencialmente dos títulos de crédito à ordem e ao portador porque se transferem com o freio de sua respectiva inscrição no Registro do devedor, que serve para proteger o titular contra o perigo de perder o crédito com a perda do título'".

Anote-se ainda, apenas a título de informação, que alguns autores atribuem conceito diverso à expressão títulos nominativos, classificando-os como gênero que teria como espécies os títulos à ordem e os títulos não à ordem, já tratados anteriormente, sendo que, por questões didáticas, optamos na presente obra pela classificação tradicional, adotada por Vivante e Rubens Requião.

No mesmo sentido também é a lição de Fran Martins (*Títulos de crédito*, v. 1, p. 14-5):

> "(...) Muitas vezes os títulos nominativos são confundidos com os títulos à ordem, que são também nominativos pelo fato de trazerem no contexto o nome do beneficiário, mas podem ser transferidos por simples endosso, constante da assinatura do beneficiário no verso ou no anverso do título, com a indicação ou não da pessoa a quem o mesmo é transferido (endosso em preto ou em branco). A circulação dos títulos nominativos, por necessitar de um termo de transferência, é sempre mais difícil que a dos títulos à ordem, operada simplesmente através do endosso."

Oportuno ressaltar que o Código Civil prevê a possibilidade excepcional de o título nominativo ser transferido mediante *endosso* que contenha o nome do endossatário (art. 923), porém restringe a eficácia da transferência perante o emitente, nesse caso, uma vez que seja efetuada a competente averbação em seu registro, podendo o emitente exigir do endossatário que comprove a autenticidade da assinatura do endossante.

3.6.3. Quanto à estrutura jurídica

3.6.3.1. *Ordens de pagamento*

Há títulos de crédito que estão estruturados na forma de ordens de pagamento. Esses títulos comportam três posições jurídicas distintas: *a)* o sacador ou emitente (aquele que emite o título pelo saque cambial); *b)* o sacado (obrigado cambiário) contra quem é emitida a ordem de pagamento; e *c)* o beneficiário, aquele em favor de quem deve ser efetuado o pagamento por parte do sacado, em cumprimento à ordem em questão. São exemplos dessa categoria a letra de câmbio, o cheque e a duplicata.

3.6.3.2. *Promessas de pagamento*

Por outro lado, há títulos de crédito estruturados juridicamente na forma de promessas de pagamento. Nesses títulos existem apenas duas posições jurídicas distintas: *a)* o promitente ou devedor; e *b)* o promissário ou credor (destinatário da promessa). Constitui exemplo dessa categoria a nota promissória.

3.7. ELEMENTOS CONEXOS À MATÉRIA TÍTULOS DE CRÉDITO

No estudo da matéria títulos de crédito, torna-se imprescindível a análise daqueles elementos que, apesar de não fazerem parte da essência de um título de crédito, podem, muitas vezes, aparecer relacionados a este.

3.7.1. Endosso e cessão de crédito

3.7.1.1. *Endosso*

É específico dos títulos de crédito à ordem, como visto anteriormente, constituindo um elemento translativo da sua propriedade ou titularidade.

O endosso é, assim, uma forma de transmissão de um título de crédito à ordem. O proprietário de um título, chamado endossante, efetua o endosso lançando a sua assinatura no verso ou no anverso do documento. O endosso pode ser "em branco" ou "em preto":

O endosso "em branco" contém apenas a assinatura do endossante, sem indicação expressa do nome do beneficiário em favor de quem se transfere a propriedade do título (endossatário). Como visto, a prática do endosso em branco está vedada no direito brasileiro.

O endosso "em preto" contém o nome do beneficiário em favor de quem se transfere a propriedade do título (endossatário), sendo essa a única forma de endosso atualmente permitida no direito brasileiro.

Deve-se ainda observar que o endosso tem duplo efeito:

a) transmite a propriedade do título do endossante para o endossatário;

b) cria uma nova garantia para o endossatário, pois o endossante é garantidor solidário da solvabilidade do devedor do título, e todos os endossantes/endossatários anteriores, se existirem, também terão essa função (art. 15 da Lei Uniforme).

A extensão dos efeitos do endosso pode ser constatada por meio da Súmula 475 do STJ: "Responde pelos danos decorrentes de protesto indevido o endossatário que recebe por endosso translativo título de crédito contendo vício formal extrínseco ou intrínseco, ficando ressalvado seu direito de regresso contra os endossantes e avalistas".

Convém ainda mencionar a lição de Waldemar Ferreira (Tratado de direito comercial, v. 8, p. 247) a respeito:

> "Distingue-se, portanto, nos efeitos, tanto quanto na forma, da cessão civil de crédito. Se, nesta, o cessionário responde, exclusivamente, pela existência do crédito, no tempo em que se realiza, no endosso ele se torna, também, responsável pelo pagamento, ao vencer-se."

A Lei Uniforme prevê duas hipóteses em que o endosso produz o efeito de cessão de créditos:

a)   conforme o art. 11 da Lei Uniforme, a inserção da cláusula "não à ordem" na letra de câmbio faz que a sua transmissão somente possa ser realizada pela forma e com os efeitos da cessão de crédito;

b)   conforme o art. 20 da Lei Uniforme, o endosso posterior ao vencimento tem os mesmos efeitos que o endosso anterior. Entretanto, o endosso posterior ao protesto por falta de pagamento, ou efetuado após expirado o prazo fixado para realização do protesto, produz apenas os efeitos de uma cessão de crédito.

A legislação prevê ainda certas hipóteses em que o endosso não opera a transferência da titularidade do crédito representado pelo título – denominado *endosso impróprio*. São hipóteses de endosso impróprio: *a)* endosso-mandato; e *b)* endosso-caução.

Assim, nos termos do art. 917 do Código Civil, caracteriza-se *endosso-mandato* quando o credor insere na letra de câmbio cláusula constitutiva de mandato, lançada no endosso, que confere ao endossatário a condição de mandatário do endossante, com vistas a efetuar a cobrança do valor do título perante o devedor. Disso resulta que o endosso-mandato não transfere ao endossatário a propriedade do título, estando ainda disciplinado pelo art. 18 da Lei Uniforme.

O Superior Tribunal de Justiça já teve oportunidade de manifestar o seu entendimento a respeito do endosso-mandato, consubstanciado na Súmula 476: "O endossatário de título de crédito por endosso-mandato só responde por danos decorrentes de protesto indevido se extrapolar os poderes de mandatário".

Por outro lado, nos termos do art. 918, caracteriza-se o *endosso-caução* quando o endossante insere na letra de câmbio cláusula constitutiva de penhor, lançada no endosso. O endosso-caução tem por finalidade garantir, mediante o penhor do título, obrigação assumida pelo endossante perante o endossatário, que desse modo assume a condição de credor pignoratício do endossante. Verificado o cumprimento da obrigação por parte do endossante, o título deve ser-lhe restituído pelo endossatário, não havendo propriamente a transferência do crédito representado pelo título.

O endosso deve compreender o valor integral do título, sendo vedado o endosso parcial, conforme o art. 12 da Lei Uniforme e o art. 912, parágrafo único, do Código Civil.

Note-se, por fim, que, nos termos do art. 919 do Código Civil, a aquisição de título à ordem, por meio diverso do endosso, tem efeito de cessão civil.

3.7.1.2. Cessão de crédito

É a forma de transferência de um direito de crédito característica do direito civil, prevista no Código Civil em seus arts. 286 a 298. São partes na cessão de crédito o cedente, na condição de credor que cede o crédito, e o cessionário, que se torna titular dos direitos de crédito do cedente em decorrência da cessão.

Na cessão de crédito, o cedente precisa comunicar ao devedor a cessão do crédito contra ele existente, a fim de que o referido devedor possa, se for o caso, opor eventuais exceções à cessão efetuada, sob pena de não ter eficácia em relação ao devedor, conforme dispõe o art. 290 c/c o art. 294.

No endosso, não há necessidade de comunicação ao devedor da transferência do crédito, pois este somente pode ser validamente pago contra a apresentação do título, ou seja, no momento do pagamento é necessária a devolução do título ao devedor como prova da quitação da obrigação pecuniária por ele representada (resgate do título), acompanhada da respectiva quitação por parte do credor.

Como referido anteriormente, em alguns títulos de crédito, como é o caso da letra de câmbio, pode ser inserida, quando do saque, a expressão *não à ordem,* e nesse caso o título somente poderá ser transmitido por meio de cessão de crédito.

Na cessão de crédito, com regra geral, o cedente não responde pela solvência do devedor, salvo estipulação expressa em contrário constante do instrumento de cessão, conforme dispõe o art. 296.

Se fosse necessária a notificação do devedor sobre a realização do endosso, ou ainda se este tivesse o condão de desonerar o endossante, o processo de transferência de um título de crédito seria muito mais lento e inseguro, não cumprindo suas finalidades principais, que são facilitar e dar segurança à circulação de valores.

3.7.2. Aval e fiança

3.7.2.1. Aspectos gerais das garantias no direito brasileiro

Por garantia compreende-se genericamente algo destinado a gerar segurança física, emocional, financeira ou jurídica. Mais especificamente no âmbito jurídico, as garantias destinam-se a proporcionar segurança jurídica no cumprimento de uma obrigação determinada, estando classificadas em garantias reais e garantias pessoais.

As *garantias reais* são baseadas em uma coisa (*res*). São exemplos de garantias reais: *a)* penhor; *b)* anticrese; *c)* hipoteca; e *d)* alienação fiduciária em garantia.

As *garantias pessoais*, por outro lado, são baseadas na capacidade de pagamento do garantidor, também denominada *solvabilidade*. Para os fins do presente estudo, interessa-nos distinguir duas modalidades básicas de garantias pessoais: *a)* fiança; e *b)* aval.

A fiança é uma modalidade de garantia pessoal prestada pelo fiador, pessoa física ou jurídica, que se obriga pelo afiançado (devedor), assumindo, total ou parcialmente, obrigação pecuniária contraída por este com base em um contrato. Ela está prevista nos arts. 818 a 839 do Código Civil.

O fiador, entretanto, assume a obrigação do afiançado em caráter acessório (art. 837), possuindo, dessa forma, o direito a que o credor exija o cumprimento da obrigação primeiramente do devedor afiançado (art. 827), direito também chamado *benefício de ordem* (ao qual o fiador pode renunciar, desde que expressamente).

O aval é uma garantia pessoal de natureza cambial prestada pelo avalista, pessoa física ou jurídica, que se obriga pelo avalizado (devedor), assumindo, total ou parcialmente, em caráter solidário, obrigação pecuniária contraída por este com base em título de crédito, conforme o disposto no art. 32 da Lei Uniforme e nos arts. 897 a 900 do Código Civil.

O aval é mais eficaz que a fiança por não prever o *benefício de ordem*.

Nesse sentido, a obrigação do avalista é autônoma e independe da obrigação do avalizado (art. 32 da Lei Uniforme e art. 899 do Código Civil). A autonomia do aval, porém, não se confunde com a abstração cambiária do título avalizado, não dependendo da sua circulação, entendimento esse referendado pela jurisprudência atual do STJ (CC 142726/GO, Rel. Ministro Marco Buzzi, j. 24/02/2016 – DJE 01/03/2016).

Na fiança é necessária a formalização detalhada da obrigação do fiador em um contrato. No aval basta a simples assinatura do avalista no título de crédito (art. 897). Na fiança a obrigação é subsidiária, daí o benefício de ordem, salvo estipulação em contrário, ao passo que no aval a obrigação é sempre solidária.

Com relação à natureza solidária da obrigação do avalista, o Superior Tribunal de Justiça firmou o entendimento de que "o avalista não responde por dívida estabelecida em título de crédito prescrito, salvo se comprovado que auferiu benefício com a dívida". (AgRg no REsp 1069635/MG, Rel. Ministro Marco Buzzi, j. 19/08/2014 – DJE 01/09/2014).

3.7.2.2. *Formas de aval*

O aval pode ser prestado das seguintes formas:

a) Antecipado

Caracteriza-se pela aposição do aval, pelo avalista, anteriormente ao preenchimento total do título, conforme previsto no art. 14 do Decreto 2.044/1908.

b) Simultâneo

Caracteriza-se pela existência de vários avalistas em um único título, que simultaneamente o avalizam.

c) Aval "em preto" e "em branco"

O aval pode ser ainda lançado com a identificação do avalizado, nesse caso tem-se o aval "em preto". Pode ainda, nos termos do art. 31 da Lei Uniforme, ser lançado sem a identificação do avalizado, sendo, nesse caso, efetuado em benefício do sacador da letra de câmbio.

d) Aval parcial

O art. 897, parágrafo único do Código Civil proíbe expressamente o *aval parcial* em título de crédito, porém a Lei Uniforme em seu arts. 30 e 77 admite o aval parcial para as letras de câmbio e notas promissórias, sendo ainda que a Lei 7.357/1985 (Lei do Cheque), em seu art. 29, também admite o aval parcial para os cheques.

Com relação às duplicatas, convém observar que a Lei 5.474/1968 (Lei de Duplicatas) não traz disposição expressa a respeito, porém em seu art. 25 prevê que "Aplicam-se à duplicata e à triplicata, no que couber, os dispositivos da legislação sobre emissão, circulação e pagamento das Letras de Câmbio", de modo que parte da doutrina admite a possibilidade do aval parcial também na duplicata, por força do princípio da especialidade.

3.7.3. Protesto

3.7.3.1. Definição

É o ato solene pelo qual se certifica publicamente o exercício de um direito de crédito por parte do credor, titular do direito de crédito representado pelo título, e, em contrapartida, o inadimplemento por parte do obrigado cambiário, em relação à obrigação respectiva. Encontra-se disciplinado pela Lei 9.492/1997.

3.7.3.2. Características gerais

O protesto de um título, como regra geral, está sujeito a duas etapas. Primeiramente ocorre o *apontamento* do título para protesto, com a notificação do devedor a fim de que efetue o pagamento do título no prazo especificado. Decorrido o prazo sem o devido pagamento, ocorre então a *lavratura* (ou registro) do protesto, com a sua efetivação perante os registros existentes no respectivo cartório de protestos.

Assim, conforme o art. 12 da Lei 9.492/1997, o protesto deve ser lavrado dentro de três dias úteis contados do apontamento do título, devendo, no intercurso desse prazo, ser efetuada a intimação do devedor para que este proceda ao respectivo pagamento, dentro de quarenta e oito horas nesse prazo.

Ressalte-se que o protesto tem efeito interruptivo sobre a prescrição do título protestado, implicando a devolução integral do prazo prescricional, por uma única vez, após a lavratura do protesto, conforme o art. 202, III, do Código Civil.

A existência de protesto de título em nome de determinada pessoa gera uma clara presunção de impontualidade, servindo como prova de sua constituição em mora, e pode acarretar inegáveis restrições na esfera creditícia àquele devedor cujo título seja protestado, além dos efeitos específicos decorrentes da modalidade de protesto adotada, conforme exposto no item 3.7.3.4.

Nesse sentido, conforme o art. 29, *caput*, da Lei 9.492/1997, "os cartórios fornecerão às entidades representativas da indústria e do comércio ou àquelas vinculadas à proteção do crédito, quando solicitada, certidão diária, em forma de relação, dos protestos tirados e dos cancelamentos efetuados, com a nota de se cuidar de informação reservada, da qual não se poderá dar publicidade pela imprensa, nem mesmo parcialmente".

3.7.3.3. *Motivos legais para o protesto*

O protesto é de responsabilidade do credor que figura como beneficiário no título e, conforme o art. 21, *caput*, da Lei 9.492/1997, pode ser motivado pela:

a) falta de pagamento;

b) falta de aceite;

c) falta de devolução.

O protesto por falta de aceite e o protesto por falta de devolução somente podem ocorrer, no âmbito dos títulos próprios, na letra de câmbio e na duplicata, visto serem títulos que admitem aceite e, conforme entendimento entre o credor e o devedor, podem ser encaminhados a este último para aceite, sendo que a retenção indevida do título por parte do devedor ensejará a emissão de segunda via do título respectivo, pelo credor, e o seu encaminhamento obrigatório ao protesto, motivado pela falta de devolução, conforme o art. 21, § 3.º da Lei 9.492/1997.

Ressalte-se que, como forma de evitar abusos, a Lei 12.767/2012 acrescentou o § 5.º ao citado art. 21, vedando o protesto por falta de pagamento de letra de câmbio contra o sacado não aceitante.

Com a mesma finalidade de evitar abusos por parte de possíveis credores, o Superior Tribunal de Justiça editou a Súmula 475 no seguinte sentido: "Responde pelos danos decorrentes de protesto indevido o endossatário que recebe por endosso translativo título de crédito contendo vício formal extrínseco ou intrínseco, ficando ressalvado seu direito de regresso contra os endossantes e avalistas."

3.7.3.4. *Modalidades de protesto*

  a)   *Protesto obrigatório*

Também denominado *protesto necessário*, deve ser obrigatoriamente tirado pelo credor, a fim de atribuir plena executividade ao título (por exemplo, na hipótese de faltar-lhe o aceite do devedor), bem como resguardar o direito de regresso do endossatário contra os demais coobrigados na cadeia cambiária, quando tiver sido transferido mediante endosso, anteriormente ao vencimento.

  b)   *Protesto facultativo*

Também denominado *protesto probatório*, constitui mera faculdade do credor, sendo que a sua lavratura acarreta os efeitos ordinários do protesto como a constituição do devedor em mora e a interrupção do prazo prescricional do título.

3.7.3.5. *Prazos para protesto*

Os prazos para que o credor extraia o protesto de um título de crédito variam de acordo com as modalidades de títulos existentes, sendo tratados a seguir nos respectivos tópicos alusivos a cada uma das modalidades estudadas.

É importante observar que a Lei 9.492/1997, que disciplina o protesto de títulos, estabelece em seu art. 9.º que todos os títulos apresentados para protesto serão examinados em seus caracteres formais e terão curso se não apresentarem vícios, não cabendo, porém, ao tabelião de protesto investigar a ocorrência de prescrição ou caducidade.

Disso resulta que, na prática do protesto, é possível que títulos já prescritos e até mesmo atingidos pela caducidade, sejam apresentados a protesto, não obstante a inegável incompatibilidade jurídica da medida, como se verá a seguir.

Nesse sentido, a jurisprudência atualmente se divide duas correntes de entendimento:

  a)   a primeira que, a nosso ver acertadamente, restringe o protesto de títulos aos respectivos prazos prescricionais, visto que, após a prescrição referidos documentos não são mais considerados pela lei como títulos executivos, não podendo, destarte, serem levados ao protesto de títulos (executivos). Esse entendimento, como se verá adiante, é o adotado atualmente pelo Superior Tribunal de Justiça;

b) a segunda corrente que, por sua vez, tem admitido a apresentação do documento (título prescrito) ao tabelião de protesto, durante o prazo quinquenal de caducidade previsto no art. 206, § 5.º, I, do Código Civil, sob o fundamento de que, enquanto existir o direito material de crédito, este será exigível, inclusive mediante o protesto do documento representativo, e que, nesse caso, é contado a partir do vencimento do título, fluindo em paralelo ao respectivo prazo prescricional.

Convém, no entanto, observar que, uma vez prescrita a ação executiva correspondente a um título, desaparecem a certeza, liquidez e exigibilidade que o qualificavam como título executivo conforme o art. 783 do Código de Processo Civil ("art. 783. A execução para cobrança de crédito fundar-se-á sempre em título de obrigação certa, líquida e exigível.").

Deixa ele portanto de ser considerado legalmente um título executivo, passando destarte a constituir mero documento representativo de um direito material de crédito, despido dos elementos que lhe conferiam executividade.

Considerando ser o instituto legal do protesto destinado exclusivamente aos títulos denominados "executivos" pela lei processual, uma vez operada a prescrição, que é matéria de ordem pública e incidência inafastável ao caso, desaparecem portanto a certeza, liquidez e exigibilidade que autorizavam o protesto, extinguindo-se, por conseguinte, o direito de o credor levá-lo a protesto.

Esse é o entendimento que defendemos há várias edições desta obra, e que hoje encontra-se consolidado na jurisprudência do Superior Tribunal de Justiça.

Assim, em conformidade com essa linha de entendimento, aquela Corte Superior considera atualmente que "é indevido o protesto de título de crédito prescrito". (EDcl no REsp 1346296/SP, Rel. Ministra Maria Isabel Gallotti, j. 01/12/2015 – DJE 07/12/2015), bem como "que o protesto indevido de título enseja indenização por dano moral que se configura *in re ipsa*." (AgRg no AREsp 718767/RJ, Rel. Ministro Marco Aurélio Bellizze, j. 16/02/2016 - DJE 22/02/2016).

3.7.3.6. *Sustação de protesto e cancelamento de protesto*

O protesto, como ato solene e constitutivo de efeitos específicos em relação às partes envolvidas, pode ser sustado ou cancelado, respectivamente, mediante dois procedimentos distintos, a saber:

a) Sustação de protesto

A sustação consiste no impedimento à lavratura do protesto, mediante tutela cautelar concedida em caráter antecedente nos termos do art. 305 do Código de Processo Civil, e destinada a assegurar o direito de obrigado cambiário que esteja sob ameaça de ser prejudicado pelo protesto iminente e indevido de título apontado (por exemplo, na hipótese de falsificação de assinatura do devedor em título ou ainda encaminhamento ao protesto, pelo credor, de título já pago e não resgatado pelo devedor), conforme previsto no art. 17, § 1.º, da Lei 9.492/1997. Conforme o art. 308 do mesmo Código, uma vez efetivada a tutela cautelar, o pedido principal terá de ser formulado pelo autor no prazo de trinta dias, caso em que será apresentado nos mesmos autos em que deduzido o pedido de tutela cautelar.

b) Cancelamento de protesto

É um ato posterior à lavratura do protesto e pode basear-se, por exemplo, no pagamento do título após a lavratura. Nesse caso, o pedido de cancelamento do protesto será processado na esfera administrativa, perante o próprio tabelionato de protesto de títulos, com a entrega do título pago ao devedor, sendo que, caso o pagamento tenha sido efetuado diretamente ao credor, após a lavratura do protesto, para efetuar o cancelamento o devedor interessado terá de proceder à apresentação do título original ao cartório (art. 26). Por fim, na hipótese de o pedido de cancelamento estar fundamentado em outro motivo que não o pagamento posterior, e o credor cambiário não consentir no cancelamento, o obrigado cambiário deverá obter ordem judicial para tanto, conforme previsto no art. 26 da Lei 9.492/1997.

Com relação ao tema, o Superior Tribunal de Justiça já firmou o entendimento de que "a prescrição da pretensão executória de título cambial não enseja o cancelamento automático de anterior protesto regularmente lavrado e registrado". (REsp 813381/SP, Rel. Ministro Raul Araújo, j. 20/11/2014 – DJE 20/05/2015). Da mesma forma, a jurisprudência daquela Corte Superior entende que "incumbe ao devedor providenciar o cancelamento do protesto após a quitação da dívida, salvo pactuação expressa em contrário". (AgRg no Ag 1419110/SP, Rel. Ministra Maria Isabel Gallotti, j. 17/09/2015 – DJE 28/09/2015).

3.7.3.7. *Protesto da duplicata escritural ou eletrônica*

A Lei 13.775/2018 (em vigor a partir de 19-04-2019) que disciplina a emissão da *duplicata escritural* ou *eletrônica*, introduziu o art. 41-A na Lei 9.492/1997, prevendo que os tabeliães de protesto deverão manter uma central nacional de serviços eletrônicos compartilhados, que prestará, ao menos, os seguintes serviços:

I - escrituração e emissão de duplicata sob a forma escritural, observado o disposto na legislação específica, inclusive quanto ao requisito de autorização prévia para o exercício da atividade de escrituração pelo órgão supervisor e aos demais requisitos previstos na regulamentação por ele editada;

II - recepção e distribuição de títulos e documentos de dívida para protesto, desde que escriturais;

III - consulta gratuita quanto a devedores inadimplentes e aos protestos realizados, aos dados desses protestos e dos tabelionatos aos quais foram distribuídos, ainda que os respectivos títulos e documentos de dívida não sejam escriturais;

IV - confirmação da autenticidade dos instrumentos de protesto em meio eletrônico;

V - anuência eletrônica para o cancelamento de protestos.

Nesse contexto, a partir da implementação desse serviço, os tabelionatos de protesto deverão disponibilizar ao poder público, por meio eletrônico e sem ônus, o acesso às informações constantes dos seus bancos de dados (art. 41-A, § 1º), sendo obrigatória a adesão imediata de todos os tabeliães de protesto do País ao novo sistema (art. 41-A, § 2º).

3.7.4. Ação executiva cambial, processo de conhecimento e ação monitória

Os títulos de crédito, em princípio, são títulos executivos extrajudiciais (conforme o art. 784 do Código de Processo Civil). Como se sabe, os títulos executivos dividem-se em títulos executivos judiciais (criados em juízo) e títulos executivos extrajudiciais (criados fora de juízo), sendo que, nesta última categoria, estão classificados os títulos de crédito.

Como todo título executivo, os títulos de crédito asseguram ao credor nele especificado a possibilidade de propositura imediata de ação executiva, verificado o seu inadimplemento por parte do obrigado cambiário principal.

A ação executiva cambial destina-se a obrigar o devedor ao cumprimento da obrigação pecuniária decorrente do título, e compreende o pagamento do valor principal constante do título (valor de face), acrescido de juros moratórios, aplicando-se a mesma taxa que estiver em vigor para a mora do pagamento de impostos devidos à Fazenda Nacional, conforme o disposto no art. 406 do Código Civil, além de honorários advocatícios e verbas sucumbenciais correspondentes.

Conforme exposto, o direito à propositura da ação executiva cambial extingue-se no respectivo prazo prescricional assinalado em lei para cada modalidade de título de crédito, consoante a Súmula 150 do STF ("Prescreve a execução no mesmo prazo de prescrição da ação").

Uma vez prescrita a ação executiva cambial conforme o prazo legal correspondente ao respectivo título de crédito, o credor poderá ainda valer-se do processo de conhecimento ou ainda da ação monitória, observando o prazo quinquenal previsto no art. 206, § 5.º, I, do Código Civil (art. 206. Prescreve (...) § 5.º Em cinco anos (...) I – a pretensão de cobrança de dívidas líquidas constantes de instrumento público ou particular;), subtraído o prazo prescricional decorrido e correspondente ao título respectivo.

Nesse sentido, o Superior Tribunal de Justiça editou as Súmulas 503 e 504 com o seguinte teor: Súmula 503: "O prazo para ajuizamento de ação monitória em face do emitente de cheque sem força executiva é quinquenal, a contar do dia seguinte à data de emissão estampada na cártula" e Súmula 504: "O prazo para ajuizamento de ação monitória em face do emitente de nota promissória sem força executiva é quinquenal, a contar do dia seguinte ao vencimento do título."

Ressalte-se que não obstante o direito à propositura à ação executiva assegurado pelo título durante o prazo prescricional respectivo, a jurisprudência do Superior Tribunal de Justiça atualmente admite que o credor em um título de crédito, mesmo dispondo da ação executiva, poderá optar, alternativamente, pelo processo de conhecimento ou pela ação monitória, para a satisfação de seu direito de crédito. (Nesse sentido: AgRg no AREsp 456841/SP, Rel. Ministro João Otávio de Noronha, j. 01/12/2015 – DJE 14/12/2015), em consonância com o art. 785 do Código de Processo Civil.

3.8. TÍTULOS DE CRÉDITO EM ESPÉCIE

3.8.1. Letra de câmbio

3.8.1.1. Definição

A letra de câmbio é uma ordem de pagamento, à vista ou a prazo, emitida pelo sacador contra o sacado, devendo este último efetuar o pagamento ao beneficiário da quantia nela especificada. Caracteriza-se como um dos

Cap. 3 · TÍTULOS DE CRÉDITO

títulos de crédito mais antigos que existem, sendo predecessor – em certa medida – do cheque.

A letra de câmbio se encontra regulada no Brasil pelo Decreto 2.044/1908, que também disciplina as notas promissórias. A letra de câmbio está ainda regulada pelo Decreto 57.663/1966, denominado Lei Uniforme.

3.8.1.2. Partes na letra de câmbio

A letra de câmbio encerra uma relação creditícia triangular, na medida em que a sua criação se dá a partir de um saque cambial (emissão do título) efetuado pelo sacador, titular de um direito de crédito contra o sacado, que aparece na letra de câmbio como obrigado cambiário e deverá pagar ao beneficiário a quantia especificada no título.

O terceiro elemento nessa relação jurídica é o beneficiário ou tomador, que é credor do sacador, o qual, por sua vez, por meio da letra de câmbio, dá uma ordem ao sacado a fim de que este pague ao beneficiário por sua ordem, de modo a, na letra de câmbio, apenas um pagamento simplificar duas relações de débito e crédito.

Deve-se mencionar a lição de Fran Martins a respeito (*Títulos de crédito*, p. 104):

> "Instrumento legal destinado a facilitar as relações de natureza econômica, a letra câmbio faz com que o crédito seja mobilizado durante um certo período de tempo, transformando-se em dinheiro a confiança que os portadores depositam nos obrigados na letra. Assim, ciente de que, em data futura, a ordem do sacador será cumprida por parte daquele a quem é dada ou, se não o for, o sacador responde pelo seu cumprimento, o tomador ou beneficiário poderá, em vez de aguardar o momento do vencimento do título, negociá-lo com outra pessoa, recebendo, logo, a importância mencionada. Esse novo proprietário da letra poderá fazer o mesmo com outras pessoas e, desse modo, cada um vai usufruindo a importância constante da letra, sempre tendo suas operações por base o crédito que inspira os que se obrigam na mesma."

3.8.1.3. Características gerais

A seguir estão enumeradas as características gerais da letra de câmbio:

a) a relação jurídica existente em uma letra de câmbio é nitidamente triangular, envolvendo obrigatoriamente três posições jurídicas distintas, a saber: sacador, sacado e beneficiário;

b) tal relação, entretanto, não obstante necessitar das três posições referidas, pode conter a mesma pessoa, por exemplo, como sacador e beneficiário de uma letra de câmbio, conforme o art. 3.º (Anexo I) da Lei Uniforme;

c) é um título abstrato, pois a sua emissão não exige uma causa legal específica, não necessitando, assim, trazer expresso o motivo que lhe deu origem;

d) no Brasil, a letra de câmbio somente pode ser emitida como título à ordem; e

e) a despeito de não ser o principal pagador, uma vez efetuado o saque cambial, o sacador se vincula ao pagamento da letra de câmbio, conforme previsto no art. 9.º (Anexo I) da Lei Uniforme.

3.8.1.4. Requisitos essenciais

A letra de câmbio, como título formal, deve conter determinados requisitos essenciais, necessários à sua plena validade, conforme previsto nos arts. 1.º e 2.º (Anexo I) da Lei Uniforme:

a) a expressão "letra de câmbio", que deverá estar inserida no texto do próprio título e expressa no mesmo idioma empregado para a sua redação;

b) o mandato puro e simples de pagar quantia determinada. O título deve conter expressamente o valor a ser pago, sendo que, por força da característica da literalidade, tal valor prevalece até a data de vencimento do título, podendo então o credor acrescentar juros de mora e as despesas que incorrer com a cobrança do título;

c) o nome de quem deve pagar (sacado), sendo que, conforme o art. 3.º da Lei 6.268/1975, o sacado deve ser identificado, obrigatoriamente, pelo número de sua cédula de identidade, de inscrição no cadastro de pessoa física, do título eleitoral ou da carteira profissional;

d) lugar de pagamento da letra de câmbio, sendo que, quando o título não o especificar, deve ser considerado como tal o de domicílio do sacado, conforme previsto no art. 2.º, alínea segunda (Anexo I), da Lei Uniforme;

e) o nome (literalmente expresso) da pessoa a quem ou à ordem de quem deve ser paga (beneficiário ou tomador);

f) data e lugar de emissão (ou saque) da letra de câmbio, sendo que, na sua ausência, se considera como tendo sido emitida em lugar inserido pelo beneficiário, ao lado do nome do sacador, conforme o art. 2.º, alínea terceira (Anexo I), da Lei Uniforme;

g) a assinatura de quem emite a letra de câmbio (sacador).

Deve-se ainda observar que a data de vencimento não constitui requisito essencial na letra de câmbio, pois, conforme o art. 2.º, alínea primeira (Anexo I), da Lei Uniforme, a sua omissão implica o vencimento à vista do título.

Nesse sentido, ressalte-se que parte da doutrina costuma referir-se às indicações contidas no art. 2.º (Anexo I) da Lei Uniforme como requisitos não essenciais, na medida em que podem ser substituídos, conforme referido anteriormente.

Por fim, a Súmula 387 do STF prevê que: "A cambial emitida ou aceita com omissões, ou em branco, pode ser completada pelo credor de boa-fé antes da cobrança ou do protesto".

3.8.1.5. *Aceite da letra de câmbio*

O aceite pode ser definido como a declaração unilateral do sacado aposta nos títulos de crédito emitidos como *ordens de pagamento* – letra de câmbio e duplicata, dentre outros –, por meio da qual o sacado se torna efetivamente obrigado cambiário, aceitando literalmente a obrigação representada pelo título.

Nos termos do art. 21 (Anexo I) da Lei Uniforme, a letra de câmbio pode ser apresentada para aceite do sacado até o seu vencimento, no seu domicílio, pelo beneficiário ou por um representante deste.

O aceite não é obrigatório na letra de câmbio à vista, devendo ser aposto, entretanto, naquelas modalidades de letra de câmbio com vencimento a prazo. Na hipótese de recusa do aceite por parte do sacado, a letra de câmbio deve ser levada a protesto, tendo o seu vencimento antecipado à data da lavratura do referido protesto.

Para evitar a recusa do aceite pelo sacado antes do vencimento do título (visto que este pode, na convenção cambial, acordar com o sacador a emissão do título e posteriormente mudar de ideia), a Lei Uniforme prevê, em seu art. 22 (Anexo I), a possibilidade de emissão de letra de câmbio não aceitável, que é aquela em que o sacador proíbe expressamente no próprio título a sua apresentação para aceite.

Na hipótese de recusa parcial do aceite (quando o sacado não quer obrigar-se pelo valor total do título, mas apenas por parte dele), o título também deve ser levado a protesto operando-se, dessa forma, o vencimento antecipado da letra de câmbio.

A Lei Uniforme, em seu art. 24 (Anexo I), prevê a possibilidade de, quando da apresentação da letra de câmbio ao sacado para aceite, este solicitar que o título lhe seja reapresentado no dia seguinte ao da primeira apresentação, sendo esse prazo denominado *prazo de respiro*, afigurando-se como uma faculdade legal conferida ao sacado.

No entanto, como forma de evitar abusos, a Lei 12.767/2012 acrescentou o § 5.º ao art. 21 da Lei 9.492/1997, vedando o protesto por falta de pagamento de letra de câmbio contra o sacado não aceitante, de modo que continua admissível o protesto por falta de aceite, porém, não o protesto por falta de pagamento da letra de câmbio que ainda não tenha sido aceita pelo sacado.

3.8.1.6. Vencimento

O vencimento de uma letra de câmbio, conforme o art. 33 (Anexo I) da Lei Uniforme, pode ocorrer a partir das seguintes formas:

a) à vista: quando o sacado recebe o título para pagamento imediato;

b) a certo termo da vista: ocorre em prazo determinado, posterior à vista e ao aceite do título por parte do sacado. Nos termos do art. 23 (Anexo I) da Lei Uniforme, as letras a certo termo da vista devem ser apresentadas para aceite dentro de um ano das suas datas, podendo esse prazo ser reduzido ou aumentado pelo sacador e podendo o(s) endossante(s) ainda reduzir(em) esse prazo, quando do endosso.

c) a certo termo da data: ocorre após a fluência do termo fixado no título para o pagamento, termo que se inicia na data de criação do título;

d) a dia certo: ocorre naquelas situações em que é convencionado um dia certo e determinado para o vencimento e para o respectivo pagamento do título.

3.8.1.7. Vencimento antecipado

Além das hipóteses referidas de vencimento regular da letra de câmbio, existem também aquelas hipóteses em que o vencimento pode dar-se de forma antecipada, conforme previsto no art. 43 (Anexo I) da Lei Uniforme:

a) Falta ou recusa de aceite: se ocorrer a falta ou a recusa do aceite por parte do sacado, o valor representado pelo título poderá ser exigido imediatamente.

b) Falência do sacado: com a falência decretada, o vencimento será antecipado, a fim de que o credor possa ingressar tempestivamente no processo de falência do devedor, pela importância de seu crédito.

c) Falência do sacador da letra de câmbio não aceitável: o sacador, criador da letra de câmbio, tem certas responsabilidades no mundo jurídico, de modo que a sua falência, na hipótese de letra de câmbio não aceitável, acarreta o seu vencimento antecipado, devendo o tomador concorrer pelo valor de seu crédito no processo falimentar do sacador.

3.8.1.8. Ressaque da letra de câmbio

Muitas vezes pode ocorrer de o sacado não efetuar o pagamento do título original, e, por causa disso, o sacador emitir outra letra de câmbio, em substituição à anterior, para cobrar a mesma dívida não paga, com o valor contido no primeiro título, devidamente atualizado, conforme os arts. 37 e 38 do Decreto 2.044/1908. Nesse caso haverá o ressaque da letra de câmbio.

3.8.1.9. Duplicata da letra de câmbio

A expressão *duplicata* aqui tratada diz respeito a uma cópia da letra de câmbio emitida na hipótese de ocorrer a destruição ou a retenção indevida, pelo sacado, da via inicial. Deve-se, entretanto, observar que a duplicata da letra de câmbio, ao contrário do que ocorre no ressaque da letra de câmbio, deve ser emitida de forma literalmente igual à via original, inclusive com o mesmo valor e a mesma data de vencimento, conforme o disposto no art. 67 (Anexo I) da Lei Uniforme e no art. 16 do Decreto 2.044/1908.

3.8.1.10. Protesto da letra de câmbio

O protesto da letra de câmbio pode ser lavrado a partir das seguintes hipóteses:

a) *protesto por falta de aceite:* o sacador deverá encaminhar o título para protesto até o fim do prazo de apresentação ao sacado para aceite, ou no dia seguinte ao término de referido prazo se a letra foi apresentada no último dia deste e o sacado solicitou o *prazo de respiro,* conforme previsto no art. 44 (Anexo I) da Lei Uniforme;

b) *protesto pela falta de pagamento:* o credor deverá encaminhar o título para protesto em um dos dois dias úteis seguintes ao vencimento do título, conforme o art. 44 (Anexo I) da Lei Uniforme;

c) *protesto por falta de devolução*: nesse caso o credor deverá proceder à emissão da duplicata da letra de cambio, conforme o disposto no art. 67 (Anexo I) da Lei Uniforme e no art. 16 do Decreto 2.044/1908, e encaminhá-la imediatamente para protesto.

Na hipótese de não observância dos prazos legais para o protesto, o portador do título perde o direito de crédito contra os *coobrigados* da letra de câmbio – sacador, endossantes e seus respectivos avalistas –, permanecendo apenas com seu direito de crédito contra o aceitante e seu respectivo avalista.

3.8.1.11. *Prazos para a propositura de ação executiva baseada na letra de câmbio*

O credor pode, ainda, exercitar o seu direito à propositura de uma ação executiva com base em letra de câmbio, nos termos dos arts. 43 e 70 (Anexo I) da Lei Uniforme, considerando os seguintes prazos prescricionais:

a) em três anos, a contar do *vencimento* do título, para a propositura da competente ação executiva contra o devedor principal e seu avalista;

b) em um ano, a contar do *protesto* efetuado dentro dos prazos legais, para o exercício da competente ação executiva contra os endossantes e seus respectivos avalistas e contra sacador, ou ainda em um ano a contar do *vencimento* no caso de letra de câmbio que contenha cláusula "sem despesas" (sem protesto) (conforme art. 46 (Anexo I) da Lei Uniforme);

c) em seis meses, a contar do dia em que o endossante efetuou o pagamento do título ou em que ele próprio foi demandado para o seu pagamento, para a propositura de ações executivas dos endossantes, uns contra os outros, e de endossante contra o sacador.

3.8.1.12. *Modelo de letra de câmbio*

3.8.2. Nota promissória

3.8.2.1. *Definição*

A nota promissória é uma promessa solene, direta e unilateral de pagamento, à vista ou a prazo, efetuada pelo promitente-devedor ao promissário-credor, regulada no Brasil pelas mesmas normas que disciplinam a letra de câmbio, sendo referida genericamente como cambial.

Nesse sentido é a lição de Waldemar Ferreira (*Tratado de direito comercial*, p. 496-7):

> "Assume, quem a subscreve, obrigação direta e principal para com determinada pessoa, que é o seu tomador ou beneficiário. Não há saque; mas emissão. Não se depara sacado; por isso mesmo não se requer o aceite, afastando controvérsias das mais vivazes oriundas da letra de câmbio.
>
> O emitente do título se obriga, originária e diretamente, para com o tomador; e não indiretamente, por intermédio de outra pessoa, qual a do sacado, com o qual se responsabiliza solidariamente, como principal pagador, como se verifica na letra de câmbio.
>
> É esse o ponto primordial da nota promissória, tanto mais quanto nela se exara incondicional promessa de pagamento, formulada por escrito, subscrita pelo que a elabora."

3.8.2.2. *Partes na nota promissória*

São partes na nota promissória: *a)* o subscritor ou promitente-devedor; e *b)* o beneficiário ou promissário-credor.

3.8.2.3. *Características gerais*

São características gerais da nota promissória:

a) a nota promissória, conforme exposto, é uma *promessa* de pagamento, ao passo que a letra de câmbio é uma *ordem de pagamento*;

b) em virtude do seu caráter de promessa unilateral, a nota promissória não necessita de aceite por parte do devedor;

c) é um título abstrato, pois a sua emissão não exige uma causa legal específica, não necessitando, assim, trazer expresso o motivo que lhe deu origem;

d) no Brasil, a nota promissória somente pode ser emitida como título à ordem;

3.8.2.4. *Requisitos essenciais*

A Lei Uniforme apresenta, em seu art. 75 (Anexo I), os requisitos essenciais necessários à plena validade de uma nota promissória. São eles:

a) a denominação "nota promissória", também referida no art. 54, I, do Decreto 2.044/1908;

b) promessa solene, direta e incondicional de pagamento;

c) nome da pessoa a quem ou à ordem de quem deve ser paga (promissário-credor ou beneficiário);

d) indicação da data de emissão da nota promissória;

e) assinatura do emitente (subscritor ou promitente-devedor), sendo que, conforme o art. 3.º da Lei 6.268/1975, o emitente deve ser identificado, obrigatoriamente, pelo número de sua cédula de identidade, de inscrição no cadastro de pessoa física, do título eleitoral ou da carteira profissional;

f) local de emissão e local de pagamento (na falta de indicação especial, o local de emissão será considerado o de pagamento e, ao mesmo tempo, o local de domicílio do emitente da nota promissória, conforme o disposto no art. 75, n. 6, c/c art. 76, alínea segunda (Anexo I), da Lei Uniforme); e

g) data de vencimento (na sua ausência a nota promissória é considerada pagável à vista, conforme o art. 76, alínea primeira (Anexo I), da Lei Uniforme).

Note-se ainda que, à semelhança do que ocorre com a letra de câmbio, parte da doutrina costuma referir-se às indicações contidas no art. 76 (Anexo I) da Lei Uniforme como requisitos não essenciais, na medida em que podem ser supridos, não possuindo entretanto maior relevância jurídica essa classificação.

3.8.2.5. Protesto da nota promissória

O protesto da nota promissória somente pode ser lavrado na hipótese de *falta de pagamento*, visto que, contrariamente à letra de câmbio, que pode ser protestada também por falta de aceite ou falta de devolução, a nota promissória não comporta esse tipo de protesto.

No protesto por falta de pagamento, o credor deverá entregar o título em cartório em um dos dois dias úteis seguintes ao seu vencimento, conforme o disposto no art. 44 (Anexo I) da Lei Uniforme.

Na hipótese de não observância dos prazos legais fixados para o protesto, o credor perde o direito de ação executiva contra os coobrigados da nota promissória, endossantes e seus respectivos avalistas, permanecendo apenas com seu direito de ação executiva contra o promitente-devedor e seu respectivo avalista, conforme prevê o art. 53 (Anexo I) da Lei Uniforme.

3.8.2.6. Prazos para a propositura de ação executiva baseada na nota promissória

O credor poderá exercitar seu direito à propositura de uma ação executiva com base em nota promissória, conforme o disposto no art. 77 (Anexo I) da Lei Uniforme, considerando os seguintes prazos prescricionais:

a) em três anos, a contar do *vencimento* do título, para o exercício do direito de crédito contra o promitente-devedor e seu avalista;

b) em um ano, a contar do *protesto* efetuado dentro dos prazos legais, para o exercício da competente ação executiva contra os endossantes e seus respectivos avalistas;

c) em seis meses, a contar do dia em que o endossante efetuou o pagamento do título ou em que ele próprio foi demandado para o seu pagamento, para a propositura de ações executivas dos endossantes, uns contra os outros, e de endossante contra o promitente-devedor.

Ainda com relação à nota promissória, deve-se observar que a Súmula 258 do STJ estabelece que: "A nota promissória vinculada a contrato de abertura de crédito não goza de autonomia em razão da iliquidez do título que a originou".

Ressalte-se, no entanto, que a Súmula 258 refere-se exclusivamente a nota promissória vinculada a Contrato de Abertura de Crédito em Conta Corrente, modalidade contratual que não goza, por si só, de liquidez, certeza e exigibilidade, dado o caráter dinâmico da conta corrente à qual se vincula (o saldo em conta corrente pode variar dia-a-dia, positiva ou negativamente). Essa problemática foi superada com a adoção, pelas instituições financeiras, da *Cédula de Crédito Bancário*, disciplinada pela Lei 10.931/2004, que é um título executivo extrajudicial, e é estudada no item 3.9.2.2., letra g, deste Capítulo.

Desse modo, não se pode afirmar que toda e qualquer nota promissória vinculada a contrato não possa dar início a um processo de execução. Nesse sentido, o Superior Tribunal de Justiça já firmou o entendimento de que, quando a relação jurídica subjacente estiver consubstanciada em contrato que espelhe uma dívida líquida, não haverá óbice ao prosseguimento da execução, concluindo que "a vinculação da nota promissória a um contrato retira-lhe a autonomia de título cambial, mas não a sua executoriedade, desde que a avença seja liquida, certa e exígivel." (AgRg nos EDcl no REsp 1367833/SP, Rel. Ministro Marco Aurélio Bellizze, j. 16/02/2016 – DJE 19/02/2016).

3.8.2.7. Modelo de nota promissória

3.8.3. Cheque

3.8.3.1. Definição

O cheque é uma ordem direta e incondicional de pagamento emitida pelo titular (ou cotitular) de conta corrente mantida em determinada instituição financeira (banco sacado) e dirigida a essa mesma instituição, na qual o emitente tenha *fundos disponíveis* (dinheiro ou uma linha de crédito – *cheque especial*, por exemplo), a fim de que o banco sacado efetue o pagamento do valor literalmente expresso no título a determinada pessoa (beneficiário).

O cheque está disciplinado no Brasil pela Lei 7.357/1985 (Lei do Cheque).

3.8.3.2. Partes no cheque

São partes no cheque:

a) emitente, passador ou sacador: é o titular de conta corrente em uma instituição financeira, que está autorizado a emitir ordens de pagamento dirigidas a referida instituição (cheques);

b) sacado (instituição financeira): é o agente pagador (não é devedor). Sua obrigação é acatar as ordens de pagamento emitidas pelo sacador ou emitente até o limite dos fundos disponíveis na conta corrente mantida no banco sacado;

c) tomador ou beneficiário: é aquele em favor de quem o cheque deve ser pago, podendo ser um terceiro ou o próprio emitente (este pode emitir um cheque em seu nome para depósito em outra conta corrente de sua titularidade, por exemplo).

3.8.3.3. Características gerais

São características gerais do cheque:

a) o cheque não admite aceite, apesar de ser uma ordem de pagamento, pois é emitido pelo próprio devedor (sacador), conforme dispõe o art. 6.º da Lei do Cheque;

b) o sacado no cheque não é devedor e só é obrigado a acatar a ordem de pagamento desde que a referida ordem preencha os requisitos essenciais de validade e o emitente disponha de fundos (dinheiro ou crédito) na instituição financeira sacada;

c) disso resulta que o sacado não pode endossar o cheque (art. 18, § 1.º), nem dar-lhe o seu aval (art. 29 da Lei do Cheque);

d) diversamente do que ocorre com outros títulos, o cheque é fornecido pelo próprio banco sacado ao sacador. Por esse motivo, a instituição financeira é responsável pelos danos resultantes do extravio de talonários de cheques, antes que sejam entregues ao correntista-sacador, e que venham a ser utilizados fraudulentamente por terceiros, conforme o entendimento atual do STJ (AgRg no AREsp 482722/SP, Rel. Ministro Raul Araújo, j. 02/12/2014 – DJE 19/12/2014).

e) o cheque é um título formal, pois segue um modelo padronizado, e está sujeito à disciplina do Conselho Monetário Nacional e do Banco Central do Brasil, conforme previsto no art. 69 da Lei do Cheque.

f) a simples devolução indevida do cheque pelo banco sacado caracteriza dano moral, conforme dispõe a Súmula 388 do Superior Tribunal de Justiça.

3.8.3.4. Requisitos essenciais

Conforme o art. 1.º da Lei do Cheque, são requisitos essenciais de validade:

a) a denominação "cheque", que deve estar inserida no próprio texto do cheque, no mesmo idioma de sua redação;

b) ordem incondicional de pagar quantia determinada (*Pague por este a quantia de $... a Fulano.... ou à sua ordem*);

c) identificação do banco sacado, sendo que, nos termos do art. 3.º da Lei do Cheque, o título deve ser emitido contra banco ou instituição financeira que lhe seja equiparada, sob pena de não valer como cheque;

d) data e lugar de emissão (conforme a localização do banco sacado, em relação ao local de sua emissão o prazo para apresentação do cheque ao sacado pode variar, como se verá adiante);

e) lugar de pagamento;

f) assinatura do emitente ou de seu mandatário, com poderes especiais para tanto, sendo que, conforme o art. 3.º da Lei 6.268/1975, o emitente deve ser identificado, obrigatoriamente, pelo número de sua cédula de identidade, de inscrição no cadastro de pessoa física, do título eleitoral ou da carteira profissional.

Conforme o art. 2.º da Lei do Cheque, o título a que falte qualquer dos requisitos enumerados acima não vale como cheque, salvo nas seguintes hipóteses:

a) na falta de indicação especial, é considerado lugar de pagamento o lugar designado junto ao nome do sacado; se designados vários lugares, o cheque é pagável no primeiro deles; não existindo nenhuma indicação, o cheque é pagável no lugar de sua emissão;

b) não indicado o lugar de emissão, considera-se emitido o cheque no lugar indicado junto ao nome do emitente.

3.8.3.5. *Prazo de apresentação ao banco sacado*

O cheque caracteriza-se como ordem de pagamento à vista, considerando-se não escrita qualquer menção em contrário, conforme o art. 32 da Lei do Cheque.

O cheque deve ser apresentado para pagamento dentro do prazo de trinta dias, quando emitido na mesma praça em que se localizar o banco sacado, ou de sessenta dias, quando emitido em praça diversa daquela de localização do banco sacado, conforme previsto no art. 33 da Lei do Cheque.

A não apresentação do cheque pelo credor ao banco sacado dentro do prazo legal acarreta as seguintes sanções:

a) perda do direito à propositura de ação executiva contra os endossantes e seus respectivos avalistas no cheque;

b) perda do direito à propositura de ação executiva contra o emitente do cheque, se este dispunha de fundos durante o prazo de apresentação e os deixou de ter, em virtude de fato não imputável a referido correntista (em princípio que se caracterize como caso fortuito ou força maior), conforme previsto no art. 47, § 3.º, da Lei do Cheque. Por exemplo: José emite um cheque em favor de um empresário, este demora para apresentá-lo ao banco e, nesse meio de tempo, João tem o seu cartão de saque bancário roubado e todos os seus fundos disponíveis são imediatamente subtraídos por terceiros. Decorridos trinta e um dias, o credor apresenta o cheque ao banco e este efetua a devolução do título por insuficiência de fundos. Nessa hipótese, caso venha a ser alvo de ação de execução desse título, João poderá invocar o art. 47, § 3º da Lei do Cheque, nos autos da ação executiva, que, a teor do citado dispositivo, deverá ser extinta. Ressalte-se, porém, que a perda do direito à ação executiva não extingue o direito material de crédito contra José, enquanto emitente do cheque.

3.8.3.6. *Do pagamento do cheque*

Para que a ordem de pagamento representada pelo cheque possa ser cumprida pelo sacado, é necessário que o emitente tenha fundos disponíveis em poder do sacado no momento da apresentação do cheque.

Conforme o art. 4.º, § 2.º, da Lei do Cheque, consideram-se fundos disponíveis:

a) os créditos constantes de conta corrente bancária não subordinados a termo;

b) o saldo exigível de conta corrente contratual;

c) a soma proveniente de abertura de crédito.

Nos termos do art. 8.º, pode-se estipular no título que o seu pagamento seja efetuado:

a) a pessoa nomeada, com ou sem cláusula expressa "à ordem"; sendo que o título poderá ser transmitido via endosso, conforme o art. 17; ou

b) a pessoa nomeada, com a cláusula "não à ordem" ou outra equivalente (hipótese em que o cheque não poderá ser transferido mediante endosso). Nesse caso, conforme o art. 17, § 1.º, da Lei do Cheque, o cheque pagável a pessoa nomeada, com a cláusula "não à ordem", ou outra equivalente, só é transmissível pela forma e com os efeitos de cessão de crédito.

Considerando que a Lei 8.021/1990, proibiu a emissão de títulos ao portador ou nominativos endossáveis, o cheque somente pode ser emitido com a indicação expressa do beneficiário, excetuando-se aqueles de valor igual ou inferior a R$ 100,00 (cem reais), com ou sem a cláusula "não à ordem".

Conforme o art. 32, parágrafo único, da Lei do Cheque, o cheque apresentado para pagamento antes do dia indicado como data de emissão é pagável no dia da apresentação.

O credor não pode recusar que o emitente efetue o pagamento parcial do cheque, e, nesse caso, o banco sacado pode exigir que esse pagamento conste do cheque, devendo o credor dar a respectiva quitação pela quantia recebida, conforme o disposto no art. 38 da Lei do Cheque.

Nos termos do art. 39, parágrafo único, o banco sacado responde pelo pagamento do cheque falso, falsificado ou alterado, salvo dolo ou culpa do correntista, do endossante ou do beneficiário, dos quais poderá o sacado, no todo ou em parte, reaver a que pagou.

Deve-se ainda ressaltar que, na hipótese de apresentação simultânea de dois ou mais cheques, sem que os fundos disponíveis sejam suficientes para o pagamento de todos, nos termos do art. 40, terão preferência os de emissão mais antiga e, se da mesma data, os de número inferior.

Se no ato da apresentação o cheque estiver mutilado, rasgado ou partido, ou contiver borrões, emendas e dizeres que não pareçam formalmente normais, o banco sacado pode, nos termos do art. 41, solicitar explicações ou garantia para efetuar o seu pagamento.

3.8.3.7. *Hipóteses de não pagamento de cheque pelo sacado*

Considerando que o cheque é uma ordem de pagamento, o seu cumprimento pode ser obstado pelo agente pagador (sacado) em determinadas hipóteses específicas, como insuficiência de fundos, prescrição ou sustação.

A Lei do Cheque prevê duas hipóteses em que o seu pagamento pode ser obstado, por ordem do credor ou de terceiro legitimado:

a) Revogação ou contraordem: somente pode ser realizada pelo *emitente* do cheque, nos termos do art. 35 da Lei do Cheque, por meio de contraordem dada por carta (comunicação escrita dirigida ao banco sacado), ou por via judicial ou extrajudicial, com as razões motivadoras do ato, e somente produz efeitos depois de decorrido o prazo de apresentação do cheque.

b) Oposição ou sustação: pode ser realizada pelo *emitente* ou *credor* (*portador legitimado*), nos termos do art. 36 da Lei do Cheque, mesmo durante o prazo de apresentação, por meio de sustação do pagamento do cheque manifestada por escrito ao banco sacado e fundada em relevante razão de direito.

Deve-se observar que a revogação ou contraordem e a oposição ou sustação se excluem reciprocamente, de modo que, adotada uma via, não pode ser posteriormente adotada outra, não cabendo em nenhuma hipótese ao sacado avaliar a relevância das razões invocadas para a recusa do pagamento.

Conforme referido anteriormente, a Lei do Cheque, em seu art. 69, atribuiu ao Conselho Monetário Nacional a competência para disciplinar as hipóteses de pagamento de cheques; esse órgão, por sua vez, autorizou o Banco Central do Brasil a regulamentar as hipóteses de não pagamento do cheque, pela Res. 1.682/1990 (alterada parcialmente por resoluções posteriores).

Nesse sentido, a Res. 1.682/1990, do Banco Central do Brasil prevê, em seu art. 6.º, os seguintes motivos para a devolução de cheques pelo banco sacado:

a) Cheque sem provisão de fundos

    11 – cheque sem fundos – 1.ª apresentação;

    12 – cheque sem fundos – 2.ª apresentação (caracteriza-se quando a reapresentação se der em data diferente da ocorrência do motivo 11, conforme previsto no art. 7.º);

    13 – conta encerrada;

    14 – prática espúria.

Conforme previsto no art. 10, nas devoluções havidas pelos motivos 12 a 14, os bancos são responsáveis pela inclusão do correntista no Cadastro de Emitentes de Cheques sem Fundos, mantido pelo Banco Central do Brasil.

b) Impedimento ao pagamento

    21 – contraordem (ou revogação) ou oposição (ou sustação) ao pagamento;

    22 – divergência ou insuficiência de assinatura (o que somente poderá ser alegado para cheque com disponibilidade de fundos, conforme o art. 9.º);

    23 – cheques emitidos por entidades e órgãos da administração pública federal direta e indireta, em desacordo com os requisitos constantes do art. 74, § 2.º, do Dec.-lei 200/1967;

    24 – bloqueio judicial ou determinação do Banco Central do Brasil;

    25 – cancelamento de talonário pelo banco sacado.

c) Cheque com irregularidade

Cap. 3 · TÍTULOS DE CRÉDITO

31 – erro formal (sem data de emissão, mês grafado numericamente, ausência de assinatura, não registro do valor por extenso);

32 – ausência ou irregularidade na aplicação do carimbo de compensação;

33 – divergência de endosso;

34 – cheque apresentado por estabelecimento bancário que não o indicado no cruzamento em preto, sem o endosso-mandato;

35 – cheque fraudado, emitido sem prévio controle ou responsabilidade do estabelecimento bancário ("cheque universal") ou, ainda, com adulteração da praça sacada.

d) Apresentação indevida

41 – cheque apresentado a banco que não o sacado;

42 – cheque não compensável na secção no sistema de compensação em que for apresentado;

43 – cheque devolvido anteriormente pelos motivos 21 a 24 e 31, não passível de reapresentação em virtude de persistir o motivo da devolução;

44 – cheque prescrito.

Decorrido o prazo prescricional, o cheque será devolvido pelo sacado pelo motivo 44, conforme previsto no art. 12.

Assim, o banco sacado, na condição de agente pagador, somente poderá recusar o pagamento do cheque nas hipóteses expressamente previstas na Res. 1.682/1990, sendo que a devolução do cheque em hipótese diversa pode caracterizar dano moral, conforme a jurisprudência do Superior Tribunal de Justiça, consubstanciada na Súmula 388: "A simples devolução indevida de cheque caracteriza dano moral."

3.8.3.8. *Modalidades de cheque*

a) *Cheque visado*

É o cheque em que o banco sacado, a pedido do emitente ou do portador legitimado, lança e assina, no verso do título, declaração de existência de fundos correspondentes à quantia indicada no título, conforme o art. 7.º da Lei do Cheque.

O cheque visado obriga o banco sacado a reservar na conta corrente do emitente a quantia indicada no cheque, em benefício do credor, durante o prazo de apresentação do título. O fato de o banco sacado vistar o cheque, porém, não exonera o emitente da obrigação cambiária representada pelo título.

b) Cheque administrativo

Também denominado *cheque bancário* ou *cheque de tesouraria*. É emitido pelo banco sacado contra si próprio, em favor de um beneficiário identificado no título, não podendo sê-lo ao portador, conforme o art. 9.º, III da Lei do Cheque.

Diferencia-se do cheque comum pelo simples fato de, no cheque administrativo, o emitente e o sacado serem a mesma pessoa (banco).

c) Cheque de viagem

Também denominado *cheque viageiro* ou *traveller's check*. É classificado pela doutrina comercialista como uma espécie do cheque administrativo, caracterizando-se como título emitido pelo próprio banco sacado contra si próprio, para pagamento à vista da quantia nele especificada ao beneficiário identificado.

Diferencia-se, contudo, do cheque administrativo padrão pelo fato de o beneficiário do cheque de viagem ter de assiná-lo em duas ocasiões: *a)* quando de sua aquisição do banco sacado; e *b)* quando de seu pagamento em um estabelecimento do próprio sacado ou a ele credenciado, em qualquer parte do mundo, uma vez conferida a assinatura do beneficiário pelo sacado.

O seu pagamento pode efetivar-se em moeda corrente do local em que se encontrar o beneficiário e distinta daquela contratada quando da aquisição do cheque de viagem, conforme a cotação do câmbio em vigor, possibilitando ao beneficiário viajar por diversos países sem os incômodos com a segurança do dinheiro e com o câmbio pela moeda local.

Essa modalidade de cheque foi muito utilizada até o início deste século, porém o advento dos meios eletrônicos de pagamento, como o cartão de crédito , tornaram-na obsoleta e a conduziram ao seu desuso atual.

d) Cheque cruzado

É o cheque em que o emitente ou o próprio credor traçam duas linhas paralelas na sua frente (anverso). Tem por finalidade tornar possível a identificação do beneficiário da ordem de pagamento representada pelo título.

Conforme o art. 44 da Lei do Cheque, o cruzamento pode ser *geral*, se entre os dois traços não houver nenhuma indicação ou existir apenas a indicação "banco" ou outra equivalente; ou *especial*, se entre os dois traços existir a indicação do nome do banco.

O cheque com cruzamento geral em branco somente pode ser pago pelo banco sacado a banco ou a um cliente do banco sacado, mediante crédito em conta, conforme o art. 45. Tal exigência, conforme exposto, possibilita a correta identificação do beneficiário do título depositado em conta.

Por outro lado, o cheque com cruzamento especial somente poderá ser pago pelo banco sacado ao banco cujo nome estiver indicado entre os dois traços, ou, se este for do próprio banco sacado, poderá ser pago a cliente seu mediante saldo em conta.

e) Cheque para ser creditado em conta

É o cheque em que o emitente ou o próprio credor proíbem o seu pagamento em dinheiro mediante a inscrição transversal da cláusula *para ser creditado em conta*, no anverso do título, conforme dispõe o art. 46 da Lei do Cheque. À semelhança do cheque cruzado, tem por finalidade tornar possível a identificação do beneficiário da ordem de pagamento representada pelo título.

Nessa hipótese, o banco sacado somente pode proceder ao seu lançamento contábil sob a forma de crédito em conta, transferência ou compensação dirigida ao beneficiário, que equivalem ao pagamento.

3.8.3.9. Prazos para protesto do cheque

O cheque deve ser encaminhado a protesto nas seguintes condições:

a) como uma ordem de pagamento à vista, constatada a inexistência de fundos, o cheque passa a ser considerado "sem fundos" e bastando uma apresentação do título ao banco, para a sua caracterização. Na hipótese de ter ocorrido o seu endosso a terceiros, o prazo para o seu protesto é o mesmo fixado pela Lei do Cheque para sua apresentação para pagamento: trinta dias na mesma praça e sessenta dias em praça diversa. Nesse caso, o protesto é obrigatório, e necessário para propositura da ação executiva contra os endossantes do título.

b) para o exercício do direito de crédito contra o emitente e o avalista do cheque, seu protesto não é necessário. O protesto, nesse caso, é facultativo, tendo apenas finalidade conservatória do direito de crédito contra os coobrigados no título, e pode ser efetuado durante todo o prazo para a propositura da ação executiva. (REsp 1423464/SC, Rel. Ministro Luis Felipe Salomão, j. 27/04/2016 – DJE 27/05/2016)

3.8.3.10. *Cheque pré-datado e cheque pós-datado*

Considerando que o cheque é uma ordem direta e incondicional de pagamento, o seu cumprimento pelo banco sacado não pode ser subordinado a nenhuma condição ou evento futuro. Cumpre nesse ponto observar que o popularmente conhecido *cheque pré-datado* nada mais é que uma mera convenção entre emitente e tomador, sendo aposta no cheque a data de emissão e a observação "bom para...", evidenciando a data em que o título deve ser apresentado para pagamento.

Apesar de a Lei do Cheque não contemplar o *cheque pré-datado*, a jurisprudência atualmente tem amparado a sua existência, sendo considerado como mera promessa de pagamento, de modo que o emitente deverá apresentar saldo disponível em sua conta corrente apenas na data pactuada com o beneficiário para a apresentação do título.

A doutrina comercialista costuma também referir-se ao *cheque pós-datado*, que é aquele no qual é inserida data futura como a data de emissão, convencionando-se como data de apresentação do título para pagamento aquela constante como data de emissão.

Note-se a respeito a lição de Amador Paes de Almeida (*Teoria e prática dos títulos de crédito*, p. 137-8):

> "O cheque pós-datado, vulgarmente denominado "cheque pré-datado", é aquele com data posterior à data em que efetivamente foi emitido.
>
> A sua crescente adoção pelo sistema de crediário em lojas e congêneres ampliou sensivelmente a sua circulação, antes restrita à agiotagem.
>
> Contudo, em casos tais, os cheques assim emitidos têm alterada sensivelmente a sua função, a rigor perdendo sua natureza de cheques, transformando-se em mera promessa de pagamento, conquanto mantenham sua eficácia executiva extrajudicial."

Da mesma forma que o cheque pré-datado, o pós-datado também não possui base legal específica; entretanto, na prática empresarial apresenta uma diferença significativa.

Tanto o cheque pré-datado como o cheque pós-datado funcionam como instrumentos de oferecimento de crédito. A maioria dos empresários, entretanto, não dispõe de recursos financeiros suficientes para suportar o limite do crédito concedido, o que os obriga a procurar bancos e empresas de *factoring* para a negociação dos cheques *pré* ou *pós* recebidos (respectiva e usualmente, por meio de desconto bancário e faturização, modalidades contratuais que serão estudadas adiante). Nesse momento, cheques pré e pós-datados se diferenciam pelo fato de o cheque pós-datado representar segurança maior para a instituição financeira ou faturizador, pois seu prazo prescricional ainda não se iniciou, visto ser emitido com data futura – a data da sua efetiva apresentação para pagamento – contratada entre o emitente e o empresário tomador.

Apesar de não encontrar-se expressamente disciplinado pela Lei do Cheque, a prática da emissão do cheque pré-datado ou pós-datado tem recebido substancial amparo da jurisprudência, sendo que o STJ, em fevereiro de 2009, ao editar a Súmula 370, consolidou seu entendimento no sentido de que "caracteriza dano moral a apresentação antecipada do cheque pré-datado".

Assim, na hipótese de descumprimento, por parte do beneficiário, do acordo celebrado com o emitente, para apresentação futura do cheque, com a apresentação antecipada do título, de acordo com o entendimento manifestado por aquela Corte Superior, a mera apresentação antecipada do título (ainda que existam fundos disponíveis na conta corrente do emitente e o cheque seja regularmente compensado e pago) geraria a presunção de ocorrência de dano moral ao emitente, em virtude do dissabor causado pelo descumprimento do acordo por parte do credor.

Outrossim, na hipótese de apresentação antecipada do título, em que se caracterize a devolução por insuficiência de fundos (pois o emitente não estava obrigado a tê-los em data prévia àquela combinada para apresentação do título), então poderá falar-se em dano material (que, diversamente do dano moral, não poderá ser presumido), desde que comprovada a sua efetiva ocorrência por parte do emitente, como, por exemplo, na hipótese em que a devolução do título apresentado antecipadamente tenha dado margem à inclusão do nome do emitente em cadastro de devedores e, em virtude disso, lhe tenha sido negado financiamento imobiliário que estaria pleiteando junto a instituição financeira.

Ressalte-se, no entanto, que a validade do acordo para apresentação futura do cheque (no caso do cheque pré-datado ou pós-datado) limita-se às partes originárias na relação cambiária, quais sejam, sacador e beneficiário, não se estendendo a terceiro de boa-fé ao qual o título seja eventualmente transferido, de modo que esse não estará, em princípio, obrigado a respeitar a data futura, salvo se tiver sido parte na avença. Nesse sentido é o entendimento atual do Superior Tribunal de Justiça:

> "Direito cambiário e responsabilidade civil – Recurso especial – Ação de indenização por danos morais – Cheque pós-datado – Pactuação extracartular – Costume *contra legem* – Beneficiário do cheque que o faz circular, antes da data avençada para apresentação – Terceiro de boa-fé, estranho ao pactuado – Ilegitimidade passiva – Aplicação do princípio da relatividade dos efeitos contratuais. 1. O cheque é ordem de pagamento à vista e submete-se aos princípios, caros ao direito cambiário, da literalidade, abstração, autonomia das obrigações cambiais e inoponibilidade das exceções pessoais a terceiros de boa-fé. 2. Com a decisão contida no REsp 1.068.513-DF, relatado pela Min. Nancy Andrighi, ficou pacificado na jurisprudência desta Corte a ineficácia, no que tange ao direito cambiário, da pactuação extracartular da pós-datação do cheque, pois descaracteriza referido título de crédito como ordem de pagamento à vista e viola os princípios cambiários da abstração e da literalidade. 3. O contrato confere validade à obrigação entre as partes da relação jurídica original, não vinculando ou criando obrigações para terceiros estranhos ao pacto. Por isso, a avença da pós-datação extracartular, embora não tenha eficácia, traz consequências jurídicas apenas para os contraentes. 4. Com efeito, em não havendo ilicitude no ato do réu, e não constando na data de emissão do cheque a pactuação, tendo em vista o princípio da relatividade dos efeitos contratuais e os princípios inerentes aos títulos de crédito, não devem os danos ocasionados em decorrência da apresentação antecipada do cheque ser compensados pelo réu, que não tem legitimidade passiva por ser terceiro de boa-fé, mas sim pelo contraente que não observou a alegada data convencionada para apresentação da cártula." (REsp 884.346/SC, rel. Min. Luis Felipe Salomão, j. 06.10.2011).

3.8.3.11. *Prazos prescricionais do cheque*

A ação executiva baseada em cheque deve ser proposta:

a)   em seis meses contados do término do prazo de apresentação de 30 ou 60 dias ao banco, conforme o caso. Convém ressaltar que o prazo de apresentação, por sua vez, se esgota a partir da 1ª apresentação ao banco, sem que haja o respectivo pagamento.

b) O direito de regresso de um coobrigado contra outro, contra o devedor principal ou seu avalista prescreve em seis meses contados do pagamento ou da distribuição de ação executiva contra referidas pessoas (art. 59, parágrafo único, da Lei do Cheque).

c) no caso de *cheques pré-datados* (que trazem a data de emissão atual e a expressão "bom para __/__/__" estampada no rodapé da cártula), prevalecerá a data da efetiva emissão do título constante no campo apropriado, independentemente da "pré-datação" pactuada entre o emitente e o credor, conforme o entendimento atual do STJ (REsp 1423464/SC, Rel. Ministro Luis Felipe Salomão, j. 27/04/2016 – DJE 27/05/2016).

d) no caso de *cheques pós-datados*, deve ser contada a data da efetiva apresentação do cheque ao banco sacado, se esta for anterior à data constante no cheque como de sua emissão.

Na ação executiva de cheque sem fundos, o credor-exequente tem direito ao recebimento do valor literalmente expresso no título, acrescido de:

a) juros legais a partir da sua apresentação para pagamento;

b) reembolso de despesas efetuadas com protesto, avisos e outras;

c) correção monetária.

Ressalvadas as exceções legais, ainda que o cheque não tenha sido apresentado ao banco durante os respectivos prazos de apresentação (30 ou 60 dias), o credor manterá o direito à propositura da ação executiva contra o emitente e seus avalistas durante o prazo prescricional, conforme dispõe a Súmula 600 do STF: "Cabe ação executiva contra o emitente e seus avalistas, ainda que não apresentado o cheque ao sacado no prazo legal, desde que não prescrita a ação cambiária".

A ação executiva baseada no cheque deverá ser formulada perante o Juízo do local de pagamento do título, que é a localidade da agência bancária em que o emitente mantém a sua conta corrente e cujo endereço vem estampado no próprio título, independentemente do domicílio do autor ou do réu. Esse é o entendimento atual do STJ (REsp 1350772/DF, Rel. Ministro João Otávio de Noronha, j. 24/07/2015 – DJE 13/08/2015).

Uma vez prescrita a ação executiva cambial, o credor pode valer-se do processo de conhecimento ou ainda da ação monitória, sendo que esta última, por ser uma faculdade do credor, conforme se verá, sequer exige que o cheque esteja prescrito, para a sua propositura.

Nesse caso, o credor tem à sua disposição três ações distintas para exercitar, alternativamente, o seu direito material de crédito fundado no cheque prescrito:

a) Ação de enriquecimento ilícito: está prevista no art. 61 da Lei do Cheque e visa obter o ressarcimento contra o devedor que indevidamente se beneficiou economicamente ("locupletou-se"), mediante o não pagamento do cheque ao credor respectivo. Pode ser formulada no prazo de até dois anos, contados da data em que se consumar a prescrição da ação executiva, contra o emitente ou ainda contra outros obrigados cambiários, que igualmente tenham se beneficiado com o não pagamento do cheque.

A Lei do Cheque considera que, durante o lapso bienal, apesar de não mais possuir força executiva, devido à prescrição, o cheque ainda mantém a sua *natureza cambiariforme*, motivo pelo qual não impõe ao autor a prova da origem do direito de crédito representado pelo cheque prescrito (negócio jurídico subjacente ou *causa debendi*). Nesse sentido é o entendimento atual do STJ (AgRg no REsp 1090158/ES, Rel. Ministro Raul Araújo, j. 17/03/2016 – DJE 13/04/2016).

b) Ação de cobrança: está prevista no art. 62 da Lei do Cheque e pode ser formulada pelo credor após a prescrição da ação de enriquecimento do art. 61, observando para tanto o prazo quinquenal previsto no art. 206, § 5.º, I, do Código Civil (art. 206. Prescreve (...) § 5.º Em cinco anos (...) I – a pretensão de cobrança de dívidas líquidas constantes de instrumento público ou particular;).

Por basear-se na relação causal entre o emitente do cheque e o credor, exige a prova da origem do direito de crédito representado pelo cheque prescrito (negócio jurídico subjacente ou *causa debendi*) (AgRg no REsp 1104489/RS, Rel. Ministro Marco Buzzi, j. 10/06/2014 – DJE 18/06/2014).

c) Ação monitória: prevista nos arts. 700 a 702 do Código de Processo Civil, por ser uma faculdade do credor, pode ser formulada independentemente da ocorrência da prescrição da ação executiva ou da ação por enriquecimento ilícito.

Nesse sentido, o credor poderá ingressar com a ação monitória no prazo de cinco anos contado do dia seguinte à data de emissão do cheque. Sendo esse o entendimento atualmente admitido pela jurisprudência e consolidado na Súmula 503 do STJ ("O prazo para ajuizamento de ação monitória em face do emitente de cheque sem força executiva é quinquenal, a contar do dia seguinte à data de emissão estampada na cártula.")

Nesse caso, é dispensável a menção, na petição inicial da ação monitória, do negócio jurídico subjacente, ou seja, da avença que originou a emissão da cártula, conforme a Súmula 531 do STJ, admitindo-se, contudo, a discussão da origem da dívida (*causa debendi* ou negócio jurídico subjacente), em sede de embargos monitórios (AREsp 686833/RS - Rel. Ministro Raul Araújo, j. 08/04/2016 – DJE 05/05/2016).

3.8.3.12. Modelo de cheque

3.8.4. Duplicata

3.8.4.1. Definição

A duplicata é um título de crédito causal vinculado a operações de venda e compra de mercadorias (envolvendo um empresário, empresa individual de responsabilidade limitada ou sociedade empresária como sacador) ou de prestação de serviços (envolvendo um prestador de serviços – empresário ou não – como sacador) com pagamento à vista ou a prazo, e representativo do crédito originado a partir de referidas operações.

A duplicata é uma típica ordem de pagamento caracterizada sobretudo pela *causalidade* e está regulada no Brasil pela Lei 5.474/1968 (Lei de Duplicatas).

Assim, dispõe o art. 1.º da Lei de Duplicatas a respeito da duplicata mercantil:

> "Em todo contrato de compra e venda mercantil entre partes domiciliadas no território brasileiro, com prazo não inferior a 30 (trinta) dias, contado da data da entrega ou despacho das mercadorias, o

vendedor extrairá a respectiva fatura para apresentação ao comprador.

§ 1.º A fatura discriminará as mercadorias vendidas ou, quando convier ao vendedor, indicará somente os números e valores das notas parciais expedidas por ocasião das vendas, despachos ou entregas das mercadorias."

Desse modo, é obrigatória a emissão da duplicata nas vendas efetuadas com prazo de pagamento igual ou superior a trinta dias, sendo, pois, facultativa a sua emissão quando for inferior o prazo de pagamento convencionado.

Já com relação à duplicata de serviços, dispõe o art. 20 da Lei de Duplicatas:

"As empresas, individuais ou coletivas, fundações ou sociedades civis que se dediquem à prestação de serviços poderão, também, na forma desta lei, emitir fatura e duplicata.

§ 1.º A fatura deverá discriminar a natureza dos serviços prestados.

§ 2.º A soma a pagar em dinheiro corresponderá ao preço dos serviços prestados."

A emissão da duplicata depende da prévia existência de uma fatura, que é uma nota na qual o emitente relaciona e discrimina as mercadorias vendidas ou os serviços prestados à outra parte, cuja qualificação deverá também constar da fatura, assim como os valores e demais dados da operação.

Note-se a respeito a lição de Rubens Requião (*Curso de direito comercial*, v. 2, p. 547-8):

"Não é a fatura, evidentemente, título representativo de mercadorias, mas o é documento do contrato de compra e venda mercantil, que enseja a emissão da duplicata, esta sim um título de crédito. Nesse sentido é que o Prof. Waldemar Ferreira se refere à duplicata "como título de crédito, representativo da venda de mercadorias efetivamente entregues".

"Com a extração da fatura de venda o vendedor poderá sacar uma duplicata correspondente, para circular com o título de crédito. Esse título é a duplicata comercial, ou duplicata de fatura, por alguns também denominada conta assinada. São três expressões sinônimas."

Ainda em relação à fatura, a Lei de Duplicatas, em seu art. 1.º, § 1.º, permite ao emitente, alternativamente, indicar na fatura somente os números e valores das notas parciais expedidas por ocasião das vendas, despachos ou entregas das mercadorias.

3.8.4.2. Partes na duplicata

São partes na duplicata:

a) sacador ou emitente: é o titular (empresário ou não) do crédito originado contra o adquirente de produtos ou contratante de serviços;

b) sacado: é aquele contra quem a ordem é emitida, seja um adquirente de produtos, seja um contratante de serviços quaisquer, consumidor ou não, caracterizando-se como o obrigado cambiário.

3.8.4.3. Características gerais

A duplicata possui as seguintes características gerais:

a) diferencia-se dos outros títulos de crédito estudados por necessitar de uma *causa* de natureza empresarial (se emitida por um empresário) ou civil (se emitida por um prestador de serviços – não empresário) para sua emissão;

b) a *causalidade* afigura-se como um elemento essencial para a existência e a validade da duplicata, sendo que o Código Penal, em seu art. 172, prevê, inclusive, o crime de emissão de duplicata simulada ("Emitir fatura, duplicata ou nota de venda que não corresponda à mercadoria vendida, em quantidade ou qualidade, ou ao serviço prestado");

c) caracteriza-se como uma ordem de pagamento emitida pelo sacador (empresário ou prestador de serviços) contra o sacado (obrigado cambiário), tendo por finalidade primordial assegurar a eficaz satisfação do direito de crédito detido pelo sacador contra o sacado; a esse respeito observa Rubens Requião (*Curso de direito comercial*, v. 2, p. 549): "Poder-se-ia conceituar a duplicata comercial como um título formal, circulante por meio de endosso, constituindo um saque fundado sobre o crédito proveniente de contrato de compra e venda mercantil."

d) é um título de crédito formal, pois a forma é essencial para a sua validade;

e) na contabilidade empresarial, a duplicata é considerada um *recebível*, comumente utilizada pelos empresários como garantia para a obtenção de crédito no mercado financeiro, sendo utilizada em operações de desconto bancário, como se verá adiante;

f) no caso de destruição ou extravio da duplicata, poderá ser emitida uma triplicata, que é a segunda via da duplicata;

g) deve-se ainda observar que uma só duplicata não pode corresponder a mais de uma fatura (art. 2.º, § 2.º), sendo que, na hipótese de venda para pagamento em parcelas, poderá ser emitida *duplicata única*, com a discriminação de todas as prestações e seus respectivos vencimentos, ou *série de duplicatas*, servindo uma para cada prestação, conforme o art. 2.º, § 3.º, da Lei de Duplicatas.

Para a emissão de duplicatas, o sacador deverá, nos termos do art. 19 da Lei de Duplicatas, manter e escriturar o livro de registro de duplicatas, sendo que essa obrigação não é aplicável às duplicatas eletrônicas, que se encontram submetidas a sistema eletrônico de escrituração próprio, conforme o art. 9º da Lei 13.775/2018.

3.8.4.4. *Requisitos essenciais*

Conforme o art. 2.º, § 1.º, da Lei de Duplicatas, são requisitos essenciais à validade da duplicata:

a) denominação "duplicata";

b) número da fatura: esse requisito está ligado à causa que lhe deu origem – a fatura indicando a mercadoria comercializada, ou, ainda, o serviço prestado;

c) data certa de vencimento: a duplicata deve trazer no seu enunciado a data de seu vencimento, podendo ser à vista ou a termo futuro;

d) nome e domicílio do sacador e do sacado, sendo que, conforme o art. 3.º da Lei 6.268/1975, o sacado deve ser identificado, obrigatoriamente, pelo número de sua cédula de identidade, de inscrição no cadastro de pessoa física, do título eleitoral ou da carteira profissional;

e) importância a pagar: como já visto anteriormente, esse requisito existe em virtude da característica da literalidade dos títulos de crédito, devendo constar por algarismos e por extenso;

f) praça de pagamento;

g) cláusula à ordem: permite, por meio do endosso, a transferência do crédito representado pela duplicata;

Cap. 3 · TÍTULOS DE CRÉDITO

h) declaração de reconhecimento da dívida ou aceite: é a declaração unilateral de vontade do devedor-sacado reconhecendo a validade do título de crédito contra ele emitido;

i) assinatura do emitente;

j) data de emissão do título;

k) número de ordem.

3.8.4.5. Aceite da duplicata mercantil

Considerando que a duplicata é uma ordem de pagamento emitida pelo sacador contra o sacado, a Lei de Duplicatas, em seus arts. 6.º e 7.º, cuida da remessa da duplicata ao devedor-sacado para aceite ou pagamento. A duplicata deve ser remetida ao sacado pelo sacador no prazo de trinta dias contados de sua emissão, ou então, quando feita por intermédio de representantes do sacador, no prazo de dez dias contados da data de seu recebimento.

Tão logo receba a duplicata para aceite, o sacado deverá alternativamente:

a) assinar a duplicata e devolvê-la ao sacador no prazo de dez dias do recebimento, quando não for à vista;

b) devolver a duplicata ao sacador sem aceite, acompanhada de declaração escrita das razões que motivam sua recusa em aceitá-la;

c) reter a duplicata em seu poder até a data do vencimento, com o seu aceite, havendo expressa concordância da instituição financeira cobradora, e desde que o comprador comunique à apresentante do título o seu aceite e a sua retenção.

Considerando que o aceite se reveste de caráter obrigatório nas duplicatas com vencimento futuro, a recusa de sua aposição na duplicata mercantil somente é possível nas hipóteses previstas no art. 8.º da Lei de Duplicatas, a saber:

a) avaria ou não recebimento de mercadorias, quando não expedidas ou não entregues por conta e risco do comprador;

b) vícios na qualidade ou na quantidade das mercadorias recebidas;

c) divergência nos prazos ou nos preços ajustados.

Nos termos do art. 21 da Lei de Duplicatas, o sacado somente poderá recusar-se a aceitar a duplicata de prestação de serviços nas seguintes hipóteses:

a) não correspondência com os serviços efetivamente prestados;

b) vícios ou defeitos na qualidade dos serviços prestados, desde que devidamente comprovados;

c) divergência nos prazos ou nos preços ajustados.

Por fim, ainda com relação à duplicata de prestação de serviços, a Súmula 248 do STJ estabelece que: "Comprovada a prestação dos serviços, a duplicata não aceita, mas protestada, é título hábil para instruir pedido de falência".

3.8.4.6. *Prazos para protesto da duplicata*

O protesto da duplicata, conforme o disposto nos arts. 13 e 14 da Lei de Duplicatas, deve ser efetuado na *praça de seu pagamento*, dentro do prazo de *trinta dias* contados de seu vencimento, podendo ela ser protestada, conforme o art. 21 da Lei 9.492/1997:

a) por falta de aceite;

b) por falta de devolução;

c) por falta de pagamento.

Caso o protesto não seja efetuado dentro desse prazo, o sacador ou credor perderá o direito de crédito contra os endossantes e seus respectivos avalistas. Convém ainda frisar que não há necessidade do protesto contra o sacado e seu respectivo avalista a fim de conservar qualquer direito de crédito contra eles, que permanece intacto.

3.8.4.7. *Prazos prescricionais para a propositura de ação executiva baseada em duplicata*

A ação de execução baseada em duplicata ou triplicata, conforme previsto no art. 17 da Lei de Duplicatas, deve ser proposta perante o juízo da *praça de pagamento* constante do título, ou de outra praça que seja de *domicílio do sacado*, e, no caso de ação regressiva, a dos sacadores, dos endossantes e dos respectivos avalistas.

Nesse sentido, a Lei de Duplicatas prevê, em seu art. 18, os seguintes prazos prescricionais para a propositura da ação executiva:

a) contra o sacado e respectivos avalistas, três anos contados da *data do vencimento do título*;

b) contra o(s) endossante(s) e seu(s) avalista(s), um ano, contado da *data do protesto*;

c) de qualquer dos coobrigados contra os demais, um ano, contado da data em que tenha sido efetuado o pagamento do título.

Note-se ainda que a ação de execução poderá ser proposta contra um ou contra todos os coobrigados, sem a observância da ordem em que figurem na duplicata.

Quando da propositura da ação de execução contra o sacado, tendo a duplicata ou triplicata sido aceita por este, será necessária apenas a apresentação do título (art. 15, I).

Por outro lado, na hipótese de ausência do aceite, o título deverá ter sido protestado e estar acompanhado de qualquer documento que comprove a efetiva remessa ou entrega da mercadoria, em se tratando de *duplicata mercantil*, bem como a efetiva prestação dos serviços e o vínculo contratual que a autorizou, em se tratando de *duplicata de serviços*, sendo ainda que não poderá, comprovadamente, ter havido a recusa, no prazo legal, do aceite pelo sacado, motivada pelos fundamentos expostos no item 3.8.4.5 (art. 15, II).

Não havendo o aceite nem a devolução da duplicata, mas tendo havido, entretanto, o regular e pacífico recebimento das mercadorias ou a aceitação dos serviços por parte do sacado (conforme documento hábil comprobatório da entrega e do recebimento da mercadoria, e que na prática corresponde ao canhoto destacável impresso na primeira via da fatura e que deve ser assinado pelo devedor), ocorrerá o *aceite por presunção*, possibilitando, nos termos do art. 15, § 2.º, da Lei de Duplicatas, a propositura da ação de execução contra o sacado. Na falta da duplicata para apresentação ao protesto, o sacador poderá sacar triplicata (segunda via da duplicata), podendo ainda o protesto ser tirado por simples indicação do sacador, conforme previsto no art. 13, § 1.º, da Lei de Duplicatas.

Por fim, deve-se observar que, independentemente da forma e das condições do protesto, a ação de execução poderá ser proposta contra o sacado, os endossantes e seus respectivos avalistas (art. 15, § 1.º).

3.8.4.8. Duplicata virtual

Conforme referido anteriormente, o art. 889 do Código Civil evidencia a necessidade da existência física do título, porém, o mesmo dispositivo, em seu § 3.º, prevê que o título poderá ser emitido a partir de caracteres criados em computador ou meio técnico equivalente e que constem da escrituração do emitente, observados os requisitos legais mínimos. Da mesma forma, referida previsão legal não afasta a regra geral da cartularidade, mas constitui literal exceção a ela e tem possibilitado o surgimento dos chamados *títulos virtuais.*

Nesse sentido, a norma em questão tem sido utilizada pela doutrina e pela jurisprudência atuais para fundamentar o protesto e propositura da respectiva ação de execução cambial sem a existência física da cártula, quando se trate exclusivamente daqueles títulos de crédito que se afigurem como *ordens de pagamento*, como é o caso da duplicata, em relação aos quais a lei autoriza o credor a proceder à emissão do título mediante sua declaração unilateral a respeito da existência do direito de crédito em relação ao devedor, como ocorre com a chamada *duplicata virtual*, e que já foi, inclusive, objeto de julgamento pelo Superior Tribunal de Justiça:

> "Execução de título extrajudicial – Duplicata virtual – Protesto por indicação – Boleto bancário acompanhado do comprovante de recebimento das mercadorias – Desnecessidade de exibição judicial do título de crédito original. 1. As duplicatas virtuais – emitidas e recebidas por meio magnético ou de gravação eletrônica – podem ser protestadas por mera indicação, de modo que a exibição do título não é imprescindível para o ajuizamento da execução judicial. Lei 9.492/1997. 2. Os boletos de cobrança bancária vinculados ao título virtual, devidamente acompanhados dos instrumentos de protesto por indicação e dos comprovantes de entrega da mercadoria ou da prestação dos serviços, suprem a ausência física do título cambiário eletrônico e constituem, em princípio, títulos executivos extrajudiciais. 3. Recurso especial a que se nega provimento." (REsp 1.024.691/PR, rel. Min. Nancy Andrighi, j. 22.03.2011).

Na esteira do julgado transcrito, o STJ consolidou o entendimento de que "as duplicatas virtuais possuem força executiva, desde que acompanhadas dos instrumentos de protesto por indicação e dos comprovantes de entrega da mercadoria e da prestação do serviço." (AgRg no REsp 1559824/MG, Rel. Ministro Ricardo Villas Bôas Cueva, j. 03/12/2015 – DJE 11/12/2015).

Da mesma forma, a Lei 9.492/1997, que disciplina o protesto de títulos, em seu art. 22, parágrafo único, prevê inclusive que quando o tabelião de protesto conservar em seus arquivos gravação eletrônica da imagem, cópia reprográfica ou micrográfica do título ou documento de dívida, dispensa-se, no registro e no instrumento do protesto, a sua transcrição literal, bem como das demais declarações nele inseridas.

3.8.4.9. Duplicata escritural ou eletrônica

A Lei 13.775/2018 (em vigor a partir de 19-04-2019) disciplina a emissão da duplicata sob a forma escritural, também denominada *duplicata eletrônica*.

A emissão da duplicata escritural se dá mediante o lançamento em sistema eletrônico de escrituração (art. 3º, caput), gerido por quaisquer das entidades que exerçam a atividade de escrituração de duplicatas eletrônicas, autorizadas por órgão ou entidade da administração federal direta ou indireta (art. 3º, § 1º).

Na hipótese de a escrituração do título ser efetuada por Central Nacional de Registro de Títulos e Documentos, após autorizada a exercer referida atividade, a escrituração caberá ao oficial de registro do domicílio do emissor da duplicata. (art. 3º, § 2º).

Os lançamentos escriturais eletrônicos substituem o Livro de Registro de Duplicatas previsto no art. 19 da Lei de Duplicatas (art. 9º).

Conforme o art. 4º da nova lei, o sistema eletrônico deverá conter a escrituração, no mínimo, dos seguintes aspectos:

I — apresentação, aceite, devolução e formalização da prova do pagamento;

II — controle e transferência da titularidade;

III — prática de atos cambiais sob a forma escritural, tais como endosso e aval;

IV — inclusão de indicações, informações ou de declarações referentes à operação com base na qual a duplicata foi emitida ou ao próprio título; e

V — inclusão de informações a respeito de ônus e gravames constituídos sobre as duplicatas.

O referido sistema disporá de mecanismos que permitam ao sacador e ao sacado comprovarem, por quaisquer meios de prova admitidos em direito, a entrega e o recebimento das mercadorias ou a prestação do serviço, devendo a apresentação das provas ser efetuada em meio eletrônico (art. 4º, § 3º). Também os endossantes e os avalistas indicados pelo apresentante ou credor como garantidores do cumprimento da obrigação, deverão constar dos extratos emitidos pelo sistema (art. 4º, § º 4º).

Nesse sentido, a liquidação do pagamento em favor do legítimo credor, mediante qualquer meio de pagamento existente no âmbito do Sistema de Pagamentos Brasileiro (art. 5º), servirá como prova do pagamento, total ou parcial, da duplicata eletrônica, e deverá ser informada no sistema eletrônico de escrituração de duplicatas, com expressa referência à duplicata amortizada ou liquidada.

Conforme o art. 7º, a duplicata emitida sob a forma escritural é título executivo extrajudicial, devendo-se observar, para sua cobrança judicial, o disposto no art. 15 da Lei de Duplicatas, aplicando-se-lhe, ademais, de forma subsidiária, as disposições da Lei de Duplicatas (art. 12).

Da mesma forma, são nulas de pleno direito as cláusulas contratuais que vedem, limitem ou onerem, de forma direta ou indireta, a emissão ou a circulação de duplicatas emitidas sob a forma cartular ou escritural (art. 10).

Convém ressaltar que, nos termos do art. 12, § 1º a apresentação da duplicata escritural deve ser efetuada por meio eletrônico de acordo com os prazos determinados pelo entidades que exerçam a atividade de escrituração de duplicatas eletrônicas, sendo que, na ausência de tal regra, a apresentação da duplicata escritural deverá ocorrer no prazo de até 02 (dois) dias úteis, contados de sua emissão.

Considerando que a duplicata é uma ordem de pagamento emitida unilateralmente pelo credor, o devedor poderá, por meio eletrônico, recusar, no prazo, nas condições e pelos motivos previstos nos arts. 7º e 8º da Lei de Duplicatas (ver item 3.8..4.7.), a duplicata escritural apresentada ou ainda, no mesmo prazo acrescido de sua metade, poderá aceitá-la (art. 12, § 2º).

Da mesma forma, para fins de protesto, a praça de pagamento das duplicatas escriturais prevista no art. 2º, § 1º, VI, da Lei de Duplicatas, deverá coincidir com o domicílio do devedor, segundo a regra geral do art. 75, § 1º e do art. 327, ambos do Código Civil, salvo convenção expressa entre as partes que demonstre a concordância inequívoca do devedor (art. 12, § 3º).

3.8.4.10. Duplicata eletrônica versus Duplicata virtual

É importante ressaltar que *duplicata eletrônica* e *duplicata virtual* não se confundem.

A *duplicata escritural ou eletrônica*, conforme exposto, é uma nova modalidade de título executivo extrajudicial, cuja emissão, escrituração (registro), aceite, protesto e pagamento se revestem *exclusivamente* da forma eletrônica, devendo todas as partes (sacador, sacado, endossantes e endossatários), além do tabelião de protestos, estarem habilitados no mesmo sistema eletrônico para a prática válida dos seus atos jurídicos respectivos, aplicando-se-lhes, em caráter unicamente subsidiário, as regras gerais da Lei de Duplicatas.

A *duplicata virtual*, por sua vez, é uma duplicata comum, regida pela Lei de Duplicatas, mas que, por força do art. 889, § 3º do Código Civil, considera-se emitida virtualmente a partir da existência física da fatura e do respectivo comprovante de entrega das mercadorias com o aceite do devedor. A sua virtualidade resulta unicamente do fato de não circular fisicamente (na medida em que existe apenas em arquivo em computador do emitente), sob o amparo da presunção de veracidade que a Lei de Duplicatas institui em favor do empresário (ou prestador de serviços) emitente da fatura e do título em arquivo de computador (sem o aceite do devedor), ratificada pela assinatura do devedor no canhoto de entrega da mercadoria ou prestação do serviço respectivo, conforme autorizado pela Lei de Duplicatas em seu art. 15, II, b e denominado *aceite por presunção*.

Em que pese a genérica base normativa que a sustenta, a sua existência deve-se, sobretudo, ao dinamismo e à praticidade característicos atividade empresarial, aos quais o E. Superior Tribunal de Justiça conferiu segurança jurídica ao reconhecer que a exibição do título não é imprescindível para o ajuizamento da execução cambial, desde que efetuado o protesto por indicação, do boleto bancário comprobatório da obrigação, acompanhado do respectivo comprovante de recebimento das mercadorias ou prestação dos serviços, assinado pelo devedor.

Diante disso, a partir de agora, a *duplicata escritural ou eletrônica* deverá substituir a prática da *duplicata virtual*, de modo a conferir maior rapidez e segurança à circulação de valores no mercado.

3.8.5. Modelos de duplicata

Modelo 1 (venda)

	(Endereço do emitente) (Estado)
Dados do emitente	(Município) Inscrição no CNPJ/MF n. Inscrição estadual n. Data da emissão

Fatura n.	Fatura/duplicata	Duplicata N. de ordem	Vencimento	Para uso da Instituição financeira

Desconto de   até

Condições especiais

Nome do sacado
Endereço
Município   Estado
Praça do pagamento   Inscrição estadual n.
Inscrição no CNPJ/MF n.

Valor por extenso

Reconheço (emos) a exatidão desta duplicata de VENDA na importância acima, que pagarei (emos) a (nome do emitente) ou à sua ordem na praça e no vencimento indicados.

Em __ / __ / __   _____

Data do aceite   Assinatura do sacado

Assinatura do emitente

Modelo 1-A (prestação de serviço)

		(Endereço do emitente)		(Estado)
Dados do emitente		(Município) Inscrição no CNPJ/MF n. Inscrição estadual n. Data da emissão		

Fatura n.	Fatura/duplicata valor R$	Duplicata N. de ordem	Vencimento	Para uso da Instituição financeira

Desconto de   até

Condições especiais

Nome do sacado

Endereço

Município   Estado

Praça do pagamento   Inscrição estadual n.

Inscrição no CNPJ/MF n.

Valor por extenso	

Reconheço (emos) a exatidão desta duplicata de PRESTAÇÃO DE SERVIÇO na importância acima, que pagarei (emos) a (nome do emitente) ou à sua ordem na praça e no vencimento indicados.

Em __ / __ / __   _____

Data do aceite   Assinatura do sacado

Assinatura do emitente

Modelo 2 (venda)

Dados do emitente	(Endereço do emitente) (Estado) (Município) Inscrição no CNPJ/MF n. Inscrição estadual n. Data da emissão	

		Para uso da Instituição financeira		Letra	Vencimento	Valor
Fatura	Duplicata					
Valor R$ N.	N. de ordem					

Nome do sacado
Endereço
Município   Estado
Praça do pagamento   Inscrição estadual n.
Inscrição no CNPJ/MF n.

Valor por
extenso

Reconheço (emos) a exatidão desta duplicata de VENDA COM PAGAMENTO PARCELADO na importância acima, que pagarei (emos) a (nome do emitente) ou à sua ordem na praça e no vencimento indicados.

Em __ / __ / __   _____

Data do aceite   Assinatura do sacado

Assinatura do emitente

Modelo 2-A (prestação de serviço)

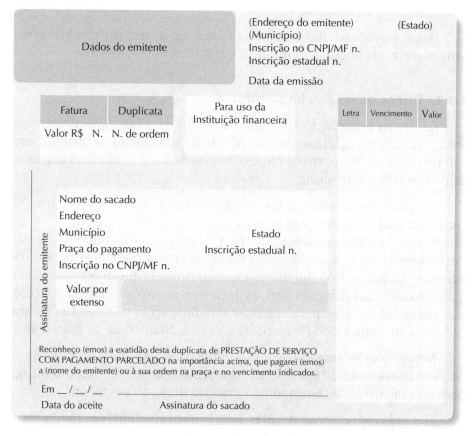

3.9. TÍTULOS DE CRÉDITO PRÓPRIOS E IMPRÓPRIOS

A doutrina comercialista usualmente classifica os títulos de crédito em próprios e impróprios. *Títulos próprios* são aqueles que apresentam os requisitos essenciais (cartularidade, autonomia e literalidade) e criam uma típica relação cambial entre credor e devedor, revestindo-se, adicionalmente, de executividade. *Títulos impróprios* são aqueles instrumentos que, em virtude de sua disciplina jurídica, aproveitam somente em parte os requisitos essenciais e as características dos títulos de crédito próprios.

3.9.1. Títulos de crédito próprios

Para a doutrina comercialista mais tradicional, seriam próprios unicamente a letra de câmbio e a nota promissória, e impróprios os demais. Há, porém, aqueles que consideram próprios também o cheque e a duplicata.

Filiamo-nos a este último entendimento, por ser mais coerente com a dinâmica atual da matéria.

Desse modo, são *títulos de crédito próprios*: *a)* letra de câmbio, *b)* nota promissória, *c)* cheque e *d)* duplicata, tratados anteriormente.

3.9.2. Títulos de crédito impróprios

Conforme exposto, são designados *títulos de crédito impróprios* aqueles instrumentos jurídicos que, em função de sua disciplina jurídica, aproveitam somente em parte os requisitos essenciais e as características dos títulos de crédito próprios.

Alguns autores incluem no rol dos títulos de crédito impróprios documentos que não perfazem as características cambiárias, como é o caso de bilhetes de ônibus, bilhetes de trem ou ingressos de cinema ou teatro. Entendemos que tais documentos não reúnem os requisitos necessários para sua classificação como títulos de crédito, ainda que impróprios, sendo que, nos exemplos mencionados, os documentos em questão não representam sequer obrigações pecuniárias, e sim obrigações de fazer (ou prestar) por parte do contratado (transporte ou exibição de filme ou peça teatral).

Nesse sentido, ressalte-se que o popular bilhete de loteria, disciplinado pelo Decreto-lei 204/1967, em seu art. 6.º, constitui exceção à regra, podendo inclusive ser emitido na forma de título ao portador.

Efetuadas as ressalvas devidas, tem-se que são títulos de crédito impróprios os documentos cuja disciplina jurídica se aproxima, em suas características e requisitos essenciais, daquela aplicável aos títulos de crédito próprios.

Com bastante acerto, alguns doutrinadores, como é o caso de Fábio Ulhoa Coelho (*Manual de direito comercial*, p. 300), classificam os títulos de crédito impróprios em: *a)* títulos representativos; *b)* títulos de financiamento; e *c)* títulos de investimento.

3.9.2.1. Títulos representativos

São documentos que têm por finalidade principal a representação da propriedade de mercadorias que se encontram sob a guarda de terceiros contratados para tanto, mediante contrato de depósito, e, adicionalmente, podem funcionar como títulos de crédito, possibilitando ao titular dos direitos de propriedade das mercadorias depositadas a negociação do valor a elas relativo.

Há duas espécies de títulos que costumam ser relacionados nessa categoria:

a) Conhecimento de depósito e *warrant*

O conhecimento de depósito e o *warrant* encontram-se previstos no Decreto federal 1.102/1903, caracterizando-se como dois títulos à ordem emitidos conjuntamente por armazéns gerais, a pedido do depositante de mercadorias (art. 15).

Os armazéns gerais são responsáveis para com terceiros pelas irregularidades e inexatidões encontradas nos títulos que emitirem relativamente a quantidade, natureza e peso da mercadoria, conforme o art. 15, § 3.º. Tais títulos servem como recibo de depósito das mercadorias.

Conforme o art. 18, o conhecimento do depósito e o *warrant* podem ser transferidos a terceiros, unidos ou separados, por endosso em preto; entretanto, a liberação e a livre disposição da mercadoria depositada, nos termos do § 2.º, somente são asseguradas ao proprietário de ambos os títulos.

Quando os títulos circulam separadamente, ainda conforme o art. 18, § 2.º, surgem duas consequências jurídicas distintas – o endossatário do *warrant* separado do conhecimento de depósito tem o direito de penhor sobre a mesma mercadoria e o do conhecimento de depósito separado do *warrant*, a faculdade de dispor da mercadoria, salvo os direitos do credor endossatário do *warrant*.

Por fim, note-se que o Decreto federal 1.102/1903, prevê duas hipóteses em que a mercadoria poderá ser retirada *sem a apresentação de ambos os títulos*.

I)   O endossatário do conhecimento de depósito endossado em separado do *warrant* poderá retirar a mercadoria antes do vencimento da dívida constante do *warrant*, desde que efetue o depósito em moeda corrente no local do armazém geral do valor principal e dos juros até o vencimento, além dos valores relativos aos tributos e despesas de armazenagem, conforme o art. 22.

II)   O endossatário do *warrant* não pago no dia do vencimento que não encontre depositada no armazém geral a importância do seu crédito e juros deverá encaminhá-lo a protesto e poderá formular a execução da garantia pignoratícia representada pelas mercadorias em leilão, conforme o art. 23.

Por fim, nessa mesma categoria existem o *conhecimento de depósito agropecuário* e o warrant agropecuário, disciplinados pela Lei 9.973/2000. Referidos títulos são emitidos por armazéns especializados no depósito e na armazenagem de produtos agropecuários.

Nesse sentido, o depositário e o depositante podem contratar a constituição de garantias, que deverão estar registradas no contrato de depósito ou no certificado de depósito agropecuário (CDA), conforme o art. 6.º, § 3.º, da Lei, servindo este último para operações de financiamento.

b) Conhecimento de frete

O conhecimento de frete (também denominado conhecimento de transporte) foi originalmente disciplinado pelo Decreto federal 19.473/1930, e se caracteriza como título à ordem emitido por empresas de transporte por água, terra ou ar. Tem por finalidade provar o recebimento da mercadoria e a obrigação de entregá-la no lugar do destino, por parte do transportador.

Nesse sentido, convém observar existe atualmente certa controvérsia quanto à vigência do Decreto federal 19.473/1930. Nesse sentido, o Decreto federal S/N de 25.04.1991 determinou a revogação de vários decretos anteriores à Constituição Federal de 1988 e dentre eles o decreto em referência, no entanto, convém observar que, de acordo com a conhecida Teoria da Recepção, as normas que não confrontem com a nova Constituição devem ser recepcionadas como leis pela nova ordem constitucional. Disso resulta que uma lei (ou um decreto recepcionado como lei pela nova Constituição), não pode ser revogado por um decreto expedido pelo Poder Executivo (Decreto federal S/N de 25.04.1991).

Da mesma forma, o Código Civil em seu art. 744 estabelece que o transportador deverá emitir conhecimento ao receber a mercadoria, com a menção dos dados que a identifiquem, obedecido o disposto em "lei especial". Assim, tendo em vista a controvérsia exposta, bem como a ausência de outra norma específica a respeito, grande parte da doutrina e da jurisprudência tem admitido a vigência do Decreto federal 19.473/1930, de modo que, para fins didáticos, vamos considerar os dispositivos da citada norma, para explanação do instituto do conhecimento de frete.

Como título de crédito representativo do valor em pecúnia das mercadorias transportadas, o conhecimento de frete possibilita ao proprietário de referidas mercadorias negociá-lo com terceiros mediante endosso, nos termos do art. 3.º, considerando-se o último endossatário e detentor do conhecimento de frete como o proprietário da mercadoria nele declarada (art. 3.º, § 3.º).

No conhecimento de frete também é possível, nos termos do art. 4.º, o *endosso-mandato*, inserido no título quando do seu endosso (em preto) e por meio do qual o endossatário se torna procurador do endossante, com todos os poderes gerais e especiais relativos ao título, salvo restrição expressa, constante do mesmo teor.

Da mesma forma, sendo inserida no título a cláusula de penhor ou garantia, o endossatário se torna credor pignoratício do endossante, podendo retirar a mercadoria, depositando-a com a mesma cláusula em armazém-geral, se não onde convier, de acordo com o endossante.

O endossante responde pela legitimidade do conhecimento e pela existência da mercadoria para com os endossatários posteriores. Nos termos do art. 8.º, a tradição do conhecimento ao consignatário, ao endossatário ou ao portador exime a respectiva mercadoria de arresto, sequestro, penhora, arrecadação ou qualquer outro embaraço judicial, por fato, dívida, falência ou causa estranha ao endossatário atual do título, salvo se comprovada má-fé de sua parte.

Por fim, ressalte-se que o Código Comercial, em seu art. 575, também prevê o conhecimento de frete marítimo.

3.9.2.2. Títulos de financiamento

São documentos que têm por finalidade a representação de direito creditício oriundo de financiamento concedido por uma instituição financeira àquele que figure como obrigado cambiário no respectivo título.

A esse respeito ensina Fábio Ulhoa Coelho (*Manual de direito comercial*, p. 303):

> "Tais títulos costumam chamar-se "Cédula de Crédito" quando o pagamento do financiamento a que se referem é garantido por hipoteca ou penhor (direito real de garantia sobre bem imóvel e móvel, respectivamente). Inexistindo garantia de direito real, o título é, comumente, denominado "Nota de Crédito" (à exceção da CCI, que, mesmo não sendo garantida por direito real, continua a chamar-se cédula)."

Ressalte-se que também a *cédula de crédito bancário* constitui exceção a essa regra, na medida em que não exige garantia real para a sua emissão.

Assim, naqueles títulos cujo pagamento é garantido por garantia real (cédulas), há a constituição da garantia na própria cártula.

Há sete espécies de títulos que costumam ser relacionadas nessa categoria:

a) Cédula hipotecária

A cédula hipotecária encontra-se disciplinada pelo Decreto-lei 70/1966, em seu art. 10, caracterizando-se como título destinado à representação de crédito hipotecário. Pode ser emitida por credor hipotecário nas seguintes hipóteses:

I) operações compreendidas no Sistema Financeiro da Habitação;

II) hipotecas de que sejam credoras instituições financeiras em geral e companhias de seguro;

III) hipotecas entre outras partes, desde que a cédula hipotecária seja originariamente emitida em favor de instituições financeiras em geral e companhias de seguro.

Uma vez emitida a cédula hipotecária, a hipoteca a que se refere passa a ser parte integrante do título, acompanhando-o, inclusive, nos eventuais endossos, que deverão ser sempre em preto.

b)　Cédula de crédito imobiliário

A cédula de crédito imobiliário (CCI) encontra-se disciplinada pela Lei 10.931/2004, em seus arts. 18 a 25, caracterizando-se como título representativo de crédito imobiliário.

A CCI pode ser emitida por credor cujo crédito seja originado por financiamento imobiliário, podendo ser integral (se representar a totalidade do crédito) ou fracionária (se representar parte dele), sendo que sua emissão independe de autorização do devedor.

c)　Cédula de crédito rural

A cédula de crédito rural encontra-se disciplinada pelo Decreto-lei 167/1967, em seu art. 9.º, e se caracteriza como título relacionado ao financiamento de atividades econômicas rurais a pessoas físicas ou jurídicas, por instituições financeiras integrantes do sistema nacional de crédito rural.

A cédula de crédito rural é uma promessa de pagamento em dinheiro, caracterizando-se como título civil, líquido, certo e exigível, podendo ser emitida com ou sem garantia real cedularmente constituída, nas seguintes modalidades: cédula rural pignoratícia; cédula rural hipotecária; cédula rural pignoratícia e hipotecária; e nota de crédito rural.

d)　Cédula e nota de crédito industrial

A cédula e a nota de crédito industrial encontram-se disciplinadas pelo Decreto-lei 413/1969, caracterizando-se como títulos relacionados a financiamento concedido por instituições financeiras a pessoa física ou jurídica que se dedique a atividades industriais, sendo que o crédito concedido deverá ser aplicado exclusivamente em atividades industriais.

Tanto a cédula quanto a nota de crédito industrial são uma promessa de pagamento efetuada pelo tomador do empréstimo à instituição financeira credora, com a diferença que na cédula de crédito industrial há garantia real cedularmente constituída (art. 9.º), ao passo que na nota de crédito industrial não existe garantia real (art. 15).

e)　Cédula e nota de crédito à exportação

A cédula e a nota de crédito à exportação encontram-se disciplinadas pela Lei 6.313/1975, caracterizando-se como títulos relacionados a financiamento concedido por instituições financeiras a pessoa física ou jurídica que se dedique à exportação ou à produção de bens para exportação, bem como a atividades de apoio à exportação.

Apresentam características idênticas, respectivamente, à cédula de crédito industrial e à nota de crédito industrial, devendo-se observar a disciplina legal aplicável a esses títulos, conforme o disposto no art. 1.º da citada lei.

f) Cédula e nota de crédito comercial

A cédula e a nota de crédito comercial encontram-se disciplinadas pela Lei 6.840/1980, caracterizando-se como títulos relacionados a financiamento concedido por instituições financeiras a pessoa física ou jurídica que se dedique a atividades comerciais ou de prestação de serviços.

Apresentam características idênticas, respectivamente, às da cédula de crédito industrial e da nota de crédito industrial, devendo-se observar a disciplina legal aplicável a esses títulos, conforme o disposto no art. 5.º da citada lei.

g) Cédula de crédito bancário

A cédula de crédito bancário encontra-se disciplinada pela Lei 10.931/2004 e pode ser definida como um título de crédito que representa uma promessa de pagamento em dinheiro, decorrente de operação de crédito, de qualquer modalidade, podendo ser emitido por pessoa física ou jurídica, em favor de instituição financeira ou de entidade a esta equiparada (art. 26).

É um título executivo extrajudicial e representa dívida em dinheiro, certa, líquida e exigível, seja pela soma nela indicada, seja pelo saldo devedor demonstrado em planilha de cálculo, ou nos extratos da conta corrente, conforme critério definido na lei (art. 28), e pode ser emitida com ou sem garantia, real ou fidejussória, cedularmente constituída (art. 27).

A cédula de crédito bancário pode ser transferida mediante endosso em preto (art. 29, § 1º), ao qual se aplicarão, no que couberem, as normas do direito cambiário, e deve ser emitida por escrito, em tantas vias quantas forem as partes que nela intervierem (§ 2º), sendo que, somente a via do credor é negociável, devendo constar nas demais vias a expressão "não negociável" (§ 3º), podendo ainda ser aditada, retificada e ratificada mediante documento escrito (§ 4º).

3.9.2.3. Títulos de investimento

São documentos que têm por finalidade principal a obtenção, por seu emitente, de recursos econômicos (dinheiro ou crédito) no mercado financeiro.

Há cinco espécies de títulos que costumam ser relacionadas nessa categoria:

a) Letra de câmbio financeira

A letra de câmbio financeira encontra-se disciplinada pela Lei 4.728/1965, em seu art. 27, e se caracteriza como uma letra de câmbio sacada ou aceita por sociedades de fins econômicos (incluindo-se nessa denominação também as instituições financeiras).

Apresenta algumas peculiaridades, tais como:

a.1) prazo de vencimento igual ou superior a um ano e compreendido no limite máximo fixado pelo Conselho Monetário Nacional;

a.2) tem por finalidade a obtenção de recursos financeiros no mercado de capitais com o aceite ou a coobrigação de instituições financeiras autorizadas pelo Banco Central.

b) Certificado de depósito bancário

O certificado de depósito bancário (CDB) encontra-se disciplinado pela Lei 4.728/1965, em seu art. 30, caracterizando-se como um título emitido por instituição financeira em favor de depositante, para depósitos com prazo superior a dezoito meses e representativo de crédito deste contra referida instituição financeira.

O CDB é uma promessa de pagamento em valor correspondente à quantia depositada, acrescida dos juros contratados entre o depositante e a instituição financeira depositária, podendo ser negociado e transferido pelo depositante por meio de endosso, sendo que o endossante responde pela existência do crédito, mas não pelo seu pagamento (art. 30, § 4.º), cuja responsabilidade é da instituição financeira emitente.

c) Certificado de recebíveis imobiliários

O certificado de recebíveis imobiliários (CRI) encontra-se disciplinado pela Lei 9.514/1997, art. 6.º, caracterizando-se como título de crédito de emissão exclusiva de companhias securitizadoras (na forma de promessa de pagamento em dinheiro), de livre negociação e lastreado em créditos imobiliários.

Deve-se ainda observar que a *securitização de créditos imobiliários* é a operação pela qual tais créditos, representativos de financiamento imobiliário, são expressamente vinculados à emissão de uma série de títulos de crédito, mediante termo de securitização de créditos, lavrado por uma companhia securitizadora, conforme dispõe o art. 8.º.

d) Letra de crédito imobiliário

A letra de crédito imobiliário encontra-se disciplinada pela Lei 10.931/2004 (com as alterações da Lei 13.097/2015), nos arts. 12 a 17, caracterizando-se como título lastreado por créditos imobiliários garantidos por hipoteca ou por alienação fiduciária de bem imóvel, que confere ao seu tomador direito de crédito pelo valor nominal, acrescido de juros e atualização monetária contratados.

Pode ser emitida por determinadas instituições financeiras especificadas em lei, como os bancos comerciais, bancos múltiplos com carteira de crédito imobiliário, Caixa Econômica Federal, sociedades de crédito imobiliário, associações de poupança e empréstimo, companhias hipotecárias, além de outras que venham a ser expressamente autorizadas pelo Banco Central do Brasil, sendo transferível mediante endosso em preto, o que possibilita a sua negociabilidade no mercado.

e) Letra Financeira

A letra financeira encontra-se disciplinada pela Lei 12.249/2010 (alterada pela Lei 12.838/2013). É um título de livre negociação que pode ser emitido por instituições financeiras e demais instituições autorizadas a funcionar pelo Banco Central, exclusivamente sob a forma escritural, mediante registro em sistema de registro e de liquidação financeira de ativos autorizado pelo Banco Central do Brasil, sendo que a transferência de sua titularidade efetiva-se por meio desse sistema, que deve manter a sequência histórica das negociações (art. 38, § 3.º).

Como título executivo extrajudicial pode ser executado independentemente de protesto, com base em certidão de inteiro teor dos dados informados no registro, emitida pela entidade administradora do sistema (art. 38, § 1.º), sendo que o seu pagamento pode vir assegurado por garantia real ou fidejussória (art. 38, XII), e podendo ainda a letra financeira ser convertida em ações integrantes do capital social da instituição emitente, desde que previsto em cláusula específica contida no próprio título (art. 38, XVI).

A letra financeira também pode ser emitida com cláusula de subordinação aos credores quirografários, e dessa forma, na hipótese de liquidação ou falência da instituição emissora, terá preferência apenas em relação aos acionistas no ativo remanescente (art. 40).

CAPÍTULO 4

Contratos Empresariais

Sumário • **4.1**. Introdução: fatos, atos e negócios jurídicos – **4.2**. Fontes das obrigações: **4.2.1**. Lei; **4.2.2**. Contrato; **4.2.3**. Ato ilícito; **4.2.4**. Declaração unilateral de vontade – **4.3**. Modalidades de obrigações: **4.3.1**. Obrigações de dar; **4.3.2**. Obrigações de fazer; **4.3.3**. Obrigações de não fazer – **4.4**. Condições de validade dos contratos – **4.5**. Fundamentos da teoria geral dos contratos: **4.5.1**. Limitação da liberdade de contratar pela função social do contrato; **4.5.2**. Exceção do contrato não cumprido; **4.5.3**. Teoria da imprevisão – **4.6**. Formas de ruptura e extinção do vínculo contratual: **4.6.1**. Invalidação; **4.6.2**. Dissolução do vínculo contratual – **4.7**. Regimes jurídicos aplicáveis às relações contratuais – **4.8**. Contratos mercantis e contratos empresariais – **4.9**. Contratos empresariais em espécie: **4.9.1**. Mandato empresarial; **4.9.2**. Comissão empresarial; **4.9.3**. Representação comercial autônoma; **4.9.4**. Franquia empresarial "franchising"; **4.9.5**. Agência e distribuição; **4.9.6**. Concessão comercial; **4.9.7**. Compra e venda empresarial; **4.9.8**. Alienação fiduciária em garantia; **4.9.9**. Arrendamento mercantil "leasing"; **4.9.10**. Cartão de crédito; **4.9.11**. Faturização "factoring"; **4.9.12**. Contratos bancários; **4.9.13**. Seguro; **4.9.14**. Locação comercial ou empresarial.

4.1. INTRODUÇÃO: FATOS, ATOS E NEGÓCIOS JURÍDICOS

Como regra geral, os fatos acontecem em decorrência da natureza ou da ação ou omissão humanas. Dentre os fatos, existem aqueles que possuem repercussão no mundo jurídico e por isso são denominados *fatos jurídicos*. Os fatos provocados pela ação ou omissão humanas ou ainda das pessoas jurídicas são denominados atos. Atos que produzem efeitos no mundo jurídico são denominados *atos jurídicos*.

Estes, por sua vez, quando praticados por dois ou mais sujeitos de direito distintos, porém de forma a convergir em torno do mesmo objeto, proporcionam a criação de um negócio jurídico. O contrato em si é um negócio jurídico. Os fatos, atos e negócios jurídicos, nos termos da lei, geram obrigações para as partes envolvidas.

4.2. FONTES DAS OBRIGAÇÕES

Tradicionalmente, toda obrigação está associada a um fato, ato ou negócio jurídico específico que lhe deu causa. Assim, são consideradas fontes das obrigações:

4.2.1. Lei

Constitui fonte de direitos e deveres em relação aos seus destinatários, pois cria uma relação obrigacional. A "lei" aqui referida deve ser entendida em sentido genérico, como norma jurídica. Daí constituírem fonte de obrigações não apenas a lei ordinária, mas também as demais normas que integram o ordenamento jurídico (decretos, regulamentos, provimentos, portarias etc.).

4.2.2. Contrato

Por se tratar de um negócio jurídico, o contrato cria uma relação obrigacional entre as partes e, diversamente de outras fontes, as obrigações criadas por ele decorrem da liberdade de contratar das partes e de sua vontade (por vezes maior, por vezes menor).

Daí o brocardo latino *pacta sunt servanda* ("o contrato faz lei entre as partes"), de modo que a relação contratual igualmente produz efeitos somente entre as partes contratantes.

4.2.3. Ato ilícito

O ato ilícito é aquele contrário ao ordenamento jurídico como um todo, diversamente do ato ilegal, este muito mais limitado, que é o ato contrário à lei, ao direito positivo. Assim, depreende-se que o ato ilícito é mais abrangente que o ato ilegal, visto que ofensivo a todo o ordenamento jurídico. Como exemplo, pode-se mencionar o enriquecimento sem causa ou enriquecimento ilícito, que consiste em todo acréscimo patrimonial que não possua causa autorizada pelo ordenamento jurídico. Como no sistema vigente todo enriquecimento deve ter uma origem, para ser considerado lícito, aquele que não a tem é portanto ilícito.

4.2.4. Declaração unilateral de vontade

É toda declaração de vontade emanada unilateralmente de um sujeito de direito, à qual o ordenamento reconhece validade na esfera jurídica. Por exemplo, o aceite cambial.

Nesse mesmo sentido, a proposta de contrato, como ato unilateral, obriga o proponente, conforme dispõe o Código Civil em seu art. 427, se o contrário não resultar dos termos dela, da natureza do negócio ou das circunstâncias do caso, ressalvadas as exceções previstas no art. 428.

4.3. MODALIDADES DE OBRIGAÇÕES

As obrigações originadas a partir de uma das fontes supramencionadas podem ser classificadas nas seguintes modalidades:

4.3.1. Obrigações de dar

Obrigações que têm por objeto a entrega de determinado bem ou coisa, implicando na transferência de posse e/ou propriedade.

4.3.2. Obrigações de fazer

Obrigações que têm por objeto a prestação de um serviço, compreendendo-se por prestação de serviço a realização de determinado ato ou a transmissão de um conhecimento, mediante contratação.

4.3.3. Obrigações de não fazer

Obrigações que sujeitam uma ou ambas as partes na relação obrigacional a não praticar determinado ato, constituindo uma típica obrigação em sentido negativo, como as cláusulas de não concorrência utilizadas nas operações em que um sócio se retira de uma sociedade e se obriga a não atuar no mesmo ramo e não oferecer nenhuma espécie de concorrência à outra parte durante determinado período de tempo contratado pelas partes.

4.4. CONDIÇÕES DE VALIDADE DOS CONTRATOS

Os contratos, como negócios jurídicos, necessitam de determinados requisitos para a sua validade, como: agente capaz, objeto lícito, possível, determinado ou determinável e forma prescrita ou não defesa em lei, conforme disposto no art. 104 do Código Civil.

Assim, sobretudo no Direito Empresarial, é comum a existência de contratos cujo objeto seja lícito, porém não legal e/ou cuja forma não seja proibida em lei. Cite-se como exemplo o contrato de cartão de crédito, cujo objeto – prestação de serviços de gestão de crédito – não é especificamente previsto em lei, mas é lícito, visto que não é proibido pelo ordenamento jurídico. Também pode-se citar como exemplo os contratos de licenciamento de *softwares* disponibilizados gratuitamente pela internet, em que a forma – exclusivamente virtual e sem a assinatura das partes – possibilita a simples adesão virtual do licenciado ao modelo contratual proposto pelo licenciante.

4.5. FUNDAMENTOS DA TEORIA GERAL DOS CONTRATOS

Os contratos, independentemente do seu objeto, possuem determinados fundamentos cuja menção se torna indispensável na presente obra.

4.5.1. Limitação da liberdade de contratar pela função social do contrato

Conforme o art. 421 do Código Civil, a liberdade de contratar deve ser exercida em razão e nos limites da função social do contrato. No universo jurídico parte-se do princípio que todo contrato tenha uma função, um papel a cumprir na sociedade, de modo que, quando desvirtuada essa função pela ação de uma das partes em relação à outra, a função social deve imperar sobre a liberdade de contratar. Assim ocorre, por exemplo, quando o Poder Judiciário interfere em contratos de adesão envolvendo a prestação de serviços públicos de telefonia, em situações em que referidos contratos têm o seu uso desvirtuado em prejuízo de grande parcela de consumidores e de sua própria função social, que é possibilitar aos usuários o acesso e o consumo de referido serviço público, e não propriamente o enriquecimento indevido da concessionária à custa do usuário contratante.

Nesse sentido, o art. 423 do Código Civil estabelece que, na hipótese de existirem cláusulas ambíguas ou contraditórias no contrato de adesão, deverá ser adotada a interpretação mais favorável ao aderente, sendo nulas as cláusulas que estipulem renúncia antecipada do aderente a direito resultante da natureza do negócio, conforme o art. 424.

4.5.2. Exceção do contrato não cumprido

A exceção de contrato não cumprido (*exceptio non adimpleti contractus*) é aquela em que, nos contratos bilaterais, a parte que descumpre o contrato (inadimplente) não pode exigir da outra parte o seu cumprimento (adimplemento) antes de cumpridos os termos pelos quais se obrigou, conforme os arts. 476 e 477 do Código Civil.

Nesse mesmo sentido, o art. 477 estabelece que, se após a conclusão do contrato sobrevier a uma das partes contratantes diminuição em seu patrimônio capaz de comprometer ou tornar duvidosa a prestação pela qual se obrigou, a outra pode recusar-se à prestação que lhe incumbe, até que aquela satisfaça a que lhe compete ou dê garantia bastante de satisfazê-la.

4.5.3. Teoria da imprevisão

O brocardo latino *rebus sic stantibus*, que poderia ser livremente traduzido como "estando as coisas assim", constitui a base para a concepção da teoria da imprevisão, acolhida no Brasil, no âmbito legal, pelo Código Civil (arts. 478 a 480).

De acordo com a teoria da imprevisão, nos contratos de execução continuada ou diferida, se a prestação de uma das partes se tornar excessivamente onerosa, com extrema vantagem para a outra, em virtude de acontecimentos extraordinários e imprevisíveis, o devedor poderá pedir a resolução (rescisão) do contrato, sendo ainda que a resolução poderá ser evitada, desde que o credor concorde em modificar equitativamente as condições do contrato.

Ainda nesse sentido, conforme o art. 480, se as obrigações no contrato couberem a apenas uma das partes, ela poderá pleitear que a sua prestação seja reduzida, ou que seja alterado o modo de executá-la, a fim de evitar a onerosidade excessiva.

4.6. FORMAS DE RUPTURA E EXTINÇÃO DO VÍNCULO CONTRATUAL

A ruptura da relação contratual, também referida pela doutrina como *rescisão*, pode se dar basicamente a partir de dois fundamentos distintos:

4.6.1. Invalidação

Relaciona-se a *causas anteriores* à constituição do vínculo contratual, podendo ser motivada por quaisquer fatores de *nulidade* ou *anulabilidade* dos elementos formadores do contrato; ou

4.6.2. Dissolução do vínculo contratual

Relaciona-se a *causas posteriores* à constituição do vínculo contratual, como a inexecução do contrato (culposa, dolosa, motivada por força maior ou caso fortuito) e a própria vontade das partes.

Verificado qualquer dos fundamentos acima referidos, a rescisão pode ocorrer, alternativamente, por meio de uma das seguintes modalidades:

a) Resolução

É a modalidade de rescisão motivada pelo não cumprimento das obrigações contratuais por uma ou ambas as partes, seja por ação ou omissão de sua parte, caso fortuito, seja por força maior. A resolução tem efeitos retroativos, retornando as partes à situação anterior ao contrato (*status quo ante*).

A resolução pode decorrer de lei, bem como ser prevista contratualmente por meio de cláusula resolutiva expressa, sendo que, nesse caso, verificado o fato previsto contratualmente e ensejador da resolução, esta se operará de pleno direito, conforme o art. 474. Por outro lado, a resolução tácita, por não estar prevista contratualmente, conforme o mesmo artigo, dependerá de interpelação judicial de uma parte à outra.

Além disso, convém observar que, conforme o art. 475, na hipótese de inadimplemento contratual, a parte prejudicada pode exigir a resolução contratual e a competente indenização por perdas e danos, que poderá ser prefixada pelas partes quando da elaboração do contrato, pela cláusula penal, ou então fixada quando da efetiva resolução. Em quaisquer das hipóteses, conforme o art. 412, a indenização não poderá exceder o valor da obrigação principal prevista no contrato.

b) Resilição

Conforme previsto na Constituição Federal em seu art. 5.º, XX, ninguém será obrigado a associar-se ou a permanecer associado. A liberdade de associação prevista no texto constitucional, de certa forma, compõe a base para que, no direito contratual, o contratante rompa o vínculo contratual quando não for mais do seu interesse. Nesse sentido, a resilição pode ser:

b.1) bilateral: também chamada de *distrato*, consiste na ruptura voluntária e consensual do vínculo contratual, por ambas as partes, sendo que, conforme o art. 472 do Código Civil, o distrato se faz pela mesma forma exigida para o contrato.

b.2) unilateral: nos casos em que a lei permita (de forma implícita ou explícita), a resilição unilateral se dá mediante denúncia encaminhada por escrito, por uma parte à outra, conforme o caput do art. 473 do Código Civil. Ressalte-se, entretanto, que, dada a natureza do contrato, na hipótese de uma das partes ter efetuado investimentos consideráveis para a execução do contrato, a denúncia unilateral somente produzirá efeito depois de transcorrido prazo compatível com a natureza e o vulto dos investimentos (art. 473, parágrafo único).

4.7. REGIMES JURÍDICOS APLICÁVEIS ÀS RELAÇÕES CONTRATUAIS

A doutrina costuma apontar quatro regimes jurídicos distintos aplicáveis aos contratos no direito brasileiro: de direito administrativo, de direito do trabalho, de direito do consumidor e de direito privado (civil e empresarial). Nesse sentido, são regidos pelo *direito administrativo*, por exemplo, os contratos administrativos celebrados entre um empresário e a administração pública para o fornecimento de determinados bens pelo primeiro a esta última. Submetem-se ao *direito do trabalho*, por exemplo, os contratos de trabalho celebrados entre o empresário e seus empregados. Regem-se, por seu turno, pelo *direito do consumidor*, aqueles contratos em que uma pessoa natural ou jurídica contrate como destinatário final (consumidor), por exemplo, a aquisição de produtos ou a prestação de serviços com um empresário (fornecedor). Os demais contratos que não se enquadrem nas disciplinas anteriores, invariavelmente, conforme a lei, serão contratos regidos pelo *direito privado (civil ou empresarial)*.

No âmbito do *direito privado*, conforme exposto anteriormente, o Código Civil revogou a primeira parte do Código Comercial (arts. 1.º a 456), que regulava, dentre outros temas, algumas modalidades de contratos mercantis (arts. 121 a 286), das quais constituíam objeto de nosso estudo mais precisamente o mandato mercantil, a comissão mercantil e a compra e venda mercantil.

Como consequência disso, as referidas modalidades contratuais passaram a ser reguladas pelo Código Civil. Uma vez que cuida do Direito de Empresa, esse ordenamento está apto a regular, por assim dizer, o mandato empresarial, a comissão empresarial e a compra e venda empresarial, modalidades que, em conformidade com a organização didática proposta, são assim tratadas na presente obra. Disso resulta que existem modalidades contratuais previstas no Código Civil que se aplicam indistintamente às relações civis e empresariais (mandato e compra e venda, por exemplo), ao passo que os contratos mercantis propriamente ditos, cuja aplicação se dá exclusivamente no âmbito empresarial, estão regulados por leis específicas (representação comercial, franquia empresarial, arrendamento mercantil etc.).

4.8. CONTRATOS MERCANTIS E CONTRATOS EMPRESARIAIS

Claro está que algumas modalidades de contratos mercantis encontram-se submetidas ao mesmo regime jurídico – de direito privado – dos contratos civis; porém, em que pese a tentativa de unificação do direito privado (civil e comercial) sob o atual Código Civil, que não se consumou, o fato é que existem contratos que, por suas características e peculiaridades, justificam sua classificação própria como contratos mercantis.

Isso ocorre com a franquia empresarial, a distribuição-intermediação e a concessão comercial, que são contratos celebrados unicamente entre empresários, empresas individuais de responsabilidade limitada ou sociedades empresárias, da mesma forma que sucede com outros contratos, como a representação comercial autônoma, o arrendamento mercantil ou o cartão de crédito, que, ainda que nem sempre envolvam empresários em ambos os polos contratuais, se constituem em instrumentos indispensáveis ao desenvolvimento da atividade empresarial por parte de um dos contratantes.

Na atividade empresarial, a maioria quase absoluta dos contratos se forma pelo *consenso* havido entre as partes, independentemente de outras formalidades, salvo quando expressamente exigidas por lei, tendo em vista que, quando esta não exigir manifestação expressa das partes contratantes, referida manifestação de vontade poderá ser tácita. Esse é, por exemplo, um dos fundamentos de validade dos *contratos eletrônicos*, que, conforme referido anteriormente, devem compreender todos os elementos correspondentes ao tipo contratual desejado pelas partes (compra e venda, comissão etc.), distinguindo-se apenas do usual pelo fato de, em tais contratos, a formação do consenso entre as partes se dar a partir de manifestações transmitidas por meio virtual ou eletrônico.

Assim, os contratos mercantis – que, por questões didáticas, podemos modernamente denominar *contratos empresariais* – são aqueles que envolvem relação de natureza mercantil ou empresarial, quando celebrados exclusivamente entre empresários, empresas individuais de responsabilidade limitada e sociedades empresárias, podendo ainda constituir-se em instrumentos indispensáveis ao desenvolvimento da atividade empresarial por parte de um dos contratantes quando celebrados entre empresários e não empresários.

4.9. CONTRATOS EMPRESARIAIS EM ESPÉCIE

Neste item são tratadas as principais modalidades de contratos empresariais, agrupadas conforme sua natureza técnica e pela conveniência didática aos fins da presente obra.

4.9.1. Mandato empresarial

4.9.1.1. Definição

É o contrato pelo qual um empresário, empresa individual de responsabilidade limitada ou sociedade empresária, designado mandante, confia a determinada pessoa (natural ou jurídica), designada mandatário, a gestão de um ou mais negócios empresariais, obrigando-se o mandatário a cumpri-lo segundo as ordens e instruções do mandante, estando regulado pelos arts. 653 a 691 do Código Civil.

O mandato empresarial deve ser representado por instrumento escrito, denominado procuração, de modo a servir de prova perante os terceiros com quem o mandatário irá contratar, em nome do mandante. Desse modo, a procuração é simplesmente o instrumento do mandato, e não o próprio mandato.

O instrumento do mandato empresarial – comumente denominado procuração *ad negotia* – pode ser particular (quando elaborado pelas próprias partes) ou público (quando lavrado por tabelião de notas, a pedido das partes).

Na dinâmica da atividade empresarial, nem sempre o empresário consegue atender pessoalmente a todos os compromissos impostos por sua atividade. Assim, ele pode necessitar dirigir-se a outra localidade para concluir a negociação e proceder à assinatura de um contrato de compra de mercadorias, participar de uma licitação para a venda de mercadorias ou produtos a uma entidade estatal ou ainda permanecer em seu estabelecimento empresarial exercendo a gestão de seus negócios.

Nesse caso, vale-se de procuradores, muitas vezes identificados como "gerentes", conforme estudado anteriormente. Também as sociedades empresárias costumam utilizar-se do mandato empresarial, seja na forma dos poderes transferidos aos seus administradores e constantes de seus respectivos contratos e estatutos sociais, seja na forma das procurações outorgadas pela sociedade a terceiros.

4.9.1.2. Características gerais

As características do contrato de mandato empresarial podem ser assim resumidas:

a)   a presença da figura da representação, ou seja, o desempenho do mandato, pelo mandatário em nome do mandante, sendo a procuração o instrumento do mandato;

b) o caráter empresarial do seu objeto, de modo que os atos a serem praticados pelo mandatário em nome do mandante e no exercício do mandato devem ser atos relativos à própria atividade empresarial desenvolvida pelo mandante, podendo o mandato ser restrito a um ou mais negócios específicos ou geral a todos os negócios do mandante;

c) a onerosidade do contrato, de modo que o contrato de mandato empresarial sempre vai envolver um ônus para o mandante, representado por uma contraprestação pecuniária paga ao mandatário pelo exercício do mandato.

Nos termos do art. 665, o mandatário que exceder os poderes que lhe foram outorgados por meio do mandato, ou agir contra eles, será considerado mero gestor de negócios, enquanto os referidos atos praticados com excesso de poderes não forem expressamente ratificados pelo mandante.

Na hipótese de o mandatário praticar qualquer um dos atos previstos no mandato após o término de sua validade (indicada na respectiva procuração), a doutrina e a jurisprudência admitem a possibilidade de o mandante vir a ser responsabilizado pelo resultado de tais atos, não com fundamento expresso em lei, mas na chamada Teoria da Aparência.

Nesse sentido, preconiza a referida teoria que o mandante pode vir a ser responsabilizado pelos atos praticados pelo mandatário *após o término de validade do mandato*, desde que o mandante seja negligente em comunicar a extinção do mandato aos terceiros perante os quais o mandatário exercia a representação, proporcionando desse modo a aparência de que o mandatário ainda tenha referidos poderes. Nessas condições, caso o mandatário, maliciosamente, pratique atos negociais (compra de mercadorias, obtenção de empréstimos etc.) em nome do mandante, a Teoria da Aparência costuma ser invocada para responsabilizar este pelas obrigações contraídas pelo antigo mandatário, sem prejuízo, logicamente, da possibilidade de regresso do antigo mandante, uma vez pagas as dívidas contraídas em seu nome, contra o mandatário, para o ressarcimento dos valores pagos.

Note-se a respeito que o Código Civil prevê, em seu art. 689, a validade, em relação aos contraentes de boa-fé, dos atos ajustados em nome do mandante pelo mandatário, enquanto este ignorar a morte daquele ou a extinção do mandato, por qualquer outra causa. A hipótese prevista no Código Civil abrange apenas aquelas situações em que o mandatário aja com culpa, porém não compreende a possibilidade de o mandatário agir com dolo, intencionalmente, na prática de referidos atos, sendo esta última hipótese objeto da *Teoria da Aparência* acima exposta.

Cap. 4 · CONTRATOS EMPRESARIAIS 303

4.9.1.3. *Obrigações do mandante e do mandatário*

As principais obrigações atribuídas às partes no contrato de mandato empresarial são as seguintes:

a) o mandante é responsável por todos os atos praticados pelo mandatário, desde que este atue de acordo com os poderes que recebeu;

b) o mandatário é obrigado a indenizar quaisquer prejuízos causados por culpa sua ou daquele a quem substabelecer, sem autorização, poderes que devia exercer pessoalmente, bem como nas hipóteses em que agir com dolo;

c) ainda que o mandatário contrarie as instruções do mandante, se não exceder os limites do mandato, este ficará obrigado para com aqueles com quem o seu procurador contratou, mas terá contra ele ação pelas perdas e danos resultantes da inobservância das instruções.

4.9.1.4. *Hipóteses de extinção do mandato empresarial*

O contrato de mandato empresarial se extingue nas seguintes hipóteses:

a) pela revogação ou pela renúncia;

b) pela morte ou interdição de uma das partes;

c) pela mudança de estado que inabilite o mandante a conferir os poderes ou o mandatário para exercê-los (por exemplo, a falência do mandante);

d) pelo término do prazo ou pela conclusão do negócio.

4.9.2. Comissão empresarial

4.9.2.1. *Definição*

É o contrato pelo qual uma das partes (pessoa natural ou jurídica), designada comitente e não necessariamente empresário, encarrega a outra, designada comissário, e esta última empresário, da realização de determinado negócio, em seu próprio nome, por conta e risco do comitente.

Anteriormente à entrada em vigor do Código Civil, o contrato de comissão, que se encontrava regulado pelos arts. 165 a 190 do Código

Comercial, era denominado comissão mercantil e não possuía então modalidade equivalente no antigo Código Civil de 1916.

Assim, sob a vigência do Código Civil, o contrato de comissão passou a ser disciplinado pelos arts. 693 a 709, sendo que, em conformidade com os fins da presente obra, passaremos a designá-lo aqui de comissão empresarial.

A comissão tem, ainda nos dias atuais, um uso muito difundido na comercialização de mercadorias sujeitas a cotação de preço, como café, ouro e cereais (*commodities*). A lógica da comissão consiste no fato de que, tratando-se da venda ou compra de mercadorias sujeitas a cotação, o comitente permanecerá incógnito, visto que não será parte no contrato de venda e/ou compra de mercadorias, cabendo a realização do referido negócio ao comissário, que o fará em seu próprio nome. Tal peculiaridade tem a sua justificativa, sobretudo em se tratando de mercadorias sujeitas a cotação, uma vez que a presença do comitente como comprador, por exemplo, pode gerar uma especulação indevida por parte do vendedor.

O ponto central da comissão consiste na capacidade técnica do comissário para identificar as melhores oportunidades e o momento mais conveniente para, em conformidade com as instruções do comitente, realizar o negócio. Note-se que o negócio em questão (compra ou venda de mercadorias) é efetuado pelo comissário, em seu próprio nome, mas por conta e risco do comitente. Isso significa que os resultados do negócio empreendido pelo comissário reverterão para o comitente, cabendo a ele pagar o preço pelas mercadorias adquiridas pelo comissário (ainda que em seu nome) ou receber o valor principal do preço das mercadorias vendidas pelo comissário (também em seu próprio nome).

Pode-se afirmar que o sucesso do contrato de comissão depende da perícia do comissário em obter o melhor negócio para o comitente, dentro do mercado em que atua, considerando que a mercadoria negociada tem seu preço sujeito a variação diária. Do contrário, caso o seu preço fosse estável, não haveria necessidade da presença do comissário no negócio, e o próprio comitente promoveria a venda ou a compra das mercadorias de seu interesse.

4.9.2.2. Características gerais

As características do contrato de comissão empresarial podem ser assim resumidas:

a) a *empresarialidade* do seu objeto, de modo que os atos a serem praticados pelo comissário devem ser relativos à própria atividade empresarial por ele desenvolvida, porém no interesse e por conta e risco do comitente;

b) a *onerosidade* do contrato, de modo que o contrato de comissão empresarial sempre vai envolver um ônus para o comitente, representado sobretudo por uma remuneração paga pelo comitente ao comissário e previamente contratada entre as partes, sendo que, na falta de estipulação expressa a respeito, a remuneração deverá ser arbitrada conforme os usos correntes no local;

c) o comissário *atua sempre em seu próprio nome*, mas no interesse e por conta e risco do comitente, que não é parte no negócio de venda ou compra de mercadorias, realizado em seu interesse pelo comissário.

4.9.2.3. *Responsabilidade do comissário*

Na comissão empresarial, o comissário fica diretamente obrigado para com as pessoas com quem vier a contratar, sem que estas tenham ação contra o comitente, nem este contra elas, salvo se o comissário ceder seus direitos a qualquer das partes.

Disso resulta que, em termos comparativos, o comissário, no contrato de comissão empresarial, possui parcela maior de responsabilidade do que o mandatário, no contrato de mandato empresarial, visto que este último, desde que atue conforme as instruções do mandante, não responde pelos eventuais prejuízos advindos do exercício do mandato, pois atua em nome do próprio mandante. Já o comissário, como atua em seu próprio nome e nessa condição contrata com terceiros, por conta e risco do comitente, possui a sua responsabilidade ampliada.

O comissário é obrigado a agir com estrita observância das ordens e instruções do comitente, devendo, na falta destas ou na impossibilidade de solicitá-las a tempo ao comitente, proceder segundo os usos em casos semelhantes, sendo ainda que os atos praticados pelo comissário nessas condições são tidos como justificados se deles resultar vantagem para o comitente, ou também na hipótese em que a realização do negócio não admita demora e o comissário, em função disso, atue de acordo com os usos e costumes empresariais e mercantis vigentes.

Ainda conforme o disposto no art. 696 do Código Civil:

"(...) no desempenho das suas incumbências o comissário é obrigado a agir com cuidado e diligência, não só para evitar qualquer prejuízo ao comitente, mas ainda para lhe proporcionar o lucro que razoavelmente se podia esperar do negócio."

Desse modo, salvo motivo de força maior, o comissário responderá por qualquer prejuízo que, por ação ou omissão, ocasione ao comitente, no exercício da comissão, não sendo o comissário responsável pela insolvência das pessoas com quem tratar, no exercício da comissão, exceto em caso de culpa ou de dolo de sua parte (ainda que o Código Civil, em seu art. 697, não mencione expressamente a palavra dolo).

O mesmo não se dará, porém, se o contrato contiver a cláusula *del credere*, pela qual o comissário responderá solidariamente com as pessoas com quem houver negociado em nome do comitente, de modo que, salvo estipulação em contrário, o comissário nesse caso tem direito a remuneração mais elevada, como forma de compensar o ônus assumido.

4.9.2.4. Hipóteses de extinção da comissão empresarial

O contrato de comissão empresarial se extingue nas seguintes hipóteses:

a)   pela revogação ou pela renúncia de uma das partes;

b)   pela morte ou interdição de uma das partes;

c)   pela mudança de estado que inabilite o comitente para conferir os poderes, ou o comissário para exercê-los (por exemplo, a falência do comissário);

d)   pelo término do prazo ou pela conclusão do negócio objeto do contrato de comissão empresarial.

4.9.3. Representação comercial autônoma

4.9.3.1. Definição

É o contrato pelo qual uma das partes, designada representante, pessoa natural ou jurídica, sem relação de emprego, desempenha em caráter não eventual e por conta de um empresário, empresa individual de responsabilidade limitada ou de uma sociedade empresária, designada representado, a mediação para a realização de negócios empresariais, obtendo propostas ou pedidos que tenham por objeto a venda de produtos de fabricação ou comercialização do representado, a este devendo transmiti-los.

O contrato de representação comercial autônoma está regulado no Brasil pela Lei de Representação Comercial – Lei 4.886/1965, com as alterações parciais introduzidas pela Lei 8.420/1992 e mais recentemente pela Lei 12.246/2010.

O seu uso é muito difundido no meio empresarial brasileiro, visto que possibilita uma ampla divulgação dos produtos fabricados ou comercializados pelo representado, em regiões onde a sua atuação direta se revela muitas vezes onerosa e pouco eficaz, justificando-se assim a contratação do representante não apenas em virtude de seu baixo custo inicial, mas também pelo fato de que, muitas vezes, o representante já possui penetração no mercado pretendido pelo representado.

Como a própria lei evidencia, a representação deve ser exercida em caráter *autônomo* pelo representante. Isso significa que não existe vínculo de subordinação pessoal, frise-se trabalhista, do representante em relação ao representado, quando pessoa natural aquele, de modo que a representação comercial não se caracteriza como relação de emprego. Entretanto, nos termos da Lei de Representação Comercial, existe um vínculo negocial ou empresarial entre as partes, visto que o representante deverá desenvolver a representação com base nos interesses empresariais do representado, com a atuação direcionada a determinada área de interesse e a partir de metas empresariais definidas pelo representado.

Não obstante tais peculiaridades, na jurisprudência trabalhista são comuns os casos em que um contrato de representação comercial tem a sua natureza desvirtuada pelo representado, que passa a exercer um poder diretivo pessoal sobre o representante, pessoa natural, inclusive em virtude de seu poder econômico sobre este, ensejando ao representante a propositura de reclamação trabalhista perante a Justiça especializada, a fim de obter o reconhecimento do vínculo empregatício e o pagamento das verbas a ele devidas pelo representado.

Note-se que, na prática, é comum que um mesmo representante contrate a representação de vários representados distintos, o que também pode evidenciar sua autonomia. Não obstante tal prática, a lei admite a possibilidade de exclusividade da representação pelo representante.

É importante frisar que a representação, no caso, se dá em relação aos produtos fabricados ou comercializados pelo representado. Disso resulta que o representante comercial autônomo não é propriamente um mandatário da pessoa do representado (salvo quando expressamente previsto o mandato empresarial, conforme o art. 1.º, parágrafo único, da Lei de Representação Comercial), daí não ter poderes para, por conta própria, concluir negócios em nome do representado.

Da mesma forma, o representante comercial também não se afigura juridicamente como empresário, visto que não participa da *intermediação* característica da atividade empresarial. Com efeito, no exercício da representação, o representante não adquire mercadorias do representado para revendê-las a terceiros, e sim representa os interesses negociais do empresário (representado) na aproximação com os interessados na sua aquisição, que no caso se dará diretamente entre o representado e tais interessados, sem a participação jurídica do representante. Disso resulta que o representante não realiza a intermediação e não assume, integralmente, o risco do negócio, visto que não adquire ditas mercadorias, e tampouco as revende. A remuneração do representante se limita a uma comissão, geralmente calculada percentualmente sobre o valor das vendas, sendo que o direito do representante comercial ao recebimento da comissão nasce quando do efetivo pagamento, pelo adquirente das mercadorias, ao representado.

A rigor, os únicos riscos atribuídos ao representante são a não conclusão do negócio pelo representado ou o inadimplemento por parte do adquirente das mercadorias negociadas, hipóteses em que o representante não terá direito à sua comissão.

4.9.3.2. Características gerais

Como principais características do contrato de representação comercial autônoma, podemos citar:

a) o representante comercial autônomo não pode, por conta própria, concluir negócios em nome do representado, ficando a cargo deste último a aprovação final dos pedidos obtidos pelo representante, e portanto a conclusão do negócio;

b) no contrato de representação comercial autônoma, não existe relação de emprego entre o representado e o representante, que, como a sua própria designação evidencia, deve exercer as suas funções de forma totalmente *autônoma*;

c) o representante comercial autônomo deve estar inscrito no Conselho Regional dos Representantes Comerciais correspondente à região onde exercer as suas atividades;

Cap. 4 · CONTRATOS EMPRESARIAIS

d) a Lei de Representação Comercial recomenda que o contrato de representação seja celebrado por escrito; entretanto, ela ampara o contrato de representação ajustado verbalmente entre representante e representado;

e) o representante comercial fica obrigado a fornecer ao representado, quando lhe forem solicitadas, informações detalhadas sobre o andamento dos negócios a seu cargo, devendo dedicar-se à atividade de representação de modo a expandir os negócios do representado e promover os seus produtos;

f) salvo autorização expressa, o representante não pode conceder abatimentos, descontos ou dilações, nem agir em desacordo com as instruções do representado;

g) na hipótese de o contrato de representação prever a exclusividade de zona ou zonas, ou quando este for omisso, o representante, nos termos do art. 31 da Lei de Representação Comercial, fará jus à comissão pelos negócios aí realizados, ainda que sejam efetuados diretamente pelo representado ou por intermédio de terceiros, sendo que a exclusividade de representação não se presume na ausência de ajustes expressos entre representante e representado;

h) o representante comercial autônomo adquire o direito às comissões quando ocorrer o pagamento dos pedidos ou propostas por ele obtidas, conforme disposto no art. 32 da Lei de Representação Comercial.

4.9.3.3. *Elementos do contrato de representação comercial autônoma*

O contrato de representação comercial, quando celebrado por escrito, além dos elementos comuns e de outros a critério das partes contratantes, deve apresentar os seguintes elementos:

a) condições e requisitos gerais da representação comercial autônoma;

b) indicação genérica ou específica dos produtos ou artigos que são objeto da representação;

c) prazo certo ou indeterminado para o exercício da representação;

d) indicação da zona ou das zonas em que será exercida a representação;

e) garantia ou não, parcial ou total, ou por certo prazo, da exclusividade de zona ou setor de zona de representação;

f) retribuição e época do pagamento, pelo exercício da representação, dependentes da efetiva realização dos negócios e recebimento, ou não, pelo representado dos valores respectivos;

g) os casos em que se justifique a restrição de zona concedida com exclusividade;

h) obrigações e responsabilidades genéricas das partes contratantes;

i) exercício exclusivo ou não da representação em favor do representado;

j) indenização devida ao representante pela rescisão do contrato fora das hipóteses contidas na Lei de Representação Comercial – em que a rescisão possa se dar por justa causa, cujo montante não poderá ser inferior a 1/12 do total da retribuição paga durante o tempo em que aquele exerceu a representação.

4.9.3.4. *Hipóteses de rescisão do contrato de representação comercial*

A Lei de Representação Comercial, nos termos do disposto em seu art. 35, considera *motivos justos* para a rescisão do contrato de representação comercial pelo *representado*:

a) a desídia do representante no cumprimento das obrigações decorrentes do contrato;

b) a prática de atos que importem em descrédito comercial para o representado;

c) a falta de cumprimento de qualquer das obrigações inerentes ao contrato de representação comercial;

d) a condenação definitiva do representante por crime considerado infamante;

e) força maior.

Por outro lado, a mesma lei, em seu art. 36, considera *motivos justos* para a rescisão do contrato de representação comercial pelo *representante*:

a) a redução, pelo representado, da esfera de atuação do representante, em desacordo com as cláusulas do contrato;

b) a quebra, direta ou indireta, pelo representado, da exclusividade, se prevista no contrato;

c) a fixação abusiva de preços em relação à zona do representante, com a finalidade exclusiva de impossibilitar-lhe o exercício regular de suas atividades profissionais;

d) o não pagamento, pelo representado, das retribuições devidas ao representante nas épocas pactuadas;

e) força maior.

Por fim, deve-se observar que, nos termos do art. 34 da Lei de Representação Comercial, a denúncia do contrato de representação comercial, efetivada por qualquer uma das partes e sem causa justificada, desde que referido contrato tenha sido ajustado por tempo indeterminado e que haja vigorado por mais de seis meses, obriga o denunciante, salvo outra garantia prevista no contrato, à concessão de pré-aviso com antecedência mínima de trinta dias, ou ao pagamento de importância igual a um terço das comissões auferidas pelo representante nos três meses anteriores, na hipótese de não ser concedido o aviso prévio estabelecido em lei.

4.9.4. Franquia empresarial "franchising"

4.9.4.1. Definição

A franquia empresarial é um contrato atípico misto pelo qual um empresário, empresa individual de responsabilidade limitada ou sociedade empresária, designado franqueador, licencia a outro, designado franqueado, em caráter não exclusivo, o direito de uso de marca ou patente, associado ao direito de distribuição de produtos (de fabricação ou não do franqueador) ou serviços, prestando-lhe serviços de organização empresarial mediante remuneração direta ou indireta, sem que, no entanto, fique caracterizado o vínculo empregatício.

O contrato de franquia está regulado no Brasil pela Lei de Franquias – Lei 8.955/1994.

Como se pode perceber, a franquia compreende atos de *aproximação* e atos de *intermediação*. Nesse sentido, o franqueado promove tanto a aproximação de clientes para o negócio global do franqueador, por meio da divulgação de sua marca, da qual se torna licenciado, e de seu título de estabelecimento, como também realiza a intermediação na venda de mercadorias que levam referida marca, geralmente em caráter continuado, caracterizando dessa forma a distribuição, podendo ainda realizar a intermediação na prestação de serviços desenvolvidos pelo franqueador.

A ideia central presente no contrato de franquia é a reprodução de um modelo de sucesso de estabelecimento empresarial criado pelo franqueador. Amparado por uma bem estruturada sistemática legal e contratual, o empresário bem-sucedido poderá disseminar o seu modelo empresarial de sucesso entre os seus franqueados, tornando-os sua imagem e semelhança, de modo que, quanto maior o perfeccionismo dessa reprodução, maior será o grau de vinculação entre franqueador e franqueado.

Assim, considerando que toda atividade empresarial compreende riscos e que, nesse sentido, é necessário tempo, talento e sorte para desenvolver elementos de sucesso próprios em um estabelecimento empresarial (produtos diferenciados, marca, aviamento, clientela, por exemplo), muitos postulantes à atividade empresarial preferem aderir a um modelo de franquias já existente, de comprovado retorno financeiro, a ter de arriscar-se na odisseia empresarial. Nesse caso, a franquia se afigura como a solução adequada. Também por esse motivo, o custo inicial da franquia é maior que o de uma atividade não franqueada, pois o franqueado pagará para ter acesso aos elementos do fundo de comércio do franqueador (licença de marca, título de estabelecimento, sistema de distribuição de produtos ou prestação de serviços), baseando-se no sucesso empresarial já obtido por ele.

4.9.4.2. Características gerais

As características principais do contrato de franquia podem ser elencadas da seguinte forma:

a) o contrato de franquia sempre deve ser celebrado por escrito e assinado na presença de duas testemunhas;

b) a relação empresarial da franquia se caracteriza como um "feixe de contratos", na medida em que o contrato de franquia não envolve apenas uma relação contratual específica, não caracterizando propriamente um tipo contratual, mas várias relações jurídico-contratuais que se complementam em um verdadeiro "feixe", que regulamenta o relacionamento profissional entre o franqueado e o franqueador, daí o motivo de a franquia ser classificada como um contrato atípico misto;

c) os contratos celebrados entre o franqueador e seus franqueados que compreendam a licença de marcas deverão ser registrados no Instituto Nacional da Propriedade Industrial, para produzirem efeitos em relação a terceiros, conforme previsto no art. 211 da Lei de Propriedade Industrial;

d) os serviços de organização empresarial que o franqueador presta ao franqueado geralmente compreendem três contratos específicos:

4.9.4.2.1. *Contrato de engenharia ou projeto*

É o contrato por meio do qual o franqueador empreende o projeto e eventualmente a construção das instalações físicas do estabelecimento empresarial do franqueado. Disso resulta que, na prática, é comum o franqueador aprovar, sob o ponto de vista técnico e considerando o ponto comercial, a escolha do imóvel a ser ocupado pelo franqueado.

4.9.4.2.2. *Contrato de gerenciamento empresarial*

É o contrato por meio do qual o franqueador efetiva a implantação de sua sistemática gerencial e administrativa no estabelecimento do franqueado. Referido contrato destina-se, sobretudo, a garantir a reprodução do aviamento do franqueador no estabelecimento do franqueado. Muitas vezes, a atividade gerencial do franqueador pode se dar, inclusive, mediante a disponibilização de funcionários deste no estabelecimento do franqueado, de forma a garantir ao franqueador o monopólio de referidas técnicas de administração, que as disponibiliza operacionalmente ao franqueado em vez de transmiti-las.

4.9.4.2.3. *Contrato de publicidade*

É o contrato por meio do qual o franqueador transmite ao franqueado suas técnicas de publicidade, bem como este último adere às campanhas publicitárias lançadas pelo primeiro, geralmente pela contribuição mensal com determinado valor percentual para um fundo gerido e mantido pelo franqueador, especialmente para essa finalidade.

4.9.4.3. **Obrigações do franqueador**

Nos termos do art. 3.º da Lei de Franquias, sempre que o franqueador tiver interesse na implantação de sistema de franquia empresarial, deverá fornecer àquele que quiser se tornar franqueado uma *Circular de Oferta de Franquia*, por escrito e em linguagem clara e acessível, contendo obrigatoriamente as seguintes informações:

a) Histórico resumido, forma societária e nome completo ou razão social do franqueador e de todas as empresas a que esteja diretamente ligado, bem como os respectivos nomes de fantasia e endereços;

b) Balanços e demonstrações financeiras da empresa franqueadora relativos aos dois últimos exercícios;

c) Indicação precisa de todas as pendências judiciais em que estejam envolvidos o franqueador, as empresas controladoras e os titulares de marcas, patentes e direitos autorais relativos à operação, além de seus subfranqueadores e das pendências questionando especificamente o sistema da franquia ou que possam diretamente vir a impossibilitar o funcionamento da franquia;

d) Descrição detalhada da franquia, descrição geral do negócio e das atividades que serão desempenhadas pelo franqueado;

e) Perfil do franqueado ideal no que se refere a experiência anterior, nível de escolaridade e outras características que deve ter, obrigatória ou preferencialmente;

f) Requisitos quanto ao envolvimento direto do franqueado na operação e na administração do negócio;

g) Total estimado do investimento inicial necessário à aquisição, implantação e entrada em operação da franquia;

h) Valor da taxa inicial de filiação ou taxa de franquia e de caução;

i) Valor estimado de instalações, equipamentos e estoque inicial e suas condições de pagamento;

j) Informações claras quanto a taxas periódicas e outros valores a serem pagos pelo franqueado ao franqueador ou a terceiros por este indicados, detalhando as respectivas bases de cálculo e o que estas remuneram ou o fim a que se destinam, indicando, especificamente, o seguinte:

j.1) Remuneração periódica pelo uso do sistema, da marca (*royalties*) ou em troca dos serviços efetivamente prestados pelo franqueador ao franqueado.

j.2) Aluguel de equipamentos ou ponto empresarial.

j.3) Taxa de publicidade ou semelhante.

j.4) Seguro mínimo.

j.5) Outros valores devidos ao franqueador ou a terceiros que a ele sejam ligados.

j.6) Relação completa de todos os franqueados, subfranqueados e subfranqueadores da rede, bem como dos que se desligaram nos últimos doze meses, com nome, endereço e telefone.

k) Em relação ao território, deve ser especificado o seguinte:

k.1) Se é garantida ao franqueado exclusividade ou preferência sobre determinado território de atuação e, em caso positivo, em que condições o faz.

k.2) Possibilidade de o franqueado realizar vendas ou prestar serviços fora de seu território ou realizar exportações.

k.3) Informações claras e detalhadas quanto à obrigação do franqueado de adquirir quaisquer bens, serviços ou insumos necessários à implantação, operação ou administração de sua franquia apenas de fornecedores indicados e aprovados pelo franqueador, oferecendo ao franqueado a relação completa desses fornecedores.

l) Indicação do que é efetivamente oferecido ao franqueado pelo franqueador, no que se refere a:

l.1) Supervisão de rede.

l.2) Serviços de orientação e outros prestados ao franqueado.

l.3) Treinamento do franqueado, especificando duração, conteúdo e custos.

l.4) Treinamento dos funcionários do franqueado.

l.5) Manuais de franquia.

l.6) Auxílio na análise e na escolha do ponto onde será instalada a franquia.

l.7) *Layout* e padrões arquitetônicos nas instalações do franqueado.

m) Situação perante o Instituto Nacional de Propriedade Industrial das marcas ou patentes cujo uso será autorizado pelo franqueador;

n) Situação do franqueado, após a expiração do contrato de franquia, em relação a:

n.1) *Know-how* ou segredo de indústria a que venha a ter acesso em razão da franquia.

n.2) Implantação de atividade concorrente à atividade do franqueador.

n.3) Modelo do contrato-padrão e, se for o caso, também do pré-contrato-padrão de franquia adotado pelo franqueador, com texto completo, inclusive dos respectivos anexos e prazo de validade.

Deve-se ainda observar que a *Circular de Oferta de Franquia* deverá ser entregue ao candidato a franqueado no mínimo dez dias antes da assinatura do contrato ou pré-contrato de franquia ou do pagamento de qualquer tipo de taxa pelo franqueado ao franqueador ou à empresa ou pessoa ligada a este.

Um aspecto interessante ligado à Circular de Oferta de Franquia diz respeito à extensão do vínculo contratual do franqueador em relação ao conteúdo de referido documento. Assim, como mencionado anteriormente, a franquia se caracteriza por exigir um aporte de capital inicial por parte do franqueado, em valor muitas vezes considerável, quando da adesão a esse sistema. Age assim, sem dúvida nenhuma, motivado pelo sucesso do franqueador e pela perspectiva de lucros por ele vislumbrada, sobretudo a partir das informações que lhe são fornecidas por meio da Circular de Oferta de Franquia. Nesse caso, sobrevindo prejuízos ao franqueado, em que medida a referida circular poderia vincular a responsabilidade do franqueador, tendo em vista alguma perspectiva de resultados positivos manifestada ao futuro franqueado pela Circular de Oferta de Franquia e frustrada durante a execução do contrato? A possível solução para tal problemática demanda ainda uma análise mais aprofundada por parte da doutrina e da jurisprudência sobre esse caso, visto que a Lei de Franquias não trata especificamente dessa questão.

4.9.4.4. *Obrigações do franqueado*

A partir do momento em que o franqueado procede à assinatura dos instrumentos que integram a relação negocial de franquia, ele se obriga ao cumprimento de todos os seus termos e ao pagamento de todas as contraprestações neles previstas. Dentre as principais obrigações atribuídas ao franqueado, devem-se destacar:

a) o pagamento de um valor inicial ao franqueador, quando da contratação, a título de adesão ao sistema de franquias mantido pelo franqueador;

b) o pagamento ao franqueador de um valor porcentual sobre seu faturamento;

c) o pagamento ao franqueador pelas técnicas de organização empresarial por ele transmitidas, geralmente na forma de cursos e apostilas;

d) a comercialização com exclusividade de determinados produtos ou serviços especificados pelo franqueador, com exclusão de quaisquer outros por aquele não expressamente autorizados, sob pena de infração contratual;

e) a adoção dos preços fixados pelo franqueador, bem como a concessão de descontos promocionais por ele autorizados.

4.9.5. Agência e distribuição

4.9.5.1. Definição

A agência e a distribuição são contratos em que uma das partes (agente ou distribuidor) desenvolve a aproximação e a mediação entre a outra parte e os interessados em adquirir bem de propriedade de uma das partes; não obstante virem identificados sob um único título no art. 710 do Código Civil, classificam-se de forma distinta.

a) Contrato de agência

É aquele em que determinada pessoa, designada agente, assume a obrigação de promover a mediação para a realização de determinados negócios, em área determinada, por conta da outra parte, designada proponente, e mediante o pagamento de remuneração por esta. Ressalte-se o fato de que o agente *não tem à sua disposição* o bem a ser negociado.

b) Contrato de distribuição

Compreende basicamente a prática dos mesmos atos, que constitui objeto da agência, porém uma das partes – o distribuidor – tem à sua disposição o bem a ser negociado por conta do proponente, enquanto, na agência, o agente não o tem.

Os contratos de agência e distribuição estão regulados pelo disposto nos arts. 710 a 721 do Código Civil.

A agência e a distribuição caracterizam-se como contratos em que uma das partes (agente ou distribuidor) promove atos de captação de cliente-la associados à divulgação de produtos de propriedade do proponente, aproximando os interessados em comprá-los ao interessado em vendê-los (proponente). Não há, porém, intermediação nas operações de venda e compra, na medida em que o agente não adquire referidas mercadorias do proponente para revendê-las com lucro a terceiros. Disso resulta que tanto o agente como o distribuidor não necessitam, nos termos do Código Civil, ser empresários.

Quanto ao proponente, está claro que a natureza mercantil ou empre-sarial de referidos contratos somente existirá se for empresário, de modo que possibilite uma repetitividade nas operações de agência ou distribui-ção realizadas pelo contratado (agente ou distribuidor). Também a omissão do Código Civil possibilita, porém não impõe ao agente ou distribuidor, a qualificação de empresário.

Anteriormente à vigência do Código Civil, a doutrina se valia da ex-pressão "agência" para designar o contrato de representação comercial autônoma. Os contratos de agência e de distribuição, porém, não se con-fundem com o contrato de representação comercial autônoma, já estudado, regido pela Lei de Representação Comercial. Assim, a agência e a distri-buição têm por objeto uma atividade extremamente ampla: a promoção da realização de negócios por conta do proponente, podendo inclusive na distribuição ser disponibilizado, pelo proponente ao distribuidor, o bem a ser negociado, o que evidencia um alto grau de envolvimento deste último no próprio negócio. Já na representação comercial autônoma, a atuação do representante se limita à mediação para a realização de negócios, por meio da obtenção de pedidos ou propostas de venda dos produtos comer-cializados e/ou fabricados pelo representado.

Atente-se, ademais, para o fato de que o representante comercial autônomo constitui, nos termos da Lei de Representação Comercial, categoria profissional específica, necessitando, para o exercício de sua profissão, estar previamente inscrito no Conselho Regional de Repre-sentantes Comerciais relativo à respectiva unidade da federação em que estiver domiciliado.

Cap. 4 · CONTRATOS EMPRESARIAIS

Assim, a agência e a distribuição, da forma como foram disciplinadas pelo Código Civil, podem até vir a ser utilizadas por pessoas que, por não atender aos requisitos legais exigidos para a sua inscrição como representantes comerciais autônomos, pretendam valer-se da agência ou distribuição com o fito exclusivo de burlar a lei.

4.9.5.2. *Distribuição-aproximação e distribuição-intermediação*

Não se deve confundir o contrato de distribuição referido anteriormente e previsto no Código Civil, mera variação da agência (o distribuidor tem à sua disposição o bem a ser negociado), com outra modalidade contratual existente na prática empresarial, e também denominada *distribuição*. Esta última, totalmente atípica e interempresarial, compreende a revenda pelo distribuidor (empresário) de produtos fabricados pela outra parte (também empresário).

Esse contrato de "distribuição", assim denominado na prática empresarial, caracteriza-se pelo fato de que o distribuidor tem natureza empresarial, geralmente uma grande sociedade empresária, e mantém um contrato de fornecimento com outro empresário, com frequência o fabricante de determinadas mercadorias, contratando o direito de exclusividade na revenda (distribuição) dessas mercadorias em determinada região geográfica. A relação contratual de distribuição pode também compreender o uso de marcas do fabricante, ainda que a título gratuito, pelo distribuidor, a fim proporcionar uma melhor associação deste com os produtos negociados, junto ao mercado.

Referido contrato é comumente utilizado na distribuição de sorvetes e bebidas, por exemplo. Nesses casos, o distribuidor realiza uma clara intermediação entre o fabricante e o comércio varejista (bares, restaurantes, padarias), caracterizando-se pela revenda ou distribuição das mercadorias no atacado. Distingue-se sobremaneira da distribuição prevista no art. 710 do Código Civil pelo fato de este não compreender a revenda de mercadorias pelo distribuidor, mas sim a prestação de serviços de mediação entre o proponente e o interessado em adquirir ditas mercadorias, além do fato de o distribuidor não necessitar ser empresário.

Alguns autores, como é o caso de Fábio Ulhoa Coelho (*Manual de direito comercial*, p. 447), denominam essa modalidade contratual de *distribuição-intermediação*, a fim de diferenciá-la da distribuição prevista no art. 710, esta identificada como *distribuição-aproximação*.

Independentemente da nomenclatura que se pretenda utilizar, o fato é que o contrato de distribuição-intermediação é um contrato totalmente atípico, sem base legal específica no direito brasileiro, compreendendo uma relação contratual mista, em que se complementam a compra e venda empresarial continuada (fornecimento) e a licença de uso de marca. Assemelha-se à distribuição-intermediação o contrato de concessão comercial, estudado adiante, que, entretanto, por força do disposto na Lei 6.729/1979, se aplica exclusivamente às relações entre fabricantes e concessionárias de vendas de veículos automotores.

4.9.5.3. Características gerais

A agência e a distribuição apresentam como principais características:

a) em regra, não se confundem com o mandato empresarial; entretanto, nos termos do art. 710, parágrafo único, o proponente pode conferir poderes ao agente para que este o represente na conclusão dos contratos de seu interesse;

b) o agente ou distribuidor, conforme o art. 714, deve ter uma zona de exclusividade para atuação, e, salvo ajuste em contrário, ele tem direito à remuneração correspondente aos negócios concluídos dentro de sua zona de exclusividade, ainda que sem a sua interferência;

c) caso o proponente, sem justa causa, cesse o atendimento às propostas encaminhadas pelo agente ou distribuidor ou promova a sua redução ao ponto de tornar antieconômica a execução do contrato, conforme o art. 715, o agente ou distribuidor terá direito a uma indenização;

d) a remuneração do agente ou distribuidor, conforme o art. 716, será devida também na hipótese de o negócio deixar de ser realizado por fato imputável ao proponente;

e) se o contrato de agência ou de distribuição for celebrado por tempo indeterminado, qualquer das partes poderá dissolvê-lo, mediante aviso prévio de noventa dias, nos termos do art. 720, desde que transcorrido prazo compatível com a natureza e o vulto do investimento exigido por parte do agente ou distribuidor;

4.9.5.4. Obrigações das partes

Considerando a tênue distinção existente entre agência e distribuição, as partes contratantes estão sujeitas às seguintes obrigações comuns:

Cap. 4 · CONTRATOS EMPRESARIAIS

a) salvo ajuste em contrário, o proponente não pode constituir, ao mesmo tempo, mais de um agente, na mesma zona, com funções idênticas. O agente também não pode, nos termos do art. 711, assumir o encargo de tratar de negócios do mesmo gênero, por conta de outros proponentes, na mesma zona em que atue como agente ou distribuidor de outro proponente;

b) o agente ou distribuidor, no desempenho que lhe foi atribuído, deve agir com toda diligência, atendo-se às instruções recebidas do proponente;

c) salvo estipulação diversa, todas as despesas com a agência ou distribuição, conforme o art. 713, ocorrem por conta do agente ou distribuidor, ainda que isso se nos pareça contrário à lógica desse contrato, na medida em que o agente ou distribuidor presta serviços ao proponente e, nessa condição, deveria ser reembolsado das despesas incorridas na prestação de referidos serviços.

4.9.6. Concessão comercial

4.9.6.1. Definição

A concessão comercial de vendas de veículos automotores é o contrato celebrado entre um empresário, fabricante de veículos automotores, designado concedente, e outro empresário, designado concessionário, com vistas à distribuição, pelo concessionário, de veículos de fabricação do concedente, associado à prestação de serviços de assistência técnica e à revenda de autopeças com a marca do concedente.

O contrato de concessão comercial possui o seguinte objeto: *a)* a comercialização de veículos automotores, implementos e componentes fabricados ou fornecidos pelo produtor; *b)* a prestação de assistência técnica a esses produtos, inclusive quanto ao seu atendimento ou revisão; e *c)* o uso gratuito (pelo concessionário, mediante licença expressa do concedente) de marca do concedente, para sua identificação perante o público consumidor.

A concessão comercial, em seus aspectos gerais, afigura-se como um contrato de distribuição-intermediação, como referido anteriormente, caracterizando-se mais propriamente como uma espécie daquele gênero, na medida em que abrange exclusivamente a distribuição de veículos de via terrestre (automóveis, caminhões, ônibus, tratores, motocicletas etc.), estando disciplinada no Brasil pela Lei 6.729/1979 (Lei de Concessão de

Vendas de Veículos Automotores), alterada posterior e parcialmente pela Lei 8.132/1990.

Nessa modalidade contratual, à semelhança do que ocorre nas modalidades contratuais anteriores (mandato empresarial, comissão empresarial, representação comercial autônoma, franquia, agência e distribuição), a execução do contrato envolve ora atos de *aproximação* (o concessionário divulga a marca e os produtos do concedente, atraindo clientela e valorizando a marca do concedente), ora de *intermediação* (o concessionário, como empresário, adquire, em caráter continuado e em quantidades predeterminadas, veículos automotores fabricados pelo concedente, sob exclusividade, para fins de revenda ao consumidor, bem como autopeças de fabricantes autorizados pelo concedente).

4.9.6.2. Características gerais

Podem ser relacionadas como características do contrato de concessão comercial:

a) a concessão comercial deve ser ajustada em contrato escrito e padronizado para cada marca e, conforme o art. 20 da Lei 6.729/1979, deve especificar produtos, área demarcada, distância mínima e quota de veículos automotores, bem como as condições relativas a requisitos financeiros, organização administrativa e contábil, capacidade técnica, instalações, equipamentos e mão de obra especializada do concessionário;

b) o contrato de concessão comercial deve ser celebrado, em princípio, por prazo indeterminado, conforme o art. 21. Entretanto, inicialmente poderá ser ajustado por prazo determinado, não inferior a cinco anos, passando automaticamente a vigorar por prazo indeterminado, se após o decurso do prazo inicial nenhuma das partes manifestar a intenção contrária de não prorrogá-lo, antes de cento e oitenta dias do seu termo final e mediante notificação por escrito devidamente comprovada;

c) o concedente pode exigir exclusividade do concessionário, proibindo expressamente a comercialização de veículos automotores novos fabricados ou fornecidos por outro produtor, conforme o art. 3.º, § 1.º;

d) a concessão pode compreender uma ou mais classes de produtos (por exemplo, caminhões, motocicletas etc.), sendo que, quando do lançamento de novos produtos pelo concedente (novos modelos de automóvel, por exemplo), se forem da mesma classe daqueles compreendidos na concessão, ficarão automaticamente incluídos nesta; por outro lado, se forem de classe diversa, o concessionário terá preferência em comercializá-los, desde que, nos termos do art. 3.º, § 3.º, atenda às condições definidas pelo concedente para esse fim;

e) o contrato de concessão deve ainda mencionar a área operacional de responsabilidade do concessionário para o exercício de suas atividades, bem como as distâncias mínimas entre estabelecimentos de concessionários da mesma rede, fixadas segundo critérios de potencial de mercado, sendo que a área poderá conter mais de um concessionário da mesma rede (art. 5.º);

f) é livre o preço de venda do concessionário ao consumidor, relativamente aos bens e serviços objeto da concessão, conforme dispõe o art. 13. O preço de venda aos concessionários, porém, deve ser fixado pelo concedente, de modo a preservar sua uniformidade e condições de pagamento para toda a rede de distribuição (art. 13, § 2.º).

4.9.6.3. Direitos e deveres das partes

a) o concessionário possui o direito de comercializar:

a.1) implementos e componentes novos produzidos ou fornecidos por terceiros (com relação aos componentes dos veículos automotores que fazem parte da concessão, o concessionário deverá manter um índice de fidelidade, podendo a convenção de marca, nos termos do art. 8.º, estabelecer porcentuais de aquisição obrigatória pelos concessionários);

a.2) mercadorias de qualquer natureza que se destinem a veículo automotor, implemento ou à atividade da concessão;

a.3) veículos automotores e implementos usados de qualquer marca;

b) o concessionário poderá ainda comercializar outros bens e prestar outros serviços compatíveis com a concessão;

c) o concessionário obriga-se à comercialização de veículos automotores, implementos, componentes e máquinas agrícolas, de via terrestre, e à prestação de serviços inerentes a estes, nas condições estabelecidas no contrato de concessão comercial, sendo-lhe vedada, nos termos do art. 5.º, § 2.º, a prática dessas atividades, diretamente ou por intermédio de prepostos, fora de sua área demarcada. Tal delimitação de área, entretanto, não se estende ao consumidor, que poderá proceder, à sua livre escolha, à aquisição dos bens e serviços em qualquer concessionário (art. 5.º, § 3.º);

d) o concedente terá o direito de contratar nova concessão, se o mercado de veículos automotores novos da marca, na área delimitada, apresentar as condições justificadoras da contratação que tenham sido ajustadas entre o produtor e sua rede de distribuição; ou, ainda, pela necessidade de prover vaga de concessão extinta (art. 6.º);

e) o concessionário deverá observar o índice de fidelidade na compra de componentes dos veículos automotores que integram a concessão, sendo que a convenção de marca poderá estabelecer porcentuais para sua aquisição obrigatória (art. 8.º). Excetuam-se dessa obrigação acessórios para veículos automotores e implementos de qualquer natureza e máquinas agrícolas;

f) os pedidos do concessionário e os fornecimentos do concedente deverão corresponder à quota de veículos automotores e enquadrar-se no índice de fidelidade de componentes (art. 9.º), sendo que, na hipótese de o concedente não atender a referidos pedidos nas condições previstas no contrato de concessão, o concessionário ficará desobrigado de observar o índice de fidelidade na proporção do desatendimento verificado (art. 9.º, § 3.º);

g) o concessionário somente poderá realizar a venda de veículos automotores novos diretamente a consumidor, sendo, nos termos do art. 12, vedada a comercialização pelo concessionário para fins de revenda a outros concessionários, exceto nas seguintes hipóteses: operações entre concessionários da mesma rede de distribuição que, em relação à respectiva quota, não ultrapassem 15% quanto a caminhões e 10% quanto aos demais veículos automotores; ou vendas que o concessionário destinar ao mercado externo;

h) o concedente poderá efetuar vendas diretas de veículos automotores, conforme o art. 15, nas seguintes hipóteses:

h.1) *independentemente da atuação ou pedido de concessionário*: à administração pública, direta ou indireta, ou ao corpo diplomático; bem como a outros compradores especiais, nos limites que forem previamente ajustados com sua rede de distribuição. Nessa hipótese, o concessionário terá direito ao valor da contraprestação relativa aos serviços de revisão que prestar.

Cap. 4 · CONTRATOS EMPRESARIAIS

h.2) *pela rede de distribuição*: à administração pública, direta ou indireta, ou ao corpo diplomático, incumbindo o encaminhamento do pedido a concessionário que tenha essa atribuição; a frotistas de veículos automotores, expressamente caracterizados, cabendo unicamente aos concessionários objetivar vendas dessa natureza; ou a outros compradores especiais, facultada a qualquer concessionário a apresentação do pedido. Nessa hipótese, o concessionário terá direito ao valor da margem de comercialização correspondente à mercadoria vendida.

4.9.6.4. Convenções

Na sistemática legal instituída para a concessão comercial, além do contrato escrito de concessão celebrado exclusivamente entre concedente e concessionário, são também celebradas convenções envolvendo a coletividade de concedentes e/ou de concessionários, com vistas a disciplinar questões de interesse comum. Conforme dispõe o art. 17, as convenções podem ser de duas espécies: convenções de categorias econômicas e convenções de marca.

4.9.6.4.1. Convenções das categorias econômicas

São celebradas entre as categorias econômicas de produtores e distribuidores de veículos automotores, cada uma representada pela respectiva entidade civil de âmbito nacional (por exemplo, associação dos fabricantes e dos distribuidores), com a seguinte finalidade (art. 18):

a) explicitar princípios e normas de interesse dos produtores e distribuidores de veículos automotores;

b) declarar a entidade civil representativa de rede de distribuição;

c) resolver, por decisão arbitral, as questões que lhe forem submetidas pelo produtor e pela entidade representativa da respectiva rede de distribuição;

d) disciplinar, por juízo declaratório, assuntos pertinentes às convenções da marca, por solicitação de produtor ou entidade representativa da respectiva rede de distribuição.

4.9.6.4.2. Convenções de marca

São celebradas entre cada fabricante e seus concessionários, estes representados conjuntamente por entidade civil de âmbito nacional, com a finalidade de estabelecer normas e procedimentos relativos a (art. 19):

"a) atendimento de veículos automotores em garantia ou revisão (art. 3.º, II);

b) uso gratuito da marca do concedente (art. 3.º, III);

c) inclusão na concessão de produtos lançados na sua vigência e modalidades auxiliares de venda (art. 3.º, § 2.º, "a" e § 3.º);

d) comercialização de outros bens e prestação de outros serviços (art. 4.º, parágrafo único);

e) fixação de área demarcada e distâncias mínimas, abertura de filiais e outros estabelecimentos (art. 5.º, I e II, § 4.º);

f) venda de componentes em área demarcada diversa (art. 5.º, § 3.º);

g) novas concessões e condições de mercado para sua contratação ou extinção de concessão existente (art. 6.º, I e II);

h) quota de veículos automotores, reajustes anuais, ajustamentos cabíveis, abrangência quanto a modalidades auxiliares de venda (art. 7.º, §§ 1.º a 4.º) e incidência de vendas diretas (art. 15, § 2.º);

i) pedidos e fornecimentos de mercadoria (art. 9.º);

j) estoques do concessionário (art. 10, §§ 1.º e 2.º);

k) alteração de época de pagamento (art. 11);

l) cobrança de encargos sobre o preço da mercadoria (art. 13, §§ 1.º e 2.º);

m) margem de comercialização (art. 5.º, § 2.º);

n) vendas diretas, com especificação de compradores especiais, limites das vendas pelo concedente sem mediação de conces-sionário, atribuição de faculdade a concessionários para venda à administração pública e ao corpo diplomático, caracterização de frotistas de veículos automotores, valor de margem de comer-cialização e de contraprestação de revisões, e demais regras de procedimento (art. 15, § 1.º);

o) regime de penalidades gradativas (art. 22, § 1.º);

p) especificação de outras reparações (art. 24, IV);

q) contratações para prestação de assistência técnica e comerciali-zação de componentes (art. 28)."

Ressalte-se que a finalidade de tais convenções é uniformizar o relacionamento comercial entre as partes, bem como disciplinar certos procedimentos a serem adotados na concessão comercial; não obstante isso, na concessão comercial não existe absoluta identidade entre a atividade empresarial do concedente e a do concessionário, visto ser o primeiro fabricante (indústria) e o segundo distribuidor (comércio), daí distinguir-se a concessão da franquia empresarial, em que se prioriza, sobretudo, uma similitude de identidade empresarial entre franqueador e franqueado, procurando-se moldar o estabelecimento do franqueado à imagem e semelhança daquele concebido pelo franqueador, ainda que este, em muitos casos, com o passar dos anos, se torne apenas um administrador do sistema de franquias, não mais exercendo diretamente a atividade empresarial que deu origem ao negócio.

4.9.6.5. *Hipóteses de rescisão contratual*

Conforme o disposto no art. 22 da Lei 6.729/1979, a resolução do contrato de concessão ocorrerá nas seguintes hipóteses:

a) por acordo das partes;

b) por motivo de força maior;

c) pela expiração do prazo determinado, estabelecido no início da concessão, salvo se prorrogado por prazo indeterminado;

d) por iniciativa da parte inocente, em virtude de infração a dispositivo da Lei 6.729/1979, das convenções ou do próprio contrato de concessão comercial, sendo considerada infração também a cessação das atividades do contraente. Nesse caso, a resolução deverá ser precedida da aplicação de penalidades contratuais.

Por fim, deve-se observar que, nos termos do art. 22, § 2.º, em qualquer das hipóteses de resolução contratual, as partes disporão do prazo necessário à extinção das suas relações e das operações do concessionário, nunca inferior a cento e vinte dias, contados da data da resolução.

4.9.7. Compra e venda empresarial

4.9.7.1. *Definição*

Anteriormente ao advento do Código Civil, o Código Comercial tratava especificamente do instituto da compra e venda mercantil, em seus arts. 191 a 220.

O Código Civil revogou a primeira parte do Código Comercial, na qual estavam inseridos os artigos que regulavam as diversas modalidades de contratos mercantis, de modo que o contrato de compra e venda passou a ser regulado genericamente pelo Código Civil em seus arts. 432 a 581.

Nesse sentido, como o Código Civil passou também a disciplinar o conceito de empresário, em seu art. 966 – observados os usos e costumes mercantis (ou empresariais) –, as disposições relativas à compra e venda, do modo como estão inseridas no Código Civil, podem também ser aplicadas aos contratos de compra e venda de mercadorias em que pelo menos o comprador seja um empresário, afigurando-se pois o contrato, à semelhança da disciplina anterior, como compra e venda empresarial, observadas logicamente, no que couber, as disposições atualmente em vigor estabelecidas pelo Código Civil.

4.9.7.2. Características gerais

Conforme observado anteriormente, dada a pretensa unificação dos contratos civis e mercantis levada a cabo pelo Código Civil, ao tratarmos do contrato de compra e venda mercantil ou empresarial, suas características muitas vezes se confundem com as da compra e venda civil, de modo que podemos elencar as seguintes:

a) no contrato de compra e venda, um dos contratantes se obriga a transferir o domínio de certa coisa ao outro contratante, e este a pagar-lhe certo preço em dinheiro. Nos termos do art. 482, a compra e venda, quando pura, será considerada obrigatória e perfeita, desde que as partes acordem no objeto e no preço, evidenciando-se aí o seu caráter consensual;

b) a compra e venda sempre deverá ser contratada em moeda corrente nacional, sob pena de nulidade, sendo que apenas as operações de importação e exportação, câmbio ou aquelas que envolvam partes domiciliadas no exterior podem ser contratadas em moeda estrangeira, conforme disposto no art. 1.º do Decreto-lei 857/1969;

c) o contrato de compra e venda, também referido por alguns autores em ordem inversa, como venda e compra, pode ter por objeto coisa atual ou futura. Nesta última hipótese, o contrato ficará sem efeito se a coisa futura que constituiu seu objeto não vier a existir, salvo se a intenção das partes era a de concluir um contrato aleatório;

Cap. 4 · CONTRATOS EMPRESARIAIS

d) na compra e venda empresarial, observados os usos e costumes empresariais ou mercantis, o bem é comumente adquirido pelo comprador empresário com a finalidade de revendê-lo ou alugar o seu uso a outrem, como parte de sua atividade empresarial.

e) na compra e venda disciplinada pelo Código Civil, contrariamente ao que ocorria no antigo Código Comercial, considerando que não há nenhuma proibição expressa, podem ser objeto de contrato de compra e venda empresarial bens móveis ou imóveis;

f) com relação às obrigações atribuídas às partes no contrato de compra e venda empresarial, é importante observar que a fixação do preço também poderá ser baseada em taxa de mercado ou de bolsa, em certo e determinado dia e lugar, sendo ainda que, nos termos do art. 487 do Código Civil, "é lícito às partes fixar o preço em função de índices ou parâmetros, desde que suscetíveis de objetiva determinação";

g) note-se também que a compra e a venda poderão ser convencionadas sem a fixação de preço ou de critérios para a sua determinação, entendendo-se, nesse caso, que, não havendo tabelamento oficial, as partes se sujeitarão ao preço corrente nas vendas habitualmente praticadas pelo vendedor, conforme o art. 488;

h) na falta de acordo entre as partes, em decorrência de diversidade de preço, prevalecerá o termo médio, sendo nulo o contrato de compra e venda quando se deixar ao arbítrio exclusivo de uma das partes a fixação do preço, conforme o art. 489.

4.9.7.3. *Formas de classificação*

A doutrina comercialista usualmente classifica a compra e venda sob várias formas, das quais destacamos as seguintes:

4.9.7.3.1. *Quanto ao modo de execução*

Quanto ao modo de execução, o contrato de compra e venda empresarial pode ser:

a) De execução imediata

Nesse caso, a execução do contrato não está subordinada a nenhum evento futuro, devendo os atos jurídicos previstos no contrato ser imediatamente praticados pelas partes.

b) De execução condicional

Nesse caso, a execução do contrato está subordinada a determinado evento futuro, podendo estar, nesse sentido, subordinada a uma condição (evento futuro e incerto) propriamente dita ou a um termo (evento futuro e certo).

4.9.7.3.2. *Quanto à forma de apresentação das mercadorias*

Quanto à forma de apresentação das mercadorias, o contrato de compra e venda empresarial pode ser:

a) Simples

Considera-se simples o contrato de compra e venda em que a contratação é efetuada pelas partes à vista da própria mercadoria, que é entregue pelo vendedor ao comprador no mesmo ato.

b) Por amostras

Considera-se "por amostras" o contrato de compra e venda em que a contratação é efetuada pelas partes com base em uma amostra (a menor fração de um produto que conserve as suas qualidades e características originais). Nesse caso, a mercadoria não é entregue no ato da contratação, mas sim em data futura, devendo, entretanto, possuir as mesmas qualidades da amostra apresentada quando da contratação.

4.9.7.4. Obrigações das partes

Podem ser relacionadas como obrigações das partes no contrato de compra e venda empresarial:

a) como regra geral, no contrato de compra e venda pura e simples cabe ao comprador primeiramente pagar o preço contratado e à vista das mercadorias, para então o vendedor proceder à sua tradição;

b) na hipótese de inadimplemento contratual, conforme o art. 475, a parte lesada pode pedir a resolução do contrato, se não preferir exigir-lhe o cumprimento, cabendo, em qualquer dos casos, indenização por perdas e danos;

c) não sendo a venda a crédito, o vendedor não é obrigado a entregar a coisa antes de receber o preço do comprador, correndo, até o momento da tradição, os riscos da coisa por conta do vendedor, e

Cap. 4 · CONTRATOS EMPRESARIAIS

os do preço, por conta do comprador. Responde ainda o vendedor, salvo convenção em contrário, por todos os débitos que gravem a coisa até o momento da tradição, e, na falta de estipulação expressa, a tradição da coisa vendida deverá ocorrer no lugar onde ela se encontrava ao tempo da venda, conforme previsto no art. 493;

d) se, por outro lado, nos termos do art. 494, a coisa for expedida para lugar diverso, por ordem do comprador, correrão por sua conta os riscos, a partir do momento em que a coisa seja entregue a quem haja de transportá-la, salvo se o vendedor se afastar das instruções do comprador;

e) não obstante o prazo ajustado para o pagamento, se antes da tradição o comprador cair em insolvência, o vendedor poderá sobrestar a entrega da coisa, até que o comprador lhe dê garantia de pagar no tempo ajustado;

f) nas coisas vendidas conjuntamente, o defeito oculto de uma delas não autoriza a rejeição de todas.

4.9.7.5. Incoterms

Para os contratos internacionais de venda e compra de mercadorias celebrados entre exportadores e importadores, considerando a peculiaridade de tais operações, a Câmara de Comércio Internacional (CCI), com sede em Paris, criou em 1936 determinadas regras destinadas a regular o transporte e a tradição de mercadorias nesses casos, bem como a responsabilidade das partes. Tais regras são denominadas Incoterms (*International Commercial Terms*), e desde a sua instituição foram sucessivamente aperfeiçoadas e reeditadas, sendo que a última alteração data do ano de 2010, tendo entrado em vigor a partir de 01.01.2011, conforme Publicação 715E editada pela CCI, e introduzida no Brasil pela Res. 21/2011 do Conselho de Ministros da Câmara de Comércio Exterior (CAMEX).

Nesse sentido, as Incoterms são representadas pelas siglas C-D-E-F, conforme uma ordem crescente de obrigações estabelecidas para o vendedor. As obrigações podem ser estabelecidas nas vendas internacionais efetuadas na *partida* ou na *chegada* das mercadorias. As vendas efetuadas na partida (identificadas pelas letras E-F-C) atribuem ao *comprador* os riscos do transporte das mercadorias. Por outro lado, as vendas efetuadas na chegada (identificadas pela letra D) atribuem ao *vendedor* os riscos do transporte das mercadorias.

4.9.7.5.1. *Vendas efetuadas na partida (identificadas pelas letras E-F-C)*

EXW (*Ex-Works* – *"na origem"*) – nas vendas contratadas sob esse código, a mercadoria é colocada à disposição do comprador pelo vendedor, no domicílio deste último, no prazo estabelecido, não se responsabilizando o vendedor pelo desembaraço para exportação nem pelo carregamento da mercadoria. É utilizável em qualquer modalidade de transporte. A Res. 21/2011, no entanto, prevê que, em virtude de o comprador estrangeiro não dispor de condições legais para providenciar o *desembaraço aduaneiro* (procedimento fiscal necessário à outorga de autorização para saída ou ingresso de mercadorias do território nacional) para saída de bens do país, fica subentendido que esta providência é adotada pelo vendedor, sob suas expensas e riscos, no caso da exportação brasileira.

FCA (*Free Carrier*) – nas vendas contratadas sob esse código, a responsabilidade do vendedor cessa quando ocorre a entrega da mercadoria, já desembaraçada para a sua exportação (o desembaraço é por conta do vendedor), sob custódia do transportador nomeado pelo comprador ou a outra pessoa por ele indicada, e no local designado no contrato, desde que seja no país de origem. Esse código também é chamado de livre transportador.

FAS (*Free Alongside Ship*) – nas vendas efetuadas sob esse código, a responsabilidade do vendedor perdura até que a mercadoria seja descarregada, já desembaraçada para exportação, ao lado do costado do navio, no cais do porto de embarque previsto contratualmente. A contratação do frete e do seguro internacional é de responsabilidade do comprador. Esse código é chamado também de "livre ao lado do navio", sendo utilizado exclusivamente para transporte por via aquática.

FOB (*Free on Board*) – nas vendas efetuadas sob esse código, a responsabilidade do vendedor perdura até que efetue a entrega da mercadoria, já desembaraçada para a exportação, a bordo do navio indicado pelo comprador, no porto de embarque. Esse código também é chamado de "livre a bordo do navio", sendo um dos mais utilizados no transporte marítimo.

CFR (*Cost and Freight*) – nas vendas efetuadas sob esse código, a responsabilidade por todos os custos, inclusive a contratação do frete internacional, é atribuída ao vendedor, para transportar a mercadoria até o porto de destino indicado. A venda ocorre ainda em território do país do vendedor. Esse código também é chamado de "custo e frete", sendo utilizado exclusivamente nos transportes aquaviários.

CIF (*Cost, Insurance and Freight*) – nas vendas efetuadas sob esse código, além de arcar com as obrigações e os riscos previstos para a modalidade FOB, o vendedor assume a responsabilidade pela contratação do seguro marítimo contra riscos de perdas e danos durante o transporte das mercadorias negociadas. Esse código também é chamado de "custo, seguro e frete", sendo utilizado exclusivamente nos transportes aquaviários.

CPT (*Carriage Paid To*) – nas vendas efetuadas sob esse código, além de arcar com as obrigações e os riscos previstos para a modalidade FCA, o vendedor assume a responsabilidade pela contratação do frete referente ao transporte da mercadoria até o local designado. Porém, a partir da entrega da mercadoria ao transportador, sob custódia, toda a responsabilidade por perdas e danos é do comprador. Esse código também é chamado de "transporte pago até...", sendo utilizado em quaisquer modalidades de transporte.

CIP (*Carriage and Insurance Paid*) – nas vendas efetuadas sob esse código, além de arcar com as obrigações e os riscos previstos para a modalidade FCA, o vendedor assume a responsabilidade pela contratação do frete referente ao transporte da mercadoria até o local designado e, adicionalmente, se responsabiliza pela contratação do seguro contra riscos de perdas e danos da mercadoria durante o transporte internacional e demais custos relativos ao transporte. Esse código também é chamado de "transporte e seguro pago", sendo utilizado em quaisquer modalidades de transporte.

4.9.7.5.2. *Vendas efetuadas na chegada (identificadas pela letra D)*

DAT (*Delivered at Terminal, at Port or Place of Destination* – *"entregue no terminal"*) – nas vendas efetuadas sob esse código o vendedor completa suas obrigações e encerra sua responsabilidade quando a mercadoria é colocada à disposição do comprador, na data ou dentro do período acordado, num terminal de destino nomeado (cais, terminal de contêineres ou armazém, dentre outros), descarregada do veículo transportador mas não desembaraçada para importação, podendo ser utilizado em qualquer modalidade de transporte.

DAP – (*Delivered at Place* – *"entregue no local"*) – nas vendas efetuadas sob esse código o vendedor completa suas obrigações e encerra sua responsabilidade quando coloca a mercadoria à disposição do comprador, na data ou dentro do período acordado, num local de destino indicado que não seja um terminal, pronta para ser descarregada do veículo transportador e não desembaraçada para importação. Pode ser utilizado em qualquer modalidade de transporte.

DDP (*Delivered Duty Paid* – "entregue com direitos pagos") – nas vendas efetuadas sob esse código, o vendedor completa suas obrigações e encerra sua responsabilidade quando a mercadoria é colocada à disposição do comprador, na data ou dentro do período acordado, no local de destino designado no país importador, não se responsabilizando o vendedor por descarregá-la do meio de transporte. Nesse caso, o vendedor, assume todos os riscos e custos, inclusive impostos, taxas e outros encargos incidentes na importação, além do desembaraço aduaneiro. Pode ser utilizado em qualquer modalidade de transporte.

4.9.7.6. Cláusulas especiais à compra e venda

O contrato de compra e venda pode, a critério de ambas as partes e em adição às disposições fundamentais suprarreferidas, conter as seguintes cláusulas especiais:

4.9.7.6.1. Retrovenda

De acordo com a cláusula de retrovenda e nos termos do art. 505 do Código Civil, o vendedor de *coisa imóvel* pode reservar-se o direito de recobrá-la no prazo máximo de decadência de três anos, restituindo o preço recebido e reembolsando as despesas do comprador, inclusive aquelas que, durante o período de resgate, foram efetuadas com a sua autorização escrita, ou para a realização de benfeitorias necessárias na coisa, de modo que o comprador não terá lucro propriamente, mas apenas a restituição do que pagou a título de preço, acrescido de valor relativo a eventuais despesas.

4.9.7.6.2. Venda a contento e venda sujeita a prova

A *compra e venda feita a contento* do comprador é realizada sob condição suspensiva, e, ainda que a coisa lhe tenha sido entregue, não será tida como perfeita enquanto o adquirente não manifestar o seu contentamento com a coisa, de acordo com critérios previamente definidos no contrato de compra e venda, e conforme o art. 509 do Código Civil.

A *compra e venda sujeita a prova*, por sua vez, conforme o art. 510, sujeita-se à presunção de que tenha sido contratada sob a condição suspensiva de que a coisa possui as qualidades asseguradas pelo vendedor e seja idônea para o fim a que se destina.

Em ambos os casos, na pendência da *condição suspensiva*, o comprador possui obrigações de mero comodatário (art. 511), persistindo essa situação enquanto não houver a aceitação da coisa pelo comprador, sendo também certo que as partes deverão fixar no contrato um prazo para que o comprador manifeste sua vontade, aceitando a coisa e aperfeiçoando o contrato, ou devolvendo-a ao vendedor.

4.9.7.6.3. Preempção ou preferência

A cláusula de preempção ou preferência pode ser contratada pelas partes como acessória a contrato de compra e venda e impõe àquele que tenha adquirido determinado bem a obrigação de, no prazo legal (até cento e oitenta dias se o bem for *móvel*, ou até dois anos se for *imóvel*), oferecer ao antigo proprietário e vendedor o referido bem quando pretender vendê-lo ou dá-lo em pagamento a terceiro (art. 513). Nesse caso, o antigo proprietário poderá usar de seu direito de preferência na aquisição do referido bem.

Diferencia-se da cláusula de retrovenda, pois aquela compreende somente bens imóveis e obriga o atual proprietário a vender o bem adquirido ao anterior pelo mesmo preço e pelas condições de pagamento que o adquiriu, caso o anterior proprietário o exija no prazo legal. A cláusula de preempção ou preferência, por seu turno, compreende tanto bens móveis quanto imóveis e obriga o atual proprietário a dar a preferência ao anterior para que adquira o bem, caso o atual proprietário pretenda vendê-lo ou dá-lo em pagamento no prazo legal, sendo que as condições do negócio serão aquelas definidas com o atual proprietário, não existindo nenhuma vinculação com aquelas contratadas entre as partes quando da venda do bem pelo anterior ao atual proprietário.

Se o atual proprietário não tomar a iniciativa de dar a preferência ao anterior, este último também poderá exercer o seu direito de preferência intimando-o, quando lhe constar que aquele vai vender o bem, sendo que, nos termos do art. 515 do Código Civil, "aquele que exerce a preferência está, sob pena de perdê-la, obrigado a pagar, em condições iguais, o preço encontrado, ou o ajustado".

Caso inexista prazo diverso estipulado, o direito de preempção ou preferência caducará, para bens móveis, se, notificado o antigo proprietário no prazo legal referido no art. 513, parágrafo único, não for exercido nos três dias seguintes à data da notificação, ou, para bens imóveis, se, da mesma forma notificado o antigo proprietário no prazo legal, não for exercido nos sessenta dias seguintes à data da notificação (art. 516).

O atual proprietário ainda responderá por perdas e danos se alienar a coisa sem ter dado ao anterior ciência do preço e das vantagens que por ela lhe oferecem, respondendo de forma solidária o adquirente caso tenha procedido de má-fé, conforme o art. 518.

4.9.7.6.4. Compra e venda com reserva de domínio

De acordo com a cláusula de reserva de domínio, o vendedor reserva para si o domínio do bem, de modo que mantém sob sua titularidade, o direito de dispor do bem vendido, transferindo ao comprador apenas o direito de usar e fruir do referido bem, sendo o domínio propriamente dito transferido ao comprador somente quando do pagamento de todas as parcelas relativas ao preço total de venda e compra de referido bem, conforme contratado pelas partes. Todavia, o comprador responde pelos riscos da coisa a partir do momento em que esta lhe seja entregue.

A cláusula de reserva de domínio somente pode ter por objeto bens *móveis*, conforme o art. 521 do Código Civil, devendo ser contratada sempre por escrito e dependendo de registro no domicílio do comprador para valer contra terceiros. O registro, nesse caso, em sentido genérico, refere-se ao que se faz em cartório de títulos e documentos, sem prejuízo de outros registros específicos, como no caso dos automóveis.

A transferência de propriedade integral ao comprador dá-se no momento em que o preço esteja integralmente pago.

É importante ressaltar que a reserva de domínio apresenta sistemática jurídica totalmente distinta da alienação fiduciária em garantia (estudada adiante). Na reserva de domínio, o vendedor, inicialmente proprietário do bem, *retém* para si, sob condição suspensiva, o domínio do bem negociado. Já na alienação fiduciária em garantia, o proprietário do bem (tenha ou não acabado de adquiri-lo) é quem *aliena* (transfere), sob condição resolutiva, o domínio a determinada pessoa, em garantia ao cumprimento de uma obrigação pecuniária.

4.9.7.6.5. Venda sobre documentos

De acordo com a cláusula de venda sobre documentos, conforme o art. 529 do Código Civil, a tradição do bem é substituída pela entrega de seu título representativo e dos outros documentos exigidos pelo contrato ou, no silêncio deste, pelos usos e costumes mercantis vigentes.

Desde que a documentação esteja em ordem, o comprador não pode recusar o pagamento, a pretexto de vício de qualidade ou do estado da coisa vendida, salvo se o vício em questão já houver sido comprovado. Ainda nesse caso, desde que não haja estipulação em contrário, o pagamento do preço deve ser efetuado na data e no lugar da entrega dos documentos.

4.9.7.7. *Contrato estimatório*

Também denominado compra e venda em consignação, o contrato estimatório é aquele em que uma das partes (*consignante*) entrega bens *móveis* à outra (*consignatário*), que fica autorizada a vendê-los, devendo pagar ao consignante o preço ajustado, salvo se o consignatário preferir, no prazo contratado, restituir ao consignante a coisa consignada, conforme previsto no art. 534 do Código Civil. É comumente utilizado em atividades de venda de produtos sujeitos a estimativa de vendas, como, por exemplo, jornais e revistas (neste caso, nos contratos celebrados entre empresas jornalísticas e/ou distribuidores e jornaleiros).

Além disso, o consignatário não se exonera da obrigação de pagar o preço se a restituição da coisa, em sua integridade, tornar-se impossível, mesmo que tal impossibilidade decorra de fato que não possa ser-lhe imputado (art. 535).

Conforme o art. 536 do Código Civil, a coisa consignada não pode ser objeto de penhora ou sequestro pelos credores do consignatário, enquanto não for pago integralmente o preço.

Note-se, por fim, que o consignante não pode dispor da coisa antes que esta lhe seja restituída ou que lhe seja comunicada a restituição.

4.9.8. Alienação fiduciária em garantia

4.9.8.1. *Definição*

A alienação fiduciária em garantia pode ser definida como o negócio jurídico pelo qual uma das partes, designada devedor-fiduciante (que é proprietário, livre e desembaraçado de um certo bem), com a finalidade de garantir o cumprimento de uma obrigação pecuniária em relação à outra parte, designada credor-fiduciário, transmite a esta o domínio e a posse indireta do bem de sua propriedade, retendo-lhe, porém, a posse direta, sob a condição resolutiva de saldar a dívida dessa forma garantida.

A alienação fiduciária em garantia foi inicialmente criada no Brasil pela Lei de Mercado de Capitais (Lei 4.728/1965), por seu art. 66, já revogado, estando atualmente disciplinada pela Lei de Alienação Fiduciária (Decreto-lei 911/1969, alterado parcialmente pela Lei 13.043/2014), quando envolvendo *bens móveis*, e pela Lei 9.514/1997 (alterada parcialmente pela Lei 13.097/2015, Lei 13.043/2014 e Lei 12.810/2013), quando envolvendo *bens imóveis*.

Também o Código Civil passou a disciplinar a propriedade fiduciária de coisas móveis infungíveis, em seus arts. 1.361 a 1.368-B. As disposições contidas no Código Civil, porém, somente se aplicam naquilo que não forem incompatíveis com a legislação especial acima referida, conforme estabelece o art 1.368-A, submetendo-se as demais espécies de propriedade fiduciária ou de titularidade fiduciária à disciplina específica das respectivas leis especiais.

Disso resulta que, no âmbito dos contratos empresariais, prevalecem, pela sua larga utilização, as modalidades de alienação fiduciária antes referidas e previstas nas leis especiais – Decreto-lei 911/1969, para *bens móveis*, e Lei 9.514/1997, para *bens imóveis*.

Na sistemática jurídica, a alienação fiduciária em garantia assenta-se na decomposição do direito de propriedade, que é um direito complexo, visto englobar três direitos distintos (usar, fruir e dispor).

Assim, conforme o art. 1.228 do Código Civil, "o proprietário tem a faculdade de usar, gozar e dispor da coisa, e o direito de reavê-la do poder de quem quer que injustamente a possua ou detenha".

Desse modo, na alienação fiduciária em garantia, o devedor-fiduciante transfere ao credor-fiduciário apenas o direito de dispor do bem, também chamado de *domínio*, bem como a *posse indireta* de referido bem, caracterizada não propriamente pelo direito de usar o bem (atributo da posse), mas pela possibilidade de acesso físico a ele por meio da busca e apreensão judicial, caso o contrato seja descumprido pelo devedor-fiduciante.

Em que pese a terminologia legal adotada, em que o credor-fiduciário é denominado "proprietário fiduciário" (art. 1.365), convém ressaltar que a aludida *propriedade fiduciária* não se equipara à propriedade plena de que trata o art. 1.231 do Código Civil (art. 1.367), possuindo mera função garantidora da relação obrigacional existente entre as partes, conforme dispõe o art. 1.361.

Nesse sentido, nos termos do art. 1.365 "é nula a cláusula que autoriza o proprietário fiduciário a ficar com a coisa alienada em garantia, se a dívida não for paga no vencimento".

Por outro lado, o alienante e devedor-fiduciante, ainda que legalmente depositário (art. 1.363), permanece nominalmente como "proprietário do bem" (conquanto que sem o poder de disposição ou domínio, mas com as outras faculdades inerentes ao direito de propriedade – direitos de usar e fruir), tendo a sua posse direta, sendo que a alienação fiduciária em garantia lhe confere o direito real de aquisição do bem respectivo (art. 1.368-B).

Ressalte-se ainda que, no tocante aos *bens imóveis*, a Lei 9.514/1997 prevê a possibilidade de que a alienação fiduciária em garantia seja contratada por pessoa física ou jurídica, não sendo privativa das entidades que operam no sistema de financiamento imobiliário, podendo ter como objeto, além da propriedade plena: a) bens enfitêuticos, hipótese em que será exigível o pagamento do laudêmio, se houver a consolidação do domínio útil no fiduciário; b) direito de uso especial para fins de moradia; c) direito real de uso, desde que suscetível de alienação; d) propriedade superficiária; sendo que os direitos de garantia instituídos nas hipóteses referidas nos itens c) e d) ficam limitados à duração da concessão ou direito de superfície, caso tenham sido transferidos por período determinado (art. 22, § 1.º).

4.9.8.2. *Características gerais*

São características gerais da alienação fiduciária em garantia:

a) a alienação fiduciária em garantia é tradicionalmente incluída entre as modalidades de garantias reais, visto que constitui impedimento à livre transferência do bem por parte do devedor-fiduciante a terceiros, na pendência da alienação contratada com o credor-fiduciário;

b) o devedor-fiduciante tem a posse direta e o credor-fiduciário tem a posse indireta do bem. Assim, para poder reavê-lo, na hipótese de descumprimento contratual por parte do devedor-fiduciante, em se tratando de bem móvel, o credor-fiduciário deve requerer a tutela de urgência específica de busca e apreensão do bem, conforme o art. 536 do Código de Processo Civil;

c) o domínio (poder de disposição) sobre o bem é transferido sob condição resolutiva ao credor-fiduciário, e, quando o evento futuro (quitação da dívida pelo devedor-fiduciante) ocorrer, o contrato se resolve, voltando o domínio a integrar plenamente a propriedade do devedor-fiduciante;

d) o inadimplemento contratual por parte do devedor-fiduciante gera o vencimento antecipado das prestações vincendas, tornando possível ao credor-fiduciário requerer judicialmente a busca e apreensão do bem, desde que móvel (para bens imóveis não há necessidade da busca e apreensão, visto que a propriedade plena se consolida no patrimônio do credor-fiduciário quando o inadimplemento não é sanado pelo devedor, que não purga a mora, uma vez tendo sido notificado para tanto, conforme o art. 26 da Lei 9.514/1997);

e) tendo o credor-fiduciário requerido judicialmente a busca e apreensão do bem, caso este não venha a ser localizado, poderá requerer a sua conversão em ação executiva contra o devedor-fiduciante (conforme o art. 4.º da Lei de Alienação Fiduciária, alterado pela Lei 13.043/2014);

f) na hipótese de inadimplemento ou mora nas obrigações contratuais garantidas mediante alienação fiduciária, o credor-fiduciário poderá vender a coisa a terceiros, independentemente de leilão, hasta pública, avaliação prévia ou qualquer outra medida judicial ou extrajudicial, salvo disposição expressa em contrário prevista no contrato, sendo que o credor-fiduciário deverá aplicar o preço da venda no pagamento de seu crédito e das despesas decorrentes e entregar ao devedor o saldo apurado, se houver, com a devida prestação de contas, conforme o art. 2.º, *caput*, da Lei de Alienação Fiduciária. Na hipótese de remanescer saldo negativo para o devedor, este continuará pessoalmente obrigado pelo pagamento da dívida;

4.9.8.3. *Requisitos essenciais do contrato de alienação fiduciária em garantia*

A alienação fiduciária somente se prova por escrito, podendo ser contratada mediante instrumento público ou particular. Nesse sentido, deve-se observar que a Lei 6.015/1973, que dispõe sobre os registros públicos, prevê em seu art. 129, 5º, que o contrato de alienação fiduciária, dentre outros, deve ser registrado no Registro de Títulos e Documentos para surtir efeitos em relação a terceiros. Em virtude dessa previsão legal, durante muitos anos adotou-se, como praxe nesse tipo de contratação, o seu registro naquela serventia extrajudicial. No entanto, mais recentemente o Superior Tribunal de Justiça (REsp 686.932–PR) passou a considerar desnecessário tal registro, para o fim pretendido, visto que, tanto alguns bens móveis (no caso, os automóveis), quanto os imóveis, já se encontram obrigatoriamente sujeitos ao registro público: automóveis – departamentos estaduais de trânsito, e imóveis – registros de imóveis – afigurando-se ambos como registros públicos, que conferem, por si só, publicidade e validade em relação a terceiros à garantia contratada (alienação fiduciária, que algumas pessoas erroneamente denominam "gravame"), de modo que, o posterior registro do contrato no Registro de Títulos e Documentos teria caráter apenas suplementar e afigurar-se-ia como mera faculdade da parte interessada.

O contrato de alienação fiduciária em garantia deverá, outrossim conter, além de outros dados, os seguintes requisitos essenciais:

a) o total da dívida ou sua estimativa;

b) o local e a data do pagamento;

c) a taxa de juros, as comissões cuja cobrança for permitida e, eventualmente, a cláusula penal e a estipulação de correção monetária, com indicação dos índices aplicáveis;

d) a descrição do bem objeto da alienação fiduciária e os elementos indispensáveis à sua identificação.

4.9.9. Arrendamento mercantil (*leasing*)

4.9.9.1. Definição

Consiste na disponibilização, ao arrendatário, de bens móveis duráveis ou imóveis, adquiridos pela arrendadora ou arrendante para esse fim. São eles disponibilizados, ou, como dizem alguns comercialistas, "locados", para uso do arrendatário contra o pagamento de uma contraprestação por este à arrendadora, sendo oferecida ao arrendatário, ao término do contrato de arrendamento mercantil, a tríplice opção de:

a) prorrogar o contrato de arrendamento;

b) devolver o bem ao arrendante;

c) adquirir o bem pelo seu valor residual.

Note-se a respeito a interessante lição de Fran Martins (*Contratos e obrigações comerciais*, p. 459):

"O arrendamento mercantil é de natureza complexa, compreendendo uma locação, uma promessa unilateral de venda (em virtude de dar o arrendador opção de aquisição do bem pelo arrendatário) e, às vezes, um mandato, quando é o próprio arrendatário quem trata com o vendedor na escolha do bem. Cada um desses atos e contratos dá origem a obrigações: pela locação, o arrendatário é obrigado a pagar as prestações, enquanto o arrendante é obrigado a entregar a coisa para que o arrendatário dela use; pela promessa unilateral do arrendador, aceita pelo arrendatário, aquele se obriga irrevogavelmente a vender a coisa pelo valor residual, findo o contrato; pelo mandato, o arrendador, no caso mandante, responde pelos atos praticados pelo arrendatário, adquirindo a coisa por este escolhida e pagando ao vendedor o preço convencionado."

O contrato de arrendamento mercantil está regulado, no Brasil, pela Lei 6.099/1974, e pela Res. 2.309/1996, do Banco Central do Brasil.

Podem ser objeto do arrendamento mercantil bens imóveis ou bens móveis de fabricação nacional, bem como bens móveis de fabricação estrangeira autorizados pelo Conselho Monetário Nacional, conforme dispõe o art. 10 da Lei 6.099/1974.

O arrendamento mercantil tem a sua origem na necessidade de o empresário obter o capital de giro para o desenvolvimento de sua atividade empresarial. Assim foi que surgiu primeiramente o chamado *lease back*.

O *lease back*, que hoje constitui variante da modalidade *leasing* financeiro, caracteriza-se como um engenhoso mecanismo financeiro destinado a suprir o empresário do capital necessário ao giro do seu negócio, sem que fique privado dos bens integrantes de seu estabelecimento e essenciais ao exercício de sua atividade empresarial. Desse modo, o empresário vende suas máquinas ao arrendante, que, ato contínuo, as arrenda de volta ao dito empresário, de modo que este passa da condição jurídica de proprietário à de arrendatário, sem contudo privar-se da posse de suas máquinas, essenciais à sua atividade empresarial, obtendo porém o capital necessário ao giro de seu negócio.

Conforme o art. 5.º da Lei 6.099/1974, os contratos de arrendamento mercantil devem conter as seguintes disposições: *a)* prazo do contrato; *b)* valor de cada contraprestação por períodos determinados, não superiores a um semestre; *c)* opção de compra ou renovação de contrato, como faculdade do arrendatário; e *d)* preço para opção de compra ou critério para sua fixação, quando for estipulada essa cláusula.

De acordo com o art. 1.º da Res. 2.309/1996, do Banco Central do Brasil, as operações de arrendamento mercantil podem ser realizadas por

Cap. 4 · CONTRATOS EMPRESARIAIS

sociedades anônimas que tenham como objeto principal de sua atividade a prática de operações de arrendamento mercantil, pelos bancos múltiplos com carteira de arrendamento mercantil e pelas instituições financeiras autorizadas a contratar operações de arrendamento com o próprio vendedor do bem ou com pessoas jurídicas a ele coligadas ou interdependentes.

4.9.9.2. Características gerais

São características gerais do contrato de arrendamento mercantil:

a) no contrato de arrendamento mercantil, o arrendante é legítimo proprietário do bem arrendado, concedendo ao arrendatário autorização para que tenha a posse do bem e o utilize durante a vigência do contrato;

b) na hipótese de inadimplemento contratual por parte do arrendatário, o arrendante terá direito à propositura de ação de reintegração de posse do bem arrendado;

c) desde o início da relação contratual, o arrendatário tem a condição jurídica de depositário do bem arrendado, de modo que, verificado o inadimplemento contratual e frustrada a reintegração do arrendador na posse do bem, em virtude de sua não localização, o locatário passa a ser considerado depositário infiel, para todos os fins e efeitos legais;

d) as operações de arrendamento mercantil subordinam-se ao controle e à fiscalização do Banco Central do Brasil, de acordo com as normas estabelecidas pelo Conselho Monetário Nacional.

4.9.9.3. Modalidades de arrendamento mercantil

A Res. 2.309/1996, do Banco Central do Brasil, trata de duas modalidades de arrendamento mercantil:

4.9.9.3.1. Leasing financeiro

O *leasing* financeiro possui um caráter implícito de financiamento, na medida em que prioriza a aquisição do bem pelo arrendatário ao final do contrato.

O *leasing* financeiro pode aparecer sob a forma comum ou de *lease back* (esta última referida anteriormente no item 4.9.9.1).

4.9.9.3.2. Leasing operacional

No *leasing* operacional, o arrendante ou o próprio fabricante do bem podem obrigar-se, pelo contrato, a garantir a manutenção do bem (na regência da Lei 6.099/1974, o fabricante não pode figurar diretamente como arrendador), porque o contrato de arrendamento mercantil, nessa modalidade, prioriza a garantia ao arrendatário da operação do bem, possibilitando-lhe assim o uso operacional do bem arrendado, sem que tenha de dispor de grande capital para sua aquisição (a soma das prestações não pode ultrapassar 75% do custo do bem arrendado), de modo que, para a transferência da propriedade do bem arrendado ao arrendatário, ao término do contrato, o arrendatário deverá efetuar o pagamento ao arrendante do valor residual, que, no caso do *leasing* operacional, atinge valor significativo (no mínimo 25% do custo do bem), o que corrobora a finalidade dessa modalidade de arrendamento mercantil.

4.9.9.4. Da controvérsia jurisprudencial sobre o arrendamento mercantil

Conforme o art. 10 da Res. 2.309/1996, a operação de arrendamento mercantil será considerada como de "compra e venda a prestação" se a opção de compra for exercida pelo arrendatário antes de decorridos os prazos fixados pela mesma resolução, em seu art. 8.º, I (dois anos para bens com vida útil igual ou inferior a cinco anos e três anos para outros bens).

Considerando tal disposição, iniciou-se há alguns anos discussão nos tribunais brasileiros sobre qual o evento jurídico que motivaria o exercício da opção de compra pelo arrendatário. Tradicionalmente, a legislação se refere ao "pagamento do valor residual" como o evento motivador do exercício da opção de compra do bem, que, nesse sentido, deveria ser pago apenas no final do contrato, quando já liquidadas todas as demais prestações contratadas.

Ocorre que, nos contratos de arrendamento mercantil na modalidade *leasing* financeiro, é comum o pagamento do *valor residual* garantido no início do contrato. Disso resultou que muitos arrendatários, ao inadimplirem o contrato, ingressavam em juízo para impedir que o arrendante requeresse a reintegração de posse do bem, sob o fundamento de que, pago o valor residual garantido, estar-se-ia exercendo a opção de compra (ainda que no início do arrendamento), desnaturando-se por conseguinte o contrato, que passaria a ser de compra e venda a prestação, sendo que tal fato conferiria ao arrendatário o *status* jurídico de proprietário (e não mais arrendatário), impedindo a reintegração do arrendante na posse do bem arrendado.

Formaram-se então dois entendimentos distintos nos tribunais – o primeiro que o valor residual garantido (VRG) seria o mesmo valor residual referido na legislação e que, portanto, o seu pagamento no início do contrato, nos termos do citado art. 10, desnaturaria o arrendamento, trazendo maior segurança ao arrendatário inadimplente. O segundo entendimento, em sentido oposto, considerava que o VRG não seria o mesmo valor residual referido na legislação e que, assim, o seu pagamento no início do contrato não teria o condão de desnaturar a relação jurídica de arrendamento existente entre as partes.

No embate de entendimentos ocorrido no Superior Tribunal de Justiça, prevaleceu a primeira corrente interpretativa, tendo motivado a edição da Súmula 263 pelo STJ: "A cobrança antecipada do valor residual (VRG) descaracteriza o contrato de arrendamento mercantil, transformando-o em compra e venda a prestação."

Contudo, em 2005, ao tratar novamente dessa questão, o Superior Tribunal de Justiça modificou a jurisprudência, adotando o segundo entendimento acima referido e editando a Súmula 293: "A cobrança antecipada do valor residual garantido (VRG) não descaracteriza o contrato de arrendamento mercantil", e promovendo destarte o cancelamento da anterior Súmula 263.

Ainda a respeito do tema, o Superior Tribunal de Justiça recentemente editou a Súmula 564 com o seguinte teor: "No caso de reintegração de posse em arrendamento mercantil financeiro, quando a soma da importância antecipada a título de valor residual garantido (VRG) com o valor da venda do bem ultrapassar o total do VRG previsto contratualmente, o arrendatário terá direito de receber a respectiva diferença, cabendo, porém, se estipulado no contrato, o prévio desconto de outras despesas ou encargos pactuados."

4.9.10. Cartão de crédito

4.9.10.1. *Definição*

No contrato de cartão de crédito, uma pessoa jurídica (operadora ou emissora) assume a obrigação de pagar pelo crédito concedido a uma pessoa física ou jurídica (titular do cartão) por um empresário ou prestador de serviços (fornecedor) credenciado na operadora do cartão.

A operação de cartão de crédito não é propriamente um contrato, mas um conjunto de contratos que se entrelaçam em uma complexa e interessante operação jurídico-econômica, que tem como finalidade propiciar e facilitar a circulação de bens e/ou serviços, garantindo segurança e agilidade às partes envolvidas na operação, sendo estas:

a) operadora ou emissora de cartões de crédito;

b) titular do cartão;

c) fornecedor (empresário ou prestador de serviços).

O contrato de cartão de crédito é totalmente atípico e misto, não estando ainda regulado por lei específica no Brasil, fato que tem suscitado dúvidas quanto à exata extensão dos direitos e obrigações das partes.

4.9.10.2. *Fases da operação do cartão de crédito*

A complexidade que envolve o tema somente é perceptível a partir da análise individualizada das várias fases e contratos que compõem a operação de cartão de crédito. Nesse processo contratual, pode-se vislumbrar três fases distintas:

4.9.10.2.1. *Emissão do cartão*

Ocorre com a assinatura do contrato de adesão celebrado entre a operadora de cartões de crédito e o futuro titular do cartão. Por meio desse contrato, a operadora de cartões de crédito pode promover a concessão de crédito em favor do titular do cartão.

Importante ressaltar que, ainda que de adesão, a relação entre o titular e a operadora é uma relação contratual, não se admitindo a adesão compulsória mediante o envio não solicitado do cartão de crédito.

Esse é o entendimento atual do Superior Tribunal de Justiça consubstanciado na Súmula 532: "Constitui prática comercial abusiva o envio de cartão de crédito sem prévia e expressa solicitação do consumidor, configurando-se ato ilícito indenizável e sujeito à aplicação de multa administrativa".

4.9.10.2.2. *Utilização do cartão pelo titular ou cotitular*

É o momento em que o titular do cartão ou cotitular celebra com o fornecedor um contrato de compra e venda e/ou de prestação de serviços, sendo o pagamento do preço atribuído à operadora de cartões de crédito, que, por sua vez, deverá proceder ao pagamento ao fornecedor do valor da compra efetuada ou do serviço contratado, da forma como foi contratado com este, sub-rogando-se no crédito do fornecedor contra o titular do cartão.

O pagamento pela operadora ao fornecedor, conforme contratado pelas partes, poderá ser efetuado à vista ou em data futura, sendo que do

Cap. 4 · CONTRATOS EMPRESARIAIS

valor pago pela operadora de cartões de crédito ao fornecedor será subtraída uma comissão (variável, conforme o pagamento seja *imediato* ou *a prazo*), que constitui a remuneração primordial da operadora de cartões de crédito pelos seus serviços.

4.9.10.2.3. Pagamento do saldo devedor à operadora

Deve ocorrer em data previamente definida entre o titular do cartão e a operadora de cartões de crédito (data de aniversário do cartão), podendo o titular do cartão optar por efetuar o pagamento do valor integral ou de valor mínimo constante da fatura e financiar o saldo restante com a operadora, por meio de linha de crédito pré-aprovada por esta quando da concessão do cartão de crédito, sendo esse financiamento chamado de sistema de *crédito rotativo*.

Por fim, deve-se ainda observar que, tendo em vista as peculiaridades que cercam o contrato de cartão de crédito, a operadora ou emissora deverá ser uma instituição financeira, pois, em que pese a ausência de lei específica que discipline a matéria, a LC 105/2001, em seu art. 1.º, § 1.º, VI, classifica as operadoras de cartões de crédito como instituições financeiras, estando submetidas ao sigilo bancário, nos termos da referida lei.

Deve-se também observar que, em um período recente, as operadoras de cartão de crédito, em sua maioria, não possuíam a natureza jurídica de instituições financeiras, caracterizando-se como meras prestadoras de serviços. Tal fato era possível, pois os contratos de cartão de crédito assinados entre ditas operadoras e os titulares, em geral, traziam uma *cláusula-mandato*, por meio da qual o titular constituía a operadora sua mandatária para que contratasse mútuo em seu nome (mandante) com instituição financeira, com vistas ao financiamento da operação de cartão de crédito. Nesse caso, a operadora não necessitava ser instituição financeira, pois apenas realizava a gestão dos débitos e créditos havidos pelas partes, sendo remunerada mediante comissões cobradas dos fornecedores, bem como pelas anuidades cobradas dos titulares. Contudo, em 2004 o Superior Tribunal de Justiça editou a Súmula 283, com o seguinte enunciado: "As empresas administradoras de cartão de crédito são instituições financeiras e, por isso, os juros remuneratórios por elas cobrados não sofrem as limitações da Lei de Usura".

Por fim, com o advento da citada Lei Complementar 105, que classificou as operadoras de cartão de crédito como instituições financeiras, para fins de sigilo de suas operações, bem como diante da inconveniência da *cláusula-mandato*, as operadoras de cartão de crédito passaram a adotar a estrutura jurídica de instituições financeiras, em que pese a ausência de lei específica que discipline o contrato de cartão de crédito.

4.9.11. Faturização (*factoring*)

4.9.11.1. Definição

O contrato de faturização, também chamado de contrato de fomento mercantil ou *factoring*, pode ser definido como aquele em que uma das partes, designada faturizado, em geral um empresário, cede à outra, designada faturizador e não necessariamente empresário, créditos originários de vendas por ela efetuadas a terceiros, podendo ainda o faturizador prestar serviços de assessoria e gestão de créditos e pagamentos ao faturizado, promovendo também a sua cobrança extrajudicial contra terceiros.

O contrato de faturização ou fomento mercantil é totalmente atípico, não estando ainda regulado por lei específica no Brasil, o que tem suscitado dúvidas quanto à sua exata natureza (se civil ou financeira) e aos direitos e obrigações das partes.

Ainda a respeito do mecanismo jurídico do contrato de faturização, deve-se observar a lição de Waldírio Bulgarelli (*Contratos mercantis*, p. 545):

"Para que bem se compreenda o mecanismo do *factoring*, necessário é atentar-se para o tipo de relações entre o *factor* e a empresa cedente; esta transmitirá seus créditos ou por via obrigacional comum (cessão propriamente dita) ou através de endosso, em caso de títulos de crédito, sendo o mais comum o endosso de duplicatas (até porque o comerciante brasileiro está impedido de, pelas suas vendas, emitir outro título que não a duplicata de mercadorias, segundo a Lei 5.474/1968). Não se tratando de desconto bancário, em que o banco conserva direito de regresso contra o cliente, em caso de não pagamento da dívida representada pelo título ou pelo documento, mas de verdadeira compra dos créditos (função de garantia do *factoring*), têm-se situações distintas: a da transmissão do crédito simples e a da transmissão por endosso, em caso de títulos de crédito."

O contrato de faturização desempenha atualmente um papel econômico importante para a atividade empresarial, visto que na maioria dos

Cap. 4 · CONTRATOS EMPRESARIAIS

ramos de atividade, pressionado pela concorrência existente no mercado, o empresário é obrigado a fornecer crédito ao consumidor nas compras de mercadorias e/ou contratações de serviços, aceitando o seu pagamento a prazo, ainda que em tese pudesse exigir sempre o pagamento à vista (o que poderia provocar a migração de sua clientela para outros concorrentes). Em virtude disso, além de sua atividade principal (produção de bens, circulação de bens ou prestação organizada de serviços), o empresário é obrigado a gerir os créditos que concede à sua clientela, assumindo inclusive o risco do seu inadimplemento.

Nesse contexto é que surge o contrato de faturização, na medida em que grande parte dos empresários não tem capital de giro suficiente para suportar a concessão de crédito próprio à sua clientela (apesar de ser pressionado pelo mercado a fazê-lo). Assim, o faturizador anteciparáao faturizado o pagamento dos valores relativos aos créditos que este tem em carteira (recebíveis), além de assessorá-lo na gestão de seus recebíveis, assumindo o risco da cobrança dos créditos negociados.

4.9.11.2. *Características gerais*

O contrato de faturização possui as seguintes características gerais:

a)   é um contrato atípico, oneroso e misto;

b)   o contrato de faturização pode ser realizado por pessoa natural ou jurídica de natureza financeira ou não (como faturizador), dada a ausência de lei a respeito;

c)   a faturização tradicionalmente compreende a transferência de créditos (via cessão de crédito ou endosso), do faturizado para o faturizador, sem o direito de regresso, por este último, contra o faturizado-cedente-endossante;

d)   o faturizador assume o risco relacionado à efetiva satisfação do crédito faturizado, quando do seu vencimento;

e)   o contrato de faturização deve prever uma remuneração a ser devida ao faturizador, pelo exercício de suas funções no contrato.

f)   o faturizador pode também ser contratado pelo faturizado para prestar-lhe serviços na gestão de seus créditos (incluindo-se aqui a sua cobrança) até que haja o seu efetivo pagamento.

4.9.11.3. Modalidades

O contrato de faturização pode ser realizado sob duas modalidades distintas:

4.9.11.3.1. Conventional factoring

A faturização na modalidade *conventional factoring* ocorre quando o faturizador antecipa ao faturizado o pagamento do valor relativo aos créditos negociados, imediatamente quando da transferência, pelo faturizado ao faturizador, dos créditos representados pelas faturas.

4.9.11.3.2. Maturity factoring

A faturização na modalidade *maturity factoring* ocorre quando o faturizador presta serviços de gestão de recebíveis do faturizado, promovendo a sua cobrança e efetuando o pagamento ao faturizado nas datas dos respectivos vencimentos dos créditos. Nesse caso não ocorre a antecipação ao faturizado dos valores relativos aos créditos em questão.

4.9.11.4. Da natureza jurídica do contrato de faturização

A inexistência de legislação específica no Brasil que discipline o contrato de faturização tem provocado infindáveis discussões na doutrina e na jurisprudência acerca de sua natureza, se financeira ou não.

Nesse sentido, a questão não é pacífica; aqueles que defendem a sua natureza bancária, como contrato bancário atípico, entendem que a operação de faturização estaria compreendida dentre aquelas cuja prática é privativa das instituições financeiras, nos termos do art. 17 da Lei 4.595/1964.

Por outro lado, os opositores dessa formulação consideram que o contrato de faturização não possui natureza bancária, primeiramente pelo fato de não possuir base legal específica (a própria LC 105/2001, ao tratar do dever de sigilo aplicável às empresas de fomento mercantil, não as incluiu no rol das instituições financeiras – art. 1.º, § 2.º). Também pelo fato de, originariamente, ao "adquirir" o crédito do faturizado, o faturizador não poder regredir contra o faturizado, na hipótese de inadimplemento futuro por parte do devedor de referido crédito (ainda que na prática muitos faturizadores permaneçam com alguma garantia para poderem cobrar o faturizado, na hipótese de inadimplemento do devedor). Essa propriedade da faturização, conforme esse entendimento, descaracterizaria o fomento mercantil como contrato bancário, distinguindo-o do desconto bancário, contrato bancário típico referido a seguir, em que o banco (descontador) negocia títulos de crédito vincendos com empresário cliente seu (descontário), recebidos por este de terceiros, adiantando-lhe o valor do título mediante o desconto de determinada comissão. Verificado o vencimento, na hipótese de não pagamento do título pelo devedor nele especificado, o banco procede ao débito do valor total (principal + comissão) em conta corrente do descontário, afigurando-se desse modo o desconto bancário como típica operação financeira.

Convém ainda ressaltar o entendimento atual do Superior Tribunal de Justiça no sentido de que, na hipótese de a operação de faturização ser instrumentalizada mediante cessão de créditos, conforme o art. 294 do Código Civil, o devedor pode opor contra a empresa de *factoring* (cessionária) as exceções pessoais originalmente oponíveis contra o cedente e credor inicial do título (AgRg no AREsp 118372/RS, Rel. Ministro Raul Araújo, j. 23/02/2016 – DJE 07/03/2016).

4.9.12. Contratos bancários

4.9.12.1. Definição

As instituições financeiras são sociedades empresárias que têm por objeto a prática de atividades de captação, gestão e empréstimo a juros de recursos financeiros a terceiros, atividades cuja prática lhes é privativa, conforme disposto na Lei do Sistema Bancário (Lei 4.595/1964).

Assim, as instituições financeiras, em virtude do alto grau de especialização de sua atividade, estão sujeitas a um regramento específico, representado, no âmbito legal, por leis federais e, no âmbito infralegal, por circulares, resoluções e cartas-circulares editadas por uma autarquia federal denominada Banco Central do Brasil, à qual compete o papel de autoridade monetária no país.

Disso resulta que a atuação das instituições financeiras junto ao público em geral é cercada de uma série de controles normativos, e, por conseguinte, aquelas relações jurídico-contratuais mantidas por referidas instituições com o público são didaticamente classificadas como contratos bancários.

Os contratos bancários típicos têm obrigatoriamente a participação de um banco como parte contratante e devem ter por objeto uma ou mais das atividades econômicas descritas no art. 17 da Lei 4.595/1964:

"Art. 17. Consideram-se instituições financeiras, para os efeitos da legislação em vigor, as pessoas jurídicas públicas ou privadas que tenham como atividade principal ou acessória a *coleta, intermediação ou aplicação de recursos financeiros próprios ou de terceiros, em moeda nacional ou estrangeira, e a custódia de valor de propriedade de terceiros*" (grifo nosso).

Assim, são chamados de contratos bancários típicos aquelas modalidades contratuais cuja prática é privativa dos bancos, estando divididas em operações passivas e operações ativas, como veremos a seguir.

4.9.12.2. Operações passivas

São as operações em que a instituição financeira assume o polo passivo da relação financeira e se torna devedora, caracterizando-se por atividades de captação de recursos financeiros no mercado e com o público em geral. As operações passivas são representadas pelos seguintes contratos bancários:

4.9.12.2.1. Depósito bancário

É a modalidade de contrato em que determinada pessoa (depositante) efetua depósito de certa quantia em moeda em determinada instituição financeira (depositária), que se obriga a restituí-la mediante solicitação do depositante, caracterizando-se como um contrato real, na medida em que está baseado em uma *res*, que é a quantia em moeda depositada. Deve-se observar que, no contrato de depósito tradicional, o depositário se obriga a devolver ao depositante o próprio bem objeto do depósito, ao passo que, no depósito bancário, o depositário se obriga a devolver ao depositante quantia igual àquela entregue em depósito pelo depositante no início do contrato, visto tratar-se o bem em questão de *coisa fungível*. Ainda, como se verá adiante, é justamente esse caráter fungível da moeda, cuja guarda é objeto do depósito, que possibilita à instituição financeira valer-se dessa operação para captação de recursos financeiros e alavancagem de sua atividade.

O depósito bancário pode ser:

a) À vista: nessa modalidade, sempre que o depositante solicitar a restituição da quantia depositada à instituição financeira depositária, esta terá de restituí-la, total ou parcialmente, conforme o desejo do depositante.

Cap. 4 · CONTRATOS EMPRESARIAIS

b) A pré-aviso: nessa modalidade, sempre que o depositante solicitar a restituição da quantia depositada à instituição financeira depositária, esta terá de restituí-la dentro de um prazo previamente definido em contrato.

c) A prazo fixo: nessa modalidade, o depositante somente poderá solicitar à instituição financeira depositária a restituição da quantia depositada após determinada data, fixada como termo resolutivo para a liberação da quantia depositada.

4.9.12.2.2. *Conta corrente*

É a modalidade de contrato em que a instituição financeira se compromete a receber determinadas quantias em moeda entregues pelo correntista ou por terceiro, obrigando-se referida instituição a proceder a pagamentos mediante ordem do correntista, valendo-se, para tanto, das quantias existentes em conta em nome do correntista. No contrato de conta corrente, a instituição financeira cumpre uma clara função de *agente pagador*, exercendo a administração dos recursos existentes em conta corrente, por ordem do correntista.

4.9.12.2.3. *Aplicação financeira*

É a modalidade de contrato em que o depositante autoriza a instituição financeira depositária a empregar, em determinados investimentos, as quantias em moeda existentes na conta de depósito de sua titularidade.

4.9.12.3. **Operações ativas**

São as operações em que a instituição financeira assume o polo ativo da relação financeira, e se torna credora. Dentre elas citam-se:

4.9.12.3.1. *Mútuo bancário*

É a modalidade de contrato em que a instituição financeira, denominada mutuante, empresta a determinada pessoa, física ou jurídica, designada mutuário, certa quantia em moeda, para pagamento de forma parcelada ou não, em prazo predeterminado e sobre a qual incidirão juros (usualmente praticados pelo mercado financeiro), pré-fixados ou pós-fixados, conforme contratado pelas partes.

4.9.12.3.2. Desconto bancário

É a modalidade de contrato em que uma das partes, denominada descontário, solicita a uma instituição financeira, aqui chamada descontador, o adiantamento do valor de crédito, com vencimento futuro ou não, de titularidade do descontário contra terceiro, tornando-se, em contrapartida, beneficiário de referido crédito, mediante a cessão de créditos (se o crédito for representado por contrato) ou mediante o endosso (se o crédito for representado por título de crédito). Nesse contexto, a instituição financeira, quando do pagamento ao descontário do valor pactuado, subtrai deste os valores referentes a despesas e juros correspondentes ao período de tempo existente entre a data do contrato de desconto bancário e a data do efetivo vencimento do crédito em questão.

4.9.12.3.3. Abertura de crédito

É a modalidade de contrato em que a instituição financeira disponibiliza a uma pessoa física ou jurídica, sua cliente, determinada quantia em moeda, podendo essa pessoa fazer uso ou não de tal quantia. Um exemplo de contrato de abertura de crédito é aquele usualmente conhecido por *cheque especial*, visto que o limite de crédito disponibilizado pela instituição financeira ao cliente se encontra vinculado ao cheque utilizado por este para a movimentação de valores existentes em sua conta, sendo liberado mediante a simples emissão, pelo cliente, de cheque em valor superior ao numerário disponível na conta, mas dentro do limite de crédito a ele vinculado. Deve-se ainda observar que a utilização do crédito disponibilizado em favor do cliente enseja, por parte da instituição financeira, o direito à cobrança de juros e de outros encargos financeiros relativos ao contrato em questão.

4.9.12.3.4. Crédito documentário

É a modalidade de contrato em que uma instituição financeira, designada emissor, mediante prévia contratação com seu cliente, aqui denominado ordenante, assume, por conta deste, obrigação de pagar quantia em moeda em favor de terceiro especificado pelo cliente e identificado como beneficiário, contra a apresentação de determinada documentação relativa a negócio anteriormente realizado entre o ordenante e o beneficiário. O contrato de crédito documentário é um contrato largamente utilizado em operações de exportação e importação de mercadorias no comércio internacional, sendo que a expressão "crédito documentário" se deve ao fato de que o crédito em questão é disponibilizado pela instituição financeira mediante a emissão de uma *carta de crédito*, em favor do beneficiário.

4.9.13. Seguro

4.9.13.1. Definição

O contrato de seguro é aquele em que uma das partes, instituição financeira designada seguradora, se obriga, mediante o pagamento do prêmio pelo segurado, a garantir interesse legítimo (relativo à pessoa ou a coisa, contra riscos predeterminados) da outra parte, pessoa física ou jurídica, designada segurado, conforme dispõe o art. 757 do Código Civil.

Na vida moderna todos estão sujeitos a riscos das mais variadas espécies. Tais riscos, muitas vezes, podem resultar em prejuízos econômicos efetivos a determinado bem ou pessoa. Nesse contexto é que se insere o contrato de seguro e a figura da seguradora. Em sua atividade empresarial, a seguradora contrata com o segurado a assunção do risco econômico inerente a determinado interesse legítimo por parte deste, mediante o pagamento de um prêmio pelo segurado, obrigando-se, em contrapartida, na eventualidade de ocorrência do risco predeterminado e mensurável economicamente (sinistro), a indenizar o referido interesse do segurado abrangido pelo contrato de seguro, mediante o pagamento de certo valor em dinheiro.

O objeto do contrato de seguro é a garantia ao segurado sobre os riscos inerentes a uma coisa (seguro patrimonial), à incolumidade física de uma pessoa (seguro de vida) ou ainda à sua saúde (seguro-saúde). Essa garantia constitui um *interesse legítimo* e segurável do segurado. Disso resulta que o que se pretende proteger com o seguro não é propriamente a coisa ou a pessoa, mas o *interesse* que esta possui em relação à referida coisa, e, no caso do seguro de vida, o *interesse* que o segurado possui em relação a si próprio.

Encontra-se disciplinado pelo Dec.-lei 73/1966 (Lei de Seguros) e pelas disposições contidas no Código Civil em seus arts. 757 a 802.

4.9.13.2. Elementos do contrato de seguro

Constituem elementos do contrato de seguro:

a) seguradora: é a pessoa jurídica autorizada a funcionar pela Superintendência de Seguros Privados (Susep) e pelo Banco

Central do Brasil (Bacen) que assume a obrigação de garantir o interesse legítimo (relativo a pessoa ou a coisa, contra riscos predeterminados) do segurado, mediante o pagamento de uma indenização;

b) segurado: pode ser pessoa física ou jurídica, empresário ou não, que contrata com a seguradora a assunção, por parte desta e mediante o pagamento do prêmio, do risco inerente a um interesse legítimo determinado na apólice ou bilhete de seguro;

c) prêmio ou quota: valor pago em moeda corrente pelo segurado à seguradora como requisito para que a seguradora se comprometa indenizar o risco inerente a um interesse legítimo determinado na apólice ou bilhete de seguro. Constitui a remuneração básica da seguradora no contrato de seguro;

d) risco: caracteriza-se como um evento futuro e incerto, porém determinável na apólice ou no bilhete de seguro, que pode acarretar prejuízo econômico efetivo (sinistro) a um interesse do segurado, quando verificada a sua ocorrência;

e) indenização: valor pago em moeda corrente pela seguradora ao segurado, na hipótese de materialização do risco assumido pela seguradora em apólice ou bilhete de seguro, na forma do sinistro. A indenização, como o próprio nome evidencia, destina-se a atenuar o prejuízo econômico acarretado pelo sinistro ao interesse legítimo do segurado garantido pela seguradora.

4.9.13.3. *Características gerais*

O contrato de seguro apresenta as seguintes características gerais:

a) é um contrato consensual, pois se aperfeiçoa pelo consenso entre as partes, e oneroso, pois compreende contraprestações pecuniárias recíprocas entre as partes (segurador e segurado), e de adesão;

b) caracteriza-se ainda como um contrato *típico*, visto enquadrar-se em um tipo predeterminado pela lei, além de ser um contrato de *execução diferida e aleatório*, pois o pagamento da indenização ao segurado pela seguradora fica diferido até a ocorrência do sinistro que, em si, é um evento aleatório;

c) a sua existência é provada mediante a exibição da apólice (emitida pela seguradora, que contêm as condições gerais do seguro contratado) ou do bilhete do seguro, e, na falta deles, por documento comprobatório do pagamento do respectivo prêmio (art. 758 do Código Civil);

d)   a emissão da apólice deve ser precedida de proposta escrita do futuro segurado, com a declaração dos elementos essenciais do interesse a ser garantido e do risco;

e)   a apólice ou o bilhete de seguro poderá ser nominativo, à ordem ou ao portador, e, conforme o art. 760, deverá prever os riscos assumidos, o início e o fim de sua validade, o limite da garantia e o prêmio devido, e, quando for o caso, o nome do segurado e o do beneficiário, sendo que, no seguro de pessoas, a apólice ou o bilhete não poderão ser ao portador;

f)   o segurado pode promover a celebração simultânea de vários contratos de seguro com seguradoras distintas, em relação ao mesmo objeto; nesse caso estar-se-á diante do *cosseguro*. Referidos seguros, porém, em sua totalidade, não poderão ultrapassar o valor do bem segurado;

g)   no mercado securitário é comum a realização de operação denominada *resseguro*, que consiste na transferência, total ou parcial, do risco decorrente de um contrato de seguro, de uma seguradora para outra.

4.9.13.4. Obrigações das partes

As obrigações das partes no contrato de seguro podem ser assim resumidas:

4.9.13.4.1. Obrigações da seguradora

a)   pagar em dinheiro a indenização ao segurado resultante do risco assumido, salvo se convencionada a reposição da coisa, conforme o art. 776;

b)   a seguradora que, ao tempo do contrato, saiba estar passado o risco de que o segurado se pretende cobrir, e, não obstante, emita a apólice, pagará em dobro ao segurado o prêmio estipulado, conforme o art. 773;

c)   a seguradora é obrigada a guardar na conclusão e na execução do contrato a mais estrita boa-fé e veracidade, tanto a respeito do objeto do seguro como das circunstâncias e declarações a ele concernentes (art. 765).

4.9.13.4.2. Obrigações do segurado

a) pagar o valor do prêmio, sendo que o segurado que estiver em mora no pagamento do prêmio não terá direito a indenização (art. 763). Note-se a esse respeito que, salvo disposição especial, o fato de não se ter verificado o risco, em previsão do qual se faz o seguro, não exime o segurado de pagar o prêmio (art. 764);

b) o segurado é obrigado a guardar, na conclusão e na execução do contrato, a mais estrita boa-fé e veracidade, tanto a respeito do objeto do seguro como das circunstâncias e declarações a ele concernentes (art. 765);

c) o contrato de seguro para garantia de risco motivado por ato doloso do segurado, do beneficiário ou de representante de um ou de outro será nulo, conforme dispõe o art. 762;

d) na hipótese de o segurado prestar declarações inexatas ou omitir circunstâncias que possam influir na aceitação da proposta ou na taxa do prêmio, perderá o direito à garantia, além de ficar obrigado ao pagamento do prêmio à seguradora (art. 766);

e) na hipótese de o segurado agravar intencionalmente o risco objeto do contrato, também perderá o direito à garantia do seguro, conforme o art. 768;

f) o segurado é obrigado a comunicar à seguradora, tão logo tenha conhecimento, todo incidente suscetível de agravar consideravelmente o risco coberto, conforme o art. 769, sob pena de perder o direito à garantia, caso se provar que silenciou de má-fé;

g) a diminuição do risco no curso do contrato, salvo disposição em contrário, não acarreta a redução do prêmio estipulado; porém, caso a redução do risco seja considerável, o segurado poderá exigir a revisão do prêmio ou a resolução do contrato (art. 770);

h) o segurado deverá comunicar à seguradora a ocorrência do sinistro, sob pena de perder o direito à indenização, devendo tomar as providências imediatas para minorar-lhe as consequências, conforme o art. 771.

4.9.13.5. Gêneros de seguro

O contrato de seguro se divide nos seguintes gêneros de seguro: *a)* seguro de dano; *b)* seguro de pessoa; *c)* seguro-saúde.

4.9.13.5.1. Seguro de dano

O seguro de dano constitui gênero que compreende diversas espécies de seguro, todas elas relacionadas à obrigação assumida pela seguradora de indenizar danos ocasionados ao patrimônio ou a pessoas, possuindo uma clara finalidade de compensar financeiramente os prejuízos originados pelo sinistro. Excetuam-se desse gênero o seguro de vida e o seguro de acidentes pessoais com morte.

Conforme previsto no art. 778 do Código Civil, nos seguros de dano, a garantia prometida não pode ultrapassar o valor do interesse segurado no momento da conclusão do contrato, sob pena de o segurado perder o direito à garantia, além de ficar obrigado ao prêmio vencido, bem como sujeitar-se às sanções penais cabíveis (visto que, se do contrário fosse, a contratação de seguro nesses termos poderia constituir fonte de enriquecimento sem causa para os segurados, estimulando ademais a ocorrência de sinistros).

A indenização a ser paga, conforme o art. 781, não pode ultrapassar o valor do interesse segurado no momento do sinistro, e, em hipótese alguma, o limite máximo da garantia fixado na apólice, salvo em caso de mora do segurador. No entanto, convém ressaltar que a Súmula 402 do STJ prevê que "O contrato de seguro por danos pessoais compreende os danos morais, salvo cláusula expressa de exclusão".

Nesse gênero, o risco do seguro compreenderá todos os prejuízos resultantes ou consequentes, assim como os estragos ocasionados para evitar o sinistro, minorar o dano ou salvar a coisa (art. 779).

É admitida também, salvo disposição em contrário, a transferência do contrato a terceiro com alienação ou cessão do interesse segurado (art. 785), sendo que, uma vez efetuado o pagamento do valor da indenização, o segurador sub-roga-se, nos limites do valor respectivo, nos direitos e ações que competirem ao segurado contra o autor do dano.

4.9.13.5.2. Seguro de pessoa

Pelo contrato de seguro de pessoa, a seguradora assume a obrigação de pagar determinado valor em dinheiro ao beneficiário indicado na apólice ou no bilhete de seguro. Como não se pode segurar numericamente a vida humana, o valor a ser pago pela seguradora ao beneficiário não guarda paridade com o valor de determinado bem patrimonial.

O capital segurado é livremente estipulado pelo proponente, que pode contratar mais de um seguro sobre o mesmo interesse, com o mesmo ou diversos seguradores, sendo que, no seguro de vida ou de acidentes pessoais para o caso de morte, o capital estipulado não está sujeito às dívidas do segurado, nem se considera herança para todos os efeitos de direito (art. 794).

No seguro sobre a vida de outros, o proponente é obrigado a declarar, sob pena de falsidade, o seu interesse pela preservação da vida do segurado (art. 790). O beneficiário não tem direito ao capital estipulado quando o segurado comete suicídio nos primeiros dois anos de vigência do contrato, ou da sua recondução depois de suspenso (art. 798).

Por fim, note-se que, nos termos do art. 800 do Código Civil, nos seguros de pessoas, o segurador não pode sub-rogar-se nos direitos e ações do segurado, ou do beneficiário, contra o causador do sinistro.

4.9.13.5.3. Seguro-saúde

Constitui gênero de seguro associado a plano privado de assistência à saúde e pode ser contratado sob duas espécies distintas: *a)* entre operadora de planos de assistência à saúde e seus conveniados, prestando a operadora diretamente os serviços médicos e clínicos aos conveniados; *b)* entre operadora de planos de assistência à saúde e seus segurados, atuando a operadora como seguradora e contratando com seus segurados a cobertura de riscos na área de saúde. As seguradoras que atuam nesse ramo encontram-se sujeitas à fiscalização da Agência Nacional de Saúde Suplementar (ANS) e devem ter por objeto específico a prestação desse tipo de serviço, conforme estabelece a Lei 10.185/2001.

4.9.14. Locação comercial ou empresarial

Dentre os bens que integram o estabelecimento empresarial, o imóvel ocupado pelo empresário, empresa individual de responsabilidade limitada ou sociedade empresária é, sem dúvida, um dos mais importantes, pois se constitui em um referencial imediato de sua atuação em determinada localidade.

Nesse sentido, já vimos que o ponto comercial ou empresarial evidencia a importância do imóvel na atividade empresarial, estando em conjunção com a própria atividade econômica nele desenvolvida.

Ocorre que, não raras vezes, o imóvel em questão pertence a terceiro e é ocupado pelo empresário a título de locação, cujo contrato, regulado pela Lei de Locações (Lei 8.245/1991, com as alterações introduzidas pela Lei 12.112/2009 e pela Lei 12.744/2012), é denominado contrato de locação para fins não residenciais, constituindo-se em um elemento incorpóreo do estabelecimento empresarial ao qual a prática atribui comumente o nome de contrato de locação comercial, que poderíamos muito bem destarte chamar de contrato de locação empresarial.

Em se tratando de um contrato de locação empresarial, uma questão importantíssima que surge é sua renovação, visto que a permanência ou não do empresário em determinado imóvel pode influenciar decisivamente o seu negócio.

Assim, nos termos do art. 51 da Lei de Locações, o locatário empresário, bem como o seu cessionário ou sucessor, pode pedir judicialmente a renovação do contrato de locação referente ao local onde se situa seu estabelecimento empresarial, desde que preencha cumulativamente os seguintes requisitos:

a)   contrato anterior por escrito e por prazo determinado;

b)   o prazo mínimo do contrato a renovar ou a soma dos prazos ininterruptos dos contratos escritos seja de cinco anos;

c)   o locatário esteja explorando a sua atividade empresarial, no mesmo ramo, pelo prazo mínimo e ininterrupto de três anos.

Preenchidos tais requisitos, o locatário tem o direito de requerer a renovação do contrato de locação, por meio da propositura de uma ação renovatória.

A ação deve ser proposta nos primeiros seis meses do último ano de vigência do contrato de locação. Se faltar mais de um ano ou menos de seis meses para o término do contrato de locação a renovar, a ação renovatória não poderá ser admitida, conforme o art. 51, § 5.º.

O direito à renovação também poderá ser exercido pelos cessionários ou sucessores da locação, sendo que, no caso de sublocação total do imóvel, o direito à renovação somente poderá ser exercido pelo sublocatário, conforme previsto no art. 51, § 2.º, da Lei de Locações.

Dissolvida a sociedade empresária em virtude da morte de um dos sócios, o sócio sobrevivente fica sub-rogado no direito à renovação, desde que permaneça atuando no mesmo ramo de atividade empresarial.

Quanto ao requisito indicado no item *b)* (O prazo mínimo do contrato a renovar ou a soma dos prazos ininterruptos dos contratos escritos seja de cinco anos), convém observar que, na prática, é comum que proprietários estabeleçam prazo inferior no contrato de locação, com o fito de dificultar ao locatário a aquisição do direito à renovação.

Assim, se, por exemplo, o contrato escrito prevê o prazo de locação pelo período de quatro anos e, vencido este, o locador não se opõe à permanência do locatário no imóvel, como regra geral, prorroga-se o contrato por prazo indeterminado; entretanto, nessas condições, mesmo que o locatário venha a permanecer no imóvel por período igual ou superior a cinco anos, ele não terá direito à ação renovatória, visto que o contrato original foi celebrado pelo período de quatro anos. Pode o locador, nesse caso, exigir o imóvel mediante a rescisão contratual precedida de aviso prévio por escrito ao locatário.

É interessante observar que, conforme referido há pouco, o fato de o contrato de locação empresarial ser oficialmente denominado contrato de locação para fins não residenciais se justifica pois a Lei de Locações, anterior ao Código Civil, assegura o direito à renovação do contrato também às locações celebradas por "sociedades civis com fins lucrativos" leia-se sociedades simples, regularmente constituídas, desde que ocorrentes os pressupostos legais previstos, conforme o disposto no art. 51, § 4.º, da Lei de Locações.

O locador, por seu turno, nos termos do art. 52 da Lei de Locações, não estará obrigado a renovar o contrato se:

a) por determinação do poder público tiver de realizar no imóvel obras que importem na sua radical transformação; ou para fazer modificação de tal natureza que aumente o valor do negócio ou da propriedade;

b) o imóvel vier a ser utilizado por ele próprio ou para transferência de fundo de empresa existente há mais de um ano, sendo que o locador (ou seu cônjuge, ascendente ou descendente) deverá ser titular de participações societárias representativas da maioria do capital social, a ser destinado ao uso do mesmo ramo do locatário, salvo se a locação também envolvia o estabelecimento empresarial ou fundo de empresa, com as suas respectivas instalações e pertences.

Note-se a esse respeito que, nos contratos de locação de espaço em *shopping centers*, o locador não pode recusar a renovação do contrato com fundamento na hipótese referida no citado item *b*.

A Lei de Locações, em seu art. 52, § 3.º, assegura ao locatário o direito a indenização para ressarcimento dos prejuízos com que tiver de arcar e dos lucros cessantes decorrentes de mudança, perda do lugar e desvalorização do estabelecimento empresarial (fundo de comércio), se a renovação não ocorrer em razão de proposta de terceiro, em melhores condições, ou se o locador, no prazo de três meses da entrega do imóvel, não lhe atribuir a destinação alegada ou ainda se não iniciar as obras determinadas pelo poder público ou que o próprio locador havia declarado pretender realizar.

Por outro lado, findo o prazo estipulado no contrato, se o locatário permanecer no imóvel por mais de trinta dias sem oposição do locador, presumir-se-á prorrogada a locação nas condições ajustadas, mas sem prazo determinado (art. 56, parágrafo único).

Também é interessante notar que a Lei de Locações estabelece que, nas relações entre lojistas e empreendedores de *shopping centers*, devem prevalecer as condições livremente pactuadas nos respectivos contratos de locação, além das disposições legais, sendo que, nos termos do art. 54 da Lei de Locações, o empreendedor não pode cobrar do locatário em *shopping center* as despesas com:

a) obras de reformas ou acréscimos que interessem à estrutura integral do imóvel;

b) pintura das fachadas, empenas, poços de aeração e iluminação, bem como das esquadrias externas;

c) indenizações trabalhistas e previdenciárias por dispensas de empregados ocorridas em data anterior ao início da locação.

Ainda com relação à locação de espaço em *shopping center*, note-se que quaisquer despesas cobradas do locatário devem ser previstas em orçamento, com exceção daquelas em caráter de urgência ou força maior. É assegurado ao locatário o direito de exigir a comprovação de tais despesas a cada sessenta dias, por si ou por meio de entidade de classe.

A Lei 12.744/2012 introduziu o art. 54-A na Lei de Locações, passando a disciplinar expressamente uma modalidade contratual que tem se tornado muito comum na locação empresarial, o denominado contrato *built to suit*, que poderia ser livremente traduzido como "construído para servir".

O contrato *built to suit* consiste na locação não residencial de imóvel urbano na qual o locador procede à prévia aquisição, construção ou substancial reforma, por si mesmo ou por terceiros, de imóvel especificado pelo futuro locatário, a fim de que seja a este locado por prazo determinado.

Referida modalidade contratual caracteriza-se por oferecer maior liberdade às partes, que poderão, inclusive e conforme o art. 54-A, § 1.º, prever contratualmente a renúncia do locatário ao direito de revisão do valor dos aluguéis, durante o prazo de vigência do contrato, o que caracteriza exceção à regra geral contida na Lei de Locações.

Da mesma forma, em caso de denúncia antecipada do contrato por parte do locatário, este ficará obrigado ao pagamento da multa convencionada, que não deverá ultrapassar, porém, a soma dos valores dos aluguéis a receber até o termo final da locação.

As exceções legais conferidas ao contrato *built to suit* justificam-se pelo fato de que, nessa modalidade contratual, o locador necessita recuperar o valor do investimento incorrido com a aquisição, construção e/ou reforma substancial do imóvel, conforme as especificações do locatário, juntamente com a remuneração contratada pela transmissão temporária ao locatário, do direito de uso do imóvel, que caracteriza a essência da locação.

De sua parte, o locatário tem uma clara vantagem econômica, visto que passa a utilizar em sua atividade econômica um imóvel construído e/ou adaptado especificamente às suas necessidades empresariais, sem, no entanto, ter de imobilizar parte de seu capital na aquisição, construção ou reforma do imóvel.

Por fim, nos termos do art. 55 da Lei de Locações, também é considerada locação não residencial aquela em que o locatário seja pessoa jurídica e o imóvel locado se destine ao uso residencial de seus titulares, sócios ou empregados, ainda que nesse caso o imóvel objeto da locação não seja destinado à realização de nenhuma atividade propriamente empresarial.

CAPÍTULO 5

Falência e Recuperação de Empresas

Sumário • 5.1. Aspectos gerais – **5.2.** Falência: **5.2.1.** Definição; **5.2.2.** Abrangência; **5.2.3.** Características gerais; **5.2.4.** Fases do processo falimentar; **5.2.5.** Hipóteses legais de caracterização da falência; **5.2.6.** Formas de manifestação do devedor; **5.2.7.** Do juízo falimentar; **5.2.8.** Sentença declaratória da falência; **5.2.9.** Efeitos da sentença declaratória da falência; **5.2.10.** Pedido de restituição e embargos de terceiro; **5.2.11.** Ineficácia de atos praticados pelo devedor antes da falência; **5.2.12.** Administração da falência; **5.2.13.** Verificação dos créditos na falência; **5.2.14.** Classificação dos créditos; **5.2.15.** Liquidação do ativo; **5.2.16.** Término da falência – **5.3.** Recuperação de empresas: **5.3.1.** Introdução; **5.3.2.** Recuperação judicial; **5.3.3.** Recuperação extrajudicial – **5.4.** Intervenção e liquidação extrajudicial de instituições financeiras: **5.4.1.** Entidades sujeitas à intervenção e à liquidação extrajudicial; **5.4.2.** Intervenção extrajudicial; **5.4.3.** Liquidação extrajudicial; **5.4.4.** Responsabilidade dos administradores de instituições financeiras.

5.1. ASPECTOS GERAIS

A Constituição Federal estabelece, em seu art. 170, que a ordem econômica, fundada na valorização do trabalho humano e na livre-iniciativa, tem por fim assegurar a todos existência digna, conforme os ditames da justiça social, observados os princípios da propriedade privada, da função social da propriedade e da livre concorrência, sendo assegurado a todos o exercício de qualquer atividade econômica, independentemente de autorização de órgãos públicos, salvo nos casos previstos em lei.

Assim, a livre-iniciativa, a proteção à propriedade privada e a livre concorrência são princípios gerais e basilares da ordem econômica brasileira, caracterizando-se a falência e a recuperação de empresas como medidas excepcionais no contexto jurídico-econômico.

A falência e a recuperação de empresas encontram-se reguladas no Brasil pela Lei 11.101/2005 (Lei de Falência e Recuperação de Empresas). Todos os artigos legais mencionados no presente capítulo referem-se à Lei de Falência e Recuperação de Empresas, salvo menção expressa em contrário.

Anteriormente ao advento dessa lei, a matéria, então tratada como falência e concordata, encontrava-se regulada pelas disposições do Decreto-lei 7.661/1945, popularmente chamado Lei de Falências e Concordatas.

Com a entrada em vigor do Código Civil, a falência e a recuperação de empresas passaram a ser aplicadas a todos os empresários, empresas individuais de responsabilidade limitada e sociedades empresárias que estiverem inscritos no registro de empresas.

Na sistemática legal vigente, todo empresário, empresa individual de responsabilidade limitada ou sociedade empresária funciona como uma espécie de agente polarizador, visto que, por um lado, constitui créditos (vendas efetuadas a prazo, por exemplo) e, por outro, constitui débitos (obrigações tributárias, trabalhistas e com fornecedores etc.), em uma clara polarização ativa e passiva.

A alteração do fluxo econômico de tal atividade polarizadora pode prejudicar o equilíbrio do mercado e das relações jurídicas a ele inerentes, por exemplo, na hipótese em que o volume de obrigações (passivo) de um empresário se torne desproporcionalmente superior à somatória de seus bens (ativo), incluindo-se aqui os seus créditos com vencimento futuro (recebíveis, por exemplo), a ponto de gerar risco ao regular adimplemento de suas obrigações.

Essa função do empresário na sociedade e a necessidade de que este desenvolva sua atividade orientada pelos princípios expostos, é tratada pelo direito como a *função social da empresa*, prevista na Constituição Federal (art. 170, III) e justifica a aplicação da falência e da recuperação de empresas exclusivamente àqueles que exercem atividades empresariais, excluindo-se do âmbito de aplicação desses institutos os não empresários.

O desequilíbrio de determinado mercado, afora os seus efeitos econômicos, pode expor a segurança ou a insegurança das relações jurídicas que o sustentam e do próprio ordenamento jurídico no qual está inserido, de modo que, justamente para garantir a manutenção dessa segurança jurídica, ao leve sinal de que tal desequilíbrio possa ocorrer – *impontualidade* (art. 94, I e II), *prática de atos de falência* (art. 94, III) ou *autofalência* (art. 105) –, o Estado, por meio do Poder Judiciário, é chamado a intervir, para garantir a segurança das relações jurídicas e econômicas e a manutenção dos princípios da ordem econômica anteriormente citados, sendo a falência e a recuperação de empresas mecanismos apropriados para tanto.

Assim, o instituto jurídico da falência deve ser visto como uma exceção legal no ordenamento jurídico-econômico, na medida em que, na sua ocorrência, o Estado, por intermédio do Poder Judiciário, irá interferir na empresa, afastar o empresário da administração de seus bens, nomeando um administrador judicial para a gestão do ativo e do passivo verificados – a massa falida – com vistas à liquidação do ativo e ao pagamento proporcional aos credores.

Com relação à recuperação de empresas, é possível dizer que também se afigura como exceção legal no ordenamento jurídico-econômico brasileiro, porque o seu deferimento implicará concessão de um benefício legal ao empresário, representado pelo acordo entre este e os seus credores para o pagamento de seu passivo, em condições especialmente contratadas entre ambos, em um período de tempo predeterminado, com vistas à recuperação da atividade empresarial em crise econômico-financeira.

Por fim, ressalte-se que as disposições da Lei de Falência e Recuperação de Empresas, conforme estabelece seu art. 192, não se aplicam aos processos de falência ou de concordata ajuizados anteriormente ao início de sua vigência (09.06.2005), que serão concluídos nos termos do Decreto-lei 7.661/1945.

5.2. FALÊNCIA

5.2.1. Definição

A falência pode ser definida como um processo de execução coletiva movido contra o devedor que seja empresário, empresa individual de responsabilidade limitada ou sociedade empresária, no qual todos os seus bens são arrecadados para uma venda forçada por determinação judicial, com a distribuição proporcional de seu ativo entre todos os seus credores, nos termos da lei.

O instituto jurídico da falência tem sua origem remota nas antigas corporações de ofício surgidas no renascimento comercial, quando os burgueses se reuniam nas feiras realizadas nas então incipientes cidades--Estado italianas. Como já exposto, tais corporações de ofício, com o passar do tempo e ante a ausência de um Estado organizado, passaram a deter o poder de julgar seus membros em questões comerciais. Disso resultou a prática da *bancarrota*, que posteriormente se transformou na falência, procedimento então arcaico em que o comerciante inadimplente tinha todos os seus bens compulsoriamente arrecadados para o pagamento de seus credores, tendo a sua banca na feira literalmente "quebrada"; em alguns casos chegava-se ao extremo de perder a vida, como sanção inerente à bancarrota.

A partir dessa prática tipicamente medieval e renascentista é que, ao longo dos tempos, surgiu o instituto jurídico da falência, posteriormente adaptado aos ditames do devido processo legal.

Nesse sentido, a própria Constituição Federal estabelece, em seu art. 5.º, LIV, que "ninguém será privado da liberdade ou de seus bens sem o devido processo legal". Daí que a falência afigura-se como o "devido processo legal" para assegurar o pagamento igualitário à coletividade de credores do devedor que exerça atividade empresarial.

Em linhas gerais, pode-se dizer que a falência será possível quando se evidenciar que determinado empresário, empresa individual de responsabilidade limitada ou sociedade empresária teve afetada a sua capacidade econômica, de modo a agir de forma impontual no cumprimento de suas obrigações (arts. 94, I e II) ou demonstrar que o fará (art. 94, III), ou, ainda, quando não forem satisfeitos os requisitos para a concessão da recuperação judicial (art. 105) ou esta não for devidamente cumprida.

Quando se trata da falência, é necessário abordar os conceitos jurídicos de *insolvência* e *insolvabilidade*.

Nesse sentido observa Fábio Konder Comparato (*O seguro de crédito*. São Paulo: Ed. RT, 1968. p. 31):

> "A insolvência é o inadimplemento qualificado pela falta de razão de direito; enquanto insolvabilidade é a inaptidão econômica a adimplir, seja em virtude de deficiência patrimonial, seja pela falta de meios líquidos para cumprir a prestação."

Na sistemática prevista na Lei de Falência e Recuperação de Empresas, as hipóteses de falência motivadas pela *a)* impontualidade (art. 94, I e II) caracterizam-se como exemplos de *insolvência*, ao passo que as hipóteses de falência motivadas pela *b)* prática de atos de falência (art. 94, III) e pela *c)* autofalência (art. 105), caracterizam-se como exemplos de *insolvabilidade*.

A falência tem por finalidades precípuas retirar do mercado o devedor inadimplente (ou que esteja em vias de tornar-se) e atingir os bens integrantes de seu patrimônio, com vistas a saldar o passivo, dela não resultando necessariamente efeitos de natureza criminal, que poderão ocorrer ou não, como se verá adiante.

Nesse sentido, a própria lei, em seu art. 75, estabelece que a falência, ao promover o afastamento do devedor de suas atividades, visa preservar e otimizar a utilização produtiva dos bens, ativos e recursos produtivos, inclusive os intangíveis, da empresa.

5.2.2. Abrangência

A falência, conforme o art. 1.º da Lei de Falência e Recuperação de Empresas, atinge prioritariamente aqueles que exercem atividade empresarial: o empresário individual (art. 966 do Código Civil), a empresa individual de responsabilidade limitada (art. 980-A do Código Civil) e a sociedade empresária (art. 982 do Código Civil), compreendidas nesta última categoria as sociedades em nome coletivo, sociedades em comandita simples, sociedades limitadas, sociedades por ações e sociedades em comandita por ações. A falência sujeita, desse modo, apenas os inscritos no registro de empresas dessas categorias.

Não obstante a regra geral prevista no art. 1.º, a lei estabelece em seu art. 2.º que determinadas atividades econômicas, ainda que empresariais e inscritas no registro de empresas, não se sujeitam à falência nem à recuperação de empresas. São elas:

a)   empresas públicas e sociedades de economia mista;

b)   instituições financeiras públicas ou privadas;

c)   cooperativas de crédito;

d)   consórcios;

e)   entidades de previdência complementar;

f)   sociedades operadoras de planos de assistência à saúde;

g)   sociedades seguradoras;

h)   sociedades de capitalização; e

i)   outras entidades legalmente equiparadas às anteriores.

Essas empresas exercem atividades muito peculiares, o que justifica a sua não sujeição imediata ao regime falimentar. Entretanto, desse rol legal exemplificativo, devem ser separadas aquelas empresas que estão *totalmente excluídas* do regime jurídico-falimentar daquelas outras que estão *parcialmente excluídas* de tal regime.

Assim, as sociedades *totalmente excluídas* da aplicação do regime jurídico-falimentar não se sujeitam de forma alguma à falência nem à recuperação de empresas (judicial ou extrajudicial). São elas:

a)   as empresas públicas e as sociedades de economia mista, visto que são constituídas com recursos econômicos oriundos do poder público, respectivamente, com capital total ou que assegure ao menos o poder de controle, estando sempre presente o interesse público na sua constituição. Nos termos do art. 173 da Constituição Federal, as empresas públicas e as sociedades de economia mista devem ter por objeto atividade econômica necessária aos imperativos da segurança nacional ou a relevante interesse coletivo, conforme definidos em lei, podendo ainda ter por objeto a prestação de serviços públicos (art. 37, § 6.º). A presença dominante do Estado nessas sociedades que, a despeito de sua natureza empresária e da personalidade de direito privado, integram a administração pública indireta, afasta a incidência da Lei de Falência e Recuperação de Empresas, uma vez que admitir a sua falência seria admitir a própria inépcia do Estado nessa área. Pelo contrário, a presença estatal em posição dominante no seu quadro societário deve ser vista como um sinal de garantia aos seus credores quanto à solvabilidade de suas obrigações;

b) as cooperativas (não apenas as de crédito) também estão totalmente excluídas da falência e da recuperação de empresas, conforme dispõe o art. 4.º da Lei 5.764/1971 (ainda que estejam sujeitas ao arquivamento de seus atos constitutivos no registro de empresas), dada sua natureza não empresária – veja explicação a esse respeito no Capítulo 02 infra;

c) as câmaras ou prestadoras de serviços de compensação e de liquidação financeira que, nos termos do art. 193, serão ultimadas e liquidadas na forma de seu regulamento. Ainda conforme previsto no art. 194, considerando que as ditas pessoas jurídicas funcionam com base em autorização do Banco Central, o produto da realização das garantias prestadas pelo participante das câmaras ou prestadoras de serviços de compensação e de liquidação financeira, assim como os títulos, valores mobiliários e quaisquer outros de seus ativos, objeto de compensação ou liquidação serão destinados à liquidação das obrigações assumidas no âmbito das respectivas câmaras ou prestadoras de serviços.

d) as entidades *fechadas* de previdência complementar estão totalmente excluídas da falência e recuperação de empresas, conforme o art. 47 da LC 109/2001.

Por sua vez, as sociedades *parcialmente excluídas* da aplicação do regime jurídico-falimentar podem sujeitar-se à falência, desde que observado o procedimento preliminar para sua liquidação extrajudicial e eventual pedido de falência, nos termos de legislação específica. São sociedades desse tipo:

a) as instituições financeiras privadas, conforme a Lei 6.024/1974, estão sujeitas, preliminarmente, à intervenção e à liquidação extrajudicial pelo Banco Central do Brasil, podendo, entretanto, nas hipóteses legais e posteriormente, ter a sua falência decretada;

b) as sociedades que tenham por objeto atividades de arrendamento mercantil, conforme a Res. 2.309/1996, do Banco Central do Brasil, estão sujeitas à intervenção e à liquidação extrajudicial pelo Banco Central;

c) as sociedades administradoras de consórcios, conforme o art. 10 da Lei 5.768/1971, estão sujeitas à intervenção e à liquidação extrajudicial pelo Banco Central do Brasil;

d) as sociedades seguradoras, conforme o art. 26 do Decreto-lei 73/1966, estão sujeitas à intervenção e à liquidação extrajudicial pela Superintendência de Seguros Privados – Susep. Nesse sentido, referidas sociedades não estão sujeitas à falência, salvo se, decretada a liquidação extrajudicial, o ativo não for suficiente para o pagamento de pelo menos metade dos credores quirografários, ou quando houver fundados indícios da ocorrência de crime falimentar;

e) as entidades *abertas* de previdência complementar, conforme o art. 73 da LC 109/2001, que se sujeitam ao mesmo procedimento aplicável às seguradoras;

f) as operadoras de planos privados de assistência à saúde, conforme o art. 23 da Lei 9.656/1998, estão sujeitas à liquidação extrajudicial pela Agência Nacional de Saúde Suplementar (ANS), submetendo-se à falência, em caráter excepcional, da mesma forma que as sociedades seguradoras.

Conforme o art. 1.º da Lei de Falência e Recuperação de Empresas, têm *legitimidade passiva* para o processo de falência:

a) o devedor empresário;

b) a empresa individual de responsabilidade limitada devedora;

c) a sociedade empresária devedora;

d) o espólio do devedor empresário falecido.

Ressalte-se que a doutrina e a jurisprudência têm admitido a legitimidade passiva do empresário de fato para a falência, conforme ensina Ecio Perin Junior (*Curso de Direito Falimentar e Recuperação de Empresas*, p. 89):

"Admite-se, dessa forma, a falência do empresário de fato, mas somente diante de provas inequívocas do exercício habitual da profissão.

Por outro lado, como indicado no item 13.5 infra, muito embora possa figurar no polo passivo, o empresário nessa situação não poderá figurar no polo ativo de um pedido de falência e tampouco de recuperação judicial."

Da mesma forma, a jurisprudência tem considerado que as sociedades simples, desde que organizadas empresarialmente, podem submeter-se à falência:

"Falência. Entidade educacional. Sociedade simples por quotas de responsabilidade limitada, registrada em cartório de Registro Civil de Pessoas Jurídicas (arts. 983 e 1.150 do Código Civil). Verificação do objetivo de prestar serviços de natureza intelectual mediante o emprego de "elementos de empresa" à sua atividade, ou seja, sob um contexto de organização dos meios de produção para obtenção de lucros e expansão mercadológica. Características próprias de sociedade empresária, alcançada, sem restrições, pelo conceito descrito no caput do art. 966 do Código Civil, extensivo às sociedades quando a atividade econômica é desenvolvida por uma coletividade de empreendedores ou sócios, e não de forma unipessoal, como bem descrevem os artis. 981 e seguintes do referido diploma legal. Circunstâncias que apontam para sua submissão à disciplina da Lei 11.101/2005. Decretação de quebra mantida. Agravo de instrumento desprovido." (AgIn 0187821-36.2012.8.26.0000, rel. Des, José Reynaldo, j. 25/03/2013).

Nos termos do art. 97, têm *legitimidade ativa* para requerer a falência:

a)   o próprio devedor (empresário, empresa individual de responsabilidade limitada ou sociedade empresária), na hipótese de *autofalência*, como se verá adiante;

b)   o cônjuge sobrevivente, qualquer herdeiro do devedor ou o inventariante, que também poderão requerer a falência do espólio do devedor empresário;

c)   o quotista ou o acionista da sociedade empresária devedora, que poderão requerer a falência desta na forma da lei ou do ato constitutivo de referida sociedade;

d)   qualquer credor (tratando-se de credor empresário, entretanto, deverá provar sua condição anexando ao pedido certidão expedida pela Junta Comercial em que estiver inscrito, provando a regularidade de suas atividades).

O credor que não for domiciliado no Brasil deve prestar caução relativa às custas e ao pagamento de indenização, com vistas a compensar o devedor, na hipótese de o pedido ser considerado doloso.

5.2.3. Características gerais

A falência, enquanto instituto jurídico, apresenta as seguintes características:

a) somente se aplica ao devedor empresário, empresa individual de responsabilidade limitada ou sociedade empresária, conforme previsto no art. 1.º, com as ressalvas contidas no art. 2.º;

b) sua decretação depende de requerimento de um ou mais credores ou do próprio devedor empresário, podendo, excepcionalmente, ser decretada pelo juízo da recuperação judicial, conforme será tratado adiante;

c) compreende todo o patrimônio do devedor empresário (ativo e passivo);

d) a decretação da falência determina o vencimento antecipado das obrigações do devedor e dos sócios ilimitada e solidariamente responsáveis, com o abatimento proporcional dos juros e a conversão de todos os créditos em moeda estrangeira para a moeda brasileira, pelo câmbio do dia da decisão judicial, para todos os efeitos legais, conforme previsto no art. 77;

e) a decretação da falência suspende o curso da prescrição e de todas as ações e execuções em face do devedor, inclusive aquelas dos credores particulares do sócio solidário da sociedade falida, conforme o art. 6.º, ressalvadas as exceções legais previstas nos §§ 1.º e 2.º do referido dispositivo;

f) a decretação da falência cria a força atrativa (*vis atractiva*) do juízo falimentar, pois instaura um juízo universal ao qual devem concorrer todos os credores do falido. A esse respeito, o STJ já firmou o entendimento de que "os institutos da recuperação judicial e da falência, a despeito de instaurarem o juízo universal, não acarretam a atração das ações que demandam quantia ilíquida art. 6º, § 1º, da Lei 11.101/05." (REsp 1506957/RN, Rel. Ministro João Otávio de Noronha, j. 06/05/2015 – DJE 15/05/2015);

g) a falência instaura o concurso universal de credores, em que vigora o princípio da isonomia ou da igualdade entre os credores (*par conditio creditorum*). Essa igualdade, como se verá, em um primeiro momento é absoluta, na medida em que todos os credores submetem-se ao procedimento falimentar; entretanto, uma vez classificados os créditos, ela se torna relativa, já que os credores são agrupados em classes distintas (créditos trabalhistas, créditos fiscais, créditos quirografários etc.), submetendo-se a uma ordem diferenciada para fins de pagamento;

h) os processos de falência e os seus incidentes têm preferência sobre todos os outros na ordem dos feitos, em qualquer instância em que tramitarem;

i) a distribuição do pedido de falência previne a jurisdição para qualquer outro pedido de recuperação judicial ou de falência relativo ao mesmo devedor (art. 6.º, § 8.º);

j) a decretação da falência das concessionárias de serviços públicos, conforme o art. 195, implica na extinção da concessão.

5.2.4. Fases do processo falimentar

Como instituto jurídico, a falência operacionaliza-se por meio de um processo especial, a que se aplicam subsidiariamente as regras do Código de Processo Civil. O processo falimentar, para fins didáticos, é dividido em três fases distintas:

5.2.4.1. Fase preliminar ou declaratória

Inicia-se com o requerimento de falência que, como se verá adiante, pode ser formulado por qualquer credor, com fundamento no art. 94, I, II ou III, ou pelo próprio devedor, com fundamento no art. 105, estendendo-se até a prolação da sentença declaratória da falência.

5.2.4.2. Fase de arrecadação de bens e classificação de créditos

Inicia-se com a decretação da falência e tem por finalidade a exata definição do ativo e do passivo do devedor, na qual haverá *a)* a arrecadação e a avaliação dos bens integrantes da massa falida; *b)* a habilitação de créditos existentes contra o falido; e *c)* a elaboração do quadro geral de credores, com vistas a quantificar o ativo e o passivo da massa falida e ordenar os elementos financeiros necessários à liquidação do ativo e ao pagamento dos credores habilitados.

5.2.4.3. Fase de liquidação ou satisfativa

Inicia-se uma vez concluído o quadro geral de credores, que deverá refletir o ativo e o passivo, e representa um escopo fundamental da falência, que é a venda judicial dos bens integrantes do ativo da massa falida e o pagamento proporcional aos credores, em conformidade com a ordem estabelecida pela Lei de Falência e Recuperação de Empresas.

A fase de liquidação tem fim com o encerramento da falência, devendo ocorrer posteriormente a declaração da extinção das obrigações do falido e a sua reabilitação para fins civis e empresariais.

5.2.5. Hipóteses legais de caracterização da falência

A Lei de Falência e Recuperação de Empresas prevê três hipóteses distintas que podem caracterizar a falência e, assim, dar início ao processo falimentar.

5.2.5.1. Impontualidade

A primeira hipótese legal de caracterização da falência está prevista no art. 94, I. A impontualidade se configura pelo ato do devedor empresário (empresa individual de responsabilidade limitada ou sociedade empresária) que, sem relevante razão de direito, não paga no vencimento uma obrigação líquida e já vencida, representada por título ou títulos executivos protestados cuja soma ultrapasse o equivalente a quarenta salários mínimos na data do pedido de falência.

Nessa hipótese, o pedido de falência deverá ser instruído com os títulos executivos originais ou com cópias autenticadas se os respectivos originais estiverem juntados em outro processo, conforme previsto no art. 9.º, parágrafo único, acompanhados, em qualquer caso, dos respectivos instrumentos de protesto.

Convém observar que, o chamado protesto especial, outrora exigido pelo revogado Decreto-Lei 7.661/1945, em seu art. 10, não mais subsiste para a formulação do pedido de falência, visto que a Lei de Falência e Recuperação de Empresas não faz qualquer exigência a respeito. Esse também é entendimento adotado pela jurisprudência atual (Súmula 41 do TJSP: "O protesto comum dispensa o especial para o requerimento de falência"; e STJ, REsp 1.052.495, j. 08.09.2009).

Ressalte-se ainda que os tribunais têm admitido a necessidade de identificação da pessoa que tenha recebido a notificação expedida pelo

Tabelião de Protestos, quando da formulação do pedido de falência, com fundamento no citado art. 94, I, tendo em vista que na empresa, na prática, quem recebe a correspondência diariamente não é o efetivo empresário ou titular da EIRELI ou ainda representante legal da sociedade empresária, sendo geralmente um empregado ou porteiro (Súmula 361 do STJ: "A notificação do protesto, para requerimento de falência da empresa devedora, exige a identificação da pessoa que a recebeu"). Referido entendimento, porém, não tem o condão de criar uma nova modalidade de protesto, não prevista na legislação especial.

Também caracteriza a impontualidade a hipótese prevista no art. 94, II, quando o devedor estiver sendo executado por qualquer quantia líquida e, uma vez citado ou intimado no processo de execução, no prazo legal não pagar, não depositar e também não nomear à penhora bens suficientes em valor igual ou superior à dívida executada. Essa atitude passiva do devedor demonstra, para os fins do art. 94, II, a sua impontualidade no cumprimento da obrigação pecuniária e também é conhecida na doutrina por "*execução frustrada*".

Ressalte-se que a Lei de Falência e Recuperação de Empresas admite, em seu art. 94, §1.º, que os credores se reúnam em litisconsórcio a fim de perfazer o limite pecuniário mínimo exigido para o pedido de falência, nesse caso.

Na hipótese inserida no art. 94, II, o pedido de falência também será instruído com certidão expedida pelo juízo em que se processa a execução, a fim de caracterizar a aludida impontualidade.

5.2.5.2. Prática de atos de falência

A segunda hipótese legal de caracterização da falência está prevista no art. 94, III e se manifesta por meio da prática dos *atos de falência*, que são aqueles atos que, quando praticados pelo devedor empresário, empresa individual de responsabilidade limitada ou sociedade empresária, podem evidenciar, aos olhos de seus credores, a possibilidade de referido devedor vir a agir com impontualidade no cumprimento de suas obrigações.

Assim, consideram-se atos de falência (desde que referidos atos não sejam praticados como parte de plano de recuperação judicial) aqueles em que o devedor:

a)   procede à liquidação precipitada de seus ativos ou lança mão de meio ruinoso ou fraudulento para realizar pagamentos.

Essa conduta, por parte do devedor, evidencia que ele irá inadimplir suas obrigações, na medida em que, considerando que o patrimônio do devedor constitui garantia ao cumprimento das obrigações com seus credores, a sua liquidação precipitada pode afetar seriamente a continuidade da empresa.

Assim, na sistemática legal, de nada adiantará vender precipitadamente (e em geral a preço vil) uma máquina para pagar o primeiro credor que aparecer às portas da empresa, se essa máquina for essencial para a produção e a continuidade do negócio. Do contrário, se não houver alternativa que não a penhora do equipamento em execução movida por credor, em prejuízo da atividade empresarial, então o caminho adequado, nos termos da lei, será o pedido de falência efetuado pelo próprio devedor – a autofalência, prevista no art. 105 e tratada a seguir. Esse exemplo serve para ilustrar também a hipótese em que o devedor lança mão de meio ruinoso para realizar pagamentos.

Da mesma forma, a conduta do devedor que se vale de meio fraudulento para realizar pagamentos é nociva à continuidade da empresa, não apenas pela fraude em si, mas pelo fato de que pode ser perpetrada como meio para que o devedor passe a inadimplir suas obrigações, proporcionando benefício a si ou a terceiros, em detrimento da maioria de credores.

> *b)* realiza ou, por atos inequívocos, tenta realizar, com o objetivo de retardar pagamentos ou fraudar credores, negócio simulado ou alienação de parte ou da totalidade de seu ativo a terceiro, credor ou não.

Mais uma vez, a conduta do devedor que pratica os atos referidos no item *b* supra também evidencia uma clara intenção de sua parte em obter benefício para si ou para outrem (determinados credores, por exemplo), à custa da maioria dos credores, em relação aos quais haverá o inadimplemento.

> *c)* transfere estabelecimento a terceiro, credor ou não, sem o consentimento de todos os credores e sem ficar com bens suficientes para solver seu passivo.

O estabelecimento empresarial, previsto no art. 1.142 do Código Civil, considerado como o conjunto de bens reunidos pelo empresário para o exercício da atividade empresarial, representa, em sua integralidade, a garantia máxima ao cumprimento das obrigações do empresário com seus credores de modo que a lei procurou fixar requisitos específicos à sua alienação (consentimento de todos os credores e existência de bens suficientes do devedor para solver o seu passivo), como forma de impedir o desaparecimento do estabelecimento e o consequente inadimplemento das obrigações do devedor para com seus credores.

d) simula a transferência de seu principal estabelecimento com o objetivo de burlar a legislação ou a fiscalização ou para prejudicar credor.

Considerando o princípio da igualdade entre os credores (*par conditio creditorum*) previsto na lei, qualquer ação do devedor que, por meio de simulação, tenha por finalidade burlar a legislação ou a fiscalização ou causar prejuízo a credor(es) deverá ser repelida pela lei, justificando a decretação da falência.

e) dá ou reforça garantia a credor por dívida contraída anteriormente sem ficar com bens livres e desembaraçados, suficientes para saldar seu passivo.

O patrimônio do devedor encontra-se submetido ao princípio da igualdade (*par conditio creditorum*), de modo que não pode o devedor, em benefício de um ou de alguns credores, prestar-lhe(s) garantia que, na ausência de outros bens livres e desembaraçados para saldar o passivo, constitui o montante comprometido com toda a coletividade de credores. Inclui-se nessa hipótese, também aquela em que o devedor oferece garantia real a credor originariamente quirografário, com a finalidade de beneficiá-lo não só mediante o oferecimento de garantia mais consistente, mas também na hipótese de sua falência, em que referido credor será alçado ao topo da lista de credores, por força da garantia oferecida.

f) ausenta-se sem deixar representante habilitado e com recursos suficientes para pagar os credores, abandona estabelecimento ou tenta ocultar-se de seu domicílio, do local de sua sede ou de seu principal estabelecimento.

As três hipóteses referidas no item *f* tratam, de forma gradativa, de condutas do devedor que evidenciam, de forma inequívoca, sua intenção em inadimplir as obrigações assumidas com seus credores.

g) deixa de cumprir, no prazo estabelecido, obrigação assumida no plano de recuperação judicial.

O descumprimento de obrigação assumida no plano de recuperação judicial já representa, em si, inadimplemento da principal obrigação assumida pelo devedor para com seus credores após a concessão da recuperação, justificando a decretação de sua falência.

A questão fundamental em todas as hipóteses de atos de falência referidas no art. 94, III, é que o requerente da falência (que deverá ser credor, mas cujo crédito não necessitará estar vencido) deverá em sua petição inicial descrever os fatos que, a seu ver, caracterizam a prática de ato de falência, acompanhado das provas que houver e especificando as que serão produzidas que, não obstante, deverão ser evidentes, sob pena de insucesso do pedido.

5.2.5.3. Autofalência

A terceira hipótese legal de caracterização da falência, prevista no art. 105, a autofalência, consiste na obrigação imposta ao devedor empresário que se encontre em crise econômico-financeira de requerer a sua própria falência, na hipótese de constatar que não satisfaz os requisitos para pleitear sua recuperação judicial. Nesse caso, o devedor, ao requerer a autofalência, deverá expor na petição inicial as razões da impossibilidade de prosseguimento da atividade empresarial, acompanhadas dos seguintes documentos:

a) demonstrações contábeis referentes aos três últimos exercícios sociais e as levantadas especialmente para instruir o pedido, confeccionadas com estrita observância da legislação societária aplicável e compostas obrigatoriamente de balanço patrimonial; demonstração de resultados acumulados; demonstração do resultado desde o último exercício social; relatório do fluxo de caixa;

b) relação nominal dos credores, indicando endereço, importância, natureza e classificação dos respectivos créditos;

c) relação dos bens e direitos que compõem o ativo, com a respectiva estimativa de valor e documentos comprobatórios de propriedade;

d) prova da condição de empresário ou empresa individual de responsabilidade limitada, e se sociedade empresária contrato social ou estatuto em vigor, ou, se não houver, a indicação de todos os sócios, seus endereços e a relação de seus bens pessoais;

e) os livros obrigatórios e documentos contábeis que lhe forem exigidos por lei;

f) relação de seus administradores nos últimos cinco anos, com os respectivos endereços, suas funções e participação societária, se possuírem.

Na sistemática preconizada pela Lei de Falência e Recuperação de Empresas, a autofalência é a obrigação (que pode, em alguns casos até ser entendida como opção) atribuída ao devedor honesto que não possui condições econômicas de obter sua recuperação (judicial ou extrajudicial), de modo a impedir que os credores requeiram sua falência. Na prática falimentar, porém, costuma ser de rara ocorrência, visto que o empresário honesto, em geral e até a última hora, alimenta a expectativa de recuperar seu negócio, seja por meio de acordo com os credores, seja a partir da satisfação de créditos de difícil recuperação (na hipótese de existirem), seja por uma parceria com algum investidor que considere viável seu negócio e patrocine a recuperação da empresa. Tal peculiaridade faz que a falência, na maioria dos casos, seja requerida por credores, interessados unicamente na satisfação de seus créditos.

5.2.6. Formas de manifestação do devedor

5.2.6.1. Depósito elisivo

Se o pedido de falência for efetuado com fundamento no art. 94, I e II (impontualidade), ou no art. 94, III (prática de atos de falência), o devedor será citado para, nos termos do art. 98, apresentar contestação no prazo de dez dias.

Na hipótese de o pedido ser baseado na *impontualidade* (art. 94, I e II), o devedor poderá, no prazo da contestação e independentemente de contestar o feito, depositar o valor em dinheiro correspondente ao total do crédito, acrescido de correção monetária, juros e honorários advocatícios, hipótese em que a falência não será decretada (art. 98, parágrafo único).

Esse depósito recebe o nome de *depósito elisivo*, pois como, no caso, o pedido de falência foi motivado pela impontualidade do devedor no cumprimento de uma obrigação pecuniária, com o depósito do valor pleiteado cessa a impontualidade, sendo, assim, elidida ("afastada") a hipótese de falência.

5.2.6.2. Hipóteses elisivas da falência

Uma vez efetuado o requerimento da falência do devedor empresário pelo seu credor, com fundamento na hipótese de *impontualidade,* unicamente baseada no art. 94, I, e citado o devedor, este poderá, independentemente e/ou cumulativamente ao depósito elisivo, apresentar contestação, opondo-se judicialmente ao requerimento de falência no prazo legal.

Nesse sentido, a Lei de Falência e Recuperação de Empresas, em seu art. 96, elenca os fundamentos que podem ser utilizados pelo devedor em sua contestação ao pedido de falência, denominadas hipóteses elisivas:

a)   falsidade de título;

b)   prescrição;

c)   nulidade de obrigação ou de título;

d)   pagamento da dívida;

e)   qualquer outro fato que extinga ou suspenda obrigação ou não legitime a cobrança de título;

f)   vício em protesto ou em seu instrumento;

g)   apresentação de pedido de recuperação judicial no prazo da contestação (desde que atendidos os requisitos fixados no art. 51 para o pedido de recuperação judicial);

h)   cessação das atividades empresariais há mais de dois anos antes do pedido de falência, comprovada por documento hábil do Registro Público de Empresas, que entretanto não prevalecerá contra prova de exercício posterior ao ato registrado.

Ainda no rol das hipóteses elisivas, note-se que, nos termos do art. 96, § 1.º, não será decretada a falência: a) da sociedade anônima após liquidado e partilhado seu ativo; e b) do espólio após um ano da morte do devedor empresário.

Com relação à hipótese prevista no item a, justifica-se a elisão da falência, pois a sociedade anônima caracteriza-se como uma sociedade exclusivamente de capital, de modo que, uma vez liquidado e partilhado seu ativo, não haverá mais ativo a ser atingido, restando ineficaz, sob o ponto de vista patrimonial, eventual falência decretada.

Quanto à hipótese prevista no item b, entendeu por bem o legislador incluí-la no rol das hipóteses elisivas, dando a entender que o decurso do tempo entre o falecimento do devedor empresário e o pedido de falência faria desaparecer a natureza empresarial que anteriormente justificava a submissão do devedor e de seu patrimônio ao regime falimentar.

5.2.6.3. Outras defesas

Por fim, na hipótese de a falência ser requerida com fundamento no art. 94, III (prática de atos de falência), a defesa do devedor, ofertada no prazo da contestação – dez dias – poderá logicamente fundamentar-se em outros elementos que não os acima expostos.

5.2.7. Do juízo falimentar

O pedido de falência, de recuperação judicial ou de homologação do plano de recuperação extrajudicial, nos termos do art. 3.º, deve ser dirigido ao juízo do local do principal estabelecimento do devedor ou da filial de empresa que tenha sede fora do Brasil.

Note-se que a lei considera como critério para a definição da competência do juízo falimentar o local do principal estabelecimento e não o local da sede, dita estatutária ou contratual, do devedor. Tal critério baseia-se no fato de que determinado empresário ou sociedade empresária pode ter a sua sede na cidade de São Paulo, por exemplo, que corresponda, entretanto, a um mero escritório administrativo, localizando-se o seu principal estabelecimento, no qual são efetivamente desenvolvidas as suas atividades produtivas, no interior do Estado.

Assim, para fins de arrecadação de bens e administração da massa falida, restaria prejudicial a decretação da falência desse empresário pelo juízo de direito do local de sua sede social, devendo assim sua falência ser decretada pelo juízo de direito da comarca onde se localizar o seu principal estabelecimento, assim definido.

Ainda com relação ao juízo falimentar, a Lei de Falência e Recuperação de Empresas estabelece o *princípio do juízo universal* da falência, de acordo com o qual o juízo da falência é indivisível, possuindo a *vis attractiva* (ou força atrativa) e, sendo assim, competente para conhecer e processar todas as ações e reclamações sobre bens, interesses e negócios da massa falida, que dessa forma, uma vez decretada a falência, não poderão mais ser processadas e julgadas por outro juízo de direito.

A Lei, entretanto, em seu art. 76, ressalva as causas trabalhistas, fiscais e aquelas não previstas em seu corpo em que o falido figurar como autor ou litisconsorte ativo, que tramitarão em seus respectivos juízos de origem.

Todas as ações que envolvam a massa falida terão prosseguimento com o administrador judicial, que deverá ser intimado para representá-la, sob pena de nulidade do processo.

5.2.8. Sentença declaratória da falência

A sentença que decreta a falência possui natureza predominantemente *declaratória* e *constitutiva*, na medida em que não apenas promove alteração com relação ao estado do devedor, que passa de solvente para publicamente insolvente e falido, como também constitui uma nova situação jurídica, gerando deveres específicos para o falido.

A sentença declaratória da falência, nos termos do art. 99, será publicada no diário oficial, na íntegra, em edital que também conterá a relação de credores e terá o seguinte conteúdo:

a) a síntese do pedido, a identificação do falido e os nomes dos que forem a esse tempo seus administradores;

b) a fixação do termo legal da falência (*vide* item 5.2.8.1);

c) a ordem ao falido para que apresente, no prazo máximo de cinco dias, relação nominal dos credores, indicando endereço, importância, natureza e classificação dos respectivos créditos, se esta já não se encontrar nos autos, sob pena de desobediência;

d) o prazo para as habilitações de crédito, nos termos da lei;

e) a ordem de suspensão de todas as ações ou execuções existentes contra o falido, com exceção das ações que demandarem quantia ilíquida, conforme o art. 6.º, § 1.º, e das ações de natureza trabalhista, que, conforme o art. 6.º, § 2.º, serão processadas na Justiça do Trabalho até a apuração do respectivo crédito, que então será inscrito no quadro geral de credores, pelo valor determinado em sentença;

f) a proibição da prática de qualquer ato de disposição ou oneração de bens do falido, que deverão ser previamente submetidos a autorização do juízo da falência e do comitê de credores, se houver, ressalvados os bens cuja venda faça parte das atividades normais do devedor, desde que autorizada a continuação provisória da atividade empresarial durante a falência, conforme o art. 99, XI;

g) determinação das diligências necessárias à proteção dos interesses das partes envolvidas, podendo ordenar a prisão preventiva do falido ou de seus administradores quando requerida com fundamento em provas da prática de crime falimentar;

h) determinação à junta comercial em que o devedor se encontre inscrito, bem como às demais juntas em cuja jurisdição existam filiais do devedor inscritas, a fim de que procedam à anotação da falência nos assentamentos do devedor, para que conste a expressão "falido", a data da decretação da falência e a inabilitação para o exercício de atividades empresariais prevista no art. 102;

i) nomeação do administrador judicial, conforme o art. 22 da Lei;

j) determinação da expedição de ofícios aos órgãos e repartições públicas e outras entidades para que informem a existência de bens e direitos do falido;

k) decisão sobre pedido de continuação provisória das atividades do falido, com o administrador judicial, ou então sobre a lacração do(s) estabelecimento(s) do devedor conforme o art. 109;

l) determinação, caso entenda conveniente, da convocação da assembleia geral de credores para a constituição de Comitê de Credores, podendo ainda autorizar a manutenção do comitê eventualmente em funcionamento na recuperação judicial, na hipótese de esta ter sido convertida em falência;

m) determinação da intimação do Ministério Público e da comunicação por carta à Fazenda Pública Federal e à de todos os Estados e Municípios em que o devedor tenha estabelecimentos, para que tomem conhecimento da falência.

5.2.8.1. Termo legal da falência

O termo legal da falência é um lapso temporal considerado pelo juiz e antecedente à falência, que coloca sob suspeição todos os atos praticados pelo falido durante o período de sua abrangência, podendo tais atos serem considerados ineficazes perante a massa falida.

Deve ser fixado pelo juiz, nos termos do art. 99, II, com a designação da data em que se tenha caracterizado o estado falimentar, podendo retroagir até noventa dias, contados:

a) do primeiro protesto por falta de pagamento, que não precisa ser necessariamente o protesto efetuado pelo credor requerente da falência, na hipótese de esta ter sido requerida com fundamento no art. 94, I, excluindo-se, para essa finalidade, os protestos que tenham sido cancelados;

b) do pedido de falência;

c) do pedido de recuperação judicial.

TERMO LEGAL DA FALÊNCIA

O termo legal da falência tem por finalidade tornar possível a declaração de ineficácia dos atos de alienação patrimonial praticados pelo devedor durante o período de sua abrangência e anteriormente à falência. Declarada a ineficácia de determinado ato jurídico praticado pelo devedor, como se verá no item 5.2.11, o ato em questão é inexistente perante a massa falida; isso se dá, por exemplo, com a alienação fraudulenta, dentro do período abrangido pelo termo legal da falência, de bens integrantes do patrimônio do devedor falido.

Tal fato decorre da presunção de que, nesse período dito "suspeito", o devedor já se encontrava, pela pressão dos acontecimentos que o levariam posteriormente à falência, suscetível de alienar bens integrantes de seu patrimônio, quer movido pelo ímpeto de liquidar precipitadamente seu passivo, agindo de boa-fé para pagar seus credores, quer pelo desejo de obter vantagem patrimonial indevida para si à custa do patrimônio empresarial em vias de ser absorvido pela massa falida. A fixação do termo legal, assim, não necessita de prova de qualquer ânimo por parte do devedor em alienar seu patrimônio. É uma medida de ordem técnica destinada à preservação do ativo empresarial, garantia maior dos credores no processo falimentar.

Essa é a lição de Rubens Requião (*Curso de direito falimentar*, vol. 1, p. 128-129) a respeito:

> "Com efeito, o termo legal da falência, fixado na sentença pelo juiz, compreende um espaço de tempo imediatamente anterior à declaração da falência, no qual os atos do devedor são considerados suspeitos de fraude e, por isso, suscetíveis de investigação, podendo ser declarados ineficazes em relação à massa. A expressão usada por Carvalho de Mendonça – período suspeito – é de extrema felicidade. Dá a noção clara do bruxulear da plena capacidade do devedor e de seu ingresso num período cinzento, no qual, embora civilmente capaz, sofre uma *capitis deminutio*, estando inabilitado para dispor de seus bens, de locomover-se livremente, e atos seus são suscetíveis de serem declarados ineficazes, sem outra indagação, se praticados dentro do termo legal da falência.
>
> (...)
>
> O termo legal, vale repetir, visa, exatamente, a tornar esse o período pré-falimentar suspeito, na presunção de que o devedor não tinha equilíbrio emocional para arrostar a sequela de acontecimentos de sua ruína. Assim, permite a lei que certos atos praticados nesse período, embora sem o intuito de fraudar credores, sejam considerados ineficazes, em relação à massa. Com efeito, premido pelos acontecimentos funestos que o afligem, o devedor se torna presa fácil de sua fraqueza e da audácia e falta de escrúpulos de credores mais afoitos."

Na vigência da extinta Lei de Falências e Concordatas, o prazo máximo para que o juiz fixasse o termo legal era de sessenta dias. Em virtude disso, formou-se o entendimento nos tribunais de que, caso existissem indícios da prática de atos de alienação patrimonial suspeitos em período superior ao legal, poderia o juízo falimentar ampliar o limite do termo legal para além desse prazo, motivo pelo qual a Lei de Falência e Recuperação de Empresas ampliou definitivamente esse limite temporal para noventa dias.

5.2.8.2. Recursos cabíveis

Em que pese sua natureza executória, o processo falimentar, como visto, submete-se igualmente ao princípio do contraditório e da ampla defesa. Nesse sentido, nos termos do art. 100, da decisão que decretar a falência caberá o recurso de agravo de instrumento, e da sentença que julgar a improcedência do pedido de falência caberá o recurso de apelação, porém sem o efeito suspensivo, sendo recebido, nesse caso, apenas no seu efeito devolutivo.

Note-se ainda que, nos termos do art. 101, o pedido de falência de outrem motivado por dolo sujeitará o requerente à obrigação de indenizar o requerido. Tal obrigação de indenizar deverá ser fixada pelo juiz na própria sentença que julgar improcedente o pedido de falência, sendo que o valor da indenização por perdas e danos será apurado em liquidação de sentença.

5.2.8.3. Formação da massa falida

A massa falida afigura-se como um ente jurídico despersonalizado de existência temporária, destinado a reunir juridicamente, durante o processo de falência, os bens e obrigações do falido, caracterizando-se como uma *universalidade de direito*, consoante o art. 91 do Código Civil (constitui universalidade de direito o complexo de relações jurídicas, de uma pessoa, dotadas de valor econômico), na medida em que pode ser sujeito de direitos e deveres na esfera jurídica.

5.2.8.4. Continuação do negócio na falência

Conforme previsto no art. 99, XI, é possível ao juízo falimentar, em caráter excepcional, autorizar a continuação do negócio na falência. Tal previsão encontra sua justificativa em dois motivos de ordem prática, não previstos na lei: *a)* a existência de quantidade substancial de mercadorias em estoque, que poderão desvalorizar-se com o encerramento abrupto das atividades do devedor; ou *b)* a manutenção do estabelecimento empresarial, sobretudo naquelas empresas em que o ativo é predominantemente imaterial – como agências de publicidade, empresas de telemarketing, provedores de internet –, de modo que o encerramento das atividades acarretaria a imediata supressão do ativo, representado nesses casos sobretudo pela clientela, pelo aviamento e pela marca.

5.2.9. Efeitos da sentença declaratória da falência

A prolação da sentença que declara ou que decreta – como muitos autores dizem – a falência gera inegáveis efeitos jurídicos não somente em relação ao próprio devedor empresário, empresa individual de responsabilidade limitada ou sociedade empresária, a partir de então falido, como também em relação aos terceiros que se relacionam com o falido.

Os efeitos produzidos pela sentença declaratória da falência podem ser didaticamente agrupados da seguinte forma:

a) efeitos em relação aos direitos dos credores;

b) efeitos em relação à pessoa do falido;

c) efeitos em relação aos sócios e aos administradores da sociedade falida;

d) efeitos em relação aos bens do falido;

e) efeitos em relação às obrigações e aos contratos do falido.

5.2.9.1. Efeitos em relação aos direitos dos credores

Como referido no item 5.2.8, a sentença declaratória da falência traz uma série de comandos destinados a impedir a evasão patrimonial, documental e até pessoal do falido, em benefício da proteção dos interesses da coletividade de credores.

Nesse sentido, a decretação da falência dá início ao concurso, por assim dizer, formal de credores e, conforme dispõe o art. 115, sujeita todos os credores, que somente podem exercer os seus direitos sobre os bens do falido e do sócio ilimitadamente responsável na forma e nas condições previstas na lei.

A decretação da falência acarreta a *suspensão*:

a) do exercício do direito de retenção sobre os bens sujeitos à arrecadação, que deverão ser entregues ao administrador judicial (art. 116, I);

b) do exercício do direito de retirada ou de recebimento do valor de suas quotas sociais ou ações por parte dos sócios da sociedade falida (art. 116, II);

c) de todas as ações ou execuções existentes contra o falido, com exceção das ações que demandarem quantia ilíquida, conforme o art. 6.º, § 1.º, e as ações de natureza trabalhista, que, conforme o art. 6.º, § 2.º, serão processadas no juízo próprio (e não no juízo da falência) até a apuração do respectivo crédito, que então será inscrito no quadro geral de credores, pelo valor determinado em sentença. Também o art. 76 faz ressalva às ações fiscais e àquelas não reguladas pela legislação falimentar, e nas quais o falido figurar como autor ou litisconsorte ativo.

Nessa hipótese, a Lei de Falência e Recuperação de Empresas, em seu art. 6.º, § 3.º, faculta ao juiz competente (para conhecer de ações que demandarem quantia ilíquida ou de natureza trabalhista ou fiscal) determinar a reserva da importância que estimar devida na falência, sendo que, uma vez reconhecido líquido o direito, o crédito será incluído na classe própria, na relação de credores da falência.

Como referido anteriormente, a falência é um processo de execução coletiva caracterizado pelo concurso universal de credores. Entretanto, a lei falimentar em seu art. 5.º traz exceção a essa regra, de modo que não são exigíveis do devedor na falência:

a) as obrigações a título gratuito;

b) as despesas que os credores fizerem para tomar parte na recuperação judicial ou na falência, com exceção das custas judiciais decorrentes de litígio com o falido.

5.2.9.2. *Efeitos em relação à pessoa do falido*

A despeito de sua natureza patrimonial e até como meio de assegurar a satisfação dos direitos dos credores na massa falida, a declaração de falência impõe determinadas restrições à pessoa do falido. Ressalte-se, porém, que tais restrições dirigem-se primordialmente ao empresário individual, na hipótese da decretação de sua falência, ao administrador das sociedades falidas, bem como aos sócios de responsabilidade solidária e ilimitada, por ocasião da falência da sociedade por eles composta, não sendo aplicáveis aos sócios daquelas sociedades em que a sua responsabilidade seja limitada (sociedade limitada e sociedade anônima), bem como ao titular da empresa individual de responsabilidade limitada, na hipótese da decretação de sua falência. Assim:

a) a partir da decretação da falência e até a sentença que extingue suas obrigações, o falido fica inabilitado para exercer qualquer atividade empresarial, nos termos do art. 102;

b) a partir da decretação da falência ou do sequestro de seus bens, o falido não possui mais o direito de *administrar* o seu patrimônio ou dispor dos bens dele integrantes (art. 103).

Convém, entretanto, observar que a falência, em seu estágio inicial, não implica na perda do direito de propriedade do falido sobre o seu patrimônio. O que ocorre, como a própria Lei de Falência e Recuperação de Empresas especifica, é uma limitação (e não perda) do direito de propriedade, consistente na restrição legal à administração ou disposição do patrimônio pelo falido.

Não obstante tal limitação, o falido poderá fiscalizar a administração da falência, requerer as providências necessárias para a conservação de seus direitos ou dos bens arrecadados e intervir nos processos em que a massa falida seja parte ou interessada, podendo inclusive requerer ao juízo falimentar o que for de direito e interpor os recursos cabíveis.

Além das limitações acima referidas, a decretação da falência impõe ao falido certos deveres que, uma vez descumpridos, o sujeitam ao crime de *desobediência*. Assim, nos termos do art. 104, são deveres do falido:

a) assinar nos autos, desde que intimado da decisão, termo de comparecimento, com a indicação de nome, nacionalidade, estado civil e endereço completo do domicílio, devendo ainda declarar para constar do dito termo:

a.1) as causas determinantes da sua falência, quando requerida pelos credores;

a.2) tratando-se de sociedade, os nomes e endereços de todos os sócios, acionistas controladores, diretores ou administradores, apresentando o contrato ou estatuto social e a prova do respectivo registro, bem como suas alterações;

a.3) o nome do contador encarregado da escrituração dos livros obrigatórios;

a.4) os mandatos que porventura tenha outorgado, indicando seu objeto, nome e endereço do mandatário;

a.5) seus bens imóveis e os móveis que não se encontram no estabelecimento;

a.6) se faz parte de outras sociedades, exibindo os respectivos contratos;

a.7) suas contas bancárias, aplicações, títulos em cobrança e processos em andamento em que for autor ou réu;

b) depositar em cartório, no ato de assinatura do termo de comparecimento, os seus livros obrigatórios, a fim de que sejam entregues ao administrador judicial, depois de encerrados por termos assinados pelo juiz;

c) não se ausentar do lugar onde se processa a falência sem motivo justo, sem comunicação expressa ao juiz e sem deixar procurador bastante, sob as penas cominadas na lei;

d) comparecer a todos os atos da falência, podendo ser representado por procurador, quando não for indispensável sua presença;

e) entregar, sem demora, todos os bens, livros, papéis e documentos ao administrador judicial, indicando-lhe, para serem arrecadados, os bens que porventura tenha em poder de terceiros;

f) prestar as informações reclamadas pelo juiz, administrador judicial, credor ou Ministério Público sobre circunstâncias e fatos que interessem à falência;

g) auxiliar o administrador judicial com zelo e presteza;

h) examinar as habilitações de crédito apresentadas;

i) assistir ao levantamento, à verificação do balanço e ao exame dos livros;

j) manifestar-se sempre que for determinado pelo juiz;

k) apresentar, no prazo fixado pelo juiz, a relação de seus credores;

l) examinar e dar parecer sobre as contas do administrador judicial.

5.2.9.3. *Efeitos em relação aos sócios e aos administradores da sociedade falida*

As sociedades, como visto anteriormente, na condição de pessoas jurídicas direcionadas ao exercício coletivo de uma atividade empresarial, podem ter sua falência decretada. Assim, na hipótese de falência de uma sociedade, esta é que deve figurar como sujeito passivo no processo falimentar, e não propriamente os seus sócios.

Não obstante essa característica de índole processual, há a necessidade de que alguma pessoa natural responda legalmente pelos atos praticados pela pessoa jurídica societária anteriormente à falência.

Assim, para fins de apuração da responsabilidade dos sócios e dos administradores no processo de falência das sociedades empresárias, a Lei de Falência e Recuperação de Empresas estabelece em seus arts. 81 e 82 nítida distinção entre sócios de responsabilidade limitada, administradores e sócios de responsabilidade ilimitada.

Dessa forma, os *a)* sócios de responsabilidade limitada (acionistas, nas *sociedades anônimas,* quotistas nas *sociedades limitadas,* e comanditários nas *sociedades em comandita simples* e *sociedades em comandita por ações*), não são atingidos pela falência da sociedade e, consequentemente, não sofrem, em princípio, qualquer restrição pessoal ou patrimonial decorrente da falência da sociedade. Idêntico critério deve ser aplicado ao titular da empresa individual de responsabilidade limitada, visto seguir as regras aplicáveis às sociedades limitadas, conforme estabelece o art. 980-A, § 6.º do Código Civil.

Os *b)* administradores (e liquidantes) das sociedades falidas são equiparados ao falido para fins de responsabilidades, direitos e deveres, ainda que não sejam propriamente seus devedores, cabendo-lhes, nos termos do art. 81, § 2.º, representar as sociedades falidas no processo de falência. Seu patrimônio, em princípio, não é arrecadado para a massa falida, podendo, entretanto, ser mantido indisponível por ordem concedida liminarmente pelo juízo falimentar, nos autos de ação própria de responsabilidade que contra eles seja formulada, nos termos do art. 82.

Tal equiparação legal se justifica, do ponto de vista falimentar, pelo fato de serem os administradores os responsáveis diretos pela gestão e condução dos negócios sociais.

A Lei de Falência e Recuperação de Empresas, contudo, prevê a possibilidade de responsabilização criminal (art. 179) e patrimonial (art. 82) dos sócios de responsabilidade limitada, inclusive os controladores da sociedade falida e os administradores.

Assim, nos termos do art. 82, a responsabilidade patrimonial de referidas pessoas será apurada em ação ordinária formulada perante o juízo da falência, independentemente da realização do ativo e da prova da sua insuficiência para cobrir o passivo, que prescreverá em dois anos, contados do trânsito em julgado da sentença de encerramento da falência.

Nesse sentido, a Lei de Falência e Recuperação de Empresas, em seu art. 82, § 2.º, possibilita ao juízo falimentar, de ofício ou a pedido das partes interessadas, determinar a indisponibilidade de bens particulares dos réus, em quantidade compatível com o dano provocado, até o julgamento da ação de responsabilização.

Por outro lado, os *c)* sócios de responsabilidade ilimitada (todos os sócios, nas *sociedades em nome coletivo, e* sócios comanditados nas *sociedades em comandita simples* e *sociedades em comandita por ações)* são considerados falidos, sendo que entendemos que os sócios quotistas, nas *sociedades limitadas* cujo capital social não tenha sido integralizado até à época da decretação da falência, também devem ser considerados falidos, pelos mesmos fundamentos. Conforme o art. 81, a decisão que decreta a falência da sociedade que tenha sócios de responsabilidade ilimitada também acarreta a falência destes, que ficam sujeitos aos mesmos efeitos jurídicos produzidos em relação à sociedade falida e, por isso, serão também citados para apresentar contestação, se assim o desejarem. A mesma regra se aplica ao sócio de responsabilidade ilimitada que tenha se retirado voluntariamente ou que tenha sido excluído da sociedade há menos de dois anos, no tocante ao passivo existente na data do arquivamento da alteração do contrato social, no caso de não ter sido solvido até a data da decretação da falência.

Considerando que a empresa individual de responsabilidade limitada deve seguir as regras aplicáveis às sociedades limitadas, conforme estabelece o art. 980-A, § 6.º do Código Civil, entendemos também ser aplicável ao seu titular idêntico critério, na hipótese de não integralização do capital social daquela pessoa jurídica à época da decretação da falência.

5.2.9.4. Efeitos em relação aos bens do falido

A existência de um patrimônio do falido e a sua efetiva liquidação para o pagamento aos credores, como visto, são dois elementos de suma importância ao êxito do processo falimentar.

A falência compreende todos os bens do devedor, materiais e imateriais, inclusive direitos creditícios e ações, tanto os existentes à época de sua decretação como aqueles adquiridos no curso de processo, que deverão ser arrecadados e reunidos pelo administrador judicial na massa falida.

Assim, nos termos do art. 108, uma vez assinado o termo de compromisso, o administrador judicial efetuará a arrecadação dos bens e documentos e procederá à sua avaliação, separadamente ou em bloco, no local em que se encontrem, devendo requerer ao juiz as medidas para tanto necessárias, sendo que o falido poderá acompanhar a arrecadação e a avaliação.

Os bens arrecadados ficarão sob a guarda do administrador judicial ou de pessoa por ele escolhida, sob responsabilidade do administrador, podendo o falido ou qualquer de seus representantes ser nomeado depositário judicial dos bens. Da mesma forma, nos termos do art. 108, § 3.º, o produto dos bens penhorados ou por outra forma apreendidos entrará para a massa. Nesse caso, o juízo falimentar deverá, a pedido do administrador judicial, deprecar às autoridades competentes, determinando sua entrega.

Na sistemática instituída pela Lei de Falência e Recuperação de Empresas, excetuam-se da arrecadação os bens *considerados absolutamente impenhoráveis* (art. 108, § 4.º). Ressalte-se que a expressão bens absolutamente impenhoráveis utilizada pela lei falimentar foi substituída pelo termo *bens impenhoráveis* pelo novo Código de Processo Civil que, em seu art. 833, considera impenhoráveis:

I – os bens inalienáveis e os declarados, por ato voluntário, não sujeitos à execução;

II – os móveis, os pertences e as utilidades domésticas que guarnecem a residência do executado, salvo os de elevado valor ou os que ultrapassem as necessidades comuns correspondentes a um médio padrão de vida;

III – os vestuários, bem como os pertences de uso pessoal do executado, salvo se de elevado valor;

IV – os vencimentos, os subsídios, os soldos, os salários, as remunerações, os proventos de aposentadoria, as pensões, os pecúlios e os montepios, bem como as quantias recebidas por liberalidade de terceiro e destinadas ao sustento do devedor e de sua família, os ganhos de trabalhador autônomo e os honorários de profissional liberal, ressalvado o § 2º;

V – os livros, as máquinas, as ferramentas, os utensílios, os instrumentos ou outros bens móveis necessários ou úteis ao exercício da profissão do executado;

VI – o seguro de vida;

VII – os materiais necessários para obras em andamento, salvo se essas forem penhoradas;

VIII – a pequena propriedade rural, assim definida em lei, desde que trabalhada pela família;

IX – os recursos públicos recebidos por instituições privadas para aplicação compulsória em educação, saúde ou assistência social;

X – a quantia depositada em caderneta de poupança, até o limite de quarenta salários mínimos;

XI – os recursos públicos do fundo partidário recebidos por partido político, nos termos da lei;

XII – os créditos oriundos de alienação de unidades imobiliárias, sob regime de incorporação imobiliária, vinculados à execução da obra.

Além disso, o *bem de família* – assim conceituado como sendo o imóvel residencial próprio do casal ou de entidade familiar, nos termos da Lei 8.009/1990, é considerado impenhorável. Neste caso, a impenhorabilidade compreenderá o imóvel sobre o qual se assentam a construção, as plantações, as benfeitorias de qualquer natureza e todos os equipamentos, inclusive os de uso profissional, ou móveis que guarnecem a casa, desde que quitados.

Com a decretação da falência, nos termos do art. 109, o(s) imóvel(is) ocupado(s) pelo devedor (sede e filiais) poderá(ão) ser lacrado(s) sempre que houver risco para a execução da etapa de arrecadação, para a preservação dos bens da massa falida ou dos interesses dos credores. A lacração do estabelecimento (a palavra *estabelecimento* é tomada pela lei falimentar na sua acepção mais simples e menos adequada – a de bem imóvel), portanto, não constitui regra obrigatória na falência, visto que o juízo falimentar poderá autorizar a continuação do negócio na falência, conforme o art. 99, XI.

Efetuada a arrecadação, o administrador judicial assinará o auto de arrecadação, composto do inventário e do respectivo laudo de avaliação dos bens. Caso não seja possível a avaliação dos bens no ato da arrecadação, o administrador judicial poderá requerer a concessão de prazo – de até trinta dias contados da apresentação do auto de arrecadação – para que apresente o laudo de avaliação. Ainda nos termos do art. 110, o inventário será assinado pelo administrador judicial, pelo falido ou seus representantes e por outras pessoas que auxiliarem ou presenciarem o ato.

O inventário relacionará, nos termos do art. 110, § 2.º, os seguintes bens e documentos, que deverão ser descritos e individualizados sempre que possível:

a) os livros obrigatórios e os auxiliares ou facultativos do devedor, designando-se o estado em que se acham, número e denominação de cada um, páginas escrituradas, data do início da escrituração e do último lançamento, e se os livros obrigatórios estão revestidos das formalidades legais;

b) dinheiro, papéis, títulos de crédito, documentos e outros bens da massa falida;

c) os bens da massa falida em poder de terceiro, a título de guarda, depósito, penhor ou retenção;

d) os bens indicados como propriedade de terceiros ou reclamados por estes, mencionando-se essa circunstância.

Além disso, no prazo de quinze dias após a arrecadação dos bens imóveis, o administrador judicial deverá exibir as certidões de registro, extraídas posteriormente à decretação da falência.

Caso haja necessidade de melhor guarda e conservação, os bens arrecadados poderão ser removidos para depósito, sob a responsabilidade do administrador judicial, conforme o art. 112.

A regra geral na falência é que somente após o término da arrecadação e avaliação dos bens do falido, porém independentemente da formação do quadro geral de credores (art. 140, § 2.º), é que estes poderão ser vendidos, já na fase de liquidação, contudo, a Lei de Falência e Recuperação de Empresas traz algumas exceções:

a) poderá ser autorizada judicialmente a imediata aquisição ou adjudicação pelos credores, de forma individual ou coletiva, dos bens arrecadados, em razão dos custos e no interesse da massa falida, observadas a classificação e as preferências entre os credores e ouvido o comitê de credores, devendo (a aquisição ou adjudicação) ser efetuada pelo valor de avaliação dos bens (art. 111);

b) poderá ser autorizada a venda antecipada de bens perecíveis, deterioráveis, sujeitos a considerável desvalorização ou que sejam de conservação arriscada ou dispendiosa, desde que já se tenha sido realizada a arrecadação e a avaliação, ouvidos o comitê de credores e o falido no prazo de quarenta e oito horas (art. 113).

Por último, nos termos do art. 114, a fim de gerar renda para a massa falida, o administrador judicial poderá alugar ou celebrar outro contrato referente aos bens da massa falida, mediante autorização do comitê de credores. Entretanto, o contrato em questão não produzirá direito de preferência na compra, tampouco poderá importar em disposição total ou parcial dos bens, sendo ainda que o bem objeto da contratação poderá ser alienado a qualquer tempo, independentemente do prazo contratado, com a rescisão, sem direito a multa, do contrato realizado, salvo se houver anuência do adquirente.

5.2.9.4.1. Patrimônio de afetação

Também denominado *patrimônio segregado*, constitui parcela do patrimônio de um empresário, empresa individual de responsabilidade limitada ou sociedade empresária que, nos termos da lei, é destacada do seu patrimônio global com vistas a resguardar os direitos de seus credores, na hipótese da decretação de sua falência. Como resultado imediato disso, os bens que integram o patrimônio de afetação não são arrecadados para a massa falida.

O patrimônio de afetação, desse modo, caracteriza-se como uma das exceções à regra geral que determina a arrecadação de todos os bens do devedor para a massa falida, devendo estar previsto em lei para que possa valer em relação à massa falida e a terceiros quaisquer. No âmbito legal podem-se elencar três situações distintas em que o patrimônio de afetação é válido: *a)* incorporações imobiliárias; *b)* câmaras ou prestadoras de serviços de compensação e liquidação financeira; e *c)* companhias securitizadoras de recebíveis imobiliários.

a) Incorporações imobiliárias

Nas operações de incorporação imobiliária, a critério do incorporador, ela poderá ser submetida ao regime da afetação, mediante averbação no registro de imóveis competente e pelo qual o terreno e as acessões, objetos de incorporação imobiliária, bem como os demais bens e direitos a ela vinculados, serão mantidos segregados do patrimônio do incorporador e constituirão patrimônio de afetação, destinado à consecução da incorporação correspondente e à entrega das unidades imobiliárias aos respectivos adquirentes, conforme dispõe a Lei 4.591/1964, em seu art. 31-A.

Uma vez constituído, o patrimônio de afetação não se comunica com os demais bens, direitos e obrigações do patrimônio geral do incorporador ou de outros patrimônios de afetação por ele constituídos e só responde por dívidas e obrigações vinculadas à incorporação respectiva, sendo que o incorporador será responsável pelos prejuízos que causar ao patrimônio de afetação.

Assim, nos termos do art. 31-F da citada lei, os efeitos da decretação da falência do incorporador não atingirão o patrimônio de afetação constituído, que, desse modo, não será arrecadado para a massa falida.

b) Câmaras ou prestadoras de serviços de compensação e liquidação financeira

As câmaras ou prestadoras de serviços de compensação e liquidação, nos termos do art. 5.º da Lei 10.214/2001, deverão constituir patrimônio segregado, formado por bens e direitos necessários a garantir exclusivamente o cumprimento das obrigações existentes em cada um dos sistemas que estiverem operando.

Da mesma forma, conforme o art. 7.º da lei, a liquidação extrajudicial ou a falência de qualquer das entidades participantes do sistema brasileiro de pagamentos não atingirá o cumprimento das obrigações assumidas no âmbito das câmaras ou prestadoras de serviços de compensação e de liquidação, que serão ultimadas e liquidadas pela câmara ou prestador de serviços, valendo-se, no caso, do patrimônio de afetação já constituído, sendo que as câmaras ou prestadoras de serviços de compensação e liquidação, propriamente, estão totalmente excluídas do processo falimentar, conforme o item 5.2.2 e nos termos do art. 193 da lei.

c) Companhias securitizadoras de recebíveis imobiliários

Por fim, as companhias que realizem operações de securitização de recebíveis imobiliários, conforme o art. 9.º da Lei 9.514/1997, poderão instituir regime fiduciário de afetação patrimonial sobre créditos imobiliários, a fim de lastrear a emissão de certificados de recebíveis imobiliários (CRI). Figuram como agente fiduciário uma instituição financeira ou companhia autorizada para esse fim pelo Banco Central e como beneficiários os adquirentes dos títulos lastreados nos recebíveis objeto desse regime.

Os créditos objeto do regime fiduciário, nos termos do art. 11, constituem patrimônio separado, que não se confunde com o da companhia securitizadora. Eles serão mantidos separados do patrimônio da companhia até que se complete o resgate de todos os títulos da série a que estejam afetados; destinam-se exclusivamente à liquidação dos títulos a que estiverem afetados, bem como ao pagamento dos respectivos custos de administração e de obrigações fiscais; estão isentos de qualquer ação ou execução pelos credores da companhia securitizadora; não são passíveis de constituição de garantias ou de excussão por quaisquer dos credores da companhia securitizadora, por mais privilegiados que sejam; só responderão pelas obrigações inerentes aos títulos a ele afetados.

Além disso, conforme o art. 15, parágrafo único, a insolvência da companhia securitizadora não atingirá o patrimônio de afetação que tenha constituído.

5.2.9.5. *Efeitos em relação às obrigações e aos contratos do falido*

No exercício regular de sua atividade empresarial, anteriormente à falência, o devedor manteve relações contratuais que, com a superveniência do processo falimentar, passam a receber tratamento específico.

A decretação da falência determina o vencimento antecipado das obrigações do devedor e dos sócios de responsabilidade ilimitada, com o abatimento proporcional dos juros, e converte todos os créditos em moeda estrangeira para a moeda brasileira, pelo câmbio do dia da decisão judicial, para todos os efeitos legais, conforme previsto no art. 77.

Nos termos do art. 117, os contratos bilaterais não se resolvem pela falência e podem ser cumpridos pelo administrador judicial se o cumprimento reduzir ou evitar o aumento do passivo da massa falida ou for necessário à manutenção e preservação de seus ativos, mediante autorização do comitê de credores. Nesse caso, incidirá a discricionariedade do administrador judicial, que avaliará a conveniência e a oportunidade do cumprimento do contrato pela massa falida. Esse é o caso, por exemplo, da manutenção do contrato de empresa de vigilância para a guarda patrimonial dos bens da massa falida armazenados na antiga sede social.

Excetuam-se, porém, dessa hipótese, aqueles contratos em que as partes tenham acordado *cláusula resolutiva expressa* de falência.

Anote-se, contudo, que a doutrina comercialista costuma divisar duas soluções distintas para os contratos do falido:

a) os contratos cuja execução ainda não tenha sido iniciada por nenhuma das partes se resolvem pela decretação da falência, incidindo nesse caso a discricionariedade do administrador judicial, que poderá optar pelo seu cumprimento ou não;

b) os contratos cuja execução já tenha sido iniciada por qualquer das partes não se resolvem pela decretação da falência.

No prazo de noventa dias contados da assinatura do termo de nomeação do administrador judicial, qualquer contratante poderá interpelá-lo a fim de que, dentro de dez dias, declare que se cumpra ou não o contrato, sendo que a declaração negativa ou o silêncio do administrador judicial possibilita ao contraente o direito de exigir indenização, cujo valor, apurado em processo ordinário, constituirá crédito quirografário, considerando-se resolvido o contrato, para todos os fins de direito.

Além disso, conforme o art. 118, o administrador judicial, mediante autorização do comitê de credores, pode cumprir contrato unilateral se esse fato reduzir ou evitar o aumento do passivo da massa falida ou for necessário à manutenção e preservação de seus ativos, realizando o pagamento da prestação pela qual está obrigada a massa. Também os contratos de trabalho em que o falido seja o empregador não se resolverão pela decretação da falência. Sua resolução, entretanto, se dará em função da

Cap. 5 · FALÊNCIA E RECUPERAÇÃO DE EMPRESAS

paralisação das atividades empresariais do falido ocasionada pelo decreto falimentar, na hipótese de não ser autorizada a continuação do negócio na falência, nos termos do art. 99, XI.

Como regra geral, nas relações contratuais elencadas a seguir, conforme o art. 119, prevalecem as seguintes regras:

a) o vendedor não pode obstar a entrega das coisas expedidas ao devedor e ainda em trânsito se o comprador, antes do requerimento da falência, as tiver revendido, sem fraude, à vista das faturas e conhecimentos de transporte, entregues ou remetidos pelo vendedor;

b) se o devedor vendeu coisas compostas e o administrador judicial decidir não continuar a execução do contrato, o comprador poderá pôr à disposição da massa falida as coisas já recebidas, exigindo indenização por perdas e danos;

c) não tendo o devedor entregue coisa móvel ou prestado serviço que vendera ou contratara a prestações, e resolvendo o administrador judicial não executar o contrato, o crédito relativo ao valor pago ao falido será habilitado na classe própria;

d) o administrador judicial, ouvido o comitê, restituirá a coisa móvel comprada pelo devedor com reserva de domínio do vendedor se decidir não continuar a execução do contrato, exigindo a devolução, nos termos do contrato, dos valores pagos;

e) tratando-se de coisas vendidas a termo, que tenham cotação em bolsa ou mercado, e não se executando o contrato pela efetiva entrega daquelas e pagamento do preço, será paga a diferença entre a cotação do dia do contrato e a da época da liquidação em bolsa ou mercado;

f) na promessa de compra e venda de imóveis, aplicar-se-á a legislação respectiva;

g) a falência do locador não resolve o contrato de locação e, na falência do locatário, o administrador judicial pode, a qualquer tempo, denunciar o contrato;

h) caso haja acordo para compensação e liquidação de obrigações no âmbito do sistema financeiro nacional, nos termos da legislação vigente, a parte não falida poderá considerar o contrato vencido antecipadamente, hipótese em que será liquidado na forma estabelecida em regulamento, admitindo-se a compensação de eventual crédito que venha a ser apurado em favor do falido com créditos detidos pelo contratante;

i) os *patrimônios de afetação*, constituídos para cumprimento de destinação específica, obedecerão ao disposto na legislação respectiva, permanecendo seus bens, direitos e obrigações separados dos do falido até o advento do respectivo termo ou até o cumprimento de sua finalidade, ocasião em que o administrador judicial arrecadará o saldo a favor da massa falida ou inscreverá na classe própria o crédito que contra ela remanescer.

Nos termos do art. 120, as procurações *ad negotia* outorgadas pelo devedor antes da falência têm seus efeitos cessados com a decretação da falência, cabendo ao mandatário prestar contas de sua gestão ao mandante, ora representado pela massa falida. Por outro lado, as procurações *ad judicia* conferidas pelo devedor para sua representação judicial continuam em vigor até que sejam expressamente revogadas pelo administrador judicial.

As contas-correntes do falido são consideradas encerradas no momento de decretação da falência, verificando-se o respectivo saldo, conforme o art. 121.

Como regra geral, nos termos do art. 124, não são exigíveis juros contra a massa falida, quando vencidos *após* a decretação da falência, previstos em lei ou em contrato, se o ativo apurado não bastar para o pagamento dos créditos subordinados previstos no art. 83, VIII.

Constituem exceção a essa regra os juros das debêntures e dos créditos com garantia real, que são exigíveis contra a massa falida ainda que vencidos após a decretação da falência, respondendo por eles, porém, exclusivamente o produto dos bens que constituem a respectiva garantia.

Como referido no início deste capítulo, além de o empresário estar sujeito à falência, também o seu espólio, universalidade de direitos que reúne o patrimônio do empresário falecido, da mesma forma estará. Nesse caso, com a decretação da falência do espólio, o respectivo processo de inventário ficará suspenso, não sendo possível a transferência dos bens do falecido aos herdeiros habilitados antes do pagamento de suas dívidas na falência, cabendo ao administrador judicial, conforme o art. 125, a realização de atos pendentes em relação aos direitos e obrigações da massa falida.

5.2.10. Pedido de restituição e embargos de terceiro

Na falência, como regra geral, os credores do devedor falido devem participar do processo de falência, de modo a concorrer, em condições proporcionalmente igualitárias, ao ativo do devedor. Entretanto, há determinadas situações em que, diante da falência do devedor, a Lei de Falência e Recuperação de Empresas autoriza o credor a requerer a restituição de bem de sua propriedade alienado ao devedor.

Nos termos do art. 85 da Lei de Falência e Recuperação de Empresas, o proprietário de bem arrecadado no processo de falência ou que se encontre em poder do devedor na data da decretação da falência poderá pedir sua restituição. Também pode ser pedida a restituição de coisa vendida a crédito e entregue ao devedor nos quinze dias anteriores ao requerimento de sua falência, se ainda não alienada.

O pedido de restituição suspende a disponibilidade da coisa até o trânsito em julgado da sentença que decidi-lo, conforme dispõe o art. 91.

A restituição, entretanto, será em dinheiro nas hipóteses previstas no art. 86:

a) se a coisa não mais existir ao tempo do pedido de restituição, hipótese em que o requerente receberá o valor da avaliação do bem, ou, no caso de ter ocorrido sua venda, o respectivo preço, em ambos os casos no valor atualizado;

b) da importância entregue ao devedor, em moeda corrente nacional, decorrente de adiantamento a contrato de câmbio para exportação, na forma da lei, desde que o prazo total da operação, inclusive eventuais prorrogações, não exceda o previsto nas normas específicas fixadas pelo Banco Central;

c) dos valores entregues ao devedor pelo contratante de boa-fé na hipótese de revogação ou ineficácia do contrato.

Nesse sentido, a jurisprudência do Supremo Tribunal Federal, sob a vigência da legislação anterior, já havia pacificado o tema consoante o entendimento referido na Súmula 417: "Pode ser objeto de restituição, na falência, dinheiro em poder do falido, recebido em nome de outrem, ou do qual, por lei ou contrato, não tivesse ele a disponibilidade.".

As restituições em dinheiro, no entanto, somente serão efetuadas após o pagamento dos créditos trabalhistas de natureza estritamente salarial vencidos nos três meses anteriores à decretação da falência, até o limite de cinco salários mínimos por trabalhador, conforme o art. 86, parágrafo único.

Da mesma forma, quando diversos requerentes houverem de ser satisfeitos em dinheiro e não existir saldo suficiente para o pagamento integral, deverá ser efetuado o rateio proporcional entre eles, conforme o art. 91, parágrafo único.

O pedido de restituição deverá ser fundamentado e descreverá a coisa reclamada, sendo que o juiz mandará autuar em separado o requerimento com os documentos que o instruírem e determinará a intimação do falido, do comitê, dos credores e do administrador judicial para que, no prazo sucessivo de cinco dias, se manifestem, valendo como contestação a manifestação contrária à restituição, conforme o art. 87.

A sentença que reconhecer o direito do requerente determinará a entrega da coisa a ele no prazo de quarenta e oito horas (art. 88). Por outro lado, a sentença que negar a restituição, quando for o caso, incluirá o requerente no quadro geral de credores, na classificação que lhe couber, conforme o art. 89, estando sujeita ao recurso de apelação sem efeito suspensivo (art. 90).

Quando não por possível a apresentação de pedido de restituição, o credor poderá opor embargos de terceiro, nos termos da legislação processual civil (art. 93).

5.2.11. Ineficácia de atos praticados pelo devedor antes da falência

Como exposto, a pressão dos acontecimentos que levam o devedor à falência pode torná-lo suscetível de alienar bens integrantes de seu patrimônio, seja movido pelo ímpeto de liquidar precipitadamente seu ativo, agindo de boa-fé para pagar seus credores, seja pelo desejo de obter vantagem patrimonial indevida para si à custa do patrimônio empresarial em vias de ser absorvido pela massa falida.

Nesse contexto, a Lei de Falência e Recuperação de Empresas prevê determinadas medidas judiciais com a finalidade de evitar ou reprimir a prática de tais atos. Na sistemática legal, porém, existem atos jurídicos de alienação ou comprometimento patrimonial que são considerados *ineficazes* e outros considerados *revogáveis*, ainda que o objetivo visado pela lei seja invariavelmente a ineficácia de referidos atos em relação à massa falida.

Note-se aqui, mais uma vez, que a finalidade de tal disposição na lei é tornar ineficazes, portanto sem eficácia jurídica em relação à massa falida, os atos referidos nos arts. 129 e 130. Não se trata aqui de pleitear a nulidade ou a anulabilidade judicial do ato, que apenas é declarado ineficaz em relação à massa falida. Referido ato permanece válido, em princípio, em relação aos demais contratantes, ainda que, em virtude da declaração de ineficácia do ato, não possam obter o benefício desejado – a propriedade de um bem, na hipótese da ineficácia de contrato de venda e compra de imóvel celebrado sob a vigência do termo legal da falência, por exemplo.

Assim, a Lei de Falência e Recuperação de Empresas, em seu art. 129, considera *ineficazes* em relação à massa falida os seguintes atos:

a) o pagamento de dívidas não vencidas realizado pelo devedor dentro do termo legal, por qualquer meio extintivo do direito de crédito, ainda que pelo desconto do próprio título;

b) o pagamento de dívidas vencidas e exigíveis realizado dentro do termo legal, por qualquer forma que não seja a prevista pelo contrato;

c) a constituição de direito real de garantia, inclusive a retenção, dentro do termo legal da falência, tratando-se de dívida contra-ída anteriormente; se os bens dados em hipoteca forem objeto de outras posteriores, a massa falida receberá a parte que devia caber ao credor da hipoteca revogada;

d) a prática de atos a título gratuito, desde dois anos antes da decretação da falência;

e) a renúncia a herança ou a legado, até dois anos antes da decretação da falência;

f) a venda ou transferência de estabelecimento feita sem o consentimento expresso ou o pagamento de todos os credores, a esse tempo existentes, não tendo restado ao devedor bens suficientes para solver o seu passivo, salvo se, no prazo de trinta dias, não houver oposição dos credores, após serem devidamente notificados, judicialmente ou por oficial do registro de títulos e documentos;

g) os registros de direitos reais e de transferência de propriedade entre vivos, por título oneroso ou gratuito, ou a averbação relativa a imóveis realizados após a decretação da falência, salvo se tiver havido prenotação.

Os atos elencados acima são considerados ineficazes independentemente de o contratante ter ou não conhecimento do estado de crise econômico-financeira do devedor, bem como da existência ou não, de sua parte (do devedor), da intenção de fraudar credores.

Note-se, porém, que os atos referidos nos itens *a*, *b*, *c* e *f*, acima, desde que tenham sido previstos e realizados na forma definida em plano de recuperação judicial, não serão declarados ineficazes e nem serão revogados, conforme o art. 131.

Por outro lado, a lei considera *revogáveis* os atos praticados com a intenção de prejudicar credores, conforme o art. 130, desde que provados:

a) o conluio fraudulento entre o devedor e o terceiro que com ele contratar; e

b) o efetivo prejuízo sofrido pela massa falida.

É importante ressaltar que, no contexto da lei falimentar, os atos *ineficazes* referidos no art. 129 não dependem do conhecimento, por parte daquele que contrata com o devedor, de seu estado de crise econômico-financeira, como também não dependem da existência ou não de qualquer intenção, por parte do devedor, de fraudar credores.

Os atos *revogáveis* tratados no art. 130, por sua vez, necessitam, para sua caracterização, da prova de que tenham sido praticados com a intenção de prejudicar credores. Tal prova, nos termos do art. 130, deve demonstrar cabalmente: *a)* o conluio fraudulento entre o devedor e o terceiro que com ele contratar; e *b)* o efetivo prejuízo sofrido no caso pela massa falida.

Assim, a declaração judicial dos atos denominados *ineficazes* e elencados no art. 129 reveste-se do elemento objetivo, na medida em que não exige a prova da intenção fraudulenta do devedor ou de ambas as partes envolvidas na prática do ato, podendo ser proferida, conforme o art. 129, parágrafo único, nas seguintes hipóteses:

a) de ofício pelo juízo falimentar, em despacho proferido nos autos do processo de falência;

b) motivada por defesa apresentada nos autos do processo de falência, por incidente processual surgido em referido processo ou por ação própria cujo objeto envolva interesse da massa falida.

Por outro lado, a declaração judicial dos atos denominados *revogáveis* e referidos no art. 130 reveste-se do elemento subjetivo, na medida em que exige a prova efetiva da intenção fraudulenta do devedor ou de ambas as partes envolvidas na prática do ato, devendo ser proferida nos autos de ação própria de rito ordinário formulada perante o juízo da falência (art. 134) e denominada *ação revocatória*.

Conforme o art. 132, têm legitimidade ativa para a propositura da ação revocatória, no prazo de três anos contados da decretação da falência:

a) o administrador judicial;

b) qualquer credor;

c) o representante do Ministério Público.

Neste ponto, convém citar a lição de Manoel Justino Bezerra Filho (*Lei de Recuperação de Empresas e Falência*, p. 293):

"Esse prazo de três anos existe apenas para a ação revocatória do art. 130 e não para os casos de ineficácia objetiva do art. 129. Para os casos do art. 129, a ineficácia pode ser declarada até o momento do trânsito em julgado da sentença de extinção das obrigações, prevista no art. 159; a partir deste momento, não mais existentes obrigações em favor da massa, desaparece qualquer interesse processual para o pedido que seria feito em ação declaratória de ineficácia, com fundamento na ineficácia objetiva."

Por outro lado, conforme o art. 133, têm legitimidade passiva para figurarem como réus na ação revocatória:

a) todos os que figuraram no ato ou que por efeito dele foram pagos, garantidos ou beneficiados;

b) os terceiros adquirentes, se tiveram conhecimento, ao criar o direito, da intenção do devedor de prejudicar os credores;

c) os herdeiros ou legatários:

c.1) dos que figuraram no ato ou que por efeito dele foram pagos, garantidos ou beneficiados;

c.2) dos terceiros adquirentes de referidos bens.

Ressalte-se que, para que um ato jurídico seja atacado via ação revocatória, não é necessário que o ato inquinado esteja compreendido dentro do termo legal da falência, com exceção daqueles previstos nos incisos de I a III do art. 129 da lei.

A procedência da ação revocatória, nos termos do art. 135, implicará no retorno dos bens à massa falida em espécie, com todos os acessórios, ou o valor de mercado, acrescidos das perdas e danos, sendo que reconhecida a ineficácia ou julgada procedente a ação revocatória, haverá o retorno das partes à situação jurídica anterior, e o contratante de boa-fé terá direito à restituição dos bens ou valores entregues ao devedor, conforme o art. 136, *caput*. A lei assegura, por seu turno, ao terceiro de boa-fé, o direito à propositura, a qualquer tempo, de ação por perdas e danos contra o devedor ou seus garantes.

Por fim, note-se que, nos termos do art. 137, o juiz poderá ordenar preventivamente o sequestro dos bens retirados do patrimônio do devedor que estejam em poder de terceiros, podendo referido ato ser declarado ineficaz ou revogado, ainda que praticado com base em decisão judicial.

Da sentença proferida no julgamento da ação revocatória, caberá o recurso de apelação, conforme o art. 135, parágrafo único.

5.2.12. Administração da falência

A multiplicidade de interesses envolvidos na falência exige que a administração do ativo e do passivo do devedor, reunidos na massa falida, seja conduzida de forma organizada e eficiente, de modo a possibilitar a conservação e se possível até a valorização do ativo e a efetiva redução do passivo existente, mediante o pagamento do maior número possível de credores habilitados no processo falimentar.

Em sentido genérico, poder-se-ia dizer até que o próprio juiz e o representante do Ministério Público exerceriam, em determinados momentos, funções relacionadas à administração da falência, porém, em sentido estrito, entendemos que a administração propriamente dita da massa falida cabe a órgãos previstos especificamente na lei para tal finalidade, e referidos a seguir.

A LFRE prevê a existência de três órgãos distintos, cujas atribuições se complementam: *a)* administrador judicial; *b)* comitê de credores; e *c)* assembleia geral de credores, que desempenharão suas funções sob a imediata direção e superintendência do juiz da falência e também sob a fiscalização do representante do Ministério Público competente.

5.2.12.1. Administrador judicial

O administrador judicial é o responsável direto pela administração do ativo e do passivo do devedor falido, reunidos na massa falida, que será por ele representada durante o processo falimentar. Nos termos do art. 21, será profissional idôneo, preferencialmente advogado, economista, administrador de empresas ou contador, ou pessoa jurídica especializada.

No processo falimentar e na recuperação judicial, o administrador judicial exerce temporariamente uma função pública, possuindo como atribuição de competência específica a gestão da massa falida e sua representação judicial e extrajudicial, ativa e passiva.

Na prática, o administrador judicial costuma ser uma pessoa natural que reúna as qualificações referidas acima. Entretanto, poderá também ser uma pessoa jurídica, sendo que, nessa hipótese, o termo de compromisso assinado no ato de sua posse (art. 33) deverá indicar o nome de profissional responsável pela condução do processo de falência, que não poderá ser substituído sem autorização do juízo falimentar.

Note-se, entretanto, que aquele que tenha sido designado administrador judicial poderá declinar de sua nomeação, sendo que a Lei de Falência e Recuperação de Empresas fixa prazo de quarenta e oito horas para a assinatura do termo de compromisso (e posse), conforme o art. 33. A não assinatura no prazo legal implicará nomeação de outro administrador judicial pelo juízo falimentar (art. 34).

O administrador judicial possui as seguintes atribuições na falência, que deverão ser desempenhadas sob a fiscalização do juiz e do comitê de credores, conforme o art. 22, I e III:

a) enviar correspondência aos credores comunicando a data da decretação da falência, a natureza, o valor e a classificação dada ao crédito;

b) fornecer, com presteza, todas as informações pedidas pelos credores interessados;

c) dar extratos dos livros do devedor, que merecerão fé de ofício, a fim de servirem de fundamento nas habilitações e impugnações de créditos;

d) exigir dos credores, do devedor ou de seus administradores quaisquer informações;

e) elaborar a relação de credores (prevista no art. 7.º, § 2.º);

f) consolidar o quadro geral de credores nos termos do art. 18 ;

g) requerer ao juiz convocação da assembleia geral de credores nos casos previstos na lei ou quando entender necessária sua ouvida para a tomada de decisões;

h) contratar, mediante autorização judicial, profissionais ou empresas especializadas para, quando necessário, auxiliá-lo no exercício de suas funções;

i) manifestar-se nos casos previstos na lei;

j) avisar, pelo órgão oficial, o lugar e a hora em que, diariamente, os credores terão à sua disposição os livros e documentos do falido;

k) examinar a escrituração do devedor;

l) relacionar os processos e assumir a representação judicial da massa falida;

m) receber e abrir a correspondência dirigida ao devedor, entregando a ele o que não for assunto de interesse da massa;

n) arrecadar os bens e documentos do devedor; elaborar o auto de arrecadação e proceder à avaliação dos bens arrecadados;

o) contratar avaliadores, de preferência oficiais, mediante autorização judicial, para a avaliação dos bens, caso entenda não ter condições técnicas para a tarefa;

p) praticar os atos necessários à realização do ativo e ao pagamento dos credores;

q) requerer ao juiz a venda antecipada de bens perecíveis, deterioráveis ou sujeitos a considerável desvalorização ou de conservação arriscada ou dispendiosa, nos termos do art. 113.

r) praticar todos os atos conservatórios de direitos e ações, diligenciar a cobrança de dívidas e dar a respectiva quitação;

s) remir, em benefício da massa e mediante autorização judicial, bens empenhados, penhorados ou legalmente retidos;

t) representar a massa falida em juízo, contratando, se necessário, advogado, cujos honorários serão previamente ajustados e aprovados pelo comitê de credores;

u) requerer todas as medidas e diligências que forem necessárias para o cumprimento das disposições legais, a proteção da massa ou a eficiência da administração;

v) apresentar ao juiz para juntada aos autos, até o décimo dia do mês seguinte ao vencido, conta demonstrativa da administração, que especifique com clareza a receita e a despesa;

w) entregar ao seu substituto todos os bens e documentos da massa em seu poder, sob pena de responsabilidade;

x) prestar contas ao final do processo, quando for substituído, destituído ou renunciar ao cargo;

y) apresentar *relatório inicial* no prazo de quarenta dias, contados da assinatura do termo de compromisso, prorrogável por igual período, sobre as causas e circunstâncias que conduziram à situação de falência, no qual apontará a responsabilidade civil e penal dos envolvidos, sendo que, na hipótese de o relatório apontar a responsabilidade penal de qualquer dos envolvidos, o Ministério Público será intimado para tomar conhecimento de seu teor (art. 22, § 4.º);

z) apresentar *relatório final* da falência no prazo de dez dias, indicando o valor do ativo e o do produto de sua realização, o valor do passivo e o dos pagamentos feitos aos credores, especificando justificadamente as responsabilidades com que continuará o falido, por ocasião do encerramento do processo de falência (art. 155).

Na falência, o administrador judicial não poderá, sem autorização judicial, após ouvidos o comitê e o devedor no prazo comum de dois dias, transigir sobre obrigações e direitos da massa falida e conceder abatimento de dívidas (créditos em favor da massa falida), ainda que sejam consideradas de difícil recebimento (art. 22, § 3.º).

Ainda que tenha certa liberdade no exercício de suas funções, o administrador judicial deverá observar os prazos legais para a prática dos atos de sua competência. Nesse sentido, o administrador judicial que não apresentar, no prazo estabelecido, suas contas ou qualquer dos relatórios previstos na lei, nos termos do art. 23, será intimado pessoalmente a fazê-lo no prazo de cinco dias, sob pena de desobediência. Decorrido o prazo legal, o administrador será destituído pelo juízo falimentar, nomeando-se substituto para elaborar os relatórios ou organizar as contas, além de explicitar as responsabilidades de seu antecessor.

Pelo desempenho de suas funções o administrador judicial terá direito a uma remuneração, a ser fixada pelo juízo falimentar, nos termos do art. 24, observados a capacidade de pagamento do devedor, o grau de complexidade do trabalho e os valores praticados no mercado para o desempenho de atividades semelhantes, sendo que, em qualquer hipótese, o valor total pago ao administrador judicial não excederá 5% do valor devido aos credores submetidos à recuperação judicial ou do valor de venda dos bens na falência.

Ressalte-se, no entanto que, em se tratando de microempresas e empresas de pequeno porte, a remuneração do administrador judicial ficará reduzida ao limite de 2% do valor devido aos credores submetidos à recuperação judicial ou do valor de venda dos bens na falência (art. 24, § 5.º). Note-se ainda que, do total devido ao administrador judicial, a título de remuneração pelos serviços prestados, conforme o art. 24, § 2.º, serão reservados 40% para pagamento após o julgamento de suas contas e a apresentação do relatório final.

Na hipótese de não aprovação de suas contas, o administrador não terá direito à remuneração (art. 24, § 4.º).

O administrador judicial poderá ainda contratar auxiliares, desde que aprovado previamente pelo juízo falimentar, que deverá fixar também suas remunerações (art. 22, § 1.º).

Ressalte-se por fim que, nos termos do art. 30, não poderá exercer as funções de administrador judicial (nem integrar o comitê de credores) quem, nos cinco anos anteriores, no exercício do cargo de administrador judicial ou de membro do comitê em falência ou recuperação judicial *a)* foi destituído; *b)* deixou de prestar contas dentro dos prazos legais; ou *c)* teve a prestação de contas desaprovada.

Também estará impedido de exercer a função de administrador judicial (e de integrar o comitê) quem tiver relação de parentesco ou afinidade até o terceiro grau com o devedor, seus administradores, controladores ou representantes legais ou deles for amigo, inimigo ou dependente.

O administrador judicial poderá ser destituído pelo juízo falimentar, de ofício ou a requerimento fundamentado de qualquer interessado, quando constatados a desobediência aos preceitos contidos na lei, o descumprimento de deveres, omissão, negligência ou prática de ato lesivo às atividades do devedor ou a terceiros, sendo que no ato de destituição o juiz deverá nomear novo administrador.

Nos termos do art. 32, o administrador judicial e os membros do comitê responderão pelos prejuízos causados à massa falida, ao devedor ou aos credores por dolo ou culpa, cabendo à massa falida, durante o processo de falência, a propositura de ação de responsabilidade e indenizatória contra o administrador judicial ou os membros do comitê.

5.2.12.2. *Comitê de credores*

O comitê de credores é um órgão de existência *facultativa*, podendo ser constituído, nos termos do art. 26, por deliberação de qualquer das classes de credores, tomada em assembleia geral, e terá a seguinte composição:

a) um representante indicado pela classe de credores trabalhistas, com dois suplentes;

b) um representante indicado pela classe de credores com direitos reais de garantia ou privilégios especiais, com dois suplentes;

c) um representante indicado pela classe de credores quirografários e com privilégios gerais, com dois suplentes;

d) um representante indicado pela classe de credores representantes de microempresas e empresas de pequeno porte, com dois suplentes.

O comitê de credores poderá funcionar com número inferior ao referido acima, cabendo aos seus próprios membros a escolha, entre eles, de um presidente.

Nos termos do art. 27, o comitê de credores terá por competência, dentre outras, as atribuições a seguir especificadas, devendo suas deliberações serem tomadas sempre por maioria de votos:

a) fiscalizar as atividades e examinar as contas do administrador judicial;

b) zelar pelo bom andamento do processo e pelo cumprimento da lei;

c) comunicar ao juiz, caso detecte violação dos direitos ou prejuízo aos interesses dos credores;

d) apurar e emitir parecer sobre quaisquer reclamações dos interessados;

e) requerer ao juiz a convocação da assembleia geral de credores;

f) manifestar-se nas hipóteses legais.

Na hipótese de inexistir o comitê de credores, caberá ao administrador judicial ou, na incompatibilidade deste, ao juiz exercer suas atribuições, sendo que os membros do comitê não receberão nenhuma remuneração do devedor ou da massa falida, cabendo-lhes, porém, o ressarcimento das despesas por eles incorridas no exercício de suas funções, desde que autorizado pelo juízo falimentar (art. 29).

5.2.12.3. *Assembleia geral de credores*

A assembleia geral de credores é um órgão de deliberação coletiva, que reúne a maioria das classes de credores. Deve ser convocada pelo juiz por edital publicado no *Diário Oficial* e em jornais de grande circulação nas localidades da sede e filiais, conforme o art. 36, devendo ser presidida pelo administrador judicial (art. 37).

Conforme o art. 41, a assembleia geral será composta das seguintes classes de credores:

a) Classe I – titulares de créditos trabalhistas e/ou decorrentes de acidentes de trabalho;

b) Classe II – titulares de créditos com garantia real;

c) Classe III – titulares de créditos quirografários, com privilégio especial, com privilégio geral ou subordinados;

d) Classe IV - titulares de créditos enquadrados como microempresa ou empresa de pequeno porte.

Conforme o art. 35, a assembleia geral de credores, na falência, terá por atribuições deliberar sobre:

a) a constituição do comitê de credores, a escolha de seus membros e sua substituição;

b) a adoção de outras modalidades de realização do ativo, na forma do art. 145;

c) qualquer outra matéria que possa afetar os interesses dos credores.

Na assembleia geral os titulares de créditos derivados da legislação do trabalho e os decorrentes de acidentes de trabalho votam *per capita*, independentemente do valor de seus respectivos créditos. Cabe, portanto, a cada credor um voto nas deliberações tomadas na referida assembleia, conforme definido no art. 41, § 1.º.

Neste ponto, convém ressaltar que a LC 147/2014 acrescentou o inciso IV ao art. 41 da Lei de Falência e Recuperação de Empresas, instituindo nova classe de credores nas assembleias gerais (Classe IV – titulares de créditos enquadrados como microempresa ou empresa de pequeno porte).

Da mesma forma, a referida lei alterou também o art. 45, § 2.º, da lei falimentar (aplicável às deliberações sobre o plano de recuperação judicial), estabelecendo que "nas classes previstas nos incisos I e IV do art. 41 desta Lei, a proposta deverá ser aprovada pela maioria simples dos credores presentes, independentemente do valor de seu crédito".

Com isso, definiu que os credores da classe IV votarão per capita (à semelhança dos titulares de créditos trabalhistas e/ou decorrentes de acidentes de trabalho), quando em assembleia geral instalada para deliberar sobre o plano de recuperação judicial.

Ocorre que, conforme se depreende da leitura do art. 41, este não foi alterado no tocante à definição do critério para votação dos credores integrantes da novel classe IV, em se tratando de assembleia geral instalada

Cap. 5 · FALÊNCIA E RECUPERAÇÃO DE EMPRESAS

para deliberar em processo de falência, na medida em que deveria ter sido igualmente alterado o art. 41, § 1.º para adoção de critério idêntico ao definido no art. 45, §2.º.

Diante disso, entendemos que neste caso, dada a clara omissão legislativa, por analogia, deve ser aplicada às assembleias gerais em falência, o mesmo critério estabelecido art. 45, §2.º.

Por sua vez, os titulares de créditos com garantia real votam entre si até o limite do valor do bem gravado pela respectiva garantia e votam juntamente com os credores integrantes da Classe III, pelo restante do valor de seu crédito (art. 41, § 2.º).

5.2.13. Verificação dos créditos na falência

Conforme exposto anteriormente, a falência é um processo de execução coletiva movido contra o devedor empresário, empresa individual de responsabilidade limitada ou sociedade empresária por seus credores; entretanto, o ingresso destes no processo falimentar, em princípio, não se dá automaticamente.

Nesse sentido, consideradas as exceções legais, para que um credor ingresse oficialmente na falência, é necessária a observância de um procedimento específico denominado *habilitação de crédito*, que compreende três atos distintos:

a) declaração dos créditos;

b) verificação dos créditos;

c) inclusão dos créditos na falência.

A declaração de créditos se dá por parte do próprio devedor, que deverá depositar em cartório a relação completa de seus credores.

Conforme o art. 7.º, a verificação dos créditos é realizada pelo administrador judicial, com base nos livros contábeis e documentos comerciais e fiscais do devedor e nos documentos que são apresentados pelos credores, podendo contar com o auxílio de profissionais ou de empresas especializadas.

Nesse sentido, uma vez publicado o edital contendo a íntegra da decisão que decreta a falência e a relação de credores, estes terão o prazo de quinze dias para apresentar ao administrador judicial suas habilitações ou suas divergências quanto aos créditos relacionados.

Decorrido o prazo para a apresentação de habilitações, terá início novo prazo de quarenta e cinco dias para que o administrador providencie a publicação de edital contendo a relação de credores, devendo indicar o local, o horário e o prazo comum em que o comitê, qualquer credor, o devedor ou seus sócios ou o Ministério Público terão acesso aos documentos que fundamentaram a elaboração dessa relação, conforme o art. 7.º, § 2.º.

Por fim, no prazo de dez dias, contados da publicação da relação de credores, o comitê, qualquer credor, o devedor ou seus sócios (na hipótese de o devedor ser uma sociedade empresária) ou o Ministério Público podem apresentar ao juiz impugnação contra a relação de credores, apontando a ausência de qualquer crédito ou manifestando-se contra a legitimidade, importância ou classificação de crédito relacionado (art. 8.º).

O procedimento da habilitação de créditos se reveste de extrema importância no processo falimentar, na medida em que, considerando que a falência, em termos gerais, abrange a coletividade de credores do falido ou da sociedade falida, a habilitação é o único caminho para que o credor possa satisfazer seu crédito. A habilitação de crédito realizada pelo credor, conforme o art. 9.º, deverá conter:

a) o nome, o endereço do credor e o endereço em que receberá comunicação de qualquer ato do processo;

b) o valor do crédito, atualizado até a data da decretação da falência ou do pedido de recuperação judicial, sua origem e classificação;

c) os documentos comprobatórios do crédito e a indicação das demais provas a serem produzidas;

d) a indicação da garantia prestada pelo devedor, se houver, e o respectivo instrumento;

e) a especificação do objeto da garantia que estiver na posse do credor.

Na hipótese de não observância do prazo de quinze dias, previsto no art. 7.º, § 1.º, por parte de credor(es), as habilitações de crédito serão recebidas como retardatárias (art. 10), sendo que os créditos retardatários perderão o direito a rateios eventualmente realizados até aquela data e ficarão sujeitos ao pagamento de custas.

5.2.14. Classificação dos créditos

No processo falimentar os créditos são classificados a partir de sua origem e natureza. Nesse sentido, a Lei de Falência e Recuperação de

Empresas estabelece uma ordem para o pagamento dos credores, em conformidade com a origem e a natureza de seus respectivos créditos.

A esse respeito, é importante observar que, como visto anteriormente, a falência tem como um de seus princípios basilares a igualdade entre os credores (*par conditio creditorum*), que se verifica, no *plano objetivo*, pela existência na lei de regras tendentes a assegurar tratamento isonômico a todos os credores, indistintamente, e, no *plano subjetivo*, pelo tratamento igualitário dispensado a referidos credores dentro de suas respectivas classes, ainda que existam distinções legais entre as referidas classes de credores.

Isso justifica o fato de, quando da liquidação do ativo, um credor titular de crédito originado de acidente do trabalho, por exemplo, vir a receber o seu pagamento precedentemente a um credor titular de um crédito quirografário, sendo que, não obstante isso, a igualdade prevalece entre os credores titulares de créditos de mesma origem e natureza, dentro de suas respectivas classes.

Preliminarmente, a lei prevê em seu art. 84 a existência de créditos *extraconcursais*, que devem ser pagos com precedência sobre os demais créditos – os *concursais* – referidos adiante. São créditos *extraconcursais*:

a) remunerações devidas ao administrador judicial e seus auxiliares e créditos derivados da legislação do trabalho ou decorrentes de acidentes de trabalho relativos a serviços prestados após a decretação da falência;

b) quantias fornecidas à massa pelos credores;

c) despesas com arrecadação, administração, realização do ativo e distribuição do seu produto, bem como custas do processo de falência;

d) custas judiciais relativas às ações e execuções em que a massa falida tenha sido vencida;

e) obrigações resultantes de atos jurídicos válidos praticados durante a recuperação judicial (quando esta tiver precedido a falência), como os créditos decorrentes de obrigações contraídas pelo devedor durante a recuperação judicial, inclusive aqueles relativos a despesas com fornecedores de bens ou serviços e contratos de mútuo, ou após a decretação da falência, e tributos relativos a fatos geradores ocorridos após a decretação da falência.

Nesse sentido, o Superior Tribunal de Justiça firmou o entendimento de que "classificam-se como extraconcursais os créditos originários de negócios jurídicos realizados no período compreendido entre a data em que se defere o processamento da recuperação judicial e a decretação da falência." (REsp 1399853/SC, Rel. Ministra Maria Isabel Gallotti, Rel. p/ Acórdão Ministro Antonio Carlos Ferreira, j. 10/02/2015 – DJE 13/03/2015).

Por seu turno, nos termos do art. 83, os créditos *concursais* compreendem a maioria dos créditos que formam o passivo do devedor, cuja ordem de classificação pode ser assim resumida:

a) os créditos derivados da legislação do trabalho, limitados a *cento e cinquenta salários mínimos* por credor, e os decorrentes de acidentes de trabalho (esses últimos não sujeitos ao limite inicialmente imposto aos créditos trabalhistas). Nesse sentido, conforme o entendimento atual do STJ "os créditos resultantes de honorários advocatícios têm natureza alimentar e equiparam-se aos trabalhistas para efeito de habilitação em falência e recuperação judicial." (REsp 1299339/PR, Rel. Ministro Moura Ribeiro, j. 26/05/2015 – DJE 28/05/2015);

b) créditos com garantia real até o limite do valor do bem gravado (considera-se como valor do bem objeto de garantia real a importância efetivamente arrecadada com sua venda, ou, no caso de alienação em bloco, o valor de avaliação do bem individualmente considerado);

Convém observar que, na hipótese de somente existirem no ativo da massa falida bens gravados com garantia real, é admissível a sua alienação para o pagamento do passivo trabalhista até o limite de cento e cinquenta salários mínimos, mesmo que isso implique no exaurimento do dito ativo e na impossibilidade de pagamento dos créditos por eles garantidos, em função da própria ordem legal de preferências estabelecida. A mesma lógica deverá ser adotada com relação aos créditos *extraconcursais*, se existirem, que, nesse caso preferirão aos concursais, inclusive aos trabalhistas e acidentários.

c) créditos tributários (fiscais) e previdenciários (também designados parafiscais), independentemente da sua natureza e tempo de constituição, excetuadas as multas tributárias;

d) créditos com privilégio especial, a saber:

d.1) os previstos no art. 964 do Código Civil;

d.2) os assim definidos em outras leis civis e comerciais;

d.3) aqueles a cujos titulares a lei confira o direito de retenção sobre a coisa dada em garantia;

d.4) aqueles em favor dos microempreendedores individuais e das microempresas e empresas de pequeno porte;

e) créditos com privilégio geral, a saber:

e.1) os previstos no art. 965 do Código Civil;

e.2) os créditos quirografários sujeitos à recuperação judicial, pertencentes a fornecedores de bens ou serviços que continuaram a provê-los normalmente após o pedido de recuperação judicial, no limite do valor dos bens ou serviços fornecidos durante o período da recuperação, conforme o art. 67, parágrafo único da Lei de Falência e Recuperação de Empresas;

e.3) os assim definidos em outras leis civis e comerciais;

f) créditos quirografários, a saber:

f.1) aqueles não previstos nas categorias anteriores;

f.2) os saldos dos créditos não cobertos pelo produto da alienação dos bens vinculados ao seu pagamento (por exemplo, créditos com garantia real, que excederem o valor do bem oferecido em garantia);

f.3) os saldos dos créditos derivados da legislação do trabalho que excederem o limite de *cento e cinquenta salários mínimos*, sendo ainda que créditos trabalhistas cedidos a terceiros serão considerados quirografários, conforme o art. 83, § 4.º;

g) as multas contratuais e as penas pecuniárias por infração das leis penais ou administrativas, inclusive as multas tributárias;

h) créditos subordinados, a saber:

h.1) os assim previstos em lei ou em contrato;

h.2) os créditos dos sócios e dos administradores sem vínculo empregatício (note-se, entretanto, que, nos termos do art. 83, § 2.º, não são oponíveis à massa os valores decorrentes de direito de sócio ao recebimento de sua parcela do capital social na liquidação da sociedade).

h.3) os créditos do Banco Central do Brasil oriundos da aplicação da penalidade de multa em processo administrativo sancionador, conforme o art. 7º, § 5º, da Lei 13.506/2017.

5.2.15. Liquidação do ativo

A fase de liquidação, como dito anteriormente, representa um dos escopos fundamentais da falência, enquanto processo de execução coletiva.

MANUAL DE DIREITO EMPRESARIAL • *Fábio Bellote Gomes*

Para que a liquidação seja possível, é necessário o cumprimento das etapas precedentes no tocante à habilitação dos créditos na falência, arrecadação de bens para a massa e avaliação dos bens que integram o ativo da massa falida.

A liquidação propriamente dita, nos termos do art. 139, deve ser iniciada após efetivada a arrecadação dos bens do falido, com a juntada do respectivo auto de arrecadação ao processo de falência.

5.2.15.1. Realização do ativo

A realização do ativo compreende a efetiva alienação (transferência da propriedade a terceiros) dos bens do ativo da massa falida.

A Lei de Falência e Recuperação de Empresas, ao tratar da realização do ativo, vale-se de duas expressões próximas, o que, à primeira vista, pode causar certa confusão conceitual. Nesse sentido, cuida a lei em seu art. 140 das *formas de alienação do ativo* e, posteriormente, em seu art. 142, das *modalidades de alienação do ativo*.

Assim, quando a lei trata das *formas de alienação do ativo*, refere-se ao caráter unitário ou coletivo com que os bens poderão ser alienados; desse modo, pode-se proceder à sua alienação por lotes ou individualmente, sendo possível, inclusive, a alienação da empresa propriamente dita "em funcionamento", já que se trata de atividade econômica, sobretudo quando autorizada a continuação do negócio na falência.

Por outro lado, quando a Lei de Falência e Recuperação de Empresas se refere às *modalidades de alienação do ativo*, cuida do procedimento que poderá ser adotado para a alienação dos bens integrantes do ativo da massa falida, independentemente do seu caráter unitário ou coletivo, podendo nesse caso ser adotados os procedimentos de *a)* leilão, por lances orais; *b)* propostas fechadas; ou *c)* pregão, conforme dispõe o art. 142, bem como outros procedimentos, desde que autorizados pelo juízo falimentar (art. 144).

a)   Formas de alienação do ativo

A alienação do ativo pode ser efetuada mediante a adoção de uma das *formas* abaixo elencadas, como prevê o art. 140, observada a seguinte ordem de preferência:

I)   alienação da empresa, com a venda de seus estabelecimentos em bloco;

II)   alienação da empresa, com a venda de suas filiais ou unidades produtivas isoladamente;

III) alienação em bloco dos bens que integram cada um dos estabelecimentos do devedor;

IV) alienação dos bens individualmente considerados.

Conforme o caso, pela conveniência e oportunidade para a massa falida, avaliadas pelo administrador e pelo juízo falimentar, pode ser adotada mais de uma forma de alienação do ativo, sendo que, conforme o art. 140, § 2.º, a realização do ativo deverá ter início independentemente da formação do quadro geral de credores, de modo a evitar a deterioração dos bens da massa falida (como máquinas e equipamentos em geral) e otimizar o pagamento aos credores.

Note-se ainda que, nas hipóteses referidas nos itens I e II, a alienação da empresa terá por objeto o conjunto dos bens necessários à operação rentável da unidade de produção, que poderá compreender, inclusive, a transferência de contratos específicos (art. 140, § 3.º), na hipótese de a manutenção e a execução de referidos contratos terem sido viabilizadas pela autorização judicial de continuação do negócio na falência, nos termos do art. 99, XI.

Na alienação conjunta ou separada de ativos, independentemente da modalidade adotada para a realização do ativo, como regra geral prevista no art. 141, deverão ser observados os seguintes parâmetros:

a) todos os credores, conforme a ordem de classificação prevista no art. 83, ficam sub-rogados no produto da realização do ativo, possuindo um direito subjetivo de crédito a ele;

b) o objeto da alienação estará livre de qualquer ônus e *não haverá sucessão do arrematante nas obrigações do devedor*, inclusive as de natureza tributária, as derivadas da legislação do trabalho e as decorrentes de acidentes de trabalho.

Assim, tendo em vista as peculiaridades da alienação judicial do estabelecimento, no âmbito do procedimento concursal, a lei falimentar previu a exoneração do arrematante pelas obrigações decorrentes dos contratos de trabalho anteriores, na hipótese de venda judicial do estabelecimento, em sede de processo de falência (art. 141, II) ou recuperação judicial (art. 60), sendo que o referido art. 141, II, inclusive, teve a sua constitucionalidade confirmada pelo Supremo Tribunal Federal (ADIn 3.934-2/DF, rel. Min. Ricardo Lewandowski, j. 27.05.2009).

Nesse sentido, os antigos empregados do falido que porventura venham a ser reaproveitados pelo arrematante deverão ser contratados mediante novos contratos de trabalho, sendo que, conforme o art. 141, §

2.º, o arrematante não responde pelas dívidas trabalhistas decorrentes do contrato de trabalho anterior.

A regra mencionada no item *b*, porém, não se aplicará quando o arrematante for: *a)* sócio da sociedade falida ou sociedade controlada pelo falido; *b)* parente, em linha reta ou colateral até o quarto grau, consanguíneo ou afim, do falido ou de sócio da sociedade falida; ou *c)* identificado como agente do falido com o objetivo de fraudar a sucessão.

b) Modalidades de alienação do ativo

Por seu turno, nos termos do art. 142, o juízo falimentar, ouvidos o administrador judicial e o comitê de credores, quando este existir, poderá adotar as seguintes *modalidades* de alienação do ativo:

a) Leilão

O leilão caracteriza-se como modalidade usual de alienação do ativo na falência, em que os interessados, em data, hora e local designados pelo juízo falimentar, oferecem lances orais para a aquisição dos bens alienados publicamente e integrantes do ativo da massa falida, efetuando-se a alienação àquele que oferecer o lance de maior valor, ainda que seja inferior ao valor de avaliação (art. 142, § 2.º). Aplicam-se ao leilão, no que couber, as disposições homônimas contidas no Código de Processo Civil (art. 142, § 3.º).

b) Propostas fechadas

A alienação por propostas fechadas se dá a partir da entrega, em cartório e sob recibo, de envelopes lacrados, a serem abertos pelo juiz em dia, hora e local designados no edital, devendo o escrivão lavrar o auto de depósito da proposta, assinado pelos presentes, conforme o art. 142, § 4.º. As propostas serão juntadas aos autos da falência e submetidas, quando da sua abertura, à análise do juiz, que decidirá pela melhor proposta, ouvido o administrador judicial a respeito.

c) Pregão

A modalidade de pregão não estava prevista na Lei de Falências e Concordatas de 1945, caracterizando-se como uma inovação da atual Lei de Falência e Recuperação de Empresas (art. 142, § 5.º). Constitui modalidade híbrida das anteriores e compreende duas fases:

c.1) recebimento de propostas mediante a adoção do mesmo procedimento relativo à alienação por propostas fechadas (ressalte-se que a lei falimentar contém um erro material: no art. 142, o § 5.º, I, onde consta "I – recebimento de propostas, na forma do § 3.º deste artigo" leia-se "I – recebimento de propostas, na forma do § 4.º deste artigo", do contrário, referido dispositivo não faria sentido);

c.2) leilão por lances orais, de que participarão somente aqueles que apresentarem propostas não inferiores a *noventa por cento* do valor da maior proposta ofertada, adotando-se, nesse caso, o mesmo procedimento relativo à alienação por leilão.

Na alienação do ativo na modalidade pregão, valerão ainda as seguintes regras, conforme o art. 142, § 6.º:

I)   recebidas e abertas as propostas, o juiz ordenará a notificação dos ofertantes para comparecerem ao leilão, desde que suas respectivas propostas não sejam inferiores a *noventa por cento* do valor da maior proposta ofertada;

II)   o valor de abertura do leilão será o da maior proposta recebida por ofertante presente, considerando-se esse valor como lance, ao qual ficará ele vinculado;

III)   caso o ofertante da proposta de maior valor não compareça ao leilão e não seja dado lance igual ou superior ao valor por ele ofertado, ele ficará obrigado a prestar a diferença verificada, constituindo a respectiva certidão do juízo título executivo para a cobrança dos valores pelo administrador judicial.

d)   Outras modalidades de alienação do ativo

Além das modalidades referidas nos itens anteriores, a Lei de Falência e Recuperação de Empresas traz ainda a possibilidade de adoção de outras modalidades. Nesse sentido, prevê em seu art. 145 a possibilidade de o juízo falimentar homologar "qualquer outra modalidade de realização do ativo", desde que aprovada pela assembleia geral de credores – por meio do voto favorável de credores que representem 2/3 (dois terços), no mínimo, dos créditos presentes à assembleia, conforme o art. 46 –, sendo que a própria lei oferece dois exemplos (que não excluem a possibilidade de outras alternativas) de modalidade de realização do ativo que podem ser adotados, e que poderão compreender, inclusive, a participação dos atuais sócios da sociedade falida e/ou de terceiros. São eles:

d.1) constituição de sociedade de credores, para a qual será alienado o ativo da massa falida (ou parte dele), em pagamento dos respectivos créditos;

d.2) constituição de sociedade pelos empregados do próprio devedor falido (nesse caso, os empregados poderão utilizar créditos derivados da legislação do trabalho para a aquisição ou arrendamento da empresa, conforme o art. 145, § 2.º).

Na hipótese referida no art. 145, caso a assembleia geral de credores *não aprove* a proposta alternativa para a realização do ativo, a lei prevê a possibilidade de o juízo falimentar decidir monocraticamente a respeito da modalidade a ser adotada, ouvido o administrador judicial e o comitê de credores, se este existir.

Além da hipótese prevista no art. 145 – de a assembleia geral deliberar sobre a modalidade alternativa de alienação do ativo e, na sua negativa e residualmente, o juízo falimentar decidir sobre ela –, a lei falimentar prevê, em seu art. 144, a possibilidade de o administrador judicial ou o comitê de credores apresentar proposta alternativa para a alienação do ativo. Nesse caso, conforme se depreende do teor do art. 144, não haverá a necessidade de convocação da assembleia geral de credores, podendo o próprio juízo da falência, havendo "motivos justificados", portanto em caráter discricionário, avaliando a conveniência e a oportunidade para a massa falida, autorizar modalidade de alienação judicial diversa daquelas previstas no art. 142.

Assim, em resumo, existem duas hipóteses legais para adoção de outras modalidades de alienação do ativo:

I)	proposta apresentada por credores ou terceiros interessados – a ser avaliada pela assembleia geral de credores, e que poderá, na eventualidade de sua rejeição por aquele órgão, ser analisada monocraticamente pelo juízo falimentar (art. 145);

II)	proposta apresentada pelo administrador judicial ou pelo comitê de credores – a ser analisada e aprovada monocraticamente pelo juízo falimentar (art. 144).

Em termos procedimentais, independentemente da modalidade de realização do ativo a ser adotada, esta deverá ser antecedida de publicação de anúncio em jornal de ampla circulação, com quinze dias de antecedência na hipótese de alienação de bens móveis, e com trinta dias na hipótese de alienação da empresa ou de bens imóveis, conforme o art. 142, § 1.º, sendo ainda facultada ao juízo falimentar a sua divulgação por outros meios que contribuam para o amplo conhecimento da venda.

Em qualquer modalidade de alienação de bens do ativo que venha a ser adotada, o Ministério Público deverá ser intimado pessoalmente para acompanhá-la, sob pena de nulidade.

Por fim, nas modalidades de alienação de bens do ativo referidas no art. 142 (leilão, propostas fechadas ou pregão), poderão ser apresentadas impugnações por quaisquer credores, pelo devedor ou pelo Ministério Público, no prazo de *quarenta e oito horas* da arrematação, conforme preceitua o art. 143 (parece-nos lógico que também na hipótese referida no art. 144 – *aprovação pelo juízo falimentar de modalidade alternativa de alienação* – deveria caber impugnação, visto que nesse caso os credores não participam do processo decisório).

Apresentada(s) a(s) impugnação(ões), os autos serão conclusos ao juízo da falência, que, no prazo de cinco dias, decidirá sobre ela(s). Na hipótese de ser(em) julgada(s) procedente(s), será suspensa a alienação; por outro lado, julgando-a(s) improcedente(s), o juiz determinará a entrega dos bens alienados ao arrematante, respeitadas as condições estabelecidas no respectivo edital de alienação.

5.2.15.2. *Pagamento dos créditos na falência*

Para que se dê o pagamento dos créditos concursais, escopo fundamental da falência, é necessário que, primeiramente, nos termos do art. 149, tenham sido efetuadas as restituições de bens, quando devidas, bem como tenham sido pagos os créditos extraconcursais.

Assim, uma vez consolidado o quadro geral de credores, as importâncias recebidas com a realização do ativo serão destinadas ao pagamento dos créditos concursais, conforme a ordem de classificação prevista no art. 83.

Nesse sentido, os respectivos credores deverão proceder, no prazo fixado pelo juízo falimentar, ao levantamento dos valores que lhes couberam em rateio, sendo que, aqueles que não o fizerem no prazo assinalado, serão intimados a fazê-lo no prazo de sessenta dias, após o qual referidos valores serão objeto de rateio suplementar entre os credores remanescentes (art. 149, § 2.º).

Por fim, efetuados os respectivos pagamentos a todos os credores, caso ainda haja saldo positivo na massa falida este será entregue ao falido, conforme o art. 153.

Com relação aos pagamentos efetuados pela massa falida, devem ainda ser feitas as seguintes ressalvas:

a) as despesas cuja antecipação de pagamento seja indispensável à administração da falência, inclusive na hipótese de continuação do negócio da falência, deverão ser pagas pelo administrador judicial com os recursos disponíveis em caixa, bem como os créditos trabalhistas de natureza estritamente salarial vencidos nos três meses anteriores à decretação da falência, até o limite de cinco salários mínimos por trabalhador, que nos termos do art. 151 serão pagos tão logo haja disponibilidade em caixa;

b) na hipótese de existirem credores que tenham agido com dolo ou má-fé na constituição de seu crédito ou garantia, estes ficarão, nos termos do art. 152, obrigados à restituição em dobro das quantias recebidas da massa falida, sem prejuízo das sanções penais eventualmente aplicáveis.

5.2.16. Término da falência

O término definitivo da falência compreende duas etapas distintas: a) encerramento do processo falimentar e b) extinção das obrigações do falido.

Assim, para que todos os efeitos jurídicos da falência cessem completamente em relação à pessoa do empresário, empresa individual de responsabilidade limitada ou sociedade empresária falida, bem como, no caso desta última, em relação à pessoa de seus administradores, é necessário não somente o encerramento do processo falimentar, que dependerá apenas da conclusão da liquidação, como também a prolação de nova sentença pelo juízo falimentar, declarando extintas as obrigações do falido e dos administradores da sociedade falida, de modo a reabilitá-los ao pleno exercício de seus direitos patrimoniais, bem como de atividades empresariais.

5.2.16.1. Encerramento do processo falimentar

Tendo sido concluída a realização de todo o ativo e distribuído o produto entre os credores, mesmo que este não tenha sido suficiente para o pagamento de todo o passivo, o administrador judicial deverá apresentar suas contas ao juízo falimentar no prazo de trinta dias contados do término dos pagamentos, conforme estabelece o art. 154.

Nesse sentido, o juiz ordenará a publicação no *Diário Oficial* (agora na forma eletrônica) de aviso de que as contas foram entregues e se encontram à disposição dos interessados, que poderão impugná-las no prazo de dez dias contados da publicação (art. 154, § 2.º). Decorrido o prazo do aviso e recebidas eventuais impugnações, o Ministério Público será intimado para manifestar-se no prazo de cinco dias, findo o qual o administrador judicial será ouvido, na hipótese de haver impugnação dos interessados ou parecer contrário do Ministério Público.

Cumpridas as providências acima, o juízo falimentar deverá efetuar o julgamento das contas apresentadas pelo administrador judicial, proferindo sentença a respeito, que deverá rejeitá-las ou aprová-las.

Na hipótese de o juízo falimentar, por sentença, rejeitar as contas do administrador judicial, deverá na respectiva sentença fixar suas responsabilidades, podendo ainda determinar a indisponibilidade ou o sequestro de bens do administrador judicial, sendo que referida sentença servirá como título executivo para eventual indenização a ser paga à massa falida, nesse caso. A sentença em questão estará sujeita ao recurso de apelação pelo administrador judicial.

Por outro lado, na hipótese de o juízo falimentar aprovar as contas do administrador judicial, conforme o art. 155, este deverá então apresentar seu relatório final da falência no prazo de dez dias da publicação da sentença que aprovou suas contas, indicando o valor do ativo e o do produto de sua realização, o valor do passivo e o dos pagamentos feitos aos credores, bem como detalhando, de forma justificada, as responsabilidades que continuarão a ser imputadas ao falido, mesmo após o encerramento do processo de falência.

Por derradeiro, com a apresentação do relatório final pelo administrador judicial, nos termos do art. 156, o juiz encerrará a falência por sentença, que deverá ser publicada por edital, estando igualmente sujeita a apelação, sendo que o prazo prescricional relativo às obrigações remanescentes do falido (na hipótese de o ativo não ter sido suficiente para solver o passivo) recomeça a correr a partir do dia em que transitar em julgado a sentença de encerramento da falência (art. 157).

Note-se, porém, que, como a falência ocasiona a *suspensão* da prescrição das obrigações do falido (cf. art. 6.º) e não a sua *interrupção*, o prazo prescricional referido no art. 157 voltará a fluir não propriamente do seu início, mas do momento em que havia sido suspenso quando da decretação da falência, de modo a perfazer o prazo restante para completar o lapso prescricional previsto em lei, aplicável ao direito em questão.

5.2.16.2. *Extinção das obrigações do falido*

Encerrado o processo de falência, a extinção das obrigações impostas pela falência ao devedor falido, no caso a pessoa natural atingida pela falência (que pode ser empresário, conforme o art. 1.º, ou o sócio de responsabilidade ilimitada da sociedade falida, conforme os arts. 159 e 190) e aos administradores da sociedade falida, pode não ocorrer de forma imediata.

A sistemática legal se justifica pelo fato de, não raras vezes, por exemplo, o ativo revelar-se insuficiente para o pagamento do passivo da massa, de modo que, mesmo encerrado o processo falimentar, os credores não satisfeitos poderão cobrar seus créditos do devedor, no prazo prescricional restante de seu crédito e observado, em qualquer hipótese, o prazo máximo de *cinco anos*, na hipótese de o falido não ter sido condenado por crime falimentar, ou *dez anos*, em caso de condenação.

Desse modo, tendo em vista que a Constituição Federal em seu art. 5.º, XLVII, *b*, veda a existência de penas de caráter perpétuo, inconstitucional e absurdo seria se o empresário, outrora falido, os sócios de responsabilidade solidária e ilimitada ou os administradores da sociedade empresária cujo processo de falência já se encerrara, permanecessem indefinidamente sujeitos às limitações impostas pelo estado de falência, tais como a proibição ao exercício de atividades empresariais.

Assim, são causas de extinção das obrigações do falido previstas no art. 158:

a)   o pagamento de todos os créditos;

b)   o pagamento, depois de realizado todo o ativo, de mais de *cinquenta por cento* dos créditos quirografários, sendo facultado ao falido o depósito da quantia necessária para atingir essa porcentagem se para tanto não bastou a liquidação integral do ativo;

c)   o decurso do prazo de *cinco anos*, contados do encerramento da falência, desde que o falido não tenha sido condenado pela prática de crime falimentar;

d)   o decurso do prazo de *dez anos*, contados do encerramento da falência, se o falido tiver sido condenado pela prática de crime falimentar.

Verificada a qualquer das hipóteses referidas acima, tanto o falido como os administradores da sociedade falida que tenham sido atingidos pelos efeitos da falência poderão requerer ao juízo falimentar a extinção de suas obrigações, o que deverá ser efetivado mediante sentença declaratória daquele juízo.

Ressalte-se, no entanto, que a ocorrência das hipóteses referidas nos itens 'a' e 'b' supra, correspondentes aos incisos I e II do art. 158, respectivamente, possibilita a imediata extinção, mediante sentença, das obrigações do falido, sendo que as demais hipóteses compreenderão necessariamente o decurso do lapso temporal nelas referido, para que então seja proferida a sentença de extinção das obrigações do falido.

Conforme o art. 159, § 1.º, o requerimento de reabilitação do falido será autuado em separado com os respectivos documentos que instruam o pedido e publicado por edital no diário oficial e em jornal de grande circulação, sendo que no prazo de trinta dias, contados da publicação do edital, qualquer credor poderá apresentar oposição ao pedido de reabilitação do falido.

Encerrado o prazo legal, o juiz deverá, em cinco dias, proferir sentença a respeito da reabilitação.

Prevê nesse sentido a lei falimentar, em seu art. 159, § 3.º, a possibilidade de o falido apresentar seu pedido de extinção de suas obrigações, anteriormente à prolação da sentença de encerramento da falência (desde que atendidos, logicamente, os requisitos para extinção previstos no art. 158), sendo que, nesse caso, até por questões de economia processual, o juiz deverá, na mesma sentença, determinar o encerramento do processo falimentar e declarar extintas as obrigações do falido e/ou dos administradores da sociedade falida.

Por fim, a sentença declaratória da extinção das obrigações do falido deverá ser comunicada a todas as entidades e/ou órgãos públicos inicialmente informados da decretação da falência, tais como as juntas comerciais em que o empresário falido esteja inscrito.

5.3. RECUPERAÇÃO DE EMPRESAS

5.3.1. Introdução

A atividade empresarial se caracteriza pela sua continuidade, visto que é indispensável à sobrevivência e ao desenvolvimento da sociedade, sendo este um dos fundamentos da moderna conceituação da empresa.

Nesse contexto, o ordenamento jurídico deve assegurar aos empresários em princípio de crise econômico-financeira condições de recuperação de sua atividade empresarial, sem solução de continuidade de sua atividade produtiva e com o pagamento aos credores.

A recuperação de empresas, entretanto, não deve ser vista como um instrumento de amparo estatal às empresas em crise. Para que a recuperação possa ser levada a cabo, é essencial que a empresa requerente demonstre *viabilidade econômica*.

A viabilidade econômica traduz-se na capacidade de uma empresa recuperar-se economicamente por seus próprios meios (em geral, verifica-se a partir de elementos favoráveis ainda existentes em seu estabelecimento empresarial, como clientela, marcas, patentes, *know-how* e mesmo elementos corpóreos, como equipamentos em bom estado, que, no seu todo, justifiquem a continuidade da atividade empresarial), consoante um plano de recuperação negociado previamente com seus credores, e sem que isso implique em ônus desproporcionais aos seus credores e à sociedade.

Nesse contexto, a recuperação de empresas *é o acordo realizado entre o devedor (empresário, empresa individual de responsabilidade limitada ou sociedade empresária) e seus credores, em juízo ou fora dele, com vistas à recuperação da atividade empresarial em crise e ao pagamento do passivo submetido aos efeitos da recuperação.*

Anteriormente ao advento da lei atual, a Lei de Falência e Concordata de 1945 colocava à disposição dos empresários a *concordata*, como instrumento de recuperação da atividade empresarial em crise.

A concordata era um benefício legal concedido ao devedor (empresário ou sociedade empresária), que consistia na suspensão da exigibilidade do passivo quirografário do devedor. A concordata podia ser requerida judicialmente sob a forma *preventiva*, para evitar que o agravamento da crise econômica levasse a empresa à falência, ou sob a forma *suspensiva*, proposta no curso de um processo de falência, com vistas a suspendê-lo, desde que a empresa reunisse as condições para obter a concordata, que justificassem a suspensão da falência e o prosseguimento da atividade empresarial.

Convém ainda observar que a palavra concordata origina-se da "concordância" que deveria existir entre o devedor e seus credores quanto à proposta de recuperação da empresa apresentada pelo devedor na petição inicial da concordata. Porém, da forma como foi disciplinada pela antiga Lei de Falências e Concordatas de 1945 (que, como visto anteriormente, vigorou até junho de 2005), a concordata tornou-se um benefício, um verdadeiro "favor legal" concedido pelo Estado, por meio do Poder Judiciário, em caráter unilateral e compulsório, ao devedor que preenchesse os requisitos legais mínimos. Os credores quirografários, aos quais era "imposto" o cumprimento do plano de concordata apresentado pelo devedor, possuíam pouca ou nenhuma participação ativa no processo decisório de concessão ou denegação desse benefício legal, ficando este ao critério exclusivo do Juízo monocrático de direito, a quem era dirigido o pedido de concordata.

Na recuperação de empresa, pelo contrário, os credores têm uma participação ativa no seu processo de concessão, como se verá a seguir.

Na sistemática definida pela Lei de Falência e Recuperação de Empresas, a recuperação de empresa pode ser realizada, basicamente, sob duas modalidades distintas: a) recuperação judicial; e b) recuperação extrajudicial.

5.3.2. Recuperação judicial

5.3.2.1. Definição

Muitas vezes o acordo que deve ser realizado entre devedor e credores e que é necessário à recuperação da empresa não pode ser obtido extrajudicialmente. Isso pode acontecer por diversos fatores, como o grande número de credores; a dificuldade de reunião de todos os credores pelo empresário, por seus próprios meios; a existência de credores dissidentes em número significativo etc.

Em tais situações, a lei oferece ao empresário a opção de requerer judicialmente sua recuperação, de modo que, uma vez deferido o seu processamento e apresentado o plano de recuperação pelo devedor, como se verá adiante, os credores serão intimados a se manifestar sobre o plano e, se for o caso, o deferimento do pedido de recuperação será objeto de deliberação dos credores tomada em assembleia geral especialmente convocada para tanto pelo juízo da recuperação.

Conforme previsto no art. 47, a recuperação judicial tem por objetivo "viabilizar a superação da situação de crise econômico-financeira do devedor, a fim de permitir a manutenção da fonte produtora, do emprego dos trabalhadores e dos interesses dos credores, promovendo, assim, a preservação da empresa, sua função social e o estímulo à atividade econômica".

Assim, a recuperação judicial pode ser definida como o acordo judicial realizado entre o devedor (empresário, empresa individual de responsabilidade limitada ou sociedade empresária) e seus credores, com vistas à recuperação da atividade empresarial em crise e ao pagamento do passivo submetido aos seus efeitos.

5.3.2.2. Características gerais

A recuperação judicial apresenta as seguintes características gerais:

a) é um acordo judicial celebrado entre devedor e credores; entretanto, uma vez concedida a recuperação pelo juízo competente, todos os credores dentre aqueles que a lei submete aos efeitos da recuperação judicial, incluindo os dissidentes na assembleia geral de credores, estarão obrigados a respeitá-la;

b) o devedor não pode mais desistir do pedido de recuperação judicial após o deferimento do seu processamento, exceto na hipótese de obter aprovação de sua desistência na assembleia geral de credores, conforme o art. 52, § 4.º;

c) o devedor tem ampla liberdade para propor aos credores as medidas jurídicas e econômicas que entender convenientes como meios de recuperação da empresa, não se limitando àqueles elencados no art. 50;

d) os créditos *d.1)* fiscais e parafiscais (art. 6.º, § 7.º), bem como aqueles *d.2)* do proprietário fiduciário de bens móveis ou imóveis, *d.3)* do arrendador mercantil, *d.4)* do proprietário ou promitente vendedor de imóvel cujos respectivos contratos contenham cláusula de irrevogabilidade ou irretratabilidade, inclusive em incorporações imobiliárias, *d.5)* do proprietário em contrato de venda com reserva de domínio e *d.6)* do credor em adiantamento de contrato de câmbio (ACC), não se submetem aos efeitos da recuperação judicial (art. 49, § 3.º, c/c art. 86, II);

e) após a distribuição do pedido de recuperação judicial, o devedor empresário não poderá alienar ou onerar bens ou direitos de seu ativo permanente, salvo evidente utilidade reconhecida pelo juiz, depois de ouvido o comitê, com exceção daqueles previamente relacionados no plano de recuperação judicial (art. 66).

f) conforme entendimento do Superior Tribunal de Justiça, consolidado na Súmula 480: "O juízo da recuperação judicial não é competente para decidir sobre a constrição de bens não abrangidos pelo plano de recuperação da empresa".

g) a recuperação judicial do devedor principal também não impede o prosseguimento das ações e execuções ajuizadas contra terceiros devedores solidários ou coobrigados em geral, por garantia cambial, real ou fidejussória, como é o caso dos sócios da sociedade que se encontre em processo de recuperação judicial, conforme dispõe a Súmula 581 do STJ.

5.3.2.3. Requisitos da recuperação judicial

O pedido de recuperação judicial encontra-se sujeito aos seguintes requisitos legais de admissibilidade, previstos no art. 48:

Cap. 5 • FALÊNCIA E RECUPERAÇÃO DE EMPRESAS

a) exercício regular da atividade empresarial há mais de dois anos pelo requerente (empresário, empresa individual de responsabilidade limitada ou sociedade empresária). O pedido de recuperação judicial também pode ser formulado pelo cônjuge sobrevivente, por herdeiros do empresário devedor ou inventariante de seu espólio, bem como pelo sócio remanescente da sociedade empresária devedora (por exemplo, na hipótese de somente restar um sócio em virtude do falecimento do(s) outro(s)), conforme o art. 48, § 1.º;

b) não ser falido e, se o foi, que estejam declaradas extintas, por sentença transitada em julgado, as responsabilidades decorrentes da falência;

c) não ter, há menos de cinco anos, obtido concessão de recuperação judicial;

d) não ter, há menos de cinco anos, obtido concessão de recuperação judicial com base no plano especial para microempresas ou empresas de pequeno porte, previsto nos arts. 70 a 72;

e) não ter sido condenado ou, se pessoa jurídica, não ter, como administrador ou sócio controlador (no caso das sociedades anônimas), pessoa condenada por qualquer crime falimentar.

5.3.2.4. *Direitos dos credores na recuperação judicial*

A fim de que se tenha a exata noção dos efeitos e da abrangência da recuperação judicial, é necessário destacar quais os créditos que não estão sujeitos à recuperação judicial e quais aqueles que, por seu turno, se encontram submetidos aos seus efeitos.

a) Créditos não submetidos à recuperação judicial

Há determinados créditos que, por disposição expressa da Lei de Falência e Recuperação de Empresas, não estão submetidos aos efeitos da recuperação judicial.

Conforme o art. 6.º, § 7.º, os créditos fiscais e parafiscais – que são, em princípio, aqueles de titularidade das Fazendas Públicas e do Instituto Nacional do Seguro Social (INSS) – não estão sujeitos à recuperação judicial.

Tal fato se justifica em virtude do *princípio da indisponibilidade do interesse público*, que envolve todos os bens públicos, inclusive os direitos de crédito de titularidade da Administração Pública. Assim, como a Administração Pública, representada no caso pelas Fazendas Públicas e pelo INSS, na ausência de lei específica autorizadora, não pode dispor dos interesses creditícios a ela confiados nem transigir com o devedor, aderindo ao plano de recuperação judicial, a lei dispõe em seu art. 68 que referidos órgãos fazendários, bem como o INSS, poderão deferir, nos termos da legislação específica, o parcelamento de seus créditos, em sede de recuperação judicial, de acordo com os parâmetros estabelecidos no Código Tributário Nacional, sendo que as microempresas e empresas de pequeno porte farão jus a prazos vinte por cento superiores àqueles regularmente concedidos às demais empresas.

Nesse sentido, note-se que constitui requisito à concessão da recuperação judicial, nos termos do art. 57, a apresentação de certidões negativas de débitos tributários (ou ainda positivas com efeitos negativos, na hipótese de obtido o parcelamento do débito tributário pelo empresário) pelo devedor após a aprovação do plano de recuperação judicial (de forma expressa ou tácita pelos credores). Conforme se verá adiante, a jurisprudência tem admitido a concessão da recuperação judicial, sem a apresentação das certidões respectivas, sob o fundamento do *princípio da preservação da empresa*, referido no art. 47.

Também não se submetem à recuperação judicial os seguintes credores titulares dos respectivos direitos de crédito referidos no art. 49, § 3.º:

a) o proprietário fiduciário de bens móveis ou imóveis, em crédito decorrente de contrato de alienação fiduciária em garantia;

b) o arrendador (ou arrendante) mercantil, em contrato de arrendamento mercantil;

c) o proprietário ou promitente vendedor de imóvel cujo contrato contenha cláusula de irrevogabilidade ou irretratabilidade, inclusive em incorporações imobiliárias;

d) o proprietário e vendedor em contrato de venda com reserva de domínio.

Convém fazer referência à controvérsia existente na doutrina e na jurisprudência a respeito da correta interpretação da expressão referida na primeira parte do art. 49, § 3.º ("*Tratando-se de credor titular da posição de proprietário fiduciário de bens móveis ou imóveis...*"), na medida em que a expressão "proprietário fiduciário" tem dado margem a duas correntes interpretativas distintas:

a) a primeira, de caráter *restritivo*, entende que a posição de "proprietário fiduciário" compreenderia unicamente os direitos de crédito originados de alienação fiduciária em garantia, disciplinados pelo Decreto-lei 911/1969, ao passo que qualquer outra modalidade de garantia fiduciária não estaria abrangida pelo permissivo legal, e o respectivo direito de crédito, classificado então como mero crédito com garantia real (mais especificamente crédito pignoratício), estaria submetido aos efeitos ordinários da recuperação da empresa devedora. Na prática, a controvérsia se deve ao fato de que, a fim de obterem capital de giro junto ao mercado financeiro, muitos empresários cedem a instituições financeiras seus direitos sobre créditos originados de vendas a prazo (recebíveis), operação essa denominada *cessão fiduciária de recebíveis*, e que se encontra disciplinada pela Lei 9.514/1997, a qual textualmente atribui à operação de cessão fiduciária conceito diverso da alienação fiduciária em garantia ("Art. 18. O contrato de cessão fiduciária em garantia opera a transferência ao credor da titularidade dos créditos cedidos, até a liquidação da dívida garantida..."). Referido entendimento vem amparado no *princípio da preservação da empresa*, inspirador do próprio instituto da recuperação de empresa (art. 47), na medida em que, grande parte dos empresários vale-se da cessão fiduciária para obtenção de capital de giro, e, por conseguinte, ao admitir-se a exclusão de referidos direitos creditórios dos efeitos da recuperação, estar-se-ia colocando em risco a própria viabilidade do instituto, na medida em que tais obrigações deveriam ser cumpridas pelo empresário, independentemente do proposto no plano de recuperação.

b) a segunda, de caráter *extensivo*, considera que a posição de "proprietário fiduciário" abrangeria qualquer outra modalidade de garantia fiduciária, incluindo-se a cessão fiduciária de recebíveis, de modo que o respectivo direito de crédito, não estaria submetido aos efeitos ordinários da recuperação da empresa devedora. Por esse motivo, a cessão fiduciária também é denominada, na prática empresarial, de "trava bancária", pois, consoante tal entendimento, impediria a sujeição do crédito assim garantido, aos efeitos da recuperação da empresa cedente e devedora. Este entendimento foi adotado pelo Superior Tribunal de Justiça, em decisão proferida em 05.02.2013, quando do julgamento do REsp 1.263.500.

Independentemente do entendimento adotado, durante o prazo legal de cento e oitenta dias previsto no art. 6.º, § 4.º, em que haverá a suspensão das ações e execuções contra o devedor, a lei proíbe a venda ou a retirada do estabelecimento do devedor dos bens de capital essenciais a sua atividade empresarial, ainda que relacionados a quaisquer dos créditos referidos no art. 49, § 3.º, conforme previsto ao final do referido dispositivo legal.

Ainda conforme as disposições legais, não se sujeita à recuperação judicial o credor cujo crédito seja originário de importância entregue ao devedor, em moeda corrente nacional, em adiantamento a contrato de câmbio para exportação (ACC), desde que o prazo total da operação, inclusive eventuais prorrogações, não exceda o previsto nas normas específicas fixadas pelo Banco Central, conforme o art. 86, II.

b) Créditos submetidos à recuperação judicial

Por outro lado, a maioria das categorias de créditos encontra-se submetida aos efeitos da recuperação judicial. Assim, sujeitam-se à recuperação judicial os seguintes credores, enquanto titulares dos respectivos direitos de crédito:

a) titulares de créditos derivados da legislação do trabalho e decorrentes de acidente de trabalho. Nesse sentido, conforme o entendimento atual do STJ "os créditos resultantes de honorários advocatícios têm natureza alimentar e equiparam-se aos trabalhistas para efeito de habilitação em falência e recuperação judicial." (REsp 1299339/PR, Rel. Ministro Moura Ribeiro, j. 26/05/2015 – DJE 28/05/2015);

b) titulares de créditos com garantia real, até o limite do valor do bem gravado;

c) titulares de créditos com privilégio especial (os previstos no art. 964 do Código Civil; os assim definidos em outras leis civis e comerciais, salvo disposição contrária da lei; aqueles a cujos titulares a lei confira o direito de retenção sobre a coisa dada em garantia; aqueles em favor dos microempreendedores individuais e das microempresas e empresas de pequeno porte);

d) titulares de créditos com privilégio geral (os previstos no art. 965 do Código Civil; os créditos decorrentes de obrigações contraídas pelo devedor durante a recuperação judicial, inclusive aqueles relativos a despesas com fornecedores de bens ou serviços e contratos de mútuo, considerados extraconcursais (art. 67); os assim definidos em outras leis civis e comerciais, salvo disposição contrária da Lei de Falência e Recuperação de Empresas);

e) titulares de créditos quirografários;

f) titulares de créditos subordinados (para os fins da lei falimentar, são considerados créditos subordinados os assim previstos em lei ou em contrato e os créditos dos sócios e dos administradores sem vínculo empregatício).

5.3.2.5. *Meios de recuperação judicial*

A recuperação judicial se operacionaliza mediante um plano de recuperação. Referido plano deve apresentar instrumentos ou meios jurídico--econômicos de recuperação da empresa.

Nesse sentido, a Lei de Falência e Recuperação de Empresas, em seu art. 50 traz um elenco enumerativo, porém não exclusivo, dos meios que poderão ser adotados pelo devedor (mediante prévia aprovação dos credores) para a recuperação da empresa, que inclusive poderão ser combinados e utilizados conjuntamente, sem exclusão da possibilidade de o devedor vir a propor outros meios não previstos na lei. Desse modo, são meios legais de recuperação judicial:

a) concessão de prazos e condições especiais para pagamento das obrigações vencidas ou vincendas;

b) cisão, incorporação, fusão ou transformação de sociedade, constituição de subsidiária integral, ou cessão de cotas ou ações, respeitados os direitos dos sócios, nos termos da legislação vigente;

c) alteração do controle societário;

d) substituição total ou parcial dos administradores do devedor ou modificação de seus órgãos administrativos;

e) concessão aos credores de direito de eleição em separado de administradores e de poder de veto em relação às matérias que o plano especificar, mecanismo também denominado *golden share,* no direito societário;

f) aumento de capital social;

g) trespasse (alienação) ou arrendamento de estabelecimento, inclusive para sociedade constituída pelos próprios empregados;

h) redução salarial, compensação de horários e redução da jornada, mediante acordo ou convenção coletiva;

i) dação em pagamento ou novação de dívidas do passivo, com ou sem constituição de garantia própria ou de terceiro;

j) constituição de sociedade de credores;

k) venda parcial dos bens;

l) equalização de encargos financeiros relativos a débitos de qualquer natureza, tendo como termo inicial a data da distribuição do pedido de recuperação judicial, aplicando-se inclusive aos contratos de crédito rural, sem prejuízo do disposto em legislação específica;

m) usufruto da empresa;

n) administração compartilhada;

o) emissão de valores mobiliários;

p) constituição de *sociedade de propósito específico* (SPE) exclusivamente para o fim de receber, mediante adjudicação e em pagamento do passivo, os ativos do devedor. Nesse caso, o capital social da SPE é integralizado com os ativos adjudicados, tornando-se os credores sócios da sociedade de propósito específico, que passará, destarte, a administrar os ativos do devedor, distribuindo os dividendos resultantes entre os sócios, antigos credores do devedor na recuperação.

O plano de recuperação judicial, conforme o art. 59, implica a novação dos créditos anteriores ao pedido e obriga o devedor e todos os credores a ele sujeitos, mesmo que não tenham votado a favor da sua aprovação. Na hipótese, porém, de o plano de recuperação judicial prever a alienação de bem objeto de garantia real, a supressão da respectiva garantia ou sua substituição somente serão admitidas mediante aprovação expressa do credor titular da garantia (art. 50, § 1.º).

Também na hipótese de o plano de recuperação judicial aprovado envolver alienação judicial de filiais ou de unidades produtivas isoladas do devedor, o juiz determinará a sua realização, sendo que os estabelecimentos empresariais assim alienados, nos termos do art. 60, estarão livres de quaisquer ônus, de modo que o arrematante não sucederá o devedor nas obrigações pendentes sobre referido bem, inclusive as de natureza tributária, salvo nas hipóteses previstas no art. 141, § 1.º (quando o arrematante for sócio da sociedade falida ou sociedade controlada pelo falido, parente até o quarto grau do falido ou de sócio da sociedade falida, ou seja identificado como agente do falido com o objetivo de fraudar a sucessão).

Caso existam créditos em moeda estrangeira contra o devedor em recuperação, a variação cambial será conservada como parâmetro de indexação da correspondente obrigação. A variação cambial poderá ser afastada apenas na hipótese de o credor titular do respectivo crédito aprovar expressamente previsão diversa no plano de recuperação judicial (art. 50, § 2.º).

5.3.2.6. Órgãos da recuperação judicial

Da mesma forma como se dá no processo de falência, também na recuperação judicial podem existir três órgãos distintos: a) administrador judicial; b) assembleia geral de credores; e c) comitê de credores.

Aplicam-se aos órgãos da recuperação judicial, no que couber, as observações constantes do item 2.12.

a) Administrador judicial

Na recuperação judicial o administrador judicial tem poderes mais limitados, visto não existir massa falida. Em princípio, a administração da empresa em recuperação caberá ao próprio devedor ou a terceiro indicado com a aprovação dos credores, conforme o plano apresentado. Disso resulta que, na recuperação judicial, o administrador não administra propriamente a empresa em recuperação, mas apenas *fiscaliza a sua administração*, a cargo do devedor ou de terceiro.

No âmbito da recuperação judicial, conforme o art. 22, I e II, são atribuições do administrador judicial:

a) enviar correspondência aos credores comunicando a data do pedido de recuperação judicial ou da decretação da falência, a natureza, o valor e a classificação dada ao crédito;

b) fornecer, com presteza, todas as informações pedidas pelos credores interessados;

c) dar extratos dos livros do devedor, que merecerão fé de ofício, a fim de servirem de fundamento nas habilitações e impugnações de créditos;

d) exigir dos credores, do devedor ou de seus administradores quaisquer informações;

e) elaborar a relação de credores (prevista no art. 7.º, § 2.º);

f) consolidar o quadro geral de credores, nos termos do art. 18;

g) requerer ao juiz a convocação da assembleia geral de credores nos casos previstos na Lei de Falência e Recuperação de Empresas ou quando entender necessária sua oitiva para a tomada de decisões;

h) contratar, mediante autorização judicial, profissionais ou empresas especializadas para, quando necessário, auxiliá-lo no exercício de suas funções;

i) manifestar-se nas hipóteses legais;

j) fiscalizar as atividades do devedor e o cumprimento do plano de recuperação judicial;

k) requerer a falência no caso de descumprimento de obrigação assumida no plano de recuperação;

l) apresentar ao juiz, para juntada aos autos, relatório mensal das atividades do devedor;

m) apresentar relatório circunstanciado sobre a execução do plano de recuperação, conforme o art. 63, III, por ocasião do encerramento da recuperação judicial.

b) Assembleia geral de credores

A assembleia geral é o órgão máximo de deliberação dos credores, é presidida pelo administrador judicial (art. 37) e possui fundamental importância na recuperação judicial, visto que os credores serão afetados diretamente pelos efeitos da recuperação do devedor, cabendo-lhes, assim, decidir sobre a aprovação (ou não) do plano de recuperação e outras matérias definidas pela lei, no âmbito da recuperação judicial.

A assembleia geral de credores pode ser convocada pelo juiz, nas hipóteses legais ou quando este julgar conveniente, e por credores titulares, em conjunto, de créditos correspondentes a, pelo menos, vinte e cinco por cento do valor total dos créditos de determinada classe (art. 36, § 2.º).

Na recuperação judicial, conforme o art. 35, I, tal assembleia terá por atribuições deliberar sobre:

a) aprovação, rejeição ou modificação do plano de recuperação judicial apresentado pelo devedor;

b) a constituição do comitê de credores, a escolha de seus membros e sua substituição;

c) o pedido de desistência formulado pelo devedor do requerimento de recuperação judicial;

d) o nome do gestor judicial, quando do afastamento do devedor;

e) qualquer outra matéria que possa afetar os interesses dos credores na recuperação.

O juiz determinará a convocação da assembleia geral de credores, por edital publicado no Diário Oficial, atualmente na forma eletrônica, e em jornais de grande circulação, nas localidades da sede e filiais do devedor, com antecedência mínima de quinze dias, que, conforme o art. 36, terá o seguinte conteúdo:

a) local, data e hora da assembleia em primeira e em segunda convocação, não podendo esta ser realizada em intervalo de tempo inferior a cinco dias da primeira assembleia;

b) a ordem do dia;

c) local onde os credores poderão, se for o caso, obter cópia do plano de recuperação judicial a ser submetido à deliberação da assembleia.

Note-se que, nos termos do art. 36, § 3.º, as despesas com a convocação e a realização da assembleia geral correm por conta do devedor (postulante da recuperação judicial), salvo quando a assembleia geral for convocada em virtude de requerimento do comitê de credores ou por credores titulares, em conjunto, de créditos correspondentes a, pelo menos, vinte e cinco por cento do valor total dos créditos de determinada classe.

Conforme o art. 37, § 2.º, a instalação válida da assembleia geral de credores dependerá, em primeira convocação, da presença de credores titulares de mais da metade dos créditos de cada classe, computados pelo valor, podendo, em segunda convocação, ser instalada com qualquer número.

O teor da assembleia geral será transcrito em ata, que conterá o nome dos presentes e as assinaturas do presidente, do devedor e de dois membros de cada uma das classes votantes, e será entregue ao juiz, juntamente com a lista de presença, no prazo de quarenta e oito horas.

A assembleia geral funciona como um órgão bicameral composto basicamente de duas instâncias distintas: plenário e classes de credores.

O *plenário* é formado por todos os credores, independentemente de suas classes, sendo os votos computados proporcionalmente ao valor dos respectivos créditos, valendo como regra geral para a aprovação das matérias de sua competência o *critério majoritário*, conforme o art. 38. A competência do plenário é bastante limitada, na medida em que cabe a ele deliberar sobre matérias que não envolvam o plano de recuperação judicial ou a constituição do comitê de credores.

Em uma instância distinta, encontram-se as *classes de credores*, que, nos termos do art. 41, estão assim divididas:

a) Classe I – titulares de créditos trabalhistas e/ou decorrentes de acidentes de trabalho;

b) Classe II – titulares de créditos com garantia real;

c) Classe III – titulares de créditos quirografários, com privilégio especial, com privilégio geral ou subordinados;

d) Classe IV – titulares de créditos enquadrados como microempresa ou empresa de pequeno porte.

Na assembleia geral, dentro de sua respectiva classe, os titulares de créditos trabalhistas e os decorrentes de acidentes de trabalho, bem como os *titulares de créditos enquadrados como microempresa ou empresa de pequeno porte* votam *per capita*, independentemente do valor de seus respectivos créditos. Cabe, portanto, a cada credor um voto nas deliberações tomadas na referida assembleia (conforme art. 45, § 2.º).

Por sua vez, os titulares de créditos com garantia real votam entre si até o limite do valor do bem gravado pela respectiva garantia e votam juntamente com os credores integrantes da Classe III, pelo restante do valor de seu crédito (art. 41, § 2.º).

Note-se ainda que, na recuperação judicial, para fins exclusivos de votação em assembleia geral, o crédito em moeda estrangeira deve ser convertido em moeda nacional pelo câmbio da véspera da data de realização da assembleia geral de credores.

Na assembleia geral, conforme o art. 39 terão direito a voto os credores relacionados no quadro geral de credores, ou, na sua falta, na relação de credores apresentada pelo administrador judicial, ou, ainda, na falta desta, na relação apresentada pelo próprio devedor quando do pedido de recuperação judicial (art. 51). Poderão ainda votar na assembleia geral os credores que, mesmo não constando das relações anteriores, estejam habilitados na data da realização da assembleia ou que tenham crédito admitido ou alterado por decisão judicial.

É importante ressaltar que os titulares dos créditos não sujeitos à recuperação judicial, referidos no item 3.2.4., conforme o art. 39, § 1.º, não terão direito a voto e não serão considerados para fins de verificação do quórum de instalação e de deliberação, visto que não submetidos aos efeitos da recuperação judicial (conforme art. 49, §§ 3.º e 4.º).

Também os credores tidos como retardatários – que não tenham observado o *prazo legal* (quinze dias – art. 7.º, § 1.º) para habilitarem seus créditos, nos termos do art. 10, § 1.º – não terão direito a voto nas deliberações da assembleia geral de credores tomadas na recuperação judicial, excetuados os titulares de créditos trabalhistas.

Deliberações da assembleia geral sobre o plano de recuperação judicial

Nas deliberações da assembleia geral sobre o plano de recuperação judicial, conforme o art. 45, todas as quatro classes referidas anteriormente deverão aprovar a proposta, adotando-se para tanto o seguinte procedimento:

a) nas Classes II e III, a proposta deverá ser aprovada por credores que representem mais da metade do valor total dos créditos presentes à assembleia (*critério valorativo*) e, cumulativamente, pela maioria simples dos credores presentes (*critério per capita*) (art. 45, § 1º);

b) nas Classes I e IV, a proposta deverá ser aprovada pela maioria simples dos credores presentes, independentemente do valor de seu crédito, adotando-se exclusivamente o critério de votação "por cabeça" (*critério per capita*) (art. 45, § 2º).

É importante, porém, observar que, nos termos do art. 45, § 3.º, se o plano de recuperação judicial não alterar o valor ou as condições originais de pagamento de seu crédito, o credor não terá direito a voto e não será considerado para fins de verificação de quórum de deliberação, sendo que essa regra vale para todos os créditos submetidos à recuperação judicial.

c) Comitê de credores

Conforme referido no tópico alusivo à falência, o comitê de credores é um órgão facultativo tanto na falência como na recuperação judicial, sendo formado por representantes das classes de credores.

Nos termos do art. 27, I e II, o comitê de credores possui as seguintes atribuições na recuperação judicial:

a) fiscalizar as atividades e examinar as contas do administrador judicial;

b) zelar pelo bom andamento do processo e pelo cumprimento da lei;

c) comunicar ao juiz, caso detecte violação dos direitos ou prejuízo aos interesses dos credores;

d) apurar e emitir parecer sobre quaisquer reclamações dos interessados;

e) requerer ao juiz a convocação da assembleia geral de credores, nas hipóteses legais;

f) manifestar-se nas hipóteses legais;

g) fiscalizar a administração das atividades do devedor, apresentando, a cada trinta dias, relatório de sua situação;

h) fiscalizar a execução do plano de recuperação judicial;

i) submeter à autorização do juiz, quando ocorrer o afastamento do devedor nas hipóteses previstas na lei falimentar, a alienação de bens do ativo permanente, a constituição de ônus reais e outras garantias, bem como atos de endividamento necessários à continuação da atividade empresarial durante o período que antecede a aprovação do plano de recuperação judicial.

Convém frisar, como exposto anteriormente, que, na hipótese de inexistir comitê de credores, suas atribuições caberão, nos termos do art. 28, ao administrador judicial ou, na incompatibilidade deste, ao juiz da recuperação.

5.3.2.7. *Processo de recuperação judicial*

Como referido anteriormente, a recuperação judicial tem como característica básica o fato de que o acordo pretendido pelo devedor para reorganizar sua atividade econômico-empresarial deve ser obtido em juízo, no curso de um processo iniciado especialmente para essa finalidade.

Nesse sentido, a recuperação judicial é um processo composto de três fases distintas e sequenciais, a saber:

a) fase preliminar ou postulatória;

b) fase de deliberação ou assemblear;

c) fase de execução.

a) Fase preliminar ou postulatória

O processo de recuperação judicial tem início com o protocolo, pelo devedor, de sua petição inicial, observando a regra de competência definida pelo art. 3.º. A petição inicial, conforme preceitua o art. 51, deverá ser instruída com:

a) a exposição das causas concretas da situação patrimonial do devedor e das razões da crise econômico-financeira;

b) as demonstrações contábeis relativas aos três últimos exercícios sociais e as levantadas especialmente para instruir o pedido, confeccionadas com estrita observância da legislação societária aplicável e compostas obrigatoriamente de: balanço patrimonial; demonstração de resultados acumulados; demonstração do resultado desde o último exercício social; relatório gerencial de fluxo de caixa e de sua projeção;

c) a relação nominal completa dos credores, inclusive aqueles por obrigação de fazer ou de dar, com a indicação do endereço de cada um, a natureza, a classificação e o valor atualizado do crédito, discriminando sua origem, o regime dos respectivos vencimentos e a indicação dos registros contábeis de cada transação pendente;

d) a relação integral dos empregados, em que constem as respectivas funções, salários, indenizações e outras parcelas a que têm direito, com o correspondente mês de competência, e a discriminação dos valores pendentes de pagamento;

e) certidão de regularidade do devedor expedida pela junta comercial em que estiver registrado, seu ato constitutivo atualizado e as atas de nomeação dos atuais administradores;

f) a relação dos bens particulares do sócio controlador (se existir) e dos administradores do devedor. Nesse sentido, ressalte-se que o STJ firmou entendimento de que "os bens dos sócios das sociedades recuperandas não estão sob a tutela do juízo da recuperação judicial, salvo se houver decisão expressa em sentido contrário" (AgRg no RCD no CC 134598/AM, Rel. Ministro Moura Ribeiro, j. 25/03/2015 – DJE 06/04/2015).

g) os extratos atualizados das contas bancárias do devedor e de suas eventuais aplicações financeiras de qualquer modalidade, inclusive em fundos de investimento ou em bolsas de valores, emitidos pelas respectivas instituições financeiras;

h) certidões dos cartórios de protestos situados na comarca do domicílio ou sede do devedor e naquelas onde possui filial;

i) a relação, subscrita pelo devedor, de todas as ações judiciais em que este figure como parte, inclusive as de natureza trabalhista, com a estimativa dos respectivos valores demandados.

Na hipótese de o juízo da recuperação constatar a regularidade da documentação mencionada acima, deverá deferir o *processamento da recuperação judicial*, sendo que o referido despacho, nos termos do art. 52, terá ainda o seguinte conteúdo:

a) nomeação do administrador judicial, nos termos da lei;

b) determinação da dispensa da apresentação de certidões negativas para que o devedor exerça suas atividades, exceto para contratação com o poder público ou para recebimento de benefícios ou incentivos fiscais ou creditícios;

c) determinação da suspensão de todas as ações ou execuções (*exceto as execuções de natureza fiscal – art. 6.º, § 7.º*) contra o devedor, na forma do art. 6.º, § 4.º, que deverá ser comunicada pelo devedor aos juízos competentes – o deferimento do processamento da recuperação judicial suspende o curso da prescrição e das ações e execuções em andamento contra o devedor pelo prazo em princípio improrrogável de cento e oitenta dias contados a partir do deferimento. Decorrido esse prazo, conforme entendimento atual do STJ, o restabelecimento do direito dos credores de iniciarem ou continuarem suas ações e execuções, *não será automático*, e dependerá de decisão judicial. Tal medida tem por finalidade permitir, durante esse período, que o devedor consiga elaborar o plano de recuperação e que haja tempo para o seu processamento e apreciação pelos credores, que, ao final, deverão aprová-lo ou rejeitá-lo, na forma da lei. Se *rejeitado*, será decretada a falência do devedor. Se *aprovado* e concedida a recuperação, os credores submetidos aos seus efeitos, mesmo tendo restabelecido seu direito de ação, não poderão agir contrariamente às disposições do plano de recuperação aprovado. Convém ressaltar que, não obstante a improrrogabilidade expressa constante da lei, a jurisprudência tem admitido, em caráter excepcional, a possibilidade de prorrogação do prazo suspensivo além do limite legal, mediante análise casuística e considerando os princípios norteadores da recuperação de empresa, referidos no art. 47 da Lei de Falência e Recuperação de Empresas;

d) determinação ao devedor de apresentação de contas demonstrativas mensais enquanto perdurar a recuperação judicial, sob pena de destituição de seus administradores;

Convém ainda observar que, com o advento do novo Código de Processo Civil, têm surgido algumas decisões judiciais considerando que a contagem do referido prazo de cento e oitenta dias deveria ser efetuada de acordo com o critério fixado pelo novel diploma processual, ou seja, referido prazo deveria ser contado em dias úteis. Nesse sentido, e com a devida vênia, esse entendimento não deve prosperar, por dois motivos: a) primeiro pelo fato de a lei falimentar ser norma de natureza especial (ao passo que o diploma processual civil é lei geral) e trazer normas específicas aplicáveis ao processo falimentar; e, b) também pelo fato de que, se considerado em dias úteis, referido prazo irá impor um ônus demasiado grande aos credores, à espera de um acordo para a recuperação da empresa e a satisfação de seus créditos, e, sobretudo e ademais, também iria prejudicar a eficiência exigida da atividade empresarial, e corolário do *Princípio da Continuidade da Empresa*, estampado do art. 47 da lei falimentar.

e) determinação da intimação do Ministério Público e comunicação por carta às Fazendas Públicas Federais e de todos os Estados e Municípios em que o devedor tiver estabelecimento e/ou filiais.

Ainda com relação à não suspensividade das execuções de natureza fiscal (art. 6.º, § 7.º), não obstante o comando da lei, é entendimento atual dos tribunais que o juízo da recuperação pode impedir atos de constrição judicial contra o patrimônio da empresa recuperanda, de modo a evitar danos ao processamento da recuperação (e mesmo excepcionalmente durante a fase de execução do plano). Disso resulta que, na prática, eventuais execuções fiscais em curso, sobretudo durante o período assinalado, não se revestirão de plena efetividade em relação ao patrimônio empresarial.

Ato contínuo, será determinada a expedição de edital a ser publicado no Diário Oficial, agora na forma eletrônica, com o seguinte conteúdo:

a) resumo do pedido do devedor e da decisão que defere o processamento da recuperação judicial;

b) relação nominal de credores, em que se discrimine o valor atualizado e a classificação de cada crédito;

c) advertência acerca dos prazos para habilitação dos créditos, na forma do art. 7.º, § 1.º, e para que os credores apresentem eventuais impugnações ao plano de recuperação judicial.

Apesar de a lei prever (art. 61) que o prazo máximo a ser proposto pelo devedor para a execução completa do plano de recuperação judicial *não poderá ser superior a dois anos*, na prática tem sido admitida a aprovação pelos credores, de planos recuperacionais com prazos mais longos, sob o fundamento da soberania da assembleia geral, porém os créditos derivados da legislação do trabalho e decorrentes de acidente de trabalho vencidos até a data do pedido de recuperação judicial deverão ter o seu pagamento previsto em prazo de até um ano contado do início da recuperação, conforme o art. 54.

Note-se ainda que os créditos de natureza estritamente salarial, cujo valor não exceda o limite de cinco salários mínimos, e que se tenham vencido nos três meses anteriores ao pedido de recuperação judicial, deverão ter o seu pagamento previsto no plano de recuperação no prazo máximo de trinta dias, conforme o art. 54, parágrafo único.

b) Fase de deliberação ou assemblear

O plano de recuperação deve ser protocolado em cartório pelo devedor no prazo improrrogável de sessenta dias contados da publicação do despacho que deferir o processamento da recuperação judicial, sob pena de decretação da falência. Nos termos do art. 53, o plano de recuperação judicial terá o seguinte conteúdo:

a) discriminação pormenorizada dos meios de recuperação a serem empregados;

b) demonstração de sua viabilidade econômica;

c) laudo econômico-financeiro e de avaliação dos ativos do devedor, subscrito por profissional legalmente habilitado ou empresa especializada.

Uma vez recebido o plano de recuperação, o juiz determinará a publicação de edital contendo aviso aos credores de que o plano foi apresentado.

Conforme o art. 55, qualquer credor poderá manifestar sua objeção ao plano de recuperação judicial no prazo de trinta dias contados da publicação da relação de credores referida no art. 7.º, § 2.º. Na prática, entretanto, cria-se uma situação incomum, visto que a relação de credores em questão pode ser publicada antes da apresentação do plano de recuperação judicial. Nesse sentido, esclarece o art. 55, parágrafo único, que, caso na data da publicação da citada relação de credores não tenha sido publicado o edital (previsto no art. 53, parágrafo único) contendo aviso aos credores de que o plano de recuperação foi apresentado, o prazo de trinta dias para a apresentação de objeções dos credores terá como termo inicial a publicação deste último edital.

Nesse sentido, convém observar a lição de Manoel Justino Bezerra Filho (*Lei de Recuperação de Empresas e Falência*, p. 163):

> "O artigo estabelece que qualquer credor poderá manifestar objeção ao plano, incluindo também os credores que, embora submetidos à

recuperação, ainda assim não tenham sofrido alteração no valor ou condições de pagamento de seu crédito (v. comentário n. 3 ao art. 45). Igualmente, os credores não sujeitos ao plano de recuperação (§§ 3.º e 4.º do art. 49) podem manifestar objeção, sem direito de voto na AGC (art. 39, § 1.º)."

Convém ainda ressaltar o entendimento atual do Superior Tribunal de Justiça, no sentido de que "os institutos da recuperação judicial e da falência, a despeito de instaurarem o juízo universal, não acarretam a atração das ações que demandam quantia ilíquida art. 6º, § 1º, da Lei 11.101/05." (REsp 1506957/RN, Rel. Ministro João Otávio de Noronha, j. 06/05/2015 – DJE 15/05/2015).

A esse respeito, em que pese o uso da "expressão juízo universal" pela Corte Superior, com a devida vênia, o *Princípio do Juízo Universal*, a teor dos arts. 99 e 115, dentre outros, da Lei de Falência e Recuperação de Empresas, aplica-se prioritariamente ao processo falimentar, sendo que o uso da expressão "juízo universal" para designar o órgão jurisdicional perante o qual se processará a recuperação judicial deve ser utilizado com cautela, adstrito aos limites legais dos poderes jurisdicionais na recuperação judicial.

b.1) Hipóteses de aprovação do plano de recuperação judicial

Com a apresentação do plano de recuperação judicial pelo devedor, surgirão duas alternativas legais:

a) não há objeção de qualquer credor no prazo de trinta dias contados da publicação da relação de credores (art. 7.º, § 2.º) ou do aviso aos credores sobre o recebimento do plano de recuperação (art. 53, parágrafo único, c/c art. 55, parágrafo único). Nesse caso, o juiz deverá conceder a recuperação judicial, conforme o art. 57;

b) há objeção de algum credor no prazo legal. Nesse caso, o juiz deverá convocar a assembleia geral de credores (art. 56, *caput*) para deliberar sobre o plano de recuperação judicial, sendo que a data designada para a realização da assembleia geral de credores não poderá exceder *cento e cinquenta dias*, contados do deferimento do processamento da recuperação judicial.

Convocada a assembleia geral de credores, com a observância do procedimento previsto nos arts. 36 e 37, poderá ocorrer, alternativamente, uma das seguintes hipóteses:

a) A assembleia geral aprova o plano e o juiz concede a recuperação judicial;

Para que haja a aprovação do plano de recuperação pela assembleia geral, é necessário que todas as quatro classes de credores votem favoravelmente ao plano de recuperação, de acordo com o critério definido no art. 45 (ver tópico "Deliberações da assembleia geral sobre o plano de recuperação judicial", dentro do item 5.3.2.6.).

b) A assembleia geral não aprova o plano, mas o juiz concede a recuperação judicial.

Essa hipótese é denominada pela doutrina e pela jurisprudência como *cram down* (expressão que pode ser livremente traduzida como "jogar para baixo") e consiste na concessão da recuperação judicial quando o plano apresentado pelo devedor não obtiver aprovação em todas as classes de credores.

Nesse caso, conforme previsto no art. 58, § 1.º, o juiz poderá conceder a recuperação judicial com base em plano que não obteve aprovação pelo critério referido no item *a*, desde que, na mesma assembleia, tenha obtido, de forma cumulativa:

b.1) o voto favorável de credores que representem mais da metade do valor de todos os créditos presentes à assembleia, independentemente de classes;

b.2) a aprovação de duas das classes de credores nos termos do art. 45 ou, caso haja somente duas classes com credores votantes, a aprovação de pelo menos uma delas;

b.3) na classe que o houver rejeitado, o voto favorável de mais de um terço dos credores, computado em conformidade com o procedimento descrito anteriormente.

Nessa hipótese, a recuperação judicial somente poderá ser concedida se o plano não implicar tratamento diferenciado entre os credores da classe que o houver rejeitado.

Ocorre que a LC 147/2014, conforme exposto, criou uma quarta classe de credores (*Classe IV - titulares de créditos enquadrados como microempresa ou empresa de pequeno porte), acrescentando o inciso IV ao art. 41*, porém não modificou o art. 58, § 1.º, que define os parâmetros para que o juiz conceda a recuperação em caso de aprovação parcial do plano, de modo que a sistemática definida pela lei para aplicação do *cram down* ficou prejudicada, visto estar baseada na existência de três classes de credores.

Disso resulta que, enquanto não for emendado o art. 58, § 1.º, a melhor solução, em nosso entendimento, será a interpretação do citado dispositivo de modo mais favorável ao devedor, admitindo-se o *cram down* desde que aprovado o plano por duas das quatro classes de credores (art. 58, § 1.º, II), cumulativamente aos demais requisitos legais, ao invés do critério original baseado na aprovação por duas das três classes, em atendimento ao princípio da preservação da empresa (art. 47), norteador do instituto da recuperação.

c) A assembleia geral não aprova o plano e o juiz decreta a falência

Na hipótese de rejeição do plano de recuperação judicial pela assembleia geral, não se caracterizando a hipótese referida no item *b* (art. 58, § 1.º), o juiz decretará a falência, em conformidade com o disposto nos arts. 73, III, e 56, § 4.º.

Disso resulta que a aprovação do plano de recuperação judicial pode se dar de duas formas:

I) *aprovação tácita*: quando nenhum credor opuser objeções ao plano, no prazo de trinta dias, referido no art. 55 c/c art. 57.

II) *aprovação expressa*: quando o plano for aprovado nas hipóteses referidas nos itens *a* e *b*.

O plano de recuperação judicial poderá, ainda, ser objeto de alterações propostas pelos credores na assembleia geral, conforme prevê o art. 56, § 3.º, desde que haja expressa concordância do devedor e em termos que não impliquem diminuição dos direitos exclusivamente dos credores ausentes.

De acordo com o art. 57, uma vez aprovado o plano de recuperação judicial, o devedor terá de apresentar certidões negativas de débitos tributários para obter a homologação do acordo e a concessão da recuperação judicial (art. 55). Por sua vez, o art. 191-A do Código Tributário Nacional prevê que "a concessão de recuperação judicial depende da apresentação da prova de quitação de todos os tributos, observado o disposto nos arts. 151, 205 e 206 desta Lei."

O Superior Tribunal de Justiça, no entanto, a partir da edição da Lei de Falência e Recuperação de Empresas, firmou o entendimento de que "é inexigível certidão de regularidade fiscal para o deferimento da recuperação judicial, enquanto não editada legislação específica que discipline o parcelamento tributário no âmbito do referido regime." (AgRg na MC

023499/RS, Rel. Ministro Humberto Martins, Rel. p/ Acórdão Ministro Mauro Campbell Marques, j. em 18/12/2014 - DJE 19/12/2014).

Em novembro de 2014 foi editada a da Lei Federal 13.043/2014, que previu a possibilidade de parcelamento especial de débitos tributários para as sociedades em recuperação judicial, porém referida lei impôs uma série de condições específicas para a concessão do parcelamento, e que têm sido consideradas, por muitos especialistas, impeditivas à efetiva recuperação da empresa, na medida em que estariam em desacordo com o *Princípio da Preservação da Empresa*, norteador do instituto da recuperação de empresas.

Por esse motivo, os Tribunais continuam a dispensar a apresentação das certidões negativas de débitos tributários como requisito para a homologação do acordo e a concessão do plano de recuperação judicial.

Convém ressaltar que se encontra em trâmite perante o Supremo Tribunal Federal a Ação Declaratória de Constitucionalidade (ADC) nº 46, que visa obter a declaração de constitucionalidade do referido art. 57 da Lei de Falência e Recuperação de Empresas, dentre outros dispositivos legais, de modo a dar efetividade à exigência nele contida.

Concedida a recuperação judicial, o nome empresarial do devedor (empresário, empresa individual de responsabilidade limitada ou sociedade empresária) deverá ser acrescido da expressão "em Recuperação Judicial", que deverá constar em todos os atos, contratos e documentos firmados pelo devedor (art. 69). A(s) junta(s) comercial(is) em que o devedor estiver inscrito também deverá(ão) ser comunicada(s) da decisão que conceder a recuperação judicial.

Nesse sentido, o STJ firmou o entendimento de que "a homologação do plano de recuperação judicial opera novação *sui generis* dos créditos por ele abrangidos, visto que se submete à condição resolutiva." (AgRg no REsp 1374877/SP, Rel. Ministro Paulo de Tarso Sanseverino, j. 05/05/2015 - DJE 12/05/2015).

Ressalte-se, porém, que essa mesma Corte Superior entende que "a recuperação judicial do devedor principal não impede o prosseguimento das execuções nem induz suspensão ou extinção de ações ajuizadas contra terceiros devedores solidários ou coobrigados em geral, por garantia cambial, real ou fidejussória, pois não se lhes aplicam a suspensão prevista nos arts. 6º, caput, e 52, inciso III, ou a novação a que se refere o art. 59, caput, por força do que dispõe o art. 49, § 1º, todos da Lei 11.101/2005".

Cap. 5 • FALÊNCIA E RECUPERAÇÃO DE EMPRESAS

(REsp 1333349/SP, Rel. Ministro Luis Felipe Salomão, j. 26/11/2014 – DJE 02/02/2015).

Por fim, deve-se observar que a decisão judicial que conceder a recuperação judicial constituirá título executivo judicial (art. 59, § 1.º), estando sujeita a recurso de agravo, que poderá ser interposto por qualquer credor e pelo Ministério Público.

c) Fase de execução

Uma vez aprovado o plano de recuperação e concedida judicialmente a recuperação, tem início o seu cumprimento, nos exatos termos em que for acordado entre o devedor e seus credores.

Desse modo, nos termos do art. 61, o devedor permanecerá em recuperação judicial até o cumprimento de todas as obrigações previstas no plano que se vencerem até dois anos depois da concessão da recuperação. O descumprimento, durante esse período, de qualquer obrigação prevista no plano, acarretará a convolação da recuperação em falência.

Na eventualidade de a recuperação judicial ser convertida em falência, os credores terão reconstituídos seus direitos e garantias nas condições originalmente contratadas, deduzidos os valores eventualmente pagos e ressalvados os atos validamente praticados no âmbito da recuperação judicial (art. 61, § 2.º).

Conforme observado, a sentença que concede a recuperação judicial é um título executivo judicial (art. 59, § 1.º), e, uma vez concedida a recuperação, as obrigações contidas no plano sujeitam plenamente o devedor. Porém, durante o biênio fixado para o seu cumprimento, caso o devedor descumpra alguma das obrigações assumidas no plano, os credores unicamente poderão requerer ao juízo da recuperação a decretação de sua falência. Decorrido esse prazo, o credor então poderá optar por requerer a execução específica do plano de recuperação, caso reste alguma obrigação não devidamente cumprida ou a decretação da falência do devedor, conforme o art. 62.

Ainda no tocante à execução do plano, durante o procedimento de recuperação judicial, o empresário devedor, o administrador da empresa individual de responsabilidade limitada ou os administradores da sociedade devedora, conforme o art. 64, serão mantidos na condução da atividade empresarial, sob fiscalização do comitê, se houver, e do administrador judicial, salvo se qualquer deles:

452   MANUAL DE DIREITO EMPRESARIAL • *Fábio Bellote Gomes*

a) houver sido condenado em sentença penal transitada em julgado por crime cometido em recuperação judicial ou falência anteriores ou por crime contra o patrimônio, a economia popular ou a ordem econômica previstos na legislação vigente;

b) houver indícios veementes de haver cometido crime falimentar;

c) houver agido com dolo, simulação ou fraude contra os interesses de seus credores;

d) houver praticado qualquer das seguintes condutas:

d.1) efetuar gastos pessoais manifestamente excessivos em relação a sua situação patrimonial;

d.2) efetuar despesas injustificáveis por sua natureza ou vulto, em relação ao capital ou gênero do negócio, ao movimento das operações e a outras circunstâncias análogas;

d.3) descapitalizar injustificadamente a empresa ou realizar operações prejudiciais ao seu funcionamento regular;

d.4) simular ou omitir créditos ao apresentar a relação de credores prevista no art. 51, III, sem relevante razão de direito ou amparo de decisão judicial;

e) negar-se a prestar informações solicitadas pelo administrador judicial ou pelos demais membros do comitê;

f) tiver seu afastamento previsto no plano de recuperação judicial.

Verificada qualquer das hipóteses de afastamento do devedor acima referidas, o juiz convocará a assembleia geral de credores para deliberar sobre o nome do gestor judicial que assumirá a administração das atividades do devedor. Nos termos do art. 65, aplicam-se ao gestor judicial, no que couberem, todas as normas sobre deveres, impedimentos e remuneração do administrador judicial.

Por fim, tendo havido o cumprimento das obrigações vencidas no prazo de dois anos referido no art. 61, será decretado o encerramento da recuperação judicial. Nos termos do art. 63, a sentença que decretar o encerramento da recuperação também deverá determinar:

a) o pagamento do saldo de honorários ao administrador judicial, somente podendo efetuar a quitação dessas obrigações mediante prestação de contas, no prazo de trinta dias, e aprovação do relatório final previsto no art. 63, III;

b) a apuração do saldo das custas judiciais a serem recolhidas;

c) a apresentação de relatório circunstanciado do administrador judicial, no prazo máximo de quinze dias, versando sobre a execução do plano de recuperação pelo devedor;

d) a dissolução do comitê de credores, quando houver, e a exoneração do administrador judicial;

e) a comunicação às juntas comerciais em que o devedor esteja inscrito, para baixa nas anotações referentes à recuperação judicial.

d) Organograma da recuperação judicial

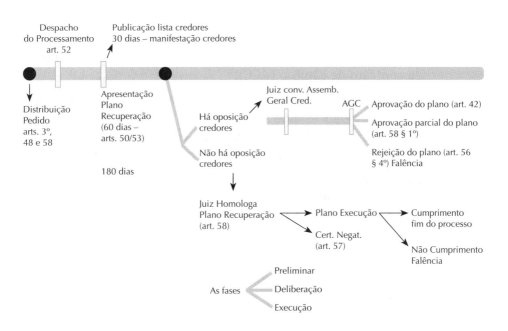

5.3.2.8. Plano especial de recuperação judicial

A Lei de Falência e Recuperação de Empresas prevê tratamento diferenciado para empresários individuais, empresas individuais de responsabilidade limitada e sociedades empresárias que possuam enquadramento tributário como microempresas (ME) e empresas de pequeno porte (EPP), conforme os arts. 70 a 72 (alterados pela LC 147/2014), por meio de plano de recuperação judicial especial, que deverá ser requerido quando do pedido inicial de recuperação por referidas empresas (art. 70, § 1.º).

O plano especial de recuperação judicial das MEs e EPPs deverá ser apresentado no mesmo prazo fixado para as empresas comuns – sessenta dias contados da publicação da decisão que deferir o processamento da recuperação judicial. O pedido de recuperação judicial com base em plano especial não acarreta a suspensão do curso da prescrição nem das ações e execuções por créditos não abrangidos pelo plano, conforme o art. 71, parágrafo único.

Conforme o art. 71, o plano especial está restrito às seguintes condições:

a) abrangerá todos os créditos existentes na data do pedido, ainda que não vencidos, *exceto* os decorrentes de repasse de recursos oficiais; os fiscais e aqueles do proprietário fiduciário de bens móveis ou imóveis; de arrendador mercantil; de proprietário ou promitente vendedor de imóvel cujos respectivos contratos contenham cláusula de irrevogabilidade ou irretratabilidade, inclusive em incorporações imobiliárias; de proprietário em contrato de venda com reserva de domínio; e de credor em adiantamento de contrato de câmbio (ACC);

b) preverá parcelamento em até 36 (trinta e seis) parcelas mensais, iguais e sucessivas, acrescidas de juros equivalentes à taxa Sistema Especial de Liquidação e de Custódia – SELIC, podendo conter ainda a proposta de abatimento do valor das dívidas;

c) conterá previsão de pagamento da primeira parcela no prazo máximo de cento e oitenta dias, contados da distribuição do pedido de recuperação judicial;

d) estabelecerá a necessidade de autorização do juiz, após ouvidos o administrador judicial e o comitê de credores, para o devedor aumentar despesas ou contratar empregados.

No procedimento definido pela lei para o plano especial de recuperação judicial, não há a convocação de assembleia geral, sendo que uma vez publicada a relação de credores, no prazo de trinta dias (art. 55) qualquer credor poderá manifestar a sua objeção ao plano de recuperação.

Caso haja manifestação contrária, por parte de credores titulares de mais da metade de qualquer uma das classes de créditos previstos no art. 83 da lei, computados na forma do art. 45, o juiz julgará improcedente o pedido de recuperação e decretará a falência do devedor, conforme o art. 72, parágrafo único.

Não havendo objeções, caberá exclusivamente ao juízo competente (art. 3.º) a concessão da recuperação judicial, desde que atendidos os requisitos legais.

Por fim, deve-se observar que, nos termos do art. 51, § 2.º, as microempresas e empresas de pequeno porte poderão apresentar livros e escrituração contábil simplificados durante a execução de seu plano especial de recuperação judicial.

5.3.2.9. Convolação da recuperação judicial em falência

A lei prevê determinadas hipóteses que, uma vez verificada a sua ocorrência no processo de recuperação judicial, autorizam o juiz a convolar ("converter") a recuperação em falência. Nesse sentido, conforme o art. 73, poderá ser decretada a falência no processo de recuperação judicial:

a) por deliberação da assembleia geral, tomada pelo voto de credores representativos de *mais da metade* do valor total dos créditos presentes à assembleia;

b) pela não apresentação, pelo devedor, do plano de recuperação no prazo de *sessenta dias* da publicação da decisão que deferiu o processamento da recuperação;

c) na hipótese de rejeição do plano de recuperação pela assembleia geral de credores;

d) por descumprimento de qualquer obrigação assumida no plano de recuperação.

Além disso, convém observar que a concessão da recuperação judicial não impede que o credor não sujeito aos seus efeitos requeira a falência do devedor com base nas hipóteses previstas na lei, em seu art. 94, I, II e III.

5.3.3. Recuperação extrajudicial

5.3.3.1. Definição

Trata-se de um acordo privado celebrado entre o devedor (empresário, empresa individual de responsabilidade limitada ou sociedade empresária) e credores titulares de créditos representativos de *mais de três quintos* ou da totalidade do passivo, em que o Poder Judiciário participa apenas quando de sua homologação e eventual execução, em caso de descumprimento por quaisquer das partes.

A recuperação extrajudicial revela-se como uma das principais inovações trazidas pela Lei de Falência e Recuperação de Empresas, na medida em que privilegia a autonomia da iniciativa privada, estimulando a composição entre o devedor e determinadas classes de seus credores.

A antiga Lei de Falência e Concordatas vedava inominadamente essa prática, uma vez que em seu art. 2.º, III, considerava como ato de falência a conduta do empresário que, no intuito de *compor-se com seus credores e evitar a falência, lhes propusesse dilação, remissão de créditos ou cessão de bens*. Não obstante tal impedimento legal, no meio empresarial verificava-se com frequência a chamada "concordata branca", que nada mais era do que um acordo privado entre devedor e credores, para evitar a falência ou a concordata.

O impedimento legal, porém, encontrava sua razão de ser no fato de que, não raras vezes, na "concordata branca" o devedor convocava para o acordo determinados credores de seu interesse excluindo outros, inclusive de uma mesma classe. Por não interessarem ao devedor, em dado estágio de seus negócios, certos credores eram mantidos fora desse círculo privilegiado de negociação, inclusive com a interposição de medidas judiciais protelatórias por parte do devedor, a fim de evitar o pedido de sua falência por parte daqueles credores, o que representava uma clara afronta por parte do devedor, ao princípio isonômico da *par conditio creditorum*.

Na lei atual, a fim de evitar tal situação, há a previsão específica, conforme se verá a seguir, das classes de credores que podem estar sujeitas à recuperação, bem como de seus efeitos gerais sobre referidos credores.

5.3.3.2. Características gerais

A recuperação extrajudicial apresenta as seguintes características gerais:

a) o pedido de homologação do plano de recuperação extrajudicial não acarreta a suspensão de direitos, ações ou execuções, nem a impossibilidade do pedido de falência do devedor pelos credores não sujeitos ao plano de recuperação extrajudicial (art. 161, § 4.º);

b) após a distribuição do pedido de homologação, os credores submetidos à recuperação extrajudicial que foram signatários do plano de recuperação, não podem mais desistir da adesão ao plano, salvo com a anuência expressa dos demais signatários (art. 161, § 5.º);

c) a sentença de homologação do plano de recuperação extrajudicial constitui título executivo judicial, nos termos do art. 515, III, do Código de Processo Civil (art. 161, § 6.º da Lei falimentar).

d) organograma da recuperação extrajudicial

Cap. 5 • FALÊNCIA E RECUPERAÇÃO DE EMPRESAS

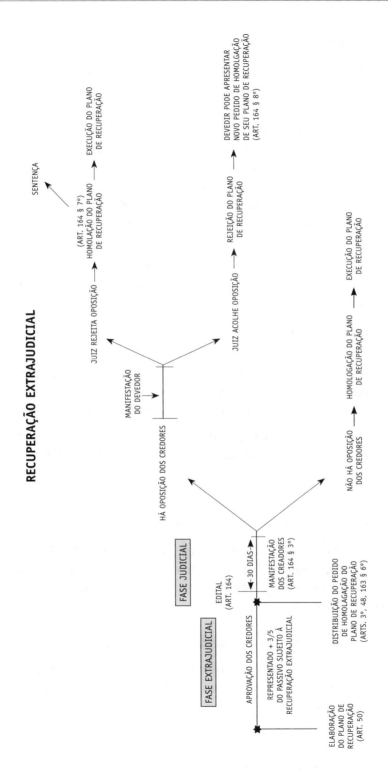

5.3.3.3. Requisitos da recuperação extrajudicial

O pedido de recuperação extrajudicial encontra-se sujeito, conforme o art. 161, aos mesmos requisitos legais da recuperação judicial, previstos no art. 48:

a) exercício regular da atividade empresarial há mais de dois anos pelo requerente (empresário, empresa individual de responsabilidade limitada ou sociedade empresária), podendo ainda ser requerida pelo cônjuge sobrevivente, herdeiros do empresário devedor ou inventariante de seu espólio, bem como pelo sócio remanescente da sociedade empresária devedora, conforme o art. 48, § 1º;

b) não ser falido e, se o foi, que estejam declaradas extintas, por sentença transitada em julgado, as responsabilidades daí decorrentes;

c) não ter, há menos de cinco anos, obtido concessão de recuperação judicial;

d) não ter, há menos de cinco anos, obtido concessão de recuperação judicial com base no plano especial para microempresa ou empresa de pequeno porte, previsto nos arts. 70 a 72;

e) não ter sido condenado ou não ter, como administrador ou sócio controlador, pessoa condenada por qualquer dos crimes falimentares.

5.3.3.4. Direitos dos credores na recuperação extrajudicial

A fim de que se tenha a exata noção dos efeitos e da abrangência da recuperação extrajudicial, é necessário entender quais créditos não estão submetidos a ela e aqueles que, por seu turno, submetem-se ao procedimento em questão.

a) Créditos não submetidos à recuperação extrajudicial

Há determinados créditos que, por disposição expressa da Lei de Falência e Recuperação de Empresas, não estão submetidos aos efeitos da recuperação extrajudicial.

Conforme o disposto no art. 161, § 1.º, os credores titulares de créditos de natureza tributária, trabalhista ou decorrentes de acidente de trabalho não estão submetidos à recuperação extrajudicial.

Cap. 5 · FALÊNCIA E RECUPERAÇÃO DE EMPRESAS 459

Também não se submetem à recuperação extrajudicial os credores titulares dos respectivos direitos de crédito, referidos no art. 49, § 3.º:

a) o proprietário fiduciário de bens móveis ou imóveis, em crédito decorrente de contrato de alienação fiduciária em garantia;

b) o arrendador (ou arrendante) mercantil, em contrato de arrendamento mercantil;

c) o proprietário ou promitente vendedor de imóvel cujo contrato contenha cláusula de irrevogabilidade ou irretratabilidade, inclusive em incorporações imobiliárias;

d) o proprietário e vendedor em contrato de venda com reserva de domínio;

e) da mesma forma, também não se submete à recuperação extrajudicial o credor cujo crédito seja originário de importância entregue ao devedor, em moeda corrente nacional, em adiantamento a contrato de câmbio para exportação (ACC), desde que o prazo total da operação, inclusive eventuais prorrogações, não exceda o previsto nas normas específicas da autoridade competente, conforme o art. 86, II.

b) Créditos submetidos à recuperação extrajudicial

Por outro lado, há credores cujos direitos de crédito estão submetidos aos efeitos da recuperação extrajudicial, conforme o disposto nos arts. 163, § 1.º, c/c o 83 da lei. Assim:

a) titulares de créditos com garantia real, até o limite do valor do bem gravado;

b) titulares de créditos com privilégio especial (os previstos no art. 964 do Código Civil; os assim definidos em outras leis civis e comerciais, salvo disposição contrária da lei falimentar; aqueles a cujos titulares a lei confira o direito de retenção sobre a coisa dada em garantia; e aqueles em favor dos microempreendedores individuais e das microempresas e empresas de pequeno porte);

c) titulares de créditos com privilégio geral (os previstos no art. 965 do Código Civil; os previstos no art. 67 da lei falimentar; e os assim definidos em outras leis civis e comerciais, salvo disposição contrária);

d) titulares de créditos quirografários;

e) titulares de *créditos subordinados* (para os fins da Lei de Falência e Recuperação de Empresas, são considerados créditos subordinados os assim previstos em lei ou em contrato e os créditos dos sócios e dos administradores sem vínculo empregatício).

5.3.3.5. Homologação do plano de recuperação extrajudicial

Conforme referido anteriormente, o instituto jurídico da recuperação de empresa se baseia no acordo entre o devedor e seus credores. Esse acordo caracteriza tanto a recuperação judicial quanto a extrajudicial. O principal elemento diferenciador é o *momento em que o acordo é realizado*. Na recuperação judicial, o acordo se dá *após* o ingresso do devedor-requerente em juízo; na extrajudicial, *precede* o seu ingresso em juízo.

Destaca-se nesse contexto a recuperação extrajudicial pelo fato de o "acordo" em questão ser efetuado extrajudicialmente, antes do ingresso do devedor em juízo, providência essa que, na recuperação extrajudicial, tem caráter meramente homologatório e não analítico por parte do Poder Judiciário, como se verá a seguir.

Para que haja o acordo, é necessário o consenso. Isso, entretanto, nem sempre ocorre de forma absoluta, visto que todos os credores têm um único interesse – satisfazer seus direitos de crédito – e nem sempre a proposta de pagamento apresentada pelo devedor corresponde às expectativas de todos.

Em virtude dessa perspectiva, a lei prevê a possibilidade de que o plano de recuperação que obtiver a adesão de parcela dos credores representativa de *mais de três quintos* do passivo submetido à recuperação extrajudicial, seja levado à homologação judicial e, uma vez homologado, submeta todos os credores, inclusive os dissidentes.

Desse modo, na sistemática definida pela lei em seu art. 163, uma vez obtida a aprovação por escrito de titulares de créditos representativos de *mais de três quintos* do passivo submetido à recuperação extrajudicial (os credores titulares de créditos não sujeitos à recuperação extrajudicial, referidos no item 5.3.3.4., letra "a" não são considerados nesse cálculo), o devedor poderá requerer ao juízo em que se localizar seu principal estabelecimento (conforme o art. 3.º) a homologação de seu plano de recuperação extrajudicial, que, nesse caso, sujeitará todos os credores referidos no item 3.3.4., letra "b", inclusive aqueles dissidentes em parcela inferior a dois quintos do passivo.

A homologação nesse caso será *obrigatória*, para que o plano produza os efeitos jurídicos sobre toda a coletividade de credores cujos direitos de crédito encontram-se a ele submetidos.

A lei estabelece alguns requisitos para que o devedor possa requerer a homologação judicial de seu plano de recuperação:

a) o devedor não pode requerer a homologação de plano de recuperação extrajudicial se estiver pendente pedido de recuperação judicial ou se houver obtido recuperação judicial ou homologação de outro plano de recuperação extrajudicial há menos de dois anos (art. 161, § 3.º);

b) o plano de recuperação não pode contemplar o pagamento antecipado de dívidas nem tratamento desfavorável aos credores que a ele não estejam submetidos, como decorrência do princípio da *par conditio creditorum* (art. 161, § 2.º);

c) o plano de recuperação deve contemplar somente os créditos constituídos até a data do pedido de sua homologação (art. 163, § 1.º);

d) o crédito em moeda estrangeira será convertido para a moeda nacional pelo câmbio da véspera da data de assinatura do plano (art. 163, § 3.º, I);

e) na hipótese de o plano prever a alienação de bem objeto de garantia real, a supressão ou substituição de referida garantia somente poderá ser efetivada mediante a aprovação expressa do credor titular da respectiva garantia (art. 163, § 4.º);

f) o plano de recuperação não poderá afastar a variação cambial, nos créditos em moeda estrangeira, sem a aprovação expressa do credor titular do respectivo crédito (art. 163, § 5.º);

g) para fins de cômputo do percentual necessário à homologação judicial do plano, não serão considerados os créditos detidos por sócios do devedor, sociedades coligadas, controladoras da sociedade devedora ou por esta controladas, ou ainda as que tenham sócio ou acionista que detenha participação superior a *dez por cento* do capital da sociedade devedora ou em que esta ou algum de seus sócios detenham participação superior a *dez por cento* do capital social (art. 163, § 3.º, II).

Por outro lado, há que considerar a possibilidade de a homologação do plano de recuperação extrajudicial não ser obrigatória por parte do devedor. Isso pode ocorrer basicamente em duas hipóteses:

a) se todos os credores titulares dos créditos referidos no item 5.3.3.4, letra "b" aderirem ao plano. Nesse caso, o plano de recuperação, devidamente assinado por todos os credores, constitui, por si, título executivo extrajudicial, e a sua homologação tem unicamente o efeito de, nos termos do art. 166, viabilizar a alienação de filiais ou de unidades produtivas isoladas do devedor, desde que prevista no plano de recuperação extrajudicial;

b) se o devedor não tiver obtido a adesão de credores titulares de direitos de crédito equivalentes ao percentual mínimo (mais de três quintos do passivo), poderá requerer, com fundamento no disposto no art. 162, a homologação em juízo do plano de recuperação extrajudicial. Nesse caso, entretanto, a homologação não produzirá seu principal efeito, que é a oponibilidade aos credores dissidentes, bem como a sua consequente sujeição aos termos do plano apresentado pelo devedor, visto que não foi atingido o percentual legal mínimo, de modo que tal hipótese, ainda que prevista na lei, não se caracteriza propriamente como recuperação extrajudicial, sendo um mero acordo parcial entre o devedor e alguns de seus credores.

5.3.3.6. *Procedimento de homologação do plano de recuperação extra-judicial*

Como toda proposta de acordo, o plano de recuperação extrajudicial deverá apresentar, nos termos do art. 162, a justificativa de sua realização, bem como seus termos e condições, com as assinaturas dos credores que a ele aderiram.

Adicionalmente, a Lei de Falência e Recuperação de Empresas estabelece em seu art. 163, § 6.º, os seguintes documentos que deverão ser anexados pelo devedor quando do protocolo do plano em juízo e necessários à homologação:

a) exposição da situação patrimonial do devedor;

b) as demonstrações financeiras relativas ao último exercício social, bem como demonstrações financeiras levantadas especialmente para instruir o pedido, conforme o art. 51, II;

Cap. 5 · FALÊNCIA E RECUPERAÇÃO DE EMPRESAS

c) os documentos que comprovem os poderes dos representantes dos credores que aderiram ao plano para novar ou transigir sobre referidos créditos;

d) relação nominal completa dos credores, com a indicação do endereço de cada um, a natureza, a classificação e o valor atualizado do crédito, discriminando sua origem, o regime dos respectivos vencimentos e a indicação dos registros contábeis de cada transação pendente.

Uma vez recebido o pedido de homologação do plano de recuperação extrajudicial, conforme o art. 164, o juiz ordenará a publicação de edital no Diário Oficial, agora em sua versão eletrônica, e em jornal de grande circulação nacional ou das localidades da sede e das filiais do devedor, para a convocação dos credores do devedor para apresentação de suas impugnações ao plano de recuperação extrajudicial. Note-se que a Lei de Falência e Recuperação de Empresas não especifica no art. 164, *caput*, se o direito à apresentação de impugnação seria restrito aos credores sujeitos à recuperação extrajudicial ou extensivo a todos os credores do devedor. A redação do dispositivo em questão, porém, é genérica, de modo que dá a entender que todos os credores têm direito à impugnação do plano de recuperação extrajudicial, ainda que não submetidos diretamente aos seus efeitos, visto que, como credores e observada a *par conditio creditorum*, possuem interesse na recuperação da empresa.

Assim, o devedor precisará, no prazo do edital fixado pelo juízo, comprovar o envio de carta a todos os credores sujeitos ao plano, domiciliados ou sediados no país, informando a distribuição do pedido, as condições do plano e o prazo para impugnação (art. 164, § 1.º). Os credores terão prazo de *trinta dias*, contados da publicação do edital, para impugnar o plano, juntando a prova de seu crédito (§ 2.º).

A oposição dos credores à homologação do plano de recuperação extrajudicial, entretanto, conforme o art. 164, § 3.º, somente pode ter por fundamento:

a) o não preenchimento do percentual legal mínimo de adesão ao plano por parte de credores representativos de mais de três quintos do passivo submetido à recuperação extrajudicial;

b) a prática de qualquer dos *atos de falência* previstos no art. 94, III, ou ainda de *atos de fraude a credores* referidos no art. 130;

c) o descumprimento de qualquer requisito previsto na lei falimentar ou de outra exigência legal.

Na hipótese de ser apresentada impugnação, o devedor terá prazo de *cinco dias* para manifestar-se a seu respeito (art. 164, § 4.º). Decorrido esse prazo, os autos serão conclusos ao juiz, que deverá em *cinco dias* apreciar eventuais impugnações e decidir sobre a homologação do plano de recuperação extrajudicial.

Conforme o disposto no art. 164, § 5.º, na hipótese de a) o juiz não constatar nenhuma das irregularidades referidas no art. 164, § 3.º, e b) não existir prova de simulação de créditos ou vício de representação dos credores que subscreveram o plano de recuperação, este deverá ser homologado por sentença, da qual caberá apelação sem efeito suspensivo (art. 164, § 7.º).

Por fim, a lei prevê, em seu art. 164, § 8.º, que, na hipótese de não homologação do plano de recuperação extrajudicial, o devedor poderá apresentar novo pedido de homologação de plano, desde que cumpridas as formalidades legais.

A lei falimentar não prevê expressamente a possibilidade de o juiz, ao negar a homologação ao plano de recuperação extrajudicial, decretar a falência do devedor-requerente.

A esse respeito convém observar que, não obstante o silêncio legal, nos parece razoável que dentre as hipóteses autorizadoras da negativa de homologação judicial há aquelas que, por si sós, não ofendem os princípios norteadores da lei e não acarretam, em princípio, maior prejuízo à coletividade de credores. Esse é o caso do não preenchimento do percentual mínimo legal (art. 164, § 3.º, I), que pode ser suprido pelo devedor em novo acordo com os credores, possibilitando a apresentação de novo pedido de homologação judicial do plano.

Por outro lado, existem aquelas hipóteses cuja constatação e ocorrência no curso do processo de homologação do plano de recuperação extrajudicial elidem a boa-fé que se presume existir por parte do devedor, e representada pelo acordo celebrado com seus credores, como é o caso da prática de atos de fraude a credores, referida no art. 130. Uma vez constatada a sua prática pelo Juízo competente, não nos parece legalmente aceitável, se não até injusto, que ao devedor sejam oferecidas outras chances de apresentação de novos pedidos de homologação, visto que a fraude em si já estaria configurada e o prejuízo aos credores, consumado, justificando, desse modo, a decretação da falência do devedor a fim de preservar o interesse da coletividade de credores e o próprio interesse público tutelado pela lei.

5.3.3.7. Crimes falimentares

A Lei de Falência e Recuperação de Empresas define em seus arts. 168 a 178 os seguintes crimes falimentares, sendo todos eles crimes de *ação penal pública incondicionada* (conforme o art. 184):

a) fraude a credores (art. 168);

b) contabilidade paralela (art. 168, § 2.º);

c) violação de sigilo empresarial (art. 169);

d) divulgação de informações falsas (art. 170);

e) indução a erro (art. 171);

f) favorecimento de credores (art. 172);

g) desvio, ocultação ou apropriação de bens (art. 173);

h) aquisição, recebimento ou uso ilegal de bens (art. 174);

i) habilitação ilegal de crédito (art. 175);

j) exercício ilegal de atividade (art. 176);

k) violação de impedimento (art. 177);

l) omissão dos documentos contábeis obrigatórios (art. 178).

Conforme o art. 179, para os fins e efeitos penais previstos na lei, na falência, na recuperação judicial e na recuperação extrajudicial de sociedades, os seus sócios, diretores, gerentes, administradores e conselheiros, de fato ou de direito, bem como o administrador judicial, são equiparados ao devedor ou falido, na medida de sua culpabilidade.

Tal disposição, entretanto, limita-se à responsabilidade penal, sendo a responsabilidade civil e patrimonial prevista nos arts. 81 e 82, definida de forma diversa, conforme referido anteriormente.

Note-se que, ainda que possam alcançar terceiros estranhos ao processo falimentar, os crimes falimentares possuem como *condição objetiva de punibilidade* a existência preliminar da sentença declaratória da falência, concessiva da recuperação judicial ou homologatória do plano de recuperação extrajudicial, conforme o art. 180.

Considerando que o objeto desta obra didática é o estudo do Direito Empresarial, a título de informação, optamos por apenas transcrever os dispositivos da Lei de Falência e Recuperação de Empresas que tratam dos crimes falimentares.

a) Fraude a credores

"Art. 168. Praticar, antes ou depois da sentença que decretar a falência, conceder a recuperação judicial ou homologar a recuperação extrajudicial, ato fraudulento de que resulte ou possa resultar prejuízo aos credores, com o fim de obter ou assegurar vantagem indevida para si ou para outrem.

Pena – reclusão, de 3 (três) a 6 (seis) anos, e multa.

Aumento da pena

§ 1.º A pena aumenta-se de 1/6 (um sexto) a 1/3 (um terço), se o agente:

I – elabora escrituração contábil ou balanço com dados inexatos;

II – omite, na escrituração contábil ou no balanço, lançamento que deles deveria constar, ou altera escrituração ou balanço verdadeiros;

III – destrói, apaga ou corrompe dados contábeis ou negociais armazenados em computador ou sistema informatizado;

IV – simula a composição do capital social;

V – destrói, oculta ou inutiliza, total ou parcialmente, os documentos de escrituração contábil obrigatórios."

b) Contabilidade paralela

"Art. 168. (...)

§ 2.º A pena é aumentada de 1/3 (um terço) até metade se o devedor manteve ou movimentou recursos ou valores paralelamente à contabilidade exigida pela legislação.

Concurso de pessoas

§ 3.º Nas mesmas penas incidem os contadores, técnicos contábeis, auditores e outros profissionais que, de qualquer modo, concorrerem para as condutas criminosas descritas neste artigo, na medida de sua culpabilidade.

Redução ou substituição da pena

§ 4.º Tratando-se de falência de microempresa ou de empresa de pequeno porte, e não se constatando prática habitual de condutas fraudulentas por parte do falido, poderá o juiz reduzir a pena de reclusão de 1/3 (um terço) a 2/3 (dois terços) ou substituí-la pelas penas restritivas de direitos, pelas de perda de bens e valores ou pelas de prestação de serviços à comunidade ou a entidades públicas."

c) Violação de sigilo empresarial

"Art. 169. Violar, explorar ou divulgar, sem justa causa, sigilo empresarial ou dados confidenciais sobre operações ou serviços, contribuindo para a condução do devedor a estado de inviabilidade econômica ou financeira:

Pena – reclusão, de 2 (dois) a 4 (quatro) anos, e multa."

d) Divulgação de informações falsas

"Art. 170. Divulgar ou propalar, por qualquer meio, informação falsa sobre devedor em recuperação judicial, com o fim de levá-lo à falência ou de obter vantagem:

Pena – reclusão, de 2 (dois) a 4 (quatro) anos, e multa."

e) Indução a erro

"Art. 171. Sonegar ou omitir informações ou prestar informações falsas no processo de falência, de recuperação judicial ou de recuperação extrajudicial, com o fim de induzir a erro o juiz, o Ministério Público, os credores, a assembleia geral de credores, o Comitê ou o administrador judicial:

Pena – reclusão, de 2 (dois) a 4 (quatro) anos, e multa."

f) Favorecimento de credores

"Art. 172. Praticar, antes ou depois da sentença que decretar a falência, conceder a recuperação judicial ou homologar plano de recuperação extrajudicial, ato de disposição ou oneração patrimonial ou gerador de obrigação, destinado a favorecer um ou mais credores em prejuízo dos demais:

Pena – reclusão, de 2 (dois) a 5 (cinco) anos, e multa.

Parágrafo único. Nas mesmas penas incorre o credor que, em conluio, possa beneficiar-se de ato previsto no caput deste artigo."

g) Desvio, ocultação ou apropriação de bens

"Art. 173. Apropriar-se, desviar ou ocultar bens pertencentes ao devedor sob recuperação judicial ou à massa falida, inclusive por meio da aquisição por interposta pessoa:

Pena – reclusão, de 2 (dois) a 4 (quatro) anos, e multa."

h) Aquisição, recebimento ou uso ilegal de bens

"Art. 174. Adquirir, receber, usar, ilicitamente, bem que sabe pertencer à massa falida ou influir para que terceiro, de boa-fé, o adquira, receba ou use:

Pena – reclusão, de 2 (dois) a 4 (quatro) anos, e multa."

i) Habilitação ilegal de crédito

"Art. 175. Apresentar, em falência, recuperação judicial ou recuperação extrajudicial, relação de créditos, habilitação de créditos ou reclamação falsas, ou juntar a elas título falso ou simulado:

Pena – reclusão, de 2 (dois) a 4 (quatro) anos, e multa."

j) Exercício ilegal de atividade

"Art. 176. Exercer atividade para a qual foi inabilitado ou incapacitado por decisão judicial, nos termos desta Lei:

Pena – reclusão, de 1 (um) a 4 (quatro) anos, e multa."

k) Violação de impedimento

"Art. 177. Adquirir o juiz, o representante do Ministério Público, o administrador judicial, o gestor judicial, o perito, o avaliador, o escrivão, o oficial de justiça ou o leiloeiro, por si ou por interposta pessoa, bens de massa falida ou de devedor em recuperação judicial, ou, em relação a estes, entrar em alguma especulação de lucro, quando tenham atuado nos respectivos processos:

Pena – reclusão, de 2 (dois) a 4 (quatro) anos, e multa."

l) Omissão dos documentos contábeis obrigatórios

"Art. 178. Deixar de elaborar, escriturar ou autenticar, antes ou depois da sentença que decretar a falência, conceder a recuperação judicial ou homologar o plano de recuperação extrajudicial, os documentos de escrituração contábil obrigatórios:

Pena – detenção, de 1 (um) a 2 (dois) anos, e multa, se o fato não constitui crime mais grave."

5.3.3.8. *Disposições processuais penais*

Uma das principais modificações introduzidas pela Lei de Falência e Recuperação de Empresas na processualística falimentar foi a extinção do *inquérito judicial*. Na antiga Lei de Falências e Concordatas, o inquérito judicial era destinado à apuração da prática de crime falimentar.

Referido inquérito assemelhava-se em parte ao inquérito policial, entretanto era presidido pelo Juízo da falência, cabendo a este, nos termos da legislação anterior, o recebimento ou a rejeição de denúncia criminal oferecida pelo representante do Ministério Público que funcionasse nos autos do processo falimentar. Tal medida se justificava, sob a égide da legislação anterior, em virtude da universalidade do juízo falimentar.

Na prática, porém, o inquérito judicial acabava monopolizando em demasia o tempo dos agentes responsáveis pelo andamento do processo falimentar – juiz, promotor e síndico (atual administrador judicial) –, desviando-os de um dos escopos básicos da falência, que era (e ainda permanece sendo) o pagamento dos créditos habilitados. Esse fator justificou a sua extinção.

Na sistemática atual, a apuração da prática de crime falimentar se dá, em princípio, mediante inquérito policial, cuja instauração deve ser requisitada pelo representante do Ministério Público nos termos do art. 187 (podendo ainda sê-lo pelo próprio Juízo falimentar)..

Desde que existam, nos próprios autos da falência ou da recuperação judicial, elementos suficientes, o representante do Ministério Público promoverá a competente ação penal, dispensando-se então o inquérito. Caso isso não ocorra no prazo previsto no Código de Processo Penal, qualquer credor habilitado ou o administrador judicial, nos termos do art. 184, parágrafo único, poderá oferecer ação penal privada subsidiária da pública no prazo legal.

A competência para conhecer da ação penal por crimes falimentares, conforme o art. 183 é do juiz criminal da jurisdição onde tenha sido decretada a falência, concedida a recuperação judicial ou homologado o plano de recuperação extrajudicial.

Conforme o art. 181, são efeitos da condenação por crime falimentar que devem ser declarados na sentença, e perdurarão até cinco anos após a extinção da punibilidade, podendo, contudo, cessar antes pela reabilitação penal:

a) a inabilitação para o exercício de atividade empresarial;

b) o impedimento para o exercício de cargo ou função em conselho de administração, diretoria ou gerência das sociedades sujeitas à Lei de Falência e Recuperação de Empresas (sociedades empresárias);

c) a impossibilidade de gerir empresa por mandato ou por gestão de negócio.

5.4. INTERVENÇÃO E LIQUIDAÇÃO EXTRAJUDICIAL DE INSTITUIÇÕES FINANCEIRAS

5.4.1. Entidades sujeitas à intervenção e à liquidação extrajudicial

As instituições financeiras desenvolvem peculiares atividades econômicas, que as diferenciam das empresas comuns. Nesse sentido, a Lei 4.595/1964, em seu art. 17, considera instituições financeiras as pessoas jurídicas públicas ou privadas, que tenham como atividade principal ou acessória *a coleta, a intermediação ou a aplicação de recursos financeiros próprios ou de terceiros, em moeda nacional ou estrangeira, e a custódia de valor de propriedade de terceiros,* sendo equiparadas ainda às instituições financeiras as pessoas físicas que exerçam qualquer dessas atividades, de forma permanente ou eventual.

As instituições financeiras privadas e as públicas não federais, assim como as cooperativas de crédito, estão sujeitas à intervenção ou à liquidação extrajudicial, em ambos os casos decretada e conduzida pelo Banco Central do Brasil, estando regulada pelas disposições constantes da Lei 6.024/1974 (Lei de Intervenção e Liquidação), sendo que, salvo disposição expressa em contrário, todos os artigos legais citados nesta seção, referem-se a essa lei.

A intervenção extrajudicial determina a suspensão, e a liquidação extrajudicial, a perda do mandato, respectivamente, dos administradores e membros do Conselho Fiscal e de quaisquer outros órgãos criados pelo estatuto, conforme o art. 50.

Os regimes de intervenção e liquidação extrajudicial aplicam-se também às sociedades que integram o sistema de distribuição de títulos ou valores monetários no mercado de capitais e às sociedades corretoras de câmbio, conforme o art. 52, sendo que a intervenção ou liquidação extrajudicial de referidas sociedades poderá ser decretada pelo Banco Central do Brasil por iniciativa própria ou por solicitação das Bolsas de Valores, no caso das corretoras a elas associadas, a partir de representação fundamentada (art. 52, § 1.º).

Ainda a esse respeito, deve-se observar que o art. 51 permite que o Banco Central estabeleça regime idêntico (intervenção ou liquidação extrajudicial) para as pessoas jurídicas que com elas tenham integração de atividade ou vínculo de interesse, ficando os seus administradores sujeitos aos preceitos desta lei, sempre com o objetivo de preservar os interesses da poupança popular e a integridade do acervo das entidades submetidas à intervenção ou a liquidação extrajudicial do Banco Central do Brasil.

Nesse sentido, a própria Lei de Intervenção e Liquidação esclarece, em seu art. 51, parágrafo único, que há *integração de atividade ou vínculo de interesse*, quando referidas pessoas jurídicas forem devedoras da sociedade sob intervenção ou submetidas a liquidação extrajudicial, ou quando seus sócios ou acionistas participarem do capital desta na importância superior a dez por cento ou sejam cônjuges, ou parentes até o segundo grau, consanguíneos ou afins, de seus diretores ou membros dos conselhos consultivo, administrativo, fiscal ou semelhantes.

5.4.2. Intervenção extrajudicial

5.4.2.1. Definição

É um *processo administrativo destinado ao saneamento e à recupera-ção da instituição financeira, a fim de evitar sua liquidação extrajudicial ou falência*. Pode ser decretada pelo Banco Central do Brasil nas hipóteses legais a seguir referidas.

5.4.2.2. Aspectos gerais

A intervenção extrajudicial poderá ser decretada *ex officio* pelo Banco Central ou a partir de pedido escrito fundamentado assinado pelos administradores da instituição financeira atingida, desde que o respectivo estatuto lhes confira tal competência (art. 3.º), devendo ser realizada quando forem constatadas as seguintes anormalidades nos negócios sociais da instituição financeira (art. 2.º):

a) a instituição sofrer prejuízo, decorrente da má administração, que sujeite a riscos os seus credores;

b) forem verificadas reiteradas infrações a dispositivos da legislação bancária não regularizadas após as determinações do Banco Central do Brasil, no uso das suas atribuições de fiscalização;

c) na hipótese de ocorrer qualquer das hipóteses caracterizadoras da falência, referidas no art. 94, I, II e III, da Lei de Falência e Recuperação de Empresas, havendo possibilidade de evitar-se a liquidação extrajudicial.

5.4.2.3. Do processo da intervenção

Iniciado o processo administrativo a partir da decretação da intervenção pelo Banco Central, este produz os seguintes efeitos, conforme o art. 6.º da Lei de Intervenção e Liquidação:

a) suspensão da exigibilidade das obrigações vencidas;

b) suspensão da fluência do prazo das obrigações vincendas anteriormente contraídas;

c) inexigibilidade dos depósitos já existentes à data de sua decretação.

Conforme o art. 4.º, o período da intervenção *não excederá seis meses*, que, por decisão do Banco Central, poderá ser prorrogado uma única vez, por no máximo mais seis meses, devendo a intervenção ser executada por interventor nomeado pelo Banco Central (art. 5.º).

O interventor terá poderes de gestão do ativo e do passivo da instituição financeira sob intervenção, porém não poderá praticar atos que impliquem em disposição ou oneração do patrimônio da instituição financeira sob intervenção, além de admissão e demissão de pessoal, atos que dependerão de prévia e expressa autorização do Banco Central.

Da mesma forma, o interventor será investido em suas funções mediante termo de posse lavrado no Livro Diário da instituição financeira sob intervenção, ou, na falta deste, no livro que o substituir, com a transcrição do ato que houver decretado a medida e que o tenha nomeado, independentemente da publicação do ato de sua nomeação (art. 8.º) no Diário Oficial, agora em sua versão eletrônica.

Nos termos do art. 9.º, constituem obrigações do interventor, devendo ser efetivadas logo após assumir suas funções:

a) arrecadar, mediante termo, todos os livros da entidade e os documentos de interesse da administração;

b) levantar o balanço geral e o inventário de todos os livros, documentos, dinheiro e demais bens da entidade, ainda que em poder de terceiros, a qualquer título.

Nesse sentido, os ex-administradores da instituição financeira deverão entregar ao interventor, dentro de cinco dias, contados da posse deste, declaração assinada em conjunto por todos eles, na qual, nos termos do art. 10, deverão constar:

a) nome, nacionalidade, estado civil e endereço dos administradores e membros do Conselho Fiscal que estiverem em exercício nos últimos doze meses anteriores à decretação da medida;

b) mandatos que, porventura, tenham outorgado em nome da instituição, indicando o seu objeto, nome e endereço do mandatário;

c) bens imóveis, assim como móveis, que não se encontrem no estabelecimento;

d) participação que, porventura, cada administrador ou membro do Conselho Fiscal tenha em outras sociedades, com a respectiva indicação.

Ato contínuo, no prazo de sessenta dias, contados de sua posse, prorrogável se necessário, o interventor deverá apresentar ao Banco Central do Brasil relatório com o seguinte conteúdo (art. 11):

a) exame da escrituração, da aplicação dos fundos e disponibilidades e da situação econômico-financeira da instituição;

b) indicação, devidamente comprovada, dos atos e omissões danosos que eventualmente tenha verificado;

c) proposta justificada da adoção das providências que lhe pareçam convenientes à instituição.

Com a apresentação do relatório ou da proposta do interventor, nos termos do art. 12, o Banco Central do Brasil poderá:

a) determinar a cessação da intervenção, hipótese em que o interventor será autorizado a promover os atos que, nesse sentido, se tornarem necessários;

b) manter a instituição sob intervenção, até serem eliminadas as irregularidades que a motivaram, observado o disposto no art. 4.º;

c) decretar a liquidação extrajudicial da entidade;

d) autorizar o interventor a *requerer a falência da entidade*, quando o seu ativo não for suficiente para cobrir sequer metade do valor dos créditos quirografários, ou quando julgada inconveniente a liquidação extrajudicial, ou quando a complexidade dos negócios da instituição ou a gravidade dos fatos apurados aconselharem a medida.

Convém observar que as decisões do interventor estarão sujeitas a recurso administrativo, sem efeito suspensivo, que poderá ser interposto no prazo de dez dias da respectiva ciência, devendo ser dirigido ao Banco Central (art. 13).

5.4.2.4. *Cessação do regime de intervenção extrajudicial*

Conforme o art. 7.º, são hipóteses de cessação do regime de intervenção extrajudicial:

a) se os interessados, apresentando as necessárias condições de garantia, julgadas a critério do Banco Central do Brasil, tomarem a si o prosseguimento das atividades econômicas da empresa;

b) quando, a critério do Banco Central do Brasil, a situação da entidade se houver normalizado;

c) se decretada a liquidação extrajudicial ou a falência da instituição financeira.

5.4.2.5. Regime de Administração Especial Temporária (Raet)

Por fim, convém ainda observar que, além do regime de intervenção, existe também outro instrumento legal destinado à reorganização de instituições financeiras, chamado Regime de Administração Especial Temporária (Raet), previsto no Decreto-lei 2.321/1987. Basicamente, pode-se dizer que ambos possuem a mesma finalidade – *garantir o saneamento e a recuperação da instituição financeira*, evitando a liquidação extrajudicial ou a falência e, consequentemente, maiores prejuízos aos credores.

Diferencia-se o regime de intervenção do Raet, sobretudo pela maior amplitude deste último (há mais hipóteses legais que autorizam a sua decretação) e pelo fato de que o Raet não afeta o curso regular dos negócios da entidade nem o seu normal funcionamento (art. 2.º).

Os administradores e os membros do Conselho Fiscal da instituição atingida, porém, perderão seus mandatos, sendo que a administração especial temporária será executada por um conselho diretor, nomeado pelo Banco Central do Brasil, com plenos poderes de gestão, constituído de tantos membros quantos julgados necessários para a condução dos negócios sociais (art. 3.º).

Com a decretação do Raet, o Banco Central do Brasil poderá utilizar recursos da Reserva Monetária visando ao saneamento econômico-financeiro da instituição (art. 9.º), sendo que os valores sacados à conta da Reserva Monetária serão aplicados no pagamento de obrigações das instituições submetidas ao Raet (art. 10).

Por fim, conforme o art. 14 do citado decreto-lei, são causas de cessação do Raet:

a) a assunção do controle acionário da instituição, pela União Federal, a partir da desapropriação das respectivas ações do capital social da instituição, motivada por necessidade ou utilidade pública ou por interesse social;

b) nos casos de transformação, incorporação, fusão, cisão ou transferência do controle acionário da instituição;

Cap. 5 · FALÊNCIA E RECUPERAÇÃO DE EMPRESAS

c) quando, a critério do Banco Central do Brasil, a situação da instituição houver se normalizado;

d) pela decretação da liquidação extrajudicial da instituição.

5.4.3. Liquidação extrajudicial

5.4.3.1. Definição

É um *processo administrativo destinado à venda dos bens integrantes do patrimônio de instituição financeira, com o pagamento proporcional aos credores de referida instituição*. Destina-se a garantir a estabilidade das relações de débito e crédito, aproximando-se sobremaneira do processo falimentar e constituindo-se em um instrumento legal destinado a resguardar a segurança do mercado financeiro.

5.4.3.2. Aspectos gerais

A Lei de Intervenção e Liquidação prevê, em seu art. 15, basicamente três categorias de hipóteses que autorizam a decretação da liquidação extrajudicial, pelo Banco Central do Brasil.

5.4.3.2.1. Decretação ex officio motivada por causas econômicas que possam acarretar a insolvência da instituição financeira e prejuízos aos seus credores (art. 15, I, a e c)

a) em razão de ocorrências que comprometam sua situação econômica ou financeira especialmente quando deixar de satisfazer, com pontualidade, seus compromissos ou quando se caracterizar qualquer dos motivos que autorizem a declararão de falência;

b) quando a instituição sofrer prejuízo que sujeite a risco anormal seus credores quirografários.

5.4.3.2.2. Decretação ex officio motivada como punição administrativa ao descumprimento de normas legais (art. 15, I, b e d)

a) quando a administração da instituição financeira violar gravemente as normas legais e estatutárias que disciplinam a atividade da instituição, bem como as determinações do Conselho

Monetário Nacional ou do Banco Central do Brasil, no uso de suas atribuições legais;

b) quando o Banco Central cassar a autorização para o funcionamento da instituição financeira e esta não iniciar, nos noventa dias seguintes, sua liquidação ordinária, ou quando, iniciada esta, o Banco Central do Brasil constatar que a morosidade de sua administração pode acarretar prejuízos aos credores.

5.4.3.2.3. Decretação motivada por pedido dos administradores da própria instituição financeira (art. 15, II)

Nesta última hipótese, a liquidação extrajudicial poderá ser decretada desde que o estatuto social da instituição financeira confira aos seus administradores tal competência ou então por proposta do interventor nomeado pelo Banco Central, em processo de intervenção, desde que exponha detalhadamente os motivos justificadores da medida.

Independentemente da hipótese que venha a ocorrer, dentre aquelas relacionadas na lei, caberá exclusivamente ao Banco Central do Brasil decidir sobre a gravidade dos fatos determinantes da liquidação para a sua decretação, considerando as repercussões deste sobre os interesses dos mercados financeiro e de capitais, podendo ainda, em lugar da liquidação, conforme prevê o art. 15, § 1.º, efetuar a intervenção, se julgar essa medida suficiente para a normalização dos negócios da instituição e preservação daqueles interesses.

Deve-se observar que, independentemente do processo da liquidação extrajudicial realizada pelo Banco Central, as instituições financeiras, assim como acontece com as demais sociedades, estão sujeitas ao processo de liquidação ordinária que pode ser realizado pela própria sociedade (liquidação de pleno direito) ou por decisão judicial, em conformidade com os arts. 208 a 218 da Lei das Sociedades Anônimas.

5.4.3.3. Processo de liquidação extrajudicial

No ato de decretação da liquidação extrajudicial, o Banco Central do Brasil deverá indicar a data em que se tenha caracterizado o estado que a determinou e fixar o termo legal da liquidação que não poderá ser superior a sessenta dias contados do primeiro protesto por falta de pagamento ou, na falta deste, contados do ato que haja decretado a intervenção ou a liquidação, conforme o art. 15, § 2.º da Lei de Intervenção e Liquidação.

O *termo legal da liquidação*, à semelhança do que ocorre na falência, *é o lapso temporal que coloca sob suspeição os atos praticados pela instituição financeira durante o seu período de abrangência*, podendo acarretar sua nulidade ou anulabilidade, conforme o caso.

Da mesma forma como acontece no processo falimentar, com a decretação da liquidação extrajudicial, surge a massa da liquidação, que reunirá o ativo e o passivo da instituição liquidanda, sendo que em todos os atos, documentos e publicações de interesse da liquidação será usada obrigatoriamente, a expressão "Em liquidação extrajudicial", em seguida à denominação da instituição liquidanda (art. 17).

O processo administrativo de liquidação extrajudicial será conduzido por um liquidante nomeado pelo Banco Central, que terá amplos poderes de administração e liquidação, especialmente os de verificação e classificação dos créditos, poderá nomear e demitir funcionários, fixar seus vencimentos, outorgar e cassar mandatos, propor ações e representar a massa em juízo ou fora dele (art. 16).

Nesse sentido, o liquidante poderá ultimar negócios pendentes, desde que em benefício da massa e com prévia e expressa autorização do Banco Central, podendo ainda, a qualquer tempo e mediante licitação, onerar ou alienar seus bens do ativo da instituição liquidanda.

O liquidante será investido em suas funções mediante termo de posse lavrado no Livro Diário da instituição liquidanda, ou, na falta deste, no livro que o substituir, com a transcrição do ato que houver decretado a medida e que o tenha nomeado e deverá:

a) arrecadar, mediante termo, todos os livros da entidade e os documentos de interesse da administração;

b) levantar o balanço geral e o inventário de todos os livros, documentos, dinheiro e demais bens da entidade, ainda que em poder de terceiros, a qualquer título.

À semelhança do que ocorre na intervenção (art. 10), os ex-administradores da entidade deverão entregar ao interventor, em cinco dias, contados da posse deste, declaração assinada em conjunto por todos eles, de que conste sua qualificação e dados pessoais, mandatos que porventura tenham outorgado a terceiros, relação de bens da instituição liquidanda e participações que cada administrador ou membro do Conselho Fiscal eventualmente possuam em outras sociedades, com a respectiva indicação.

Conforme o art. 18, a decretação da liquidação extrajudicial produz os seguintes efeitos:

a) suspensão das ações e execuções iniciadas sobre direitos e interesses relativos ao acervo da entidade liquidanda, não podendo ser intentadas quaisquer outras, enquanto durar a liquidação;

b) vencimento antecipado das obrigações da liquidanda;

c) não atendimento das cláusulas penais dos contratos unilaterais vencidos em virtude da decretação da liquidação extrajudicial;

d) não fluência de juros, mesmo que estipulados, contra a massa, enquanto não integralmente pago o passivo;

e) interrupção da prescrição relativa a obrigações de responsabilidade da instituição;

f) não reclamação de correção monetária de quaisquer divisas passivas, nem de penas pecuniárias por infração de leis penais ou administrativas.

Conforme o art. 20, combinado com o art. 11, no prazo de sessenta dias, contados de sua posse, prorrogável se necessário, o liquidante deverá apresentar relatório ao Banco Central, com o seguinte conteúdo:

a) exame da escrituração, da aplicação dos fundos e disponibilidades e da situação econômico-financeira da instituição;

b) indicação, devidamente comprovada, de atos e omissões danosos que eventualmente tenha verificado;

c) proposta justificada da adoção das providências que lhe pareçam convenientes à instituição.

Apresentado o relatório ou a proposta referida no art. 11, o Banco Central poderá autorizar o liquidante a:

a) prosseguir na liquidação extrajudicial;

b) requerer a falência da entidade, quando o seu ativo não for suficiente para cobrir pelo menos a metade do valor dos créditos quirografários, ou quando houver fundados indícios de crimes falimentares.

Convém observar que, independentemente das providências acima referidas, a qualquer tempo o Banco Central poderá apreciar pedidos de cessação da liquidação extrajudicial, formulados pelos interessados, concedendo ou recusando a medida pleiteada, segundo as garantias oferecidas e as conveniências de ordem geral (art. 21, parágrafo único).

Na hipótese de prosseguimento da liquidação extrajudicial, o liquidante deverá publicar, no Diário Oficial da União, agora em sua versão eletrônica e em jornal de grande circulação do local da sede da entidade, aviso aos credores para que declarem os respectivos créditos (art. 22), em prazo que pode variar de vinte a quarenta dias, ficando dispensados dessa formalidade os credores por depósitos ou por letras de câmbio de aceite da instituição financeira liquidanda.

Caberá então ao liquidante analisar as declarações de crédito recebidas, confrontando-as com os dados existentes nos livros e registros contábeis da instituição liquidanda e decidir a respeito da legitimidade, do valor e da classificação (art. 23).

Os credores deverão ser notificados, por escrito, da decisão do liquidante, e a contar da data do recebimento da notificação, terão o prazo de dez dias para recorrer, ao Banco Central, do ato que lhes pareça desfavorável.

Deve-se ainda observar que, como regra geral, de todas as decisões do liquidante caberá recurso sem efeito suspensivo, em dez dias da respectiva ciência, para o Banco Central, em única instância, devendo o recurso, quando interposto, ser entregue ao liquidante, mediante protocolo, que o informará e o encaminhará, em cinco dias, ao Banco Central.

Uma vez esgotado o prazo para a declaração de créditos e tendo sido julgados estes, o liquidante organizará o quadro geral de credores e publicará aviso aos credores de que o quadro geral de credores, juntamente com o balanço geral, se acha afixado na sede e nas demais dependências da entidade, para conhecimento dos interessados.

Dentro do prazo preclusivo de trinta dias contado da data em que for considerado definitivo o quadro geral de credores, aqueles dentre estes que se julgarem prejudicados pelo não provimento do recurso interposto ou pela decisão proferida na impugnação poderão prosseguir nas ações que tenham sido suspensas, ou então propor as que couberem, dando ciência do fato ao liquidante para que este reserve fundos suficientes à eventual satisfação dos respectivos pedidos (art. 27).

Durante a liquidação, será possível a declaração de nulidade ou a revogação dos praticados pelos administradores da instituição liquidanda, nas mesmas hipóteses previstas na Lei de Falência e Recuperação de Empresas (art. 35), *podendo também a ação revocatória ser proposta pelo liquidante*, nos termos da legislação falimentar, sendo competente para conhecer da ação revocatória o juiz a quem caberia processar e julgar a falência da instituição liquidanda.

O liquidante, por sua vez e conforme o art. 33 deverá prestar contas ao Banco Central do Brasil, independentemente de qualquer exigência, no momento em que deixar suas funções, ou a qualquer tempo, quando solicitado, e responderá, civil e criminalmente, por seus atos.

Por fim, ressalte-se que, conforme o art. 31, no resguardo da economia pública, da poupança privada e da segurança nacional, sempre que a atividade da entidade liquidanda colidir com os interesses daquelas áreas, poderá o liquidante, prévia e expressamente autorizado pelo Banco Central do Brasil, adotar qualquer forma especial ou qualificada de realização do ativo e liquidação do passivo, ceder o ativo a terceiros, organizar ou reorganizar sociedade para continuação geral ou parcial do negócio ou atividade da liquidanda, sendo que tais atos produzem efeitos jurídicos imediatos, independentemente de formalidades e registros.

Aplicam-se à liquidação extrajudicial, no que couberem e não colidirem com os preceitos da Lei de Intervenção e Liquidação, as disposições da Lei de Falência e Recuperação de Empresas, equiparando-se ao administrador judicial, o liquidante e ao juiz da falência, o Banco Central do Brasil (art. 34).

5.4.3.4. *Hipóteses de extinção do processo de liquidação extrajudicial*

Conforme o art. 19, a liquidação extrajudicial será encerrada:

I - por decisão do Banco Central do Brasil, nas seguintes hipóteses:

a) pagamento integral dos credores quirografários;

b) mudança de objeto social da instituição para atividade econômica não integrante do Sistema Financeiro Nacional;

c) transferência do controle societário da instituição;

d) convolação em liquidação ordinária;

e) exaustão do ativo da instituição, mediante a sua realização total e a distribuição do produto entre os credores, ainda que não ocorra o pagamento integral dos créditos; ou

f) iliquidez ou difícil realização do ativo remanescente na instituição, reconhecidas pelo Banco Central do Brasil;

II - pela decretação da falência da instituição.

Encerrada a liquidação extrajudicial nas hipóteses previstas no inciso I do art. 19, o prazo prescricional relativo às obrigações da instituição voltará a contar da data da publicação do ato de encerramento do regime.

5.4.4. Responsabilidade dos administradores de instituições financeiras

Na intervenção ou liquidação extrajudicial, os administradores das instituições atingidas respondem por sua ação ou omissão, sendo responsáveis ainda solidariamente pelas obrigações por elas assumidas durante sua gestão até que se cumpram, limitando-se, porém, a responsabilidade solidária ao montante dos prejuízos causados (art. 40).

Assim, uma vez decretada a intervenção, a liquidação extrajudicial ou a falência da instituição financeira, deverão ser praticados dois atos fundamentais:

5.4.4.1. *Declaração de indisponibilidade de bens*

Conforme o art. 36, os administradores das instituições financeiras em intervenção, em liquidação extrajudicial ou em falência *ficarão com todos os seus bens indisponíveis*, não podendo, por qualquer forma, direta ou indireta, aliená-los ou onerá-los, até apuração e liquidação final de suas responsabilidades, sendo que a indisponibilidade decorrerá do ato que decretar a intervenção, a liquidação extrajudicial ou a falência, e atinge não só os atuais administradores, mas também todos aqueles que tenham estado no exercício das funções nos doze meses anteriores ao mesmo ato.

Desde que haja proposta do Banco Central do Brasil, aprovada pelo Conselho Monetário Nacional, a indisponibilidade poderá ser estendida:

a) aos bens de gerentes, conselheiros fiscais e aos de todos aqueles que, até o limite da responsabilidade estimada de cada um, tenham concorrido, nos últimos doze meses, para a decretação da intervenção ou da liquidação extrajudicial;

b) aos bens de pessoas que, nos últimos doze meses, os tenham a qualquer título, adquirido de administradores da instituição, ou das pessoas referidas no item anterior desde que existam elementos seguros de convicção de que se trata de simulada transferência com o fim de evitar os efeitos legais.

Todas as pessoas referidas anteriormente, e que tinham sido abrangidas pela indisponibilidade de bens não poderão ausentar-se do foro, da intervenção, da liquidação extrajudicial ou da falência sem prévia e expressa autorização do Banco Central do Brasil ou do juiz da falência (art. 37), conforme o caso.

Não são, contudo, atingidos pelo decreto de indisponibilidade:

a) os bens considerados inalienáveis ou impenhoráveis pela legislação em vigor (art. 36, § 3.º);

b) os bens objeto de contrato de alienação, de promessa de compra e venda, de cessão de direito, desde que os respectivos instrumentos tenham sido levados ao competente registro público, anteriormente à data da decretação da intervenção, da liquidação extrajudicial ou da falência (art. 36, § 4.º).

Em termos de procedimento, uma vez decretada a intervenção, a liquidação extrajudicial ou a falência, o interventor, o liquidante ou o escrivão da falência comunicará a indisponibilidade de bens ao registro público competente e às Bolsas de Valores, sendo que, com o recebimento da respectiva comunicação, a autoridade competente ficará, em relação a esses bens, impedida de:

a) fazer transcrições, inscrições ou averbações de documentos públicos ou particulares;

b) arquivar atos ou contratos que importem em transferência de cotas sociais, ações ou partes beneficiárias;

c) realizar ou registrar operações e títulos de qualquer natureza;

d) processar a transferência de propriedade de veículos automotores.

5.4.4.2. Instauração de inquérito administrativo

Decretada a intervenção, a liquidação extrajudicial ou a falência de instituição financeira, o Banco Central do Brasil procederá à instauração de inquérito administrativo, a fim de apurar as causas que levaram a instituição àquele estado e a responsabilidade de seus administradores e membros do Conselho Fiscal (art. 41).

Nesse sentido, o inquérito será instaurado imediatamente à decretação da intervenção ou da liquidação extrajudicial, ou ao recebimento da comunicação da falência, e concluído em cento e vinte dias, prorrogáveis, se absolutamente necessário, por igual prazo (art. 41, § 2.º).

No inquérito administrativo, que será acompanhado pelos ex-administradores, o Banco Central do Brasil poderá:

a) examinar, quantas vezes julgar necessário, a contabilidade, os arquivos, os documentos, os valores e mais elementos das instituições;

b) tomar depoimentos, solicitando para isso, se necessário, o auxílio da polícia;

Cap. 5 • FALÊNCIA E RECUPERAÇÃO DE EMPRESAS

c) solicitar informações a qualquer autoridade ou repartição pública, ao juiz da falência, ao órgão do Ministério Público, ao administrador judicial, ao liquidante ou ao interventor;

d) examinar, por pessoa que designar, os autos da falência e obter, mediante solicitação escrita, cópias ou certidões de peças desses autos;

e) examinar a contabilidade e os arquivos de terceiros com os quais a instituição financeira tiver negociado e no que entender com esses negócios, bem como a contabilidade e os arquivos dos ex-administradores, se empresários sob firma individual, e as respectivas contas junto a outras instituições financeiras.

Uma vez concluída a apuração, conforme o art. 42, os ex-administradores serão convidados, por carta, a apresentar, por escrito, suas alegações e explicações no prazo comum de cinco dias e, uma vez transcorrido, o inquérito será encerrado com um relatório, do qual constarão, em síntese, a situação da entidade examinada, as causas de queda, o nome, a quantificação e a relação dos bens particulares dos que, nos últimos cinco anos, geriram a sociedade, bem como o montante ou a estimativa dos prejuízos apurados em cada gestão (art. 43).

O inquérito poderá chegar a duas conclusões distintas:

a) Na hipótese de o inquérito concluir pela inexistência de prejuízo, será, no caso de intervenção e de liquidação extrajudicial, arquivado no próprio Banco Central do Brasil, ou, no caso de falência, será remetido ao competente juiz, que o mandará apensar aos respectivos autos (art. 44). Nesse caso, a indisponibilidade de bens anteriormente decretada deverá ser levantada por ordem da mesma autoridade que a determinou.

b) Na hipótese de o inquérito concluir pela existência de prejuízos, será ele então, juntamente com o respectivo relatório, remetido pelo Banco Central do Brasil ao juiz da falência ou ao que for competente para decretá-la, o qual o fará com vista ao órgão do Ministério Público, que, em oito dias, sob pena de responsabilidade, requererá o sequestro de quantos bens dos ex-administradores, que não tinham sido atingidos pela indisponibilidade prevista no art. 36, bastem para a efetivação da responsabilidade (art. 45). Efetuado o arresto, os bens serão depositados em mãos do interventor, do liquidante ou do administrador judicial da falência, conforme a hipótese, cumprindo ao depositário administrá-los, receber os respectivos rendimentos e prestar contas a final.

Para a apuração da responsabilidade dos ex-administradores nos casos de intervenção ou liquidação extrajudicial, o Ministério Público deverá propor a ação em referência obrigatoriamente no prazo de trinta dias, a contar da realização do arresto, sob pena de responsabilidade e preclusão da sua iniciativa. A ação de responsabilidade terá rito ordinário e será proposta no juízo da falência (se houver sido decretada) ou no que for para ela competente (art. 46).

Findo esse prazo, ficarão os autos em cartório, à disposição de qualquer credor, que poderá iniciar a ação, nos quinze dias seguintes, independentemente do inquérito ou do arresto (art. 48), sendo que, se neste último prazo ninguém o fizer, o arresto e a indisponibilidade deverão ser levantados.

Na hipótese de procedência da ação de responsabilidade formulada contra os ex-administradores, conforme o art. 49, o arresto e a indisponibilidade de bens se convolarão em penhora, seguindo-se o processo de execução.

Por outro lado, na hipótese de, uma vez decretado o arresto ou tendo sido proposta a ação, ser decretada a falência da instituição financeira liquidanda, competirá ao administrador judicial da falência, daí por diante, tomar as providências necessárias ao efetivo cumprimento das determinações legais.

5.4.5. Do termo de compromisso

A Lei 13.506/2017 inovou ao prever, em seu art. 11, que o Banco Central do Brasil, em juízo de conveniência e oportunidade, devidamente fundamentado, com vistas a atender ao interesse público, poderá deixar de instaurar ou suspender, em qualquer fase que preceda a tomada da decisão de primeira instância, o processo administrativo destinado à apuração de infração ou nas demais normas legais e regulamentares cujo cumprimento lhe caiba fiscalizar se o investigado assinar termo de compromisso no qual se obrigue a, cumulativamente:

a) cessar a prática sob investigação ou os seus efeitos lesivos;

b) corrigir as irregularidades apontadas e indenizar os prejuízos;

c) cumprir as demais condições que forem acordadas no caso concreto, com obrigatório recolhimento de contribuição pecuniária, observado o disposto no art. 10 desta Lei.

O termo de compromisso constitui título executivo extrajudicial (art. 14), e não importará em confissão quanto à matéria de fato, nem em reconhecimento da ilicitude da conduta analisada, sendo que durante a vigência do termo de compromisso, os prazos de prescrição para o exercício de ação punitiva pela Administração Pública Federal, direta e indireta, ficarão suspensos, e o procedimento administrativo será arquivado se todas as condições nele estabelecidas forem atendidas.

5.4.6. Do acordo administrativo em processo de supervisão

Da mesma forma a citada Lei 13.506/2017 prevê, em seu art. 30, que o Banco Central do Brasil poderá celebrar *acordo administrativo* em processo de supervisão com pessoas físicas ou jurídicas que confessarem a prática de infração às normas legais ou regulamentares cujo cumprimento lhe caiba fiscalizar, com extinção de sua ação punitiva ou redução de 1/3 (um terço) a 2/3 (dois terços) da penalidade aplicável, mediante efetiva, plena e permanente cooperação para a apuração dos fatos, da qual resulte utilidade para o processo, em especial:

a) a identificação dos demais envolvidos na prática da infração, quando couber;

b) a obtenção de informações e de documentos que comprovem a infração noticiada ou sob investigação.

CAPÍTULO 6

Propriedade Industrial

Sumário • **6.1.** Propriedade intelectual e propriedade industrial – **6.2.** Propriedade industrial e direito da propriedade industrial – **6.3.** Aspectos jurídico-constitucionais – **6.4.** Instituto Nacional da Propriedade Industrial (Inpi) – **6.5.** Das formas de proteção à propriedade industrial no Brasil – Patentes e registros: **6.5.1.** Patentes; **6.5.2.** Registros – **6.6.** Modalidades de propriedade industrial: **6.6.1.** Invenções; **6.6.2.** Modelos de utilidade; **6.6.3.** Desenhos industriais; **6.6.4.** Marca – **6.7.** Indicações geográficas – **6.8.** Dos crimes contra a propriedade industrial: **6.8.1.** Crimes contra as patentes; **6.8.2.** Crimes contra os desenhos industriais; **6.8.3.** Crimes contra as marcas; **6.8.4.** Crimes cometidos por meio de marca, título de estabelecimento e sinal de propaganda; **6.8.5.** Crimes contra indicações geográficas e demais indicações; **6.8.6.** Crimes de concorrência desleal – **6.9.** Medidas judiciais – **6.10.** Nome empresarial, marca e nome de domínio na internet.

6.1. PROPRIEDADE INTELECTUAL E PROPRIEDADE INDUSTRIAL

Dá-se o nome de propriedade intelectual àquelas obras originadas do pensamento e do intelecto humanos. O ser humano, na sua atividade criadora, consegue abranger as mais variadas áreas do conhecimento, estendendo-se o rol de suas criações desde aquelas de natureza puramente artística ou literária, criadas unitariamente e destinadas a permanecerem únicas, até às de natureza técnica e/ou tecnológica e destinadas à reprodução em escala industrial e ao consumo de massa.

Nesse sentido, dá-se o nome de direito da propriedade intelectual ao conjunto de normas destinadas a regular e a disciplinar a proteção jurídica a tais obras.

A assim denominada *propriedade intelectual* se divide em dois ramos distintos, a saber:

a) propriedade literária, artística e científica, também conhecida por direito autoral; e

b) propriedade industrial ou direito da propriedade industrial.

Note-se, a respeito, a lição de Newton Silveira (*A propriedade intelectual e as novas leis autorais*, p. 9):

> "Enquanto as obras protegidas pelo direito de autor têm como único requisito a originalidade, as criações no campo da propriedade

industrial, tais como as invenções, modelos de utilidade e desenhos industriais, dependem do requisito de novidade, objetivamente considerado.

A originalidade deve ser entendida em sentido subjetivo, em relação à esfera pessoal do autor. Já objetivamente nova é a criação ainda desconhecida como situação de fato. Assim, em sentido subjetivo, a novidade representa um novo conhecimento para o próprio sujeito, enquanto, em sentido objetivo, representa um novo conhecimento para toda a coletividade. Objetivamente novo é aquilo que ainda não existia; subjetivamente novo é aquilo que era ignorado pelo autor no momento do ato criativo.

No campo das criações técnicas não é raro acontecer que duas ou mais pessoas cheguem, uma independentemente da outra, à mesma solução, em consequência de se acharem em face do estado atual da técnica. Tal coincidência é extremamente rara no campo da criação artística, visto que o autor trabalha com elementos da sua própria imaginação."

Disso resulta que o *direito autoral* compreende obras literárias e artísticas – resultantes de um momento único de criação e inspiração de seu autor, portanto *únicas em sua criação*, elaboradas sem apoio em qualquer roteiro ou projeto técnico específico, não sendo necessariamente passíveis de reprodução em escala industrial, tal como ocorre com um quadro ou uma escultura.

O direito autoral se encontra didaticamente classificado como ramo do direito civil, tendo como principal norma reguladora a Lei 9.610/1998, estando, assim, fora do âmbito de abrangência deste manual e do próprio Direito Empresarial. Daí o fato de o objeto de nosso estudo nesse ponto ser o *direito da propriedade industrial*, a respeito do qual passaremos a tratar.

6.2. PROPRIEDADE INDUSTRIAL E DIREITO DA PROPRIEDADE INDUSTRIAL

A propriedade industrial compreende todas as obras passíveis de reprodução em escala industrial, visto que, concebidas para serem produzidas em quantidade, com o claro objetivo de revenda por atacado ou a varejo, são, portanto, objeto de direitos em relações jurídico-empresariais. Isso se explica porque o comércio e a própria atividade empresarial têm como elemento fundamental a repetitividade, característica que somente pode ser plenamente satisfeita se houver produção de bens em escala industrial, de modo a propiciar a sua venda e compra de forma continuada e repetida pelos empresários, empresas individuais de responsabilidade limitada e sociedades empresárias que atuam em determinado mercado.

Assim, mais precisamente, o direito da propriedade industrial nada mais é do que o conjunto de normas jurídicas elaboradas para disciplinar e proteger as obras e criações do intelecto humano destinadas a serem produzidas em escala industrial.

O direito da propriedade industrial compreende as seguintes e principais modalidades de proteção:

a) invenções;

b) modelos de utilidade;

c) desenhos industriais;

d) marcas.

A respeito da proteção jurídica conferida à propriedade industrial, explica P. R. Tavares Paes (*Propriedade industrial*, p. 2-3):

> "A tutela à propriedade industrial nasceu no nosso País há pouco mais de uma centúria, com a adesão do Brasil e de mais quatorze países à Convenção da União de Paris de 1883, que instituiu e regulou internacionalmente o sistema da propriedade industrial. Esta Convenção tem como princípio fundamental o art. 2.º, que diz:

> "Os cidadãos de cada um dos países contratantes gozarão em todos os demais países da União, no que concerne à proteção da propriedade industrial, das vantagens que as respectivas leis concedem atualmente ou vierem posteriormente a conceder aos nacionais, tudo isso sem prejuízo dos direitos especialmente previstos pela presente Convenção. Em virtude desta disposição terão eles a mesma proteção que estes e o mesmo recurso legal contra qualquer prejuízo causado aos seus direitos, mediante o cumprimento das condições e formalidades impostas aos nacionais."

> Daí deflui o princípio do "tratamento nacional" e o referente ao "tratamento unionista", que concerne à propriedade do art. 4.º da Convenção, segundo o qual quem tiver feito regularmente o depósito de patente de invenção, de modelo de utilidade, desenho ou modelo industrial ou de uma marca em qualquer dos países contratantes gozará para o depósito nos outros países, com a ressalva dos direitos de terceiros, de um direito de prioridade de doze meses para as invenções e modelos de utilidade e de seis meses para as marcas. Como corolário deste direito prioritário, os fatos intercorrentes e ocorridos neste lapso de tempo (entre o primitivo depósito em país unionista e o depósito no Brasil) não influirão na novidade do objeto do pedido."

6.3. ASPECTOS JURÍDICO-CONSTITUCIONAIS

No ordenamento jurídico brasileiro, pode-se dizer que a proteção à propriedade industrial principia com o disposto na Constituição Federal, em seu art. 5.º, XXIX, que estabelece:

> "XXIX – a lei assegurará aos autores de inventos industriais privilégio temporário para sua utilização, bem como proteção às criações industriais, à propriedade das marcas, aos nomes de empresas e a outros signos distintivos, tendo em vista o interesse social e o desenvolvimento tecnológico e econômico do País."

Na sequência da aludida previsão constitucional, tem-se a Lei 9.279/1996, também denominada Lei da Propriedade Industrial, que disciplina a matéria na esfera infraconstitucional.

6.4. INSTITUTO NACIONAL DA PROPRIEDADE INDUSTRIAL (INPI)

A política relativa à propriedade industrial no Brasil tem como gestor e executor o Instituto Nacional da Propriedade Industrial (Inpi), que é uma autarquia federal e tem como objetivos a aplicação das normas relativas à propriedade industrial no Brasil, bem como o processamento e o exame dos pedidos referentes à concessão de patentes (de invenções e de modelos de utilidade) e de registros (de desenhos industriais e de marcas), e o reconhecimento das indicações geográficas.

6.5. DAS FORMAS DE PROTEÇÃO À PROPRIEDADE INDUSTRIAL NO BRASIL – PATENTES E REGISTROS

Os direitos de propriedade industrial são considerados bens móveis, para fins legais, de acordo com o art. 5.º da Lei da Propriedade Industrial, sendo que a proteção jurídica a determinada obra considerada propriedade industrial pode se dar por meio de uma patente ou de um registro.

6.5.1. Patentes

Patente é o documento pelo qual se prova a titularidade sobre um direito de propriedade industrial, podendo ser uma patente de invenção ou uma patente de modelo de utilidade.

Nos termos do art. 6.º da Lei da Propriedade Industrial, ao autor de invenção ou modelo de utilidade será assegurado o direito de obter a patente que lhe garanta a propriedade, nas condições estabelecidas na lei, sendo que, salvo prova em contrário, se presume o requerente legitimado a obter a patente.

A patente pode ser requerida em nome próprio, pelos herdeiros ou sucessores do autor, pelo cessionário ou por aquele a quem a lei ou o contrato de trabalho ou de prestação de serviços determinar que pertença a titularidade. Está, por conseguinte, relacionada ao próprio direito de propriedade, amplamente protegido pelo ordenamento jurídico-constitucional brasileiro, a principiar pelo disposto no art. 5.º, XXII, da CF/1988.

Conforme o art. 42 da Lei da Propriedade Industrial, a patente confere ao seu titular o direito de impedir terceiro, sem o seu consentimento, de produzir, usar, colocar à venda, vender ou importar com estes propósitos: a) produto objeto de patente; ou, b) processo ou produto obtido diretamente por processo patenteado.

O prazo de vigência de uma patente de invenção é de *vinte anos*, contados da data em que seja protocolado o pedido de concessão perante o Inpi, também chamada de *data de depósito*, devendo ser assegurado ao titular da patente de invenção o prazo mínimo de *dez anos* contados da data de sua efetiva concessão para que o titular da patente então concedida possa explorá-la com exclusividade, de modo a evitar que o trâmite do pedido ao Inpi venha a consumir todo o prazo legal que, no caso da patente, se inicia com o depósito do pedido. Assim, ressalvada a hipótese de o Inpi estar impedido de proceder ao exame de mérito do pedido, por pendência judicial comprovada ou por motivo de força maior, conforme art. 40, parágrafo único, da Lei da Propriedade Industrial, referido prazo decenal mínimo deverá ser assegurado.

O Superior Tribunal de Justiça julgou recentemente um caso envolvendo as chamadas *patentes mailbox*. O sistema mailbox foi um mecanismo transitório adotado para proteção de pedidos de patentes relacionadas a produtos farmacêuticos e agroquímicos, e que se originou no Brasil, da internalização do Acordo TRIPS (Acordo sobre Aspectos dos Direitos de Propriedade Intelectual Relacionados ao Comércio), em 01-01-1995.

No caso em tela, em virtude da expedição tardia da carta-patente pelo INPI, discutia-se se o requerente da patente no sistema mailbox teria direito ao prazo mínimo de vigência da patente pelo prazo de dez anos contados da sua efetiva concessão, previsto no art. 40, parágrafo único da Lei da Propriedade Industrial, ou se, a *contrario sensu*, aplicar-se-ia ao caso a regra geral prevista no art. 40, caput, que estabelece o prazo de vinte anos contados da data do depósito do pedido, independentemente da data em que venha a ser efetivamente concedida a patente.

No julgamento da questão, a Corte Superior manifestou-se pela incidência da regra geral que estabelece o prazo vintenário, tendo firmado o seguinte entendimento:

" (...) Tratando-se de patentes excepcionalmente requeridas pelo sistema mailbox, a Lei de Propriedade Industrial, em suas disposições finais e transitórias, estabeleceu regra expressa assegurando proteção, a partir da data da respectiva concessão, limitada ao prazo remanescente previsto no caput do seu art. 40 (20 anos contados do dia do depósito), circunstância que afasta, como corolário, a possibilidade de incidência do prazo excepcional do respectivo parágrafo único (10 anos a partir da concessão). 5- A norma que prescreve que o prazo de vigência de patente de invenção não deve ser inferior a 10 anos da data de sua concessão está inserida em capítulo da LPI que versa sobre regras gerais, aplicáveis ao sistema ordinário de concessão de patentes, de modo que, à míngua de remição legal específica, não irradia efeitos sobre matéria a qual foi conferido tratamento especial pela mesma lei. 6- A LPI não prescreve quaisquer consequências para a eventualidade de a análise dos pedidos de patente mailbox extrapolar o prazo nela fixado. 7- Tratando-se de medicamentos, adiar a entrada em domínio público das invenções significa retardar o acesso ao mercado de genéricos, causando, como consequência, o prolongamento de preços mais altos, o que contribui para a oneração das políticas públicas de saúde e dificulta o acesso da população a tratamentos imprescindíveis. 8- Inexistência, na espécie, de violação à proteção da boa-fé e da segurança jurídica. A um, porque a concessão da proteção patentária por período de tempo em evidente descompasso com o texto expresso da LPI, facilmente observável no particular, não pode ser considerada fonte de criação de expectativa legítima em seus titulares. A dois, porque a questão jurídica posta a desate extrapola a mera relação existente entre a autarquia e a empresa recorrente, sendo certo que os efeitos do ato administrativo irradiam-se por todo o tecido social, não se afigurando razoável impor pesados encargos à coletividade em benefício exclusivo dos interesses econômicos da empresa recorrente."

"(...) O autor do invento possui tutela legal que lhe garante impedir o uso, por terceiros, do produto ou processo referente ao requerimento depositado, além de indenização por exploração indevida de seu objeto, a partir da data da publicação do pedido (e não apenas a partir do momento em que a patente é concedida). Dessa forma, apesar da expedição tardia da carta-patente pelo INPI, a invenção do recorrente não esteve, em absoluto, desprovida de amparo jurídico durante esse lapso temporal." (REsp nº 1.721.711 - RJ - Rel. Min. Nancy Andrighi – j. 17-04-2018)

Por sua vez, o prazo de vigência de uma patente de modelo de utilidade é de *quinze anos*, que também deve ser contado da *data de depósito* do pedido de concessão perante o Inpi, devendo, nesse caso, ser garantido ao titular da patente o prazo mínimo de sete anos contados da data de sua efetiva concessão, pelos fundamentos já observados, e ressalvada a hipótese de o Inpi estar impedido de proceder ao exame de mérito do pedido, por pendência judicial comprovada ou por motivo de força maior, conforme art. 40, parágrafo único, da Lei da Propriedade Industrial.

Nos termos do art. 16 da Lei da Propriedade Industrial, é assegurado o direito de prioridade ao pedido de patente depositado em país estrangeiro que mantenha acordo com o Brasil, ou em organização internacional, produzindo efeito de depósito nacional, nos prazos estabelecidos no acordo, não sendo o depósito invalidado nem prejudicado por fatos ocorridos nesses prazos.

A extinção da patente faz que o seu objeto caia em domínio público. Assim, de modo que, com a extinção qualquer um poderá fazer uso industrial da obra patenteada, sem necessidade de qualquer licença do antigo titular da patente, mas não poderá patentear novamente a mesma obra (agora em domínio público), por faltar-lhe o requisito da Novidade.

Assim, uma patente (de invenção ou de modelo de utilidade) pode ser extinta, nos termos do art. 78 da Lei da Propriedade Industrial, nas seguintes hipóteses:

a)   pela expiração do seu prazo de vigência;

b)   pela renúncia de seu titular, ressalvado o direito de terceiros;

c)   pela caducidade, decorrente da falta de exploração efetiva de seu objeto por seu titular, consoante o art. 80, § 1.º, da Lei da Propriedade Industrial ("Art. 80. Caducará a patente, de ofício ou a requerimento de qualquer pessoa com legítimo interesse, se, decorridos 2 (dois) anos da concessão da primeira licença compulsória, esse prazo não tiver sido suficiente para prevenir ou sanar o abuso ou desuso, salvo motivos justificáveis. § 1.º. A patente caducará quando, na data do requerimento da caducidade ou da instauração de ofício do respectivo processo não tiver sido iniciada a exploração");

d)   pela falta de pagamento da retribuição anual devida ao Inpi;

e)   pela falta de manutenção de procurador junto ao Inpi, na hipótese de pessoa (física ou jurídica) domiciliada no exterior.

Nesse sentido, o Superior Tribunal de Justiça firmou o entendimento de que "A ação de nulidade de registro de marca ou patente é necessária para que possa ser afastada a garantia da exclusividade, devendo correr na Justiça Federal ante a obrigatoriedade de participação do INPI." (REsp 1281448/SP, Rel. Ministra Nancy Andrighi, j. 05/06/2014 - DJE 08/09/2014).

6.5.1.1. Processo de concessão de patente

O processo administrativo de concessão de patente envolve certas peculiaridades. Nesse sentido, conforme o art. 30 da Lei da Propriedade Industrial, o pedido de patente será mantido em sigilo durante *dezoito meses* contados da data de depósito ou da prioridade mais antiga, quando houver, após o que será publicado, excetuando-se o pedido de patente originário do Brasil e cujo objeto interesse à defesa nacional, que, nos termos do art. 75, deverá ser processado em caráter sigiloso e não estará sujeito às publicações previstas na Lei da Propriedade Industrial.

Da publicação deverão constar dados identificadores do pedido de patente, ficando cópia do relatório descritivo, das reivindicações, do resumo e dos desenhos à disposição do público no Inpi.

Uma vez publicado o pedido de patente e até o final do exame, nos termos do art. 31, será facultada a apresentação, pelos interessados, de documentos e informações para subsidiarem avaliação, que não será iniciada antes de decorridos *sessenta dias* da publicação do pedido. Esse exame do pedido de patente deverá ser requerido pelo depositante ou por qualquer interessado no prazo de *trinta e seis meses* contados da data do depósito, sob pena de arquivamento do pedido.

Efetuado o exame técnico do pedido de patente, conforme o art. 35, será elaborado o relatório de busca e parecer relativo a:

a)   patenteabilidade do pedido;

b)   adaptação do pedido à natureza reivindicada;

c)   reformulação do pedido ou divisão; ou

d)   exigências técnicas.

Quando o parecer for pela não patenteabilidade ou pelo não enquadramento do pedido na natureza reivindicada ou formular qualquer exigência, conforme o art. 36 da Lei da Propriedade Industrial, o depositante será intimado para se manifestar no prazo de *noventa dias*.

Por fim, concluído o exame, será proferida a decisão, deferindo ou indeferindo o pedido de patente.

6.5.2. Registros

O registro, por sua vez, é o ato administrativo que comprova a titularidade sobre:

a) um desenho industrial (registro de desenho industrial);

b) uma marca (registro de marca).

O prazo de vigência de um registro de desenho industrial é de *dez anos*, contados da data de depósito do pedido no Inpi, sendo possível a sua prorrogação por mais três períodos iguais e sucessivos de *cinco anos* cada um, conforme o art. 108 da Lei da Propriedade Industrial.

O prazo de vigência de um registro de marca é de *dez anos*, contados da data de efetivação do respectivo registro (art. 133), sendo que as marcas são a única modalidade de proteção à propriedade industrial cujo registro pode ser renovado periodicamente, a cada dez anos. Isso explica a existência secular de marcas de titularidade de determinadas empresas, até os dias atuais.

6.5.2.1. Processo de concessão de registro

Diversamente do processo de concessão de patente, o processo administrativo de concessão de registro de desenho industrial possui certas peculiaridades em relação ao processo de concessão de registro de marca.

a) Processo de concessão de registro de desenho industrial

O processo de concessão de registro de desenho industrial se inicia com o depósito do pedido. Uma vez depositado, conforme o art. 106, o pedido de registro será automaticamente publicado e simultaneamente o registro será concedido, expedindo-se o respectivo certificado, exceto se o depositante requereu prazo de sigilo (nesse caso, o pedido poderá ser mantido em sigilo pelo prazo de cento e oitenta dias contados da data do depósito, após o qual será processado), ou então aguardar-se-á a apresentação de documento de prioridade para o processamento do pedido, na hipótese de o depositante ser estrangeiro e requerer a prioridade, conforme os arts. 16 e 99 da Lei da Propriedade Industrial.

Deve-se ainda observar que o pedido de concessão de registro de desenho industrial sujeita-se apenas ao exame formal por parte do Inpi, não sendo analisados seus requisitos de mérito, mais precisamente a novidade e a originalidade, daí ser possível a concessão de registro a desenho que não contenha efetivamente tais requisitos, valendo-se a Lei da Propriedade

Industrial, neste aspecto, de mera *presunção relativa* quanto à sua existência (*praesumptio iuris tantum*).

b) Processo de concessão de registro de marca

O processo de concessão de registro de marca tem início com o depósito do pedido, que, conforme o art. 158 da Lei da Propriedade Industrial, implicará a sua imediata publicação, iniciando-se, ato contínuo, o prazo de *sessenta dias* para os interessados apresentarem oposições. Caso existam, o depositante será intimado da oposição, podendo se manifestar no prazo de *sessenta dias*.

Decorrido o prazo de oposição ou, se esta for interposta, findo o prazo de manifestação então oferecido ao requerente do registro de marca para contraditar os argumentos do terceiro que apresente a oposição, conforme o art. 159, será efetuado o exame, durante o qual poderão ser formuladas exigências, que deverão ser respondidas no prazo de *sessenta dias*, sendo que o não atendimento às exigências formuladas pelo Inpi, no prazo legal, implicará o arquivamento definitivo do pedido.

O pedido deverá referir-se a um único sinal distintivo, conforme o art. 155 da Lei da Propriedade Industrial, devendo conter:

a) requerimento;

b) etiquetas, quando for o caso; e

c) comprovante do pagamento da retribuição relativa ao depósito.

Por fim, concluído o exame, nos termos do art. 160, será proferida a decisão, deferindo ou indeferindo o pedido de registro.

6.6. MODALIDADES DE PROPRIEDADE INDUSTRIAL

6.6.1. Invenções

Invenção é toda obra nova passível de ser reproduzida em escala industrial (que a lei denomina "aplicação industrial"). A invenção, na qualidade de obra, pressupõe a participação humana no seu ato de concepção, de modo que não é possível a existência de invenção sem a participação humana.

São requisitos essenciais à sua *patenteabilidade*:

a) novidade;

b) industriabilidade;

c) atividade inventiva.

Cap. 6 · PROPRIEDADE INDUSTRIAL

Para fins de caracterização da *novidade*, considera-se novo o que não esteja compreendido no *estado da técnica*. O estado da técnica é constituído por todo o conhecimento tornado acessível ao público antes da data de depósito do pedido de patente, por descrição escrita ou oral, por uso ou qualquer outro meio, no Brasil ou no exterior.

A *industriabilidade* consiste na suscetibilidade de referida obra vir a ser produzida em escala industrial, daí a Lei da Propriedade Industrial, utilizar a expressão "ser suscetível de aplicação industrial".

A *atividade inventiva*, por sua vez, é um elemento relacionado à criatividade inerente ao ato inventivo. Assim, nos termos do disposto no art. 13 da Lei da Propriedade Industrial, a invenção é dotada de atividade inventiva sempre que, para um técnico no assunto, a sua criação não decorra de maneira evidente ou óbvia do estado da técnica.

6.6.2. Modelos de utilidade

O modelo de utilidade consiste em objeto de uso prático, ou parte deste, possível de aplicação industrial, com nova disposição, envolvendo ato inventivo, que resulte em melhoria funcional no seu uso ou em seu processo de fabricação, compreendendo o aprimoramento inventivo de criação já existente.

O modelo de utilidade também tem como requisitos essenciais à sua patenteabilidade:

a) novidade, de forma ou de disposição (a novidade aqui é *relativa*, pois o modelo de utilidade é sempre novo em relação à invenção à qual este agregou algum aspecto novo);

b) industriabilidade;

c) atividade inventiva.

Note-se que, nos termos do disposto no art. 15 da Lei da Propriedade Industrial, a invenção e o modelo de utilidade são considerados suscetíveis de aplicação industrial quando podem ser utilizados ou produzidos em qualquer tipo de indústria.

Também o modelo de utilidade, nos termos do disposto no art. 14 da Lei da Propriedade Industrial, é dotado de ato inventivo sempre que, para um técnico no assunto, não decorra de maneira comum ou vulgar do estado da técnica.

Por fim, é importante observar que, nos termos do disposto no art. 10 da Lei da Propriedade Industrial, *não são considerados invenção nem modelo de utilidade*:

a) descobertas, teorias científicas e métodos matemáticos;

b) concepções puramente abstratas;

c) esquemas, planos, princípios ou métodos comerciais, contábeis, financeiros, educativos, publicitários, de sorteio e de fiscalização;

d) obras literárias, arquitetônicas, artísticas e científicas ou qualquer criação estética;

e) programas de computador;

f) apresentação de informações;

g) regras de jogo;

h) técnicas e métodos operatórios ou cirúrgicos, bem como métodos terapêuticos ou de diagnóstico para aplicação no corpo humano ou animal;

i) o todo ou parte de seres vivos naturais e materiais biológicos encontrados na natureza ou ainda que dela isolados, inclusive o genoma ou germoplasma de qualquer ser vivo natural e os processos biológicos naturais.

Por outro lado, o art. 18 da Lei da Propriedade Industrial, traz relação de obras que, mesmo sendo passíveis de serem consideradas invenções ou modelos de utilidade, *não são patenteáveis*. Assim:

a) o que for contrário à moral, aos bons costumes e à segurança, à ordem e à saúde públicas;

b) as substâncias, matérias, misturas, elementos ou produtos de qualquer espécie, bem como a modificação de suas propriedades físico-químicas e os respectivos processos de obtenção ou modificação, quando resultantes de transformação do núcleo atômico; e

c) o todo ou parte dos seres vivos, exceto os microrganismos transgênicos que atendam aos três requisitos de patenteabilidade (*novidade, atividade inventiva e aplicação industrial*) e que não sejam mera descoberta.

Note-se que a própria Lei da Propriedade Industrial, no parágrafo único do citado art. 18, define a expressão *micro-organismos transgênicos*

Cap. 6 · PROPRIEDADE INDUSTRIAL

como organismos, exceto o todo ou parte de plantas ou de animais que expressem, mediante intervenção humana direta em sua composição genética, uma característica normalmente não alcançável pela espécie em condições naturais.

6.6.3. Desenhos industriais

O desenho industrial, também conhecido por *design*, consiste basicamente em toda concepção que possa ser aplicada a determinado produto, de modo a proporcionar resultado visual novo e original na sua aparência, além de servir de tipo de fabricação industrial.

Pode também ser definido como toda concepção plástica, visual ou ornamental, destinada a dar forma ou aparência a determinado objeto ou imagem.

O desenho industrial tem como requisitos essenciais à sua *registrabilidade*:

a) novidade;

b) originalidade;

c) desimpedimento.

Para fins de caracterização da novidade, o desenho industrial deve ser novo, isto é, não estar compreendido no *estado da técnica* – constituído por tudo aquilo tornado acessível ao público antes da data de depósito do pedido de registro, no Brasil ou no exterior, por uso ou qualquer outro meio.

Quanto à caracterização da originalidade, o desenho industrial é original quando apresenta uma configuração própria, não encontrada em outros objetos, ou quando combina com originalidade elementos já conhecidos.

Note-se a esse respeito que a novidade está relacionada única e exclusivamente à técnica de elaboração de um desenho industrial, constituindo-se em um *aspecto técnico*, ao passo que a originalidade revela-se como um *aspecto puramente estético* ou *visual*.

Por fim, existe também a necessidade de que ocorra o desimpedimento, ou seja, que o desenho industrial que se pretenda levar a registro não incida em uma das hipóteses impeditivas à registrabilidade previstas no art. 100 da Lei da Propriedade Industrial.

Assim, a Lei da Propriedade Industrial impede o registro de desenhos industriais que sejam contrários à moral e aos bons costumes, que ofendam a honra ou a imagem de pessoas, ou atentem contra a liberdade de consciência, crença, culto religioso ou ideia e sentimentos dignos de respeito e veneração, e também impede o registro de desenhos industriais de formas necessárias comuns ou vulgares de objetos, e daquelas determinadas essencialmente por condições técnicas ou funcionais.

A extinção de um registro de desenho industrial pode ocorrer nas seguintes hipóteses previstas no art. 119 da Lei da Propriedade Industrial:

a) pela expiração do prazo de vigência, sem o respectivo pedido de renovação por parte do titular do registro;

b) pela renúncia de seu titular, ressalvado o direito de terceiros;

c) pela falta de pagamento da retribuição quinquenal devida ao Inpi, conforme disposto no art. 120 da Lei da Propriedade Industrial;

d) pela falta de manutenção de procurador junto ao Inpi, na hipótese de pessoa (física ou jurídica) domiciliada no exterior.

6.6.4. Marca

A marca é todo sinal ou expressão que se destina a identificar comercialmente determinados produtos ou serviços perante o público, podendo também ser utilizada para a identificação de métodos de certificação ou entidades coletivas.

O ser humano, desde os primórdios de sua origem, sempre procurou a identificação por meio de símbolos e, posteriormente, com o surgimento dos idiomas, com expressões idiomáticas também. Isso resulta do inegável poder de assimilação que certos símbolos ou expressões podem exercer sobre determinado público.

Nessa linha evolutiva, tal sistemática passou a ser utilizada para a identificação de produtos e, mais adiante, de serviços, sendo que o aspecto econômico inerente a tal uso alavancou a importância das marcas e justificou a necessidade de criação de todo um complexo normativo com a finalidade de disciplinar o seu uso, considerando-se, ademais, que as marcas se tornaram elementos incorpóreos do estabelecimento empresarial, assumindo clara importância nas atividades empresariais.

Também é importante ressaltar que o sistema normativo que regula a matéria e, em especial, as marcas, encontra-se largamente amparado por convenções internacionais, com vistas a assegurar a proteção normativa a marcas identificadoras de produtos e serviços de abrangência internacional.

Nos termos do disposto no art. 122 da Lei da Propriedade Industrial, são suscetíveis de registro como marca os sinais distintivos visualmente perceptíveis, não compreendidos nas proibições legais.

Nesse contexto, as marcas recebem classificações específicas, que são efetuadas em função da sua natureza e da sua forma, como veremos nos itens a seguir.

6.6.4.1. Classificação das marcas quanto à sua natureza

Quanto à sua natureza ou origem, as marcas têm a seguinte classificação:

a) marcas de produto: destinam-se a identificar e distinguir determinados produtos de outros idênticos, semelhantes ou afins, porém, de origem diversa;

b) marcas de serviço: destinam-se a identificar e distinguir determinados serviços de outros idênticos, semelhantes ou afins, porém, de origem diversa;

c) marcas de certificação: destinam-se a certificar ou assegurar a conformidade de um produto ou serviço com determinadas normas ou especificações técnicas, notadamente quanto à qualidade, à natureza, ao material utilizado e à metodologia empregada;

d) marcas coletivas: destinam-se a identificar produtos ou serviços oriundos de integrantes de determinada entidade ou agremiação social.

6.6.4.2. Classificação das marcas quanto à sua forma

Quanto à sua forma, as marcas têm a seguinte classificação:

a) marcas nominativas: formadas apenas por uma palavra ou expressão idiomática;

b) marcas figurativas: formadas apenas por um símbolo ou figura;

c) marcas mistas: formadas por uma palavra ou expressão idiomática associada a um símbolo ou figura.

6.6.4.3. Requisitos de registrabilidade de marcas

As marcas têm como requisitos essenciais à sua registrabilidade:

a) novidade relativa;

b) não colidência com marca notoriamente conhecida (art. 126, § 2.º).

Assim, com relação ao item *a*, a novidade que aqui se exige não é absoluta, como nos casos anteriores, mas sim relativa, na medida em que a marca deve apresentar-se nominativa e/ou visualmente nova dentro da *classe* na qual se pretende registrá-la, sendo a classe representativa de um conjunto de atividades econômicas afins.

Nesse sentido é a jurisprudência do Superior Tribunal de Justiça a respeito "O direito de exclusividade ao uso da marca é, em regra, limitado pelo princípio da especialidade, ou seja, à classe para a qual foi deferido o registro." (REsp 1.309.665/SP, Rel. Ministro Paulo de Tarso Sanseverino, j. 04/09/2014 – DJE 15/09/2014).

Ressalte-se que a jurisprudência tem admitido o registro de marcas com elementos nominativos idênticos, desde que identifiquem produtos ou serviços pertencentes a classes distintas. Nesse sentido é o entendimento atual do STJ:

> "Direito Comercial – Propriedade industrial – Uso de marca com elementos idênticos em produtos de classes diferentes – Possibilidade – Má-fé não evidenciada – Improvável confusão por parte dos consumidores. I. Proposta a ação no prazo fixado para o seu exercício, a demora na citação, por motivos inerentes ao mecanismo da justiça, não justifica o acolhimento da arguição de prescrição ou decadência (Súmula 106 do STJ). No caso, a comprovação de fatos que evidenciariam a desídia da recorrida, que teria deixado escoar o prazo para exercer a pretensão, é inviável, segundo disposição da Súmula 7 do STJ. II. O direito de exclusividade do uso da marca não deve ser exercido de modo a impedir o uso de marca semelhante deferido para produto de classe diferente, excetuados os casos de marca notória ou de alto renome, bem como os casos de evidente má-fé. III. A simples circunstância de os produtos nos quais utilizada a marca disputada serem gêneros alimentícios não faz presumir que o consumidor venha a confundi-los e considerá-los como de mesma origem. Tratando-se de alimentos listados em itens de classes diversas, podem ser identificados com marcas semelhantes pelas diferentes pessoas jurídicas que os produzem, salvo má-fé, que não se verifica no caso. IV. A utilização, como elemento da marca, de nome existente há muitos anos, nome aliás da fazenda onde produzida a matéria-prima empregada nos produtos que ostentam a marca, indica a boa-fé da produtora. V. Recurso Especial provido." (REsp 863.975-RJ, rel. Min. Sidnei Beneti, j. 19.08.2010).

Prosseguindo nessa linha de raciocínio, o Superior Tribunal de Justiça firmou posteriormente o seguinte entendimento "Marcas fracas ou evocativas, constituídas por expressões comuns ou genéricas, não possuem o atributo da exclusividade podendo conviver com outras semelhantes." AgRg no REsp 1046529/RJ, Rel. Ministro Antonio Carlos Ferreira, j. 24/06/2014 – DJE 04/08/2014).

Com relação ao item *b*, convém observar que as marcas notoriamente conhecidas, são aquelas ampla e tradicionalmente conhecidas em determinado ramo de atividade ao ponto de tornarem-se sinônimo do produto ou serviço que identificam, e que, nos termos do disposto no art. 126 da Lei da Propriedade Industrial, mesmo que não registradas no Inpi, gozam de proteção no país em razão da Convenção da União de Paris para Proteção da Propriedade Industrial, da qual o Brasil é signatário. Sendo assim, qualquer marca que se pretenda registrar em qualquer um dos países signatários da Convenção de Paris não poderá colidir com marca notoriamente conhecida existente em um deles.

O Superior Tribunal de Justiça firmou o seguinte entendimento sobre o tema "A marca notoriamente conhecida (art. 126 da Lei 9.279/1996) é exceção ao princípio da territorialidade e goza de proteção especial em seu ramo de atividade independentemente de registro no Brasil." (REsp 716179/RS, Rel. Ministro João Otávio de Noronha – j. 01/12/2009 – DJE 14/12/2009).

Nesse ponto, é importante observar que, diversamente das marcas notoriamente conhecidas, as *marcas de alto renome* são aquelas às quais é assegurada proteção especial em todos os ramos de atividade (no entanto, não são consideradas sinônimo de qualquer produto ou serviço em especial), a critério do Inpi, conforme o disposto no art. 125 da Lei da Propriedade Industrial. A peculiaridade de receberem proteção legal em todos os ramos de atividade, também impede o registro de novas marcas que com elas possam colidir.

O Superior Tribunal de Justiça firmou o seguinte entendimento sobre o tema "A marca de alto renome (art. 125 da Lei de Propriedade Industrial) é exceção ao princípio da especificidade e tem proteção especial em todos os ramos de atividade, desde que previamente registrada no Brasil e assim declarada pelo INPI Instituto Nacional de Propriedade Industrial." (REsp 716.179/RS, Rel. Ministro João Otávio de Noronha – j. 01/12/2009 - DJE 14/12/2009).

Por outro lado, nos termos do disposto no art. 124 da Lei da Propriedade Industrial, não são registráveis como marca:

"I – brasão, armas, medalhas, bandeira, emblema, distintivo e monumento oficiais, públicos, nacionais, estrangeiros ou internacionais, bem como a respectiva designação, figura ou imitação;

II – letra, algarismo e data, isoladamente, salvo quando revestidos de suficiente forma distintiva;

III – expressão, figura, desenho ou qualquer outro sinal contrário à moral e aos bons costumes ou que ofenda a honra ou imagem de pessoas ou atente contra liberdade de consciência, crença, culto religioso ou ideia e sentimento dignos de respeito e veneração;

IV – designação ou sigla de entidade ou órgão público, quando não requerido o registro pela própria entidade ou órgão público;

V – reprodução ou imitação de elemento característico ou diferenciador de título de estabelecimento ou nome de empresa de terceiros, suscetível de causar confusão ou associação com estes sinais distintivos;

VI – sinal de caráter genérico, necessário, comum, vulgar ou simplesmente descritivo, quando tiver relação com o produto ou serviço a distinguir, ou aquele empregado comumente para designar uma característica do produto ou serviço, quanto à natureza, nacionalidade, peso, valor, qualidade e época de produção ou de prestação do serviço, salvo quando revestidos de suficiente forma distintiva;

VII – sinal ou expressão empregada apenas como meio de propaganda;

VIII – cores e suas denominações, salvo se dispostas ou combinadas de modo peculiar e distintivo;

IX – indicação geográfica, sua imitação suscetível de causar confusão ou sinal que possa falsamente induzir indicação geográfica;

X – sinal que induza a falsa indicação quanto à origem, procedência, natureza, qualidade ou utilidade do produto ou serviço a que a marca se destina;

XI – reprodução ou imitação de cunho oficial, regularmente adotada para garantia de padrão de qualquer gênero ou natureza;

XII – reprodução ou imitação de sinal que tenha sido registrado como marca coletiva ou de certificação por terceiro, observado o disposto no art. 154;

XIII – nome, prêmio ou símbolo de evento esportivo, artístico, cultural, social, político, econômico ou técnico, oficial ou oficialmente reconhecido, bem como a imitação suscetível de criar confusão, salvo quando autorizados pela autoridade competente ou entidade promotora do evento;

XIV – reprodução ou imitação de título, apólice, moeda e cédula da União, dos Estados, do Distrito Federal, dos Territórios, dos Municípios, ou de país;

XV – nome civil ou sua assinatura, nome de família ou patronímico e imagem de terceiros, salvo com consentimento do titular, herdeiros ou sucessores;

XVI – pseudônimo ou apelido notoriamente conhecidos, nome artístico singular ou coletivo, salvo com consentimento do titular, herdeiros ou sucessores;

XVII – obra literária, artística ou científica, assim como os títulos que estejam protegidos pelo direito autoral e sejam suscetíveis de causar confusão ou associação, salvo com consentimento do autor ou titular;

XVIII – termo técnico usado na indústria, na ciência e na arte, que tenha relação com o produto ou serviço a distinguir;

XIX – reprodução ou imitação, no todo ou em parte, ainda que com acréscimo, de marca alheia registrada, para distinguir ou certificar produto ou serviço idêntico, semelhante ou afim, suscetível de causar confusão ou associação com marca alheia;

XX – dualidade de marcas de um só titular para o mesmo produto ou serviço, salvo quando, no caso de marcas de mesma natureza, se revestirem de suficiente forma distintiva;

XXI – a forma necessária, comum ou vulgar do produto ou de acondicionamento, ou, ainda, aquela que não possa ser dissociada de efeito técnico;

XXII – objeto que estiver protegido por registro de desenho industrial de terceiro; e

XXIII – sinal que imite ou reproduza, no todo ou em parte, marca que o requerente evidentemente não poderia desconhecer em razão de sua atividade, cujo titular seja sediado ou domiciliado em território nacional ou em país com o qual o Brasil mantenha acordo ou que assegure reciprocidade de tratamento, se a marca se destinar a distinguir produto ou serviço idêntico, semelhante ou afim, suscetível de causar confusão ou associação com aquela marca alheia."

Com relação aos impedimentos legais enunciados, convém citar o entendimento do Superior Tribunal de Justiça relativo à possibilidade de pessoas distintas, porém, com o mesmo sobrenome, fazerem uso deste como marca, no mesmo ramo de atividade profissional:

> "Propriedade intelectual e processo civil – Recurso especial – Juízo de admissibilidade – Fundamento constitucional – Deficiência na fundamentação – Necessidade de revisão do contexto fático-probatório – Súmula 7 do STJ – Aplicação – Prequestionamento – Inexistência – Marca "koch" protegida para o seguimento de serviços jurídicos e que, posteriormente, vem a ser utilizada por outra sociedade de advogados cujos sócios pertencem a família "koch". Ponderação dos valores envolvidos e necessidade de bem diferenciar os prestadores de serviço no mercado – Não se conhece do Especial que se assenta em negativa de vigência de dispositivo da Constituição Federal, tema

afeito à competência do STF – É inadmissível o recurso especial deficientemente fundamentado – Aplicável à espécie a Súmula 284 do STF – A pretensão de simples reexame de prova não enseja recurso especial – Aplicação da Súmula 7 do STJ – O prequestionamento dos dispositivos legais tidos por violados constitui requisito específico de admissibilidade do recurso especial – A sociedade de advogados, nos termos do art. 16, § 1.º, da Lei 8.906/1994, deve ostentar razão social que contenha, obrigatoriamente, o nome de, pelo menos, um advogado responsável pela sociedade – A anterior titularidade da marca "Koch" para o segmento de serviços jurídicos não pode impedir que outros membros da família "Koch" venham, posteriormente, constituir sociedade de advogados com razão social que inclua o seu patronímico. Só assim os sócios diferenciam-se de outros causídicos que tenham prenomes similares, atendendo à finalidade do Estatuto dos Advogados, que é de bem identificar os responsáveis pela prestação dos serviços jurídicos – Ocorre que ao ostentar apenas o patronímico "Koch" de seus sócios, a sociedade de advogados e os seus serviços podem ser confundidos com aqueles advogados que, anteriormente, já haviam feito registrar a marca "Koch" – Sopesando-se, assim, o direito de marca com o direito de livre e responsável exercício da profissão de advogado, a solução razoável exige que, mesmo sem deixar de utilizar o patronímico de seus sócios, a sociedade requerida venha a fazer incluir em sua razão social outros elementos distintivos que possam bem diferenciá-la das autoras – Para a tutela da marca basta a possibilidade de confusão, não se exigindo prova de efetivo engano por parte de clientes ou consumidores específicos. Recurso Especial parcialmente conhecido e, nesta parte, provido." (REsp 954.272-RS, rel. Min. Nancy Andrighi, j. 13.11.2008)

Note-se, ainda, que a Lei da Propriedade Industrial assegura o direito de prioridade ao pedido de registro de marca depositado em país que mantenha acordo com o Brasil ou em organização internacional, que produza efeito de depósito nacional, nos prazos estabelecidos no respectivo acordo, não sendo o depósito invalidado nem prejudicado por fatos ocorridos nesses prazos, conforme estabelece o art. 127.

A reivindicação da prioridade deve ser comprovada por documento hábil da origem, contendo o número, a data e a reprodução do pedido ou do registro, acompanhado de tradução simples, cujo teor é de inteira responsabilidade do depositante. Caso não seja efetuada por ocasião do depósito, a comprovação deverá ocorrer em até quatro meses, contados do depósito, sob pena de perda da prioridade.

Nos termos do disposto no art. 128 da Lei da Propriedade Industrial, podem requerer registro de marca as pessoas físicas ou jurídicas de direito público ou de direito privado, entretanto, as pessoas jurídicas de direito privado só podem requerer registro de marca relativo à atividade que exerçam efetiva e licitamente, de modo direto ou por meio de empresas que controlem direta ou indiretamente, declarando, no próprio requerimento, essa condição, sob as penas da lei.

A Lei da Propriedade Industrial em seu art. 130 assegura ao titular do registro de marca, bem como ao depositante, os seguintes direitos:

a) ceder seu registro ou pedido de registro;

b) licenciar seu uso;

c) zelar pela sua integridade material ou reputação.

Nesse sentido, entende o Superior Tribunal de Justiça que "Para a tutela da marca basta a possibilidade de confusão, não se exigindo prova de efetivo engano por parte de clientes ou consumidores específicos." (REsp 1.450.143/RJ, Rel. Ministra Nancy Andrighi, j. 19/08/2014 - DJE 02/09/2014).

A proteção conferida ao titular do registro de marca ou depositante abrange o uso da marca em papéis, impressos, propaganda e documentos relativos à atividade do titular; entretanto, nos termos do art. 132, o titular da marca não poderá:

a) impedir que comerciantes ou distribuidores utilizem sinais distintivos que lhes são próprios, juntamente com a marca do produto, na sua promoção e comercialização;

b) impedir que fabricantes de acessórios utilizem a marca para indicar a destinação do produto, desde que obedecidas as práticas leais de concorrência;

c) impedir a livre circulação de produto colocado no mercado interno, por si ou por outrem com seu consentimento, ressalvadas as exceções legais;

d) impedir a citação da marca em discurso, obra científica ou literária ou qualquer outra publicação, desde que sem conotação comercial e sem prejuízo para seu caráter distintivo.

Por fim, o registro de marca, nos termos do art. 142 da Lei da Propriedade Industrial, extingue-se nas seguintes hipóteses:

a) pela expiração do prazo de vigência;

b) pela renúncia, que poderá ser total ou parcial em relação aos produtos ou serviços assinalados pela marca;

c) pela caducidade;

d) pela falta de manutenção de procurador junto ao Inpi, na hipótese de pessoa (física ou jurídica) domiciliada no exterior.

A respeito da extinção do registro de marca pela caducidade, deve-se observar que, nos termos do art. 143 da Lei da Propriedade Industrial, o registro de marca caducará, a requerimento de qualquer pessoa com legítimo interesse, se, decorridos cinco anos da sua concessão, na data de referido requerimento:

a) o uso da marca não tiver sido iniciado no Brasil;

b) o uso da marca tiver sido interrompido por mais de cinco anos consecutivos, ou se, no mesmo prazo, a marca tiver sido usada com modificação que implique alteração de seu caráter distintivo original, tal como constante do certificado de registro.

Em consonância com os Princípios Gerais da Atividade Econômica, delineados no art. 170 da Constituição Federal, a Lei da Propriedade Industrial visa assegurar a efetiva utilização da marca em atividades econômicas, motivo pelo qual o não uso da marca sujeita o titular à sanção da caducidade.

Nesse sentido, o Superior Tribunal de Justiça já firmou o entendimento de que "Vige no Brasil o sistema declarativo de proteção de marcas e patentes, que prioriza aquele que primeiro fez uso da marca, constituindo o registro no órgão competente mera presunção, que se aperfeiçoa pelo uso." (REsp 1.353.531/RJ, Rel. Ministro Sidnei Beneti, j. 17/12/2013 – DJE 20/03/2014).

Não obstante essas hipóteses, não ocorrerá a caducidade se o titular justificar o desuso da marca por razões consideradas legítimas, conforme prevê o art. 143, § 1.º, sendo que a Lei da Propriedade Industrial não especifica, entretanto, quais poderiam ser essas razões.

Convém ainda ressaltar que o Superior Tribunal de Justiça tem entendido que "A declaração de caducidade do registro de marca tem efeitos jurídicos a partir de sua declaração (ex nunc), e não efeitos retroativos (ex tunc)." (REsp 1.080.074/RS, Rel. Ministro Luis Felipe Salomão, j. 26/02/2013 – DJE 13/03/2013).

6.7. INDICAÇÕES GEOGRÁFICAS

Indicação geográfica é a *indicação de procedência* ou a *denominação de origem* relativa a determinado produto ou serviço.

Nos termos do art. 177 da Lei da Propriedade Industrial, considera-se *indicação de procedência* o nome geográfico de país, cidade, região ou localidade de seu território que se tenha tornado conhecido como centro de extração, produção ou fabricação de determinado produto ou de prestação de determinado serviço. Exemplo: vinho do Porto.

Conforme o art. 178 da Lei da Propriedade Industrial, considera-se *denominação de origem* o nome geográfico de país, cidade, região ou localidade de seu território que designe produto ou serviço cujas qualidades ou características se devam exclusiva ou essencialmente ao meio geográfico, incluídos fatores naturais e humanos. Exemplo: bacalhau da Noruega.

As indicações geográficas têm por finalidade instituir proteção legal em favor de determinados produtos e/ou serviços tradicionalmente originários de determinada região geográfica, criando uma reserva legal de mercado.

Assim, nos termos do art. 182 da Lei da Propriedade Industrial, o uso da indicação geográfica é restrito aos produtores e prestadores de serviço estabelecidos no local, exigindo-se, ainda, em relação às denominações de origem, o atendimento de requisitos de qualidade, ficando a sua concessão subordinada ao atendimento a requisitos específicos fixados por normas administrativas do Inpi.

A proteção conferida pela indicação geográfica, nos termos do art. 179 da Lei da Propriedade Industrial, abrange a representação gráfica ou figurativa da indicação geográfica, bem como a representação geográfica de país, cidade, região ou localidade de seu território cujo nome seja indicação geográfica.

Entretanto, quando o nome geográfico houver se tornado de uso comum, designando produto ou serviço, não será considerado indicação geográfica. Disso decorre que o nome geográfico que não constitua indicação de procedência ou denominação de origem poderá servir de elemento característico de marca para produto ou serviço, desde que não induza falsa procedência, conforme o art. 181 da Lei da Propriedade Industrial. Por exemplo: Café São Paulo, Casas Bahia etc.

6.8. DOS CRIMES CONTRA A PROPRIEDADE INDUSTRIAL

A Lei da Propriedade Industrial define em seus arts. 183 a 195 os seguintes crimes contra a propriedade industrial:

a) crimes contra as patentes;

b) crimes contra os desenhos industriais;

c) crimes contra as marcas;

510 MANUAL DE DIREITO EMPRESARIAL • *Fábio Bellote Gomes*

d) crimes cometidos por meio de marca, título de estabelecimento e sinal de propaganda;

e) crimes contra as indicações geográficas e demais indicações; e

f) crimes de concorrência desleal.

Referidos crimes têm como elemento comum a tipificação de condutas econômicas prejudiciais às garantias constitucionais da proteção à propriedade dos meios de produção e da livre concorrência representadas pelas patentes e registros.

Considerando que o objeto desta obra didática é o estudo do Direito Empresarial, a título de informação, optamos apenas por transcrever os dispositivos da Lei da Propriedade Industrial que tratam dos crimes contra a propriedade industrial.

6.8.1. Crimes contra as patentes

"Art. 183. Comete crime contra patente de invenção ou de modelo de utilidade quem:

I – fabrica produto que seja objeto de patente de invenção ou de modelo de utilidade, sem autorização do titular; ou

II – usa meio ou processo que seja objeto de patente de invenção, sem autorização do titular.

Pena – detenção, de 3 (três) meses a 1 (um) ano, ou multa.

Art. 184. Comete crime contra patente de invenção ou de modelo de utilidade quem:

I – exporta, vende, expõe ou oferece à venda, tem em estoque, oculta ou recebe, para utilização com fins econômicos, produto fabricado com violação de patente de invenção ou de modelo de utilidade, ou obtido por meio ou processo patenteado; ou

II – importa produto que seja objeto de patente de invenção ou de modelo de utilidade ou obtido por meio ou processo patenteado no País, para os fins previstos no inciso anterior, e que não tenha sido colocado no mercado externo diretamente pelo titular da patente ou com seu consentimento.

Pena – detenção, de 1 (um) a 3 (três) meses, ou multa.

Art. 185. Fornecer componente de um produto patenteado, ou material ou equipamento para realizar um processo patenteado, desde que a aplicação final do componente, material ou equipamento induza, necessariamente, à exploração do objeto da patente.

Pena – detenção, de 1 (um) a 3 (três) meses, ou multa.

Art. 186. Os crimes deste Capítulo caracterizam-se ainda que a violação não atinja todas as reivindicações da patente ou se restrinja à utilização de meios equivalentes ao objeto da patente."

6.8.2. Crimes contra os desenhos industriais

Art. 187. Fabricar, sem autorização do titular, produto que incorpore desenho industrial registrado, ou imitação substancial que possa induzir em erro ou confusão:

Pena – detenção, de 3 (três) meses a 1 (um) ano, ou multa.

Art. 188. Comete crime contra registro de desenho industrial quem:

I – exporta, vende, expõe ou oferece à venda, tem em estoque, oculta ou recebe, para utilização com fins econômicos, objeto que incorpore ilicitamente desenho industrial registrado, ou imitação substancial que possa induzir em erro ou confusão; ou

II – importa produto que incorpore desenho industrial registrado no País, ou imitação substancial que possa induzir em erro ou confusão, para os fins previstos no inciso anterior, e que não tenha sido colocado no mercado externo diretamente pelo titular ou com seu consentimento:

Pena – detenção, de 1 (um) a 3 (três) meses, ou multa.

6.8.3. Crimes contra as marcas

Art. 189. Comete crime contra registro de marca quem:

I – reproduz, sem autorização do titular, no todo ou em parte, marca registrada, ou imita-a de modo que possa induzir confusão; ou

II – altera marca registrada de outrem já aposta em produto colocado no mercado:

Pena – detenção, de 3 (três) meses a 1 (um) ano, ou multa.

Art. 190. Comete crime contra registro de marca quem importa, exporta, vende, oferece ou expõe à venda, oculta ou tem em estoque:

I – produto assinalado com marca ilicitamente reproduzida ou imitada, de outrem, no todo ou em parte; ou

II – produto de sua indústria ou comércio, contido em vasilhame, recipiente ou embalagem que contenha marca legítima de outrem:

Pena – detenção, de 1 (um) a 3 (três) meses, ou multa.

6.8.4. Crimes cometidos por meio de marca, título de estabelecimento e sinal de propaganda

Art. 191. Reproduzir ou imitar, de modo que possa induzir em erro ou confusão, armas, brasões ou distintivos oficiais nacionais, estrangeiros ou internacionais, sem a necessária autorização, no todo ou em parte, em marca, título de estabelecimento, nome comercial, insígnia ou sinal de propaganda, ou usar essas reproduções ou imitações com fins econômicos:

Pena – detenção, de 1 (um) a 3 (três) meses, ou multa.

Parágrafo único. Incorre na mesma pena quem vende ou expõe ou oferece à venda produtos assinalados com essas marcas.

6.8.5. Crimes contra indicações geográficas e demais indicações

Art. 192. Fabricar, importar, exportar, vender, expor ou oferecer à venda ou ter em estoque produto que apresente falsa indicação geográfica:

Pena – detenção, de 1 (um) a 3 (três) meses, ou multa.

Art. 193. Usar, em produto, recipiente, invólucro, cinta, rótulo, fatura, circular, cartaz ou em outro meio de divulgação ou propaganda, termos retificativos, tais como "tipo", "espécie", "gênero", "sistema", "semelhante", "sucedâneo", "idêntico", ou equivalente, não ressalvando a verdadeira procedência do produto:

Pena – detenção, de 1 (um) a 3 (três) meses, ou multa.

Art. 194. Usar marca, nome comercial, título de estabelecimento, insígnia, expressão ou sinal de propaganda ou qualquer outra forma que indique procedência que não a verdadeira, ou vender ou expor à venda produto com esses sinais:

Pena – detenção, de 1 (um) a 3 (três) meses, ou multa.

6.8.6. Crimes de concorrência desleal

Art. 195. Comete crime de concorrência desleal quem:

I – publica, por qualquer meio, falsa afirmação, em detrimento de concorrente, com o fim de obter vantagem;

II – presta ou divulga, acerca de concorrente, falsa informação, com o fim de obter vantagem;

III – emprega meio fraudulento, para desviar, em proveito próprio ou alheio, clientela de outrem;

IV – usa expressão ou sinal de propaganda alheios, ou os imita, de modo a criar confusão entre os produtos ou estabelecimentos;

V – usa, indevidamente, nome comercial, título de estabelecimento ou insígnia alheios ou vende, expõe ou oferece à venda ou tem em estoque produto com essas referências;

VI – substitui, pelo seu próprio nome ou razão social, em produto de outrem, o nome ou razão social deste, sem o seu consentimento;

VII – atribui-se, como meio de propaganda, recompensa ou distinção que não obteve;

VIII – vende ou expõe ou oferece à venda, em recipiente ou invólucro de outrem, produto adulterado ou falsificado, ou dele se utiliza para negociar com produto da mesma espécie, embora não adulterado ou falsificado, se o fato não constitui crime mais grave;

IX – dá ou promete dinheiro ou outra utilidade a empregado de concorrente, para que o empregado, faltando ao dever do emprego, lhe proporcione vantagem;

X – recebe dinheiro ou outra utilidade, ou aceita promessa de paga ou recompensa, para, faltando ao dever de empregado, proporcionar vantagem a concorrente do empregador;

XI – divulga, explora ou utiliza-se, sem autorização, de conhecimentos, informações ou dados confidenciais, utilizáveis na indústria, comércio ou prestação de serviços, excluídos aqueles que sejam de conhecimento público ou que sejam evidentes para um técnico no assunto, a que teve acesso mediante relação contratual ou empregatícia, mesmo após o término do contrato;

XII – divulga, explora ou utiliza-se, sem autorização, de conhecimentos ou informações a que se refere o inciso anterior, obtidos por meios ilícitos ou a que teve acesso mediante fraude; ou

XIII – vende, expõe ou oferece à venda produto, declarando ser objeto de patente depositada, ou concedida, ou de desenho industrial registrado, que não o seja, ou menciona-o, em anúncio ou papel comercial, como depositado ou patenteado, ou registrado, sem o ser;

XIV – divulga, explora ou utiliza-se, sem autorização, de resultados de testes ou outros dados não divulgados, cuja elaboração envolva esforço considerável e que tenham sido apresentados a entidades governamentais como condição para aprovar a comercialização de produtos:

Pena – detenção, de 3 (três) meses a 1 (um) ano, ou multa.

§ 1.º Inclui-se nas hipóteses a que se referem os incs. XI e XII o empregador, sócio ou administrador da empresa, que incorrer nas tipificações estabelecidas nos mencionados dispositivos.

§ 2.º O disposto no inc. XIV não se aplica quanto à divulgação por órgão governamental competente para autorizar a comercialização de produto, quando necessário para proteger o público.

6.9. MEDIDAS JUDICIAIS

A Lei da Propriedade Industrial assegura ao titular de patente (de invenção ou de modelo de utilidade) ou registro (de desenho industrial ou de marca) o direito à propositura de ação penal para a apuração dos crimes contra a propriedade industrial, na qual se poderá requerer a busca e a apreensão dos produtos fabricados e/ou comercializados em desrespeito ao citado direito (art. 200), bem como, independentemente de qualquer medida criminal, garante ao prejudicado o direito à propositura de ações cíveis que considerar cabíveis na forma da legislação processual.

Nesse sentido, o art. 201 da Lei da Propriedade Industrial estabelece que, na diligência de busca e apreensão, em crime contra patente que tenha por objeto a invenção de processo, o oficial do juízo será acompanhado por perito, que verificará, preliminarmente, a existência do ilícito, podendo o juiz ordenar a apreensão de produtos obtidos pelo contrafator com o emprego do processo patenteado.

Também o art. 202 prevê que, além das diligências preliminares de busca e apreensão, o interessado poderá requerer:

a) apreensão de marca falsificada, alterada ou imitada onde for preparada ou onde quer que seja encontrada, antes de utilizada para fins criminosos; ou

b) destruição de marca falsificada nos volumes ou produtos que a contiverem, antes de serem distribuídos, ainda que fiquem destruídos os envoltórios ou os próprios produtos.

O art. 209, § 1.º ainda prevê a possibilidade de o juiz, nos autos de ação cível própria, determinar liminarmente a sustação da violação ou de ato que a enseje, antes da citação do réu, mediante, caso julgue necessário, caução em dinheiro ou garantia fidejussória, com a finalidade de evitar dano irreparável ou de difícil reparação.

Prevê ainda o referido dispositivo, em seu § 2.º, que, nos casos de reprodução ou imitação flagrante de marca registrada, o juiz poderá determinar a apreensão de todas as mercadorias, produtos, objetos, embalagens, etiquetas e outros que contenham a marca falsificada ou imitada.

Da mesma forma, prevê o art. 198 da Lei da Propriedade Industrial que os produtos assinalados com marcas falsificadas, alteradas ou imita-das ou que apresentem falsa indicação de procedência poderão ser apre-endidos, de ofício ou a requerimento do interessado, pelas autoridades alfandegárias.

Por fim, deve-se observar que a Lei da Propriedade Industrial, em seu art. 210, estabelece interessante critério para cálculo dos lucros cessantes em ações de indenização decorrentes de violação de direitos da proprie-dade industrial. Nesse sentido, a lei determina que os lucros cessantes serão determinados pelo critério mais favorável ao prejudicado, dentre os seguintes:

a) os benefícios que o prejudicado teria auferido se a violação não tivesse ocorrido; ou *b)* os benefícios que foram auferidos pelo autor da violação do direito; ou

c) a remuneração que o autor da violação teria pago ao titular do direito violado pela concessão de uma licença que lhe permitisse legalmente explorar o bem.

6.10. NOME EMPRESARIAL, MARCA E NOME DE DOMÍNIO NA INTERNET

Por fim, em conformidade com o escopo didático desta obra, necessário se faz distinguir o nome empresarial, da marca e do nome de domínio na internet.

Nesse sentido, o *nome empresarial*, como estudado anteriormente, identifica *quem* exerce a atividade empresarial e é registrado na Junta Comercial em que se inscrever o empresário, a empresa individual de responsabilidade limitada ou a sociedade empresária. As Juntas Comerciais são órgãos com jurisdição estadual, disso resultando que a validade do nome empresarial, em princípio, se limita à jurisdição da respectiva junta. Como regra geral, para a sua proteção em nível nacional, o empresário, a empresa individual de responsabilidade limitada ou a sociedade empresária deverá, alternativamente, possuir filiais em todos os estados do Brasil ou estender a proteção do nome empresarial às demais juntas comerciais, mediante procedimento específico, sem, contudo, a necessidade de abertura de filiais.

Não obstante, parte da jurisprudência tem se manifestado atualmente em sentido diverso, conforme demonstra o Enunciado 491, elaborado durante a V Jornada de Direito Civil, promovida pelo Conselho de Justiça Federal em novembro de 2011: "Art. 1.166. A proteção ao nome empresarial, limitada ao Estado-Membro para efeito meramente administrativo, estende-se a todo o território nacional por força do art. 5.º, XXIX, da Constituição da República e do art. 8. da Convenção Unionista de Paris".

A *marca* destina-se a identificar o *que* o empresário, a empresa individual de responsabilidade limitada ou a sociedade empresária produz, comercializa ou o serviço que presta, e é registrada no INPI.

O *nome de domínio*, por sua vez, é a designação que identifica o *lugar* (*site*) ocupado por alguém (empresário ou não) no meio virtual (internet) e pode ser registrado no Brasil ou no exterior.

Referências Bibliográficas

ABRÃO, Nelson. *Sociedades por quotas de responsabilidade limitada*. 4. ed. São Paulo: Ed. RT, 1989.

ALMEIDA, Amador Paes de. *Teoria e prática dos títulos de crédito*. 21. ed. São Paulo: Saraiva, 2002.

_____. *Curso de falência e recuperação de empresa*. 24. ed. São Paulo: Saraiva, 2008.

ANDRADE JUNIOR, Atilla de Souza Leão. *O novo direito societário brasileiro*. Brasília: Brasília Jurídica, 1999.

ASCARELLI, Tullio. *Problemas atuais das sociedades anônimas e direito comparado*. Campinas: Bookseller, 1999.

ASQUASCIATI, Marta. Il sócio Tiranno. In: SCHIANO DI PEPE, Giorgio. (a cura di). *Trattato teórico pratico delle società*. Roma: IPSOA, 1995. v. I.

ASQUINI, Alberto. Profili dell'impresa. Trad. Fábio Konder Comparato. *Revista de Direito Mercantil, Industrial, Econômico e Financeiro*. n. 104. São Paulo: Ed. RT, out.-dez. 1996.

BARBOSA, Ruy. As cessões de clientela In: *Obras Completas*. Rio de Janeiro, v. xl, t. I, 1948

BARRETO FILHO, Oscar. *Teoria do estabelecimento comercial*. São Paulo: Max Limonad, 1969.

BASTOS, Celso Ribeiro. *Curso de direito constitucional*. 20. ed. São Paulo: Saraiva, 1999.

BERLE JR., A. A.; MEANS, G. *The modern corporation and private property*. New York: Harcourt, Brace & World, 1967.

BEZERRA FILHO, Manuel Justino. *Lei de Recuperação de Empresas e Falência*. 7. ed. São Paulo: Ed. RT, 2011.

BRUSCATO, Wilges. *Manual de direito empresarial brasileiro*. São Paulo: Saraiva, 2011.

BULGARELLI, Waldirio. *Fusões, incorporações e cisões de sociedades*. 6. ed. São Paulo: Atlas, 2000.

_____. *Sociedades comerciais*. 9. ed. São Paulo: Atlas, 2000.

_____. *Contratos mercantis*. 14. ed. São Paulo: Atlas, 2001.

_____. *Direito comercial*. 16. ed. São Paulo: Atlas, 2001.

_____. *Manual das sociedades anônimas*. 12. ed. São Paulo: Atlas, 2000.

CANELLA, Sergio Eduardo; LEWIS, Sandra Barbon. *Breves anotações sobre o comércio eletrônico*. Londrina: Scientia Iuris, v. 9, 2005.

CARVALHOSA, Modesto. *Comentários à lei das sociedades anônimas*. 2. ed. São Paulo: Saraiva, 1998. v. 2.

COELHO, Fábio Ulhoa. *Comentários à nova lei de falências e recuperação de empresas*. 5. ed. São Paulo: Saraiva, 2008.

_____. *Curso de direito comercial*. 5. ed. São Paulo: Saraiva, 2002.

_____. *Manual de direito comercial*. 23. ed. São Paulo: Saraiva, 2011.

COMPARATO, Fabio Konder. *Direito Empresarial*. São Paulo: Saraiva, 1995.

_____. *Ensaios e pareceres de direito empresarial*. São Paulo: Forense, 1978.

_____. *O seguro de crédito*. São Paulo: Ed. RT, 1968.

_____. Restrições a circulação de ações em companhia fechada: 'nova et vetera'. *Revista de Direito Mercantil, Industrial, Econômico e Financeiro*. n. 36. São Paulo: Malheiros, jul.-set. 1979.

_____. SALOMÃO FILHO, Calixto. *O poder de controle na sociedade anônima*. Rio de Janeiro: Forense, 2008.

COSTA, Philomeno Joaquim da. *Autonomia do direito comercial*. São Paulo: Ed. RT, 1956.

CHINAGLIA, Olavo Zago. *Destinação dos elementos intangíveis do estabelecimento empresarial e do aviamento na extinção parcial do vínculo societário*. 2008. Tese (Doutorado em Direito Comercial). Faculdade de Direito. USP, Janeiro/2008.

ESTRELLA, Hernani. *Curso de direito comercial*. Rio de Janeiro: José Konfino, 1973.

FAZZIO JÚNIOR, Waldo. *Manual de direito comercial*. São Paulo: Atlas, 2000.

FRANÇA, Erasmo Valladão Azevedo e Novaes. *Conflito de interesses nas assembléias de S/A*. São Paulo: Malheiros, 1993.

FRIEDMAN, Milton. *The social responsability of business is to increase profits*. New York: New York Times Magazine, 1970.

GALBRAITH, J. K. *O novo estado industrial*. São Paulo: Pioneira, 1983.

GALGANO, Francesco. T*rattato di diritto commerciale e di diritto pubblico dell'economia*. 2. ed. Padova: Cedam, 2004. v. 29, t. I.

REFERÊNCIAS BIBLIOGRÁFICAS

GOMES, Fábio Bellote. *Elementos de direito administrativo*. 2. ed. São Paulo: Saraiva, 2012.

GONÇALVES NETO, Alfredo de Assis. *Manual de direito comercial*. 2. ed. Curitiba: Juruá, 2000.

_____. *Direito de empresa*. 3. ed. São Paulo: Revista dos Tribunais, 2010.

GUERREIRO, Jose Alexandre Tavares. Sociologia do poder na sociedade anônima. *Revista de Direito Mercantil, Industrial, Econômico e Financeiro*. n. 77. São Paulo: Malheiros, abr.-jun. 1990.

HARIOU, Maurice. *Teoria dell`instituzione e della fondazione*. In: SFORZA, Widar Cesare (a cura di). Milano: Giffre, 1967.

JUSTEN FILHO, Marçal. *A desconsideração da personalidade jurídica societária*. 2. ed. São Paulo: Ed. RT, 1987.

LACERDA, J. C. Sampaio de. *Comentários à Lei das S/A*. São Paulo: Saraiva, 1978. v. 3.

LAMY FILHO, Alfredo; PEDREIRA, José Luiz Bulhões. *A Lei das S.A*. Rio de Janeiro: Renovar, 1995.

LEÃES, Luiz Gastão Paes de Barros. *Comentários à Lei das S/A*. São Paulo: Saraiva, 1980. v. 2.

_____.. *Estudos e pareceres sobre sociedades anônimas*. São Paulo: Ed. RT, 1989.

LOBO, *Jorge. Direito concursal*. 2. ed. Rio de Janeiro: Forense, 1998.

_____.*Contrato de franchising*. 2. ed. Rio de Janeiro: Forense, 2000.

LOBO, Thomaz Thedim. *Introdução à nova Lei de Propriedade Industrial*. São Paulo: Atlas, 1997.

LUCENA, José Waldecy. *Das sociedades limitadas*. 6. ed. Rio de Janeiro: Renovar, 2005.

MARTINS, Fran. *Curso de direito comercial*. 27. ed. Rio de Janeiro: Forense, 2001.

_____. *Títulos de crédito*. 13 ed. Rio de Janeiro: Forense, 2000.

_____. *Contratos e obrigações comerciais*. 15. ed. Rio de Janeiro: Forense, 1999.

MENDONÇA, José Xavier Carvalho de. *Tratado de direito comercial brasileiro*. 7. ed. Rio de Janeiro: Freitas Bastos, 1963.

NEGRÃO, Ricardo. *Manual de direito comercial e de empresa*. 8. ed. São Paulo: Saraiva, 2011.

OLIVEIRA, José Lamartine Corrêa de. *A dupla crise da pessoa jurídica*. São Paulo: Saraiva, 1979.

PAES, P. R. Tavares. *Propriedade industrial*. 2. ed. Rio de Janeiro: Forense, 2000.

PENTEADO, Mauro Rodrigues. *Dissolução e liquidação de sociedades*. 2. ed. São Paulo: Saraiva, 2000.

PEIXOTO, Carlos Fulgêncio da Cunha. *Comentários à Lei das Sociedades por Ações.* Rio de Janeiro: Forense, 1970.

_____. *A sociedade por quotas de responsabilidade limitada*. 2. ed. Rio de Janeiro: Forense, 1956.

PEREIRA, Guilherme Doring da Cunha. *Alienação do poder de controle acionário*. Saraiva: São Paulo, 1995.

PERIN JUNIOR, Ecio. *Curso do Direito Falimentar e Recuperação de Empresas*. 4. ed. São Paulo: Saraiva, 2011.

PERRUCI, Felipe Falcone. Existe um estabelecimento empresarial virtual? In: *Revista da Faculdade de Direito* Milton Campos. v. 13. p. 428.

PRADO, Viviane Muller. *Conflito de interesses nos grupos societários*. São Paulo: Quartier Latin, 2006.

RATHENAU, Walter. Vom Aktienwesen – Eine geschäftliche Betrachtung. Trad. Nilton Lautenschleger Júnior. *Revista de Direito Mercantil, Industrial, Econômico e Financeiro*. n. 128. São Paulo: Malheiros, out.-dez. 2002.

REQUIÃO, Rubens. *Do representante comercial*. 6. ed. São Paulo, Saraiva, 1995.

_____. *Curso de direito falimentar*. 14. ed. São Paulo: Saraiva, 1995. v. 2.

_____. *Curso de direito falimentar*. 17. ed. São Paulo: Saraiva, 1998. v. 1.

_____. *Curso de direito comercial*. 16. ed. São Paulo: Saraiva, 2005. v. 1.

_____. *Curso de direito comercial*. 24. ed. São Paulo: Saraiva, 2005. v. 2.

_____. O controle e a proteção aos acionistas. *Revista de Direito Mercantil, Industrial, Econômico e Financeiro*. n. 15/16. São Paulo: Malheiros, jan.-mar. 1974.

RIBEIRO, Renato Ventura. *Exclusão de sócios nas sociedades anônimas*. São Paulo: Quartier Latin, 2005.

SALLES, Marcos Paulo de Almeida. Política de dividendos. *Revista de Direito Bancário, do Mercado de Capitais e da Arbitragem*. v. 4. n. 14. São Paulo: Ed. RT, out.-dez. 2001.

_____. A visão jurídica da empresa na realidade brasileira atual. *Revista de Direito Mercantil, Industrial, Econômico e Financeiro*. n. 119, ano XXXIX. São Paulo: Malheiros, jul.-set. 2000.

SALOMÃO FILHO, Calixto. *O novo direito societário*. 3. ed. São Paulo: Malheiros, 2006.

_____. Sociedade anônima: Interesse público e privado. *Revista de Direito Mercantil, Industrial, Econômico e Financeiro*. n. 127. São Paulo: Malheiros, jul.-set. 2002.

_____. Societas – com relevância e personalidade jurídica. *Revista de Direito Mercantil, Industrial, Econômico e Financeiro*. n. 81. São Paulo: Malheiros, jan.-mar. 1991.

SILVA, Bruno Mattos e. *Curso elementar de direito comercial: parte geral e contratos mercantis*. São Paulo: Juarez de Oliveira, 2001.

SILVEIRA, Newton. *A propriedade intelectual e as novas leis autorais*. 2. ed. São Paulo: Saraiva, 1998.

TEIXEIRA, Egberto Lacerda. *Das sociedades por quotas de responsabilidade limitada*. São Paulo: Max Limonad, 1956.

THEODORO JÚNIOR, Humberto. *Curso de direito processual civil*. 38. ed. Rio de Janeiro: Forense, 2002.

TOLEDO, Paulo Fernando Campos Salles de. *O conselho de administração na sociedade anônima: estrutura, funções e poderes, responsabilidades dos administradores*. 2. ed. São Paulo: Atlas, 1999.

TOMAZETTE, Marlon. *Curso de Direito Empresarial. Teoria Geral e Direito Societário*. São Paulo: Atlas, v. I, 2008.

VALVERDE, Trajano de Miranda. *Sociedades por ações*. 3. ed. Rio de Janeiro: Forense, 1959.

_____. *Comentários à Lei de Falências*. 4. ed. Rio de Janeiro: Forense, 2000.

VERÇOSA, Haroldo Malheiros Duclerc. *Curso de direito comercial*. São Paulo: Malheiros, 2008. v. 3.

_____. *Curso de direito comercial*. São Paulo: Malheiros, 2006. v. 2.

VIDIGAL, Geraldo de Camargo. *Teoria geral do direito econômico*. São Paulo: Ed. RT, 1977.

VIVANTE, Cesare. *Trattato di diritto commerciale*. 4. ed. Milão: Casa Editrice Dottor Francesco Vallardi, 1914.

WALD, Arnoldo (org.). *Comentários à Lei das Sociedades Anônimas*. São Paulo: Saraiva, 1978.

www.editorajuspodivm.com.br

Impressão e Acabamento
E-mail: edelbra@edelbra.com.br
Fone/Fax: (54) 3520-5000
Impresso em Sistema CTP